天

Borderless

下

天下，在乎正义和你

天
Borderless
下

法学新经典

量刑的个别化原理

石经海 著

法律出版社 LAW PRESS · CHINA
北京

图书在版编目(CIP)数据

量刑的个别化原理 / 石经海著. -- 北京 : 法律出版社, 2021
ISBN 978-7-5197-5878-3

Ⅰ. ①量… Ⅱ. ①石… Ⅲ. ①量刑 – 研究 Ⅳ. ①D914.104

中国版本图书馆CIP数据核字(2021)第174389号

量刑的个别化原理
LIANGXING DE GEBIEHUA YUANLI

作　　者：石经海
责任编辑：孙东育　王　珊
装帧设计：汪奇峰
出版发行：法律出版社
编辑统筹：学术·对外出版分社
责任校对：王晓萍
责任印制：陶　松
经　　销：新华书店
开　　本：710毫米×1000毫米　1/16
印　　张：29.75
字　　数：407千
版　　本：2021年11月第1版
印　　次：2021年11月第1次印刷
印　　刷：天津嘉恒印务有限公司
书　　号：ISBN 978-7-5197-5878-3
定　　价：128.00元

销售电话：010-83938349　客服电话：010-83938350　咨询电话：010-63939796
地　　址：北京市丰台区莲花池西里7号(100073)
网　　址：www.lawpress.com.cn
投稿邮箱：info@lawpress.com.cn
举报盗版邮箱：jbwq@lawpress.com.cn
凡购买本社图书，如有印装错误，我社负责退换。电话：010-83938349

作者简介

石经海 男，1970年生，安徽人，中共党员，法学博士，博士毕业于中国社会科学院研究生院法学系刑法专业，现任西南政法大学教授、博士研究生导师、博士后合作导师，西南政法大学刑法学科带头人（负责人）、量刑研究中心主任、学术集刊《量刑研究》主编，中国刑法学研究会常务理事。于2018年入选重庆市第四批哲学社会科学领军人才，于2019年入选重庆市第三批技术学术带头人。主要研究领域为刑法学、犯罪学及相关跨学科，重点研究量刑、有组织犯罪、毒品问题治理、刑法基本理论本土化、刑法治理现代化等的理论与实践问题。2003年始持续从事量刑问题研究；2008年入西南政法大学博士后流动站从事量刑规范化问题专题研究；2009年6月至2010年7月挂职于重庆市第一中级人民法院，主要从事量刑规范化试点的实施细则起草与适用指导工作。主持有关量刑问题的国家和省部级课题项目10多项，包括国家社科基金重点项目“认罪认罚从宽制度的刑法应对研究”（2020年）、国家社科基金一般项目“黑社会性质组织犯罪定罪量刑实证研究”（2010年）和国家社科基金重点智库项目“完善对犯罪的恢复性处遇措施研究”（2020年）。发表有关量刑问题的核心期刊论文20多篇，出版《我国刑期折抵制度之检讨》（2008年）和《量刑个别化的基本原理》（2010年，本著原作）2部有关量刑问题的专著。

题　记

【题记1】随着刑法的发展进化，以及“刑法”的内涵从“关于犯罪和刑罚的法律规范”到“关于犯罪和刑事责任的法律规范”的变化，“量刑”的概念不可以再界定为“刑罚裁量”，而应为“刑事责任大小及实现方式的裁量”。

【题记2】所谓量刑个别化，并不是指案件的量刑结果必定不同，而是指具体量刑结果需与反映其犯罪行为的社会危害性和犯罪人的人身危险性等方面的事实相适应，是实质化的刑法基本原则和能动司法在量刑问题上的具体要求和表现。量刑个别化不仅不排斥量刑统一化，而且还与之相依存，共同成为量刑规范化的有机组成部分，并分别从不同方面实现和体现着量刑公正。量刑的个别化原理，揭示的是量刑的个别化本体属性和量刑的基本原理。

【题记3】量刑规范化是对“量刑”的规范化，量刑建议是对“量刑”的建议。这些决定了无论是量刑规范化改革推行的“量刑情节数量化”，还是认罪认罚从宽制度改革推行的“量刑建议精准化”，都必须尊重量刑的基本原理、定罪量刑的基本关系和刑法的体系规定，不可用精确数学的形式逻辑等方式推行量刑规范化，不可将基于求刑权的量刑建议视为量刑结果，从而让量刑不是“量刑”，让量刑建议不是“建议”，让刑法适用变成“盲人摸象”。

【题记4】定罪不是为了定罪而定罪，而是为了给量刑选定作为基准的具体法定刑（量刑幅度）。由此，定罪不可以只定到罪名，而应定到对应该罪名具体法定刑的基本犯或加重犯或减轻犯，量刑由此展开，并据个罪个案的量刑情节情况进行分阶段处理。一方面，成文法本身的体系性及其各规定之间的内在关系决定了，在司法上，不可在具体法定刑内再据某个事实确定“量刑起点”“基准刑”等其他层级的量刑基准；另一方面，同向与逆向量刑情节的“加减”竞合适用方法，需在作为同一层级平台的具体法定刑内才可适用，对于不处于同一层级具体法定刑的免除处罚、减轻处罚和数罪并罚等量刑情形，只能分别按“免刑”“处断刑”“执行刑”规则处置。

目　录

前　言

《量刑的个别化原理》是在笔者专著《量刑个别化的基本原理》(法律出版社 2010 年版,以下简称原作)基础上,结合原作出版后量刑规范化改革和认罪认罚从宽制度改革的相关量刑理论与实践修订而成。按修订规划,本书本为原作的第二版,但因修订后书名改为“量刑的个别化原理”①而按出版规则只能算“新书”。不过,基于与原作在体系和内容上的承继关系,本书在实质上为原作的修订“第二版(再版)”。

本次修订,主要涉及如下四个方面:

(1)内容的增加。主要是增加了量刑合法与量刑合理、量刑规范化方法、量刑建议精准化等量刑规范化改革和认罪认罚从宽制度改革实践中争议较多的内容,以及对“社会危害性”“主观恶性”等实践中使用较混乱的概念的界定。

(2)观点的修正。主要修正了笔者对“量刑基准”的理解和适用。具体是,随着对本问题观察与思考的深入,笔者否定了以前将量刑基准划分为基本的量刑基准(具体法定刑)与派生的量刑基准(具体法定刑中的某个点)两个层级的认识,修正认为,

① 本书实际上是通过“解析量刑的个别化原理”揭示“量刑的基本原理”。由此,将书名改为“量刑的个别化原理”应更为合适。

在成文法下，基于量刑的综合价值评价特点，量刑基准只能是立法体系中由具体个罪定罪所相应选定的具体法定刑，不可脱离刑法立法体系根据个别事实从具体法定刑中切割出所谓“量刑起点”“基准刑”为量刑的起始标准；如此基准的适用，是法官在量刑时，直接从定罪选定的量刑基准即具体法定刑出发，分别基于立法关于免除处罚、减轻处罚、从轻从重处罚和数罪并罚、刑期折抵等量刑制度的规定，分段裁量作出免刑、处断刑（确定下个幅度的具体法定刑）、宣告刑（基于从轻或从重处罚情节）和执行刑（基于数罪并罚、刑期折抵、缓刑等量刑制度）；虽然不可否认每个法官在量刑时在心目中确实有对量刑情节的适用“基准”，但这个“基准”不是针对抽象个罪和通过其他既判案件实证统计得出的“司法法”，而是针对具体个案和具体个罪的具体问题具体分析的个别化“相对物”和拿具体个罪的个别化量刑事实与情节所做的个别化经验判断。

（3）体系的调整。原作体系为“导论”“量刑个别化之基本界定”“量刑个别化之理论根基”“量刑个别化之相关解析”“量刑个别化之运行解构”“量刑个别化之实务评析”五章六部分内容。修订后本书的体系，通过将“导论”独立成章和增设二、三级标题并编入全书排序体系（第一章），将“量刑个别化之基本理念”独立成章（第三章），拓展成体系化的七个部分（七章），即第一章“导论”、第二章“量刑个别化之基本界定”、第三章“量刑个别化之基本理念”、第四章“量刑个别化之理论根基”、第五章“量刑个别化之相关解析”、第六章“量刑个别化之运行解构”和第七章“量刑个别化之实务评析”，从而使“量刑个别化”的论证体系要相对明晰些。

（4）表述的优化。包括各级标题表述和行文的优化。在行文上，对部分内容的文字表述、文献引用等做了相应修改。在标题表述上，围绕相应主题内容做了对应性表述。如在“量刑个别化之运行解构”和“量刑个别化之实务评析”的二级标题表述上，增加指向性内容。例如第六章，将第一节“运行基础”改为“量刑个别化的运行基础”，并将“设置程序”改为“需设置科学合理的量刑程序”；将“构架程式”和“论证说理”改为对应具体内容的“需基于求刑权提起量刑建议”“需基于辩护权作出量刑答辩”“需基于量刑权进行量刑裁决”。又如，将第二节“运行根据”改为“量刑个别化的运行根据”，并围绕本主题的四个下级标题，做了对应的指向性调整；基于内容将第三节“运行流程”改为“量刑个别化的运行过程”，并据此重新编排下属具体内容的标题。再如，在“量刑个别化之实务评析”的二级标题表述上，增加了主旨性评析表述。

本书原作，是在笔者博士学位论文《量刑个别化研究》（2008年）的基础上加工形成的。[①] 作为博士学位论文的《量刑个别化研究》，以揭示量刑的个别化原理与匡正量刑规范化探索的片面追求为选题背景与写作目标。我国在21世纪初开启了“规范裁量权，将量刑纳入法庭审理程序”[②]的量刑规范化改革。如此率先由地方法院进行探索并接着由最高人民法院总结推广的中央重大司法改革项目，[③]承载着“确保量刑公开、公平、公正”[④]与旨在实现“由传统估堆式量刑方式向精细化量刑方式转变”等目标任务，[⑤]并先后经历了“部分法院初步试点—全国法院全面试点—全国法院全面试行—全国法院全面施行”的发展历程。其中，不可否认，取得了将量刑纳入庭审程序、全面提取和适用量刑情节、真正改变“轻量刑”观念等革命性成就。然而，毋庸讳言，其也存在实体规则的设置违背刑法基本原理、理论依据的借鉴存在致命误区、意见规则的适用与法典法律适用相冲突、程序规则的设置不能与实体法对接等僵局性问题。[⑥] 理性审视这些问题，它们在很大程度上源于“同案同判”“量

---

① 因在《量刑个别化研究》中，只探讨了“量刑个别化”的基本原理部分，未就量刑根据等相应内容做具体的展开研究。由此，加工后的学位论文于2010年以“量刑个别化的基本原理”为书名出版。

② 参见熊选国主编：《〈人民法院量刑指导意见〉与“两高三部”〈关于规范量刑程序若干问题的意见〉理解与适用》，法律出版社2010年版，第14～16页。

③ 参见最高人民法院《关于印发〈人民法院量刑指导意见（试行）〉通知》（法发〔2010〕36号）。

④ 参见最高人民法院于2013年12月23日发布的《关于实施量刑规范化工作的通知》。

⑤ 参见程士华：《量刑规范化改革在全国法院全面试行》，载中国法院网2010年10月9日，https://www.chinacourt.org/article/detail/2010/10/id/430288.shtml。

⑥ 参见石经海、严海杰：《中国量刑规范化改革之十年检讨与展望》，载《法律科学》2015年第4期。

刑统一”的片面量刑追求。因此，梳理和揭示量刑的个别化原理，匡正量刑规范化探索的片面追求及其制度构建，是纵深推进量刑规范化改革的关键所在。

本研究，基于以下基本立场展开：

(1)刑法现代化。这意味着，量刑问题的考究、理解和适用，既要注重以历史思维，对特定历史背景的某个规范、概念、理论等(如“刑法”“量刑”“刑罚个别化”“量刑根据”等)，进行从传统刑法到现代刑法的历史考察，以期纠正基于报应论等时代的观点、概念、理论、方法的实践探索与理论探究；也要注重以系统思维，将量刑问题(如量刑基准的确定、量刑情节的适应、量刑运行过程的设计等)放在刑法理论体系、刑法规范体系、刑事法体系中，进行体系化考察、思考与论证，以求避免盲人摸象式的问题考察、规范适用与理论探讨。

(2)量刑问题是刑法理论的缩图。这意味着，要以系统思维，将量刑问题放在整个刑事一体化的理论体系、定罪与量刑关系等中，进行深入系统的考察、思考与论证，以展现量刑在整个刑事法理论与实践中的“中心”地位，解决“重定罪轻量刑”的片面理念与理论研究及其给刑事法理论研究与实践探索带来的制约与困惑。

(3)量刑的生命在于经验。这是基于“法律的生命”到底是在于“逻辑”还是“经验”这个世纪争论与困惑，并结合定罪与量刑在适用对象、根据和方法上对逻辑与经验要求的不同，所给出的个别化命题：“定罪的生命在于逻辑”与“量刑的生命在于经验”，以作为量刑问题研究的理论根基，并据此揭示量刑规范化改革在数量化追求与逻辑式探索上的方向性问题：量刑不可以做以定量为主(量化)的方法探索与制度构建。

(4)形式与实质的有机统一。这是针对理论上和实践中将形式与实质、合法与合理相割裂的突出现象，基于哲学上关于“形式与实质”“合法与合理”有机统一的辩证法原理，揭示理论上和实践中所谓“先进行形式评价，再进行实质评价”“先进行合法评价，再进行合理评价”“不合理但合法”“合法但不合理”等认识和做法的悖论，以此理顺量刑合法与量刑合理、形式公正与实质公正等的辩证关系,并据此构建量刑规范化的科学理论基础与法律的正确适用原理。

(5)统一化与个别化的有机统一。这是针对实践中将一般与个别相对立、将统一化(一般化)与划一化相等同、片面追求“同案同判”“量刑统一”、不当限制量刑裁量权等突出问题,基于哲学上的辩证法原理,论证一般与个别、一般化与个别化间的对立统一关系,从而为量刑规范化,处理好量刑的统一法律适用与个案个别化情形的关系,适用好践行统一化使命的量刑基准与落实个别化诉求的个案情节制度,构建好确保公平公正与尊重量刑裁量权的程序制度,提供理论基础与原理支撑。

(6)主客观相一致。针对实践中和理论上较为突出的将主观与客观予以割裂的现象,如将主观恶性与社会危害性、人身危险性相并列,将某个单独的客观要素(“客观归罪”“唯数额论”“唯结果论”等)或主观要素(“主观归罪”“唯犯意论”“唯恶性论”)误作量刑情节用以量刑,有必要将“主客观相一致”作为量刑的基本立场。基于“刑法惩处的与其说是犯罪行为及其后果,不如说是支配犯罪行为实施及导致相应危害后果的主观恶性”机理,某个事实要作为量刑情节并影响量刑轻重,一定是反映了犯罪行为的社会危害性大小或反映了犯罪人的人身危险性大小,一定都是在主观恶性大小支配下实施的犯罪行为及其产生的社会危害性,一定是在主观恶性大小支配下从事的具有人身危险性的罪前、罪后行为表现。这既意味着,那些并非主观恶性大小与客观行为表现统一体的事实,不能作为量刑情节,不能作为量刑的根据;也意味着,在理论上和实践中,不能将评价量刑情节的个别“因素”(数额、结果、恶性等)等同于主客观相一致下的量刑情节,并直接作为量刑的根据,而是需要依照《刑法》关于免除处罚的免刑规定、减轻处罚的处断刑规定、从轻从重处罚的宣告刑规定,分别在各自的平台上进行主客观相一致的有机理解与综合评价。

基于以上立场,本书认为,所谓量刑个别化,并不是指案件的量刑结果必定不同,而是具体量刑结果需与反映其犯罪行为的社会危害性和犯罪人的人身危险性等方面的事实相适应,是实质化的刑法基本原则和能动司法在量刑问题上的具体要求和表现,它不仅不排斥量刑统一化,而且还与之相依存,共同为量刑规范化的有机组成部分,并分别从不同方面实现和体现着量刑公正。据此,在“量刑个别化”与“量刑”的内在关系上,量刑个别化就是量刑的本体,量刑个别化的基本原理在很大程度上就是量刑的基本原理,量刑是量刑一般化(适用同样的量刑法律和量刑方法)与量刑个别化(量刑结果与个案的社会危害性和人身危险性等相适应)的有机统一。

《量刑个别化的基本原理》序言

陈泽宪*

石经海教授曾是我指导的硕士和博士研究生。他的硕士学位论文《论刑期折抵》,已在承担司法部课题的深化研究基础上,于2008年以“我国刑期折抵制度之检讨”为名出版。如今他的博士学位论文《量刑个别化研究》,在适当修改的基础上,将以“量刑个别化的基本原理”为名出版,并希望我作序,余固欣然为之。

量刑个别化是量刑领域中的一个重要问题。如果说当今最严重的量刑问题是量刑公信力低和量刑效果差的话,则量刑不统一、同案异判、同罪异罚诚然是其中的重要缘由,但最重要的还是对量刑个别化的漠视。基于一切从实际出发、实事求是、具体问题具体分析、共性与个性的辩证关系等哲学基本原理,最核心、最重要的还应是量刑个别化,即本书所主张的,量刑结果与反映犯罪行为的社会危害性和犯罪人的人身危险性等方面的事实相适应。

就量刑基本运行规律而言,量刑不是简单地把抽象的法律规则应用于具体个案而得出量刑结论,而是基于具体个案的所有相关事实,综合适用所有

---

* 中国社会科学院原国际法研究所所长,研究员,中国社会科学院大学教授,博士生导师,中国法学会刑法学研究会常务副会长。

相关法律规则,并借助严密的形式逻辑推理和理性的辩证逻辑思维,最终得出与反映犯罪行为的社会危害性和犯罪人的人身危险性等方面的事实相适应的量刑结论。因此,合理的量刑不仅要体现"同案同判"、"同罪同罚"、量刑统一,而且还要体现个案的量刑特质,这是量刑统一化与量刑个别化的有机统一。否则都将违背量刑的基本运行规律,从而损害量刑公信力和量刑效果。

综观近现代世界主要法治国家的量刑规范化探索,无不以提高量刑公信力和量刑效果为基本目标。然而,这些探索诸如美国制定细密化的量刑指南、德日寻找精细化的量刑基准等,最终都因没有收到预期的量刑效果而回归粗略性做法或搁置精密化计划。在这样的背景下,我国实务界和理论界试图利用现代科学技术,进行精密化的量刑规范化探索,寻求一条中国特色的量刑规范化道路。不可否认,针对如此"世界难题"进行大胆探索,值得称道。但任何探索都不能违背客观规律。世界主要法治国家至今没能用精细化方法解决量刑公信力低和量刑效果差的问题,不是他们不善于把现代科学技术应用于量刑实践,而是既有探索表明,任何忽视量刑个别化的努力,都难以驾驭量刑的基本运行规律。

量刑同时体现量刑统一化和量刑个别化,既是哲学上一般与个别等辩证关系原理的要求和体现,也是罪刑法定、罪刑相适应、刑法面前人人平等的刑法基本原则内在关系的要求和体现。就后者而言,刑法基本原则之间的关系并不是彼此孤立和相互割裂的,而是内在统一的,即罪刑法定原则作为刑法的精神和灵魂,是刑法基本原则中最核心的原则,但该原则不是形式化和机械性的,而应以罪刑相适应原则和刑法面前人人平等原则的基本要求为实质内容。刑法基本原则的如此内在关系及其在量刑问题上的具体体现,决定了量刑,既要统一化又要个别化,既要使"同案"适用相同的法律规范(包括量刑基准),又要使量刑结果与反映犯罪行为的社会危害性和犯罪人的人身危险性等方面的事实相适应。只有这样,量刑才能贯彻刑法乃至刑事法律科学的整体精神和目标要求,量刑的公信力才能真正提高,量刑试图达到的目的效果才能真正实现。

其实,量刑公信力的提高和量刑效果的实现,最关键的不是"同案同判”“同罪同罚”、量刑统一,而是量刑个别化以公开、透明的方式显现出来。显然,简单的“同案同判”等追求的只是形式公正,而量刑统一化与量刑个别化有机统一下的量刑规范化,追求的是形式公正与实质公正的统一,舍此不能真正提高量刑公信力和实现预期的量刑效果。当事人和公众希望明确知晓对犯罪人的量刑结论是否反映其犯罪行为的社会危害性、犯罪人的人身危险性等方面的事实,从而正确判断量刑是否公平、公正、合理。因此,解决量刑公信力低和量刑效果差的主要路径,应当是使量刑公开透明及其相应程序制度的完善。

本书从当前实践中和理论上解决量刑公信力低和量刑效果差等主要问题入手,在对量刑个别化进行全面理论定位的基础上,通过深挖量刑个别化的历史渊源、法理基础和哲学原理等理论根基,通过解析量刑个别化在刑事政策、量刑原则和量刑方法等相关基本问题上的表现,通过解构量刑个别化的基本运行基础、运行根据和运行流程,通过评析若干热点判例、热点现象、量刑指导的量刑个别化问题,全面揭示和解读了量刑个别化的基本原理。这对于深入探究量刑问题、深化发展量刑理论,均具有重要意义。

综观本书,作者提出了诸多具有挑战性的观点,如把量刑界定为刑事责任大小的裁量;认为量刑以量刑一般化指导下的量刑个别化为本体;量刑的本质是把抽象法律规则与个案事实相结合并上升为理性具体的量刑判决的活动;量刑的运行规律不是抽象法律规则在具体个案中的简单应用,而是根据个案的全部客观事实所转化的刑法上的法律事实,综合刑法的所有相关规定,采用形式逻辑与辩证逻辑相结合的量刑方法,作出与反映犯罪行为的社会危害性和犯罪人的人身危险性等方面的事实相适应的量刑结论;量刑的运行过程并非仅是从法定刑到宣告刑的裁量,而是从法定刑到处断刑、宣告刑、执行刑或免刑的裁量。以上观点,大多是我所赞同的,但能否切合量刑实践并为学界所接受,尚需时间来证明。

同时,本书作为“基本原理”,没有就具体问题涉论很多。相关的诸多具体问题,尚需后续研究逐步展开。目前,石经海已进入西南政法大学博士后流动站,与陈忠林教授合作完成“量刑根据实证研究”,并挂职于重庆市第一中级人民法院刑一庭对此进行实证调研。我相信,在不久的将来,他会在量刑根据等方面给我们展现更多新的研究成果。

是为序。

2010 年 3 月 18 日

谨识于北京景山东隅

第一章　导　　论

第一节　量刑规范化的探索困境

为"确保量刑公开、公平、公正"目标任务,①实现"由传统估堆式量刑方式向精细化量刑方式转变",②我国自 2005 年始正式由最高人民法院牵头调研和推行声势浩大的"量刑规范化"改革。这是一场先由个别地方法院于2003 年发起,再由最高司法机关推广实施的"自下而上"的重大刑事司法改革。可是,如此以"同案同判""量刑统一"为目标的改革探索,自始就受到学界绝大多数学者的反对和资深刑事法官的抵制。这意味着,虽然"重定罪轻量刑"的成文法理论与实践状况已不能适应新时期刑事法治的需要,需要"阳光司法"的量刑改革来让每个刑事案件的公平正义得到彰显,但是量刑的实践探索,也亟待理论研究的跟进与支撑,亟待理论研究验证其合理之处与匡正其片面之不足。本研

---

① 最高人民法院于 2013 年 12 月 23 日发布的《关于实施量刑规范化工作的通知》中要求,要从"努力让人民群众在每一个司法案件中都感受到公平正义"、落实司法为民公正司法、提高司法透明度和公信力的高度,深刻认识全面实施量刑规范化工作的重要意义,积极稳妥实施量刑规范化工作,确保量刑公开、公平、公正。

② 戴长林、程士华:《量刑规范化改革在全国法院全面试行》,载新华网,http://news.xinhuanet.com/legal/2010－10/08/c_12638650.htm。

究试就此从“量刑个别化”视角展开探究，以通过如此视角的深入系统研究，在一定程度上揭示量刑的基本运行规律，匡正量刑探索的片面误区，深化量刑问题的理论研究。

一、量刑规范化的探索争议

量刑规范化改革从2003年年初我国一些地方法院的经验性探索，到2010年10月在全国法院的全面试行，一直在期待与质疑中推进着。不可否认，量刑规范化改革是必要而又重要的。“没有规矩无以成方圆”，无论是基于“幅度过大”的法定刑立法，还是针对需“具体问题具体分析”的自由裁量司法，没有规范化的手段，就难以有“方圆”的量刑目标。特别是，我国存在严重的量刑不均等量刑问题，这不仅严重影响了我国的量刑公正及司法公信力，而且也严重损害了我国社会的和谐稳定。

可是，如此以“同案同判”“量刑统一”为目标的改革探索，自始就受到学界绝大多数学者的反对和资深刑事法官的抵制。确实，在这些研究与探索中，存在诸多与“量刑问题是刑法理论的缩图”这个基本事实、与量刑的运行规律不相吻合的悖论。例如，在量刑基准的界定及其与具体法定刑的关系问题上，一方面把量刑基准界定为“对已确定适用一定幅度法定刑的抽象个罪，在不考虑任何量刑情节的情况下仅依其构成事实所应当判处的刑罚量”（实为具体法定刑），可另一方面又把具体法定刑排除在量刑基准之外；在量刑情节与量刑基准的关系问题上，一方面强调量刑基准是“在不考虑任何量刑情节的情况下仅依其构成事实所应当判处的刑罚量”，可另一方面又事实上把量刑情节作为确定量刑基准的根据；[①]在量刑基准与量刑的关系问题上，把量刑基准的确定[②]作为量刑活动的一部分，从而怎么也跳不出“在量刑中根据量刑情节确定量刑基准”的

① 例如，在量刑起点的基础上，根据伤害后果、伤残等级、手段残忍程度等其他影响犯罪构成的犯罪事实增加刑罚量，确定基准刑。

② 实为定罪活动。在定罪与量刑的关系上，定罪实为量刑选定具体法定刑作为量刑基准，量刑活动就是从定罪选定的具体法定刑（量刑基准）开始并根据量刑情节进行裁量，从而作出量刑结论。

藩篱；在量刑公平、公正、合理的问题上，一方面强调刑罚个别化，另一方面又强调“同案同判”“同罪同罚”“量刑统一”而漠视量刑个别化；在量刑规范化的探索问题上，一方面花费大量人力、财力、物力开发了诸如“智能化电脑辅助量刑系统”的量刑软件，但另一方面除了用极其简单的交通肇事案向外界演示该量刑软件的运行状况外，并没有发现其符合量刑运行规律的广泛实践与应用前景；在量刑规范化的推行问题上，一方面学习美国制定了细密化的量刑指南，或学习德日确定了精细化的量刑基准并使量刑情节数量化，但另一方面如此探索措施的推行，又基本上停留在学习、观摩和观望中。如此等等之“悖论”均表明，一方面，任何量刑理论的探究和量刑实践的探索，都必须遵循量刑的运行规律，违背量刑规律的理论探究和实践探索，终将走入“死胡同”；另一方面，量刑的改革探索要有生命力，就必须有充分的理论论证，并符合量刑的运行规律。

量刑的运行规律表明，这场改革，无论是量刑指南的制定还是案例指导制度的构建或其他，都不能片面地强调“同案同判”、“同罪同罚”或“同案异判”、“同罪异罚”，而应当基于罪刑相适应的实质要求，使案件的量刑结果，与反映犯罪行为的社会危害性和犯罪人的人身危险性等方面的事实相适应。否则，在刑法现代化道路上，我们的量刑规范化改革，就不只是走错了方向，而是会倒退到绝对罪刑法定主义的历史起点。历史和现实反复证明，任何脱离刑法现代化理论和量刑运行规律的“急功近利”式探索，终将走向失败或陷入僵局。

理性回首我国的量刑发展史，会发现，我们所面临的量刑困境问题，在很大程度上是缺乏量刑现代化理论及其所揭示的量刑运行规律导致的。正如我国最高人民法院原副院长、二级大法官刘家琛所指出的那样：在我国，长期以来，对量刑问题不仅在理论上缺乏深入的研究，而且在司法实践中，在部分法官，特别是在相当一部分法院的领导中，存在“处理刑事案件只要事实清楚、证据确凿、定性准确就行了，量刑只要在法定幅度内，轻一点重一点没关系”的错误观念，其结果往往造成一些案件在量刑上畸轻畸重；在适用刑罚种类时，存在刑罚手段单一的倾向，往往比较注重使用监禁刑，而忽视运用多种非监禁刑罚。这不仅违反了罪刑相适应原则，而且影响了社会公众对法院刑事判决公正性的评价，加大了改造罪犯的成本和难度，使再犯等社会不安定因素潜在增长，不利于社会的长治久安。① 以上量刑困境的描述，从表面上看，是在检讨我国当前量刑的随意性和非个别性，而实质上，也是在揭示量刑现代化理论研究的薄弱及其由此带来的量刑理念的片面和与量刑规律的背离。

同时，从笔者的调研和多年司法实践的感知来看，大多数法官并不关注量刑个别化及其所追求的实质公正与社会效果问题。如于2000年笔者做兼职律师时辩护过一起共同犯罪案件，当事人蔡某的四起犯罪行为本都是"鸡毛蒜皮"的，且是最后被指控的，只因其在法庭上幼稚地把所有罪责揽归自己而被一审法官重判，②事后无论其怎么悔过，都得不到二审法官的轻判。如此裁判，至今令我无法释怀！它除了没给这个年轻人更早回归社会的机会，且让人感知到"司法就是冰冷的机器"外，很难让人领会到它有什么积极的量刑效果。而相反，不必要的监禁刑，会加剧犯罪人的再社会化问题。正如一名刑满释放人员所言："七八年在监狱里面度过的，出来后我发现，一切都变了，什么都不知道，无所适从。"同时，这也会给国家和社会带来沉重的负担和伤害。据1997年《刑法》修改时的一个统计，当时一个罪犯劳动改造一年，国家财政要投入2300元，相

---

① 参见刘家琛：《充分运用多种手段惩治预防犯罪》，载《人民法院报》2002年9月2日，第1版。

② 我的当事人蔡某（男，23岁），为该共同犯罪案的第三被告人，因帮助朋友"出气"，而先后对同一被害人实施了公开偷拍被害人私通照片、轻伤被害人、砸坏被害人私家车玻璃（损失2000多元）和深夜在被害人家庭院投放自制爆炸物（在易拉罐里放一些鞭炮炮药）等4次轻微犯罪行为，在开庭时因出于"哥们义气"而幼稚揽责，把所有这些"鸡毛蒜皮"的犯罪行为都揽到自己身上，让一审法官很是生气，被重判有期徒刑11年（另外两名同案犯被判3～5年）。如此幼稚揽责行为，在庭前会见他时没有任何迹象，让本辩护人在法庭上很是被动。一审宣判后，我到看守所会见他，问到他为何如此幼稚地揽责，他的解释是"哥们义气"。当我告诉他，他的父母因为他的事"一夜白头"，是他义父借了700元费用给他请的律师且他义父现就在看守所门口等候时，他随即两眼泪流、双脚跪地、不停磕头，当即悔过，渴求轻判和早日出来孝敬父母、义父等，并于事后写了长长的悔过书，在我再次会见时读给我听后，请看守所转交给二审法官。二审法官在提审他后，也公开肯定他的悔过及其程度，可二审还是维持了原判。

当于当时 10 个儿童免费入学的费用。① 因此，如何让法官“学会”量刑，至少不能是机械执法、偏执执法、情绪化执法、重刑化执法、非个别化执法和重定罪轻量刑，②是量刑规范化改革在“全面深入依法治国”战略和“国家治理体系和治理能力现代化”战略背景下，所必须完成的时代使命。

二、量刑的原理性研究薄弱

量刑规范化探索的以上问题，在很大程度上也是包括量刑规范化在内的量刑理论研究薄弱，特别是对量刑理论缺乏深入系统的研究以及弱视量刑的个别化原理所致。

(一)量刑问题的体系化理论研究严重不足

综观定罪量刑的理论与实践，“重定罪轻量刑”观念之所以长期存在甚至根深蒂固，在很大程度上源于对量刑问题在刑法乃至刑事法的立法与理论上的地位及其与定罪和行刑的内在关系缺乏正确的认知。

其实，量刑问题是刑法理论的缩图。③ 这意味着，刑法理论(乃至刑事法理论)在不同程度和方式上都与量刑问题有关。若刑法的基石范畴可界定为犯罪和刑事责任(以刑罚、非刑罚处罚和单纯宣告有罪为实现方式)的话，则这些基石范畴的司法认定与处理，在一定意义上都是为了“量刑”或围绕“量刑”而展开。就犯罪而言，刑法对其构成和概念的规制，虽然在直接意义上是为定罪服务，但在间接意义上还是为了正确和准确地量刑。一方面，量刑以定罪为基础，且是定罪的必然延续；另一方面，定罪的实质意义，与其说是在对犯罪行为进行性质认定(定性)，不如说是在为量刑选定恰当的

---

① 参见刘家琛：《对当前我国刑罚适用的几点思考》，载《人民司法》2002 年第 7 期。

② 最高人民法院主管刑事审判工作的领导认为，“在定罪与量刑关系中，定罪具有决定性，量刑具有从属性”。这意味着，“重定罪轻量刑”观念还是根深蒂固。参见沈德咏：《量刑公正：刑事正义的最终结果》，载《中国律师》2001 年第 1 期。

③ 参见[日]曾根威彦：《量刑基准》，载[日]西原春夫主编：《日本刑事法的形成与特色》，李海东等译，法律出版社、成文堂 1997 年联合出版，第 145 页。

量刑基准,[1]从而使定罪只不过是获得“罪刑相适应”量刑的基本手段和必要平台。在现实中,人们对犯罪行为定性的关注,与其说是在关注“定罪”本身,不如说是在关注定罪所带来的法律后果——定罪为量刑提供的“量刑基准”(具体法定刑)。确实,从司法实践来看,定罪所选定的量刑基准,对犯罪人的命运往往具有决定性意义。例如,对因故意行为造成死亡结果的行为,辩护方与控诉方对这是故意杀人罪还是故意伤害罪的定性争论,其实质意义就在于这个不同定性会带来不同的量刑基准:前者是“处死刑、无期徒刑或者10年以上有期徒刑”,并在通常情况下优先考虑“死刑”的适用;后者是“处10年以上有期徒刑、无期徒刑或者死刑”,并在通常情况下优先考虑“10年以上有期徒刑”的适用。正是在这个意义上,理论上有论者把对犯罪行为的定性(定罪)及其法定刑的选择,纳入广义的量刑。[2] 就刑事责任而言,对犯罪的法律后果大小的认定与裁决,实际上就是量刑。因此,“量刑问题是刑法理论的缩图”,不仅意味着,刑法基石范畴的合理确定和定罪的实质意义在本质上都是为了准确地量刑,而且还意味着,量刑在整个刑事法及其理论中处于核心地位。

量刑的此等地位,在整个刑事法及其学科体系中均有体现。或者说,整个刑事法及其学科都直接或间接地涉及量刑问题。例如,刑事诉讼法以追究刑事责任的程序为基本内容,这是为保证追不追究刑事责任、追究什么刑事责任和追究什么程度的刑事责任,提供程序上的切实保障;[3]监狱法以刑事责任的实现为内容,这既是对量刑结果的落实,也是对量刑合理与否的检验,并为量刑理论与实践的合理发展,提供积极经验与消极教训的反馈;刑事司法政策更是根据量刑的“效果需求”,作出战略定位与内容构建,并对

---

① 笔者认为,所谓量刑基准,就是定罪所选定的具体法定刑,即量刑幅度。详见第六章第二节关于量刑基准的分析。

② 参见萧开权:《刑法与犯罪法》,载《中国刑法词典》编委会编:《中国刑法词典》,学林出版社1989年版,第414～415页。

③ 虽然我国在具体量刑活动(狭义量刑活动)上尚没有普遍适用的量刑程序,但从广义的量刑活动来看,整个刑事诉讼程序在一定意义上也都是为作出合理量刑结果提供保障的。

量刑提供实质指导；虽然犯罪学关注的主要是减少犯罪、控制犯罪、维护社会安定等社会性问题，但它往往是刑事司法政策出台的现实背景与事实依据，其所展示或揭示的犯罪现状、特点、原因等，将直接或间接地影响量刑法官对刑事责任实现方式的选择及其程度轻重的配置。如此等等之特点表明，整个刑事法及其学科都在一定程度上以量刑问题为中心或与之有关。由此观察，德国19世纪著名刑法学家冯·李斯特先生之所以主张建立包括刑事政策学、犯罪学、刑罚学和行刑学的“整体刑法学”①（gesamte - strafrechtswissenschaft），新中国刑法学的重要开拓者、原北京大学教授甘雨沛先生之所以主张“成立一个具有立法论、适用解释论、行刑论、刑事政策论以及保安处分法的全面规制的‘全体刑法学’”，②当代中国著名刑法学家、北京大学教授储槐植先生之所以提倡“犯罪学—刑法学—行刑学”三位一体、刑法内部结构合理（横向协调）和刑法运行前后制约（纵向协调）的“刑事一体化”，③中国社会科学院法学研究所刑法室主任刘仁文研究员之所以提倡“瞻前望后、左看右盼、上下兼顾、内外结合”的“立体刑法学”，④都在一定程度上缘于量刑问题在整个刑事法及其学科中处于核心地位，缘于量刑问题使整个刑事法及其学科无法彻底分野，进而使整个刑事法及其学科在理论上和实践中整体化、全体化、一体化、立体化。

然而，量刑问题的此等理论地位，在成文的制定法国家或地区传统刑法理论中，并未得到应有彰显。这不仅是“重定罪、轻量刑”的片面观念使得刑法理论对量刑问题关注甚少，进而没有产出诸多有价值之量刑研究成果，而且是量刑问题的“非确定性”“非定论性”特质，让缺乏量刑实务经验的研究者望而却步。与依靠文献和逻辑就可以形成相对具有确定性和定论性的“定罪问题”研究相

---

① 李斯特先生于1881年创办《整体刑法学杂志》，以整合所有关于犯罪现象、犯罪行为、犯罪控制、刑事政策和犯罪预防的科学研究。参见[法]马克·安塞尔：《新刑法理论》，卢建平译，香港天地图书有限公司1990年版，第30页。

② 甘雨沛、何鹏：《外国刑法学》（上），北京大学出版社1984年版，前言。

③ 储槐植：《建立刑事一体化思想》，载《中外法学》1989年第1期。

④ 刘仁文：《提倡“立体刑法学”》，载《法商研究》2003年第3期。

比，量刑问题的研究确实有质的不同。一方面，定罪是对犯罪行为进行刑法上的性质认定，以及犯罪行为的认定对象和基于犯罪构成事实的认定根据，而在很大程度上依靠“逻辑”作“构成要件的法律符合性判断”就可以实现；但量刑是对犯罪人在刑法上应受报应、预防方式及其程度进行的裁量，并以犯罪人的裁量对象和“罪前”“罪中”“罪后”反映犯罪人社会危害性与人身危险性大小等事实作为裁量根据，而在很大程度上需要“经验”作“刑罚目的的综合价值性判断”才可以做到。因此，我们完全可以说，定罪的生命在于逻辑，量刑的生命在于经验。量刑与定罪的如此不同决定了，仅靠文献资料而无相应实务经验，是很难真正做好基于“裁量”的量刑研究的。另一方面，因在成文的制定法国家或地区刑事程序法中长期缺乏必要的量刑程序，而使量刑一直处于非公开透明的状态，使得理论研究者们难以获得量刑问题研究的完整素材，进而无法作出科学合理的量刑问题研究。其结果是，实践中长期存在严重的量刑问题，而理论上却少有有价值的研究成果。

虽然随着我国 21 世纪初对“量刑规范化”改革的探索与推进，以及刑事裁判文书的广泛运用与规范公开，我国理论上和实践中的“重定罪、轻量刑”观念逐步有所改观，但是基于量刑个别化的量刑本体性系统研究，仍有明显不足。一方面表现在理论上，虽然近十多年有关量刑问题研究的著作，相较于量刑规范化改革前的量刑著作而言，是更多地结合量刑实践展开的研究，但鲜有基于“量刑”本体的深入系统研究。据检索，量刑规范化改革前的量刑著作，主要为：《量刑与电脑》（百家出版社 1989 年版，苏惠渔等）、《量刑方法研究专论》（复旦大学出版社 1991 年版，苏惠渔等）、《量刑的原理与操作》（上海社会科学院出版社 1991 年版，顾肖荣等）、《定罪量刑的理论与实践》（吉林人民出版社 1994 年版，高格）、《量刑通论》（武汉大学出版社 1993 年版，喻伟）、《量刑的基本理论研究》（武汉大学出版社 1998 年版，胡学相）、《中英量刑问题比较研究》（中国政法大学出版社 2001 年版，中国政法大学刑事法律研究中心、英国大使馆文化教育处主编）、《中国刑法上的量刑制度与实务》（法律出版社 2003 年版，阮齐林）、《量刑情节研究》（中国方正出版社

2004年版，蒋明）、《量刑公正实证研究》（武汉大学出版社2005年版，赵廷光）。综观这些数量很是有限的量刑著作，在很大程度上是没有实践探索的立法解读性或适用构想性研究。近十多年有关量刑问题研究的著作，不仅数量不断增多，而且更多地结合量刑实践展开。然而，这些著作基本上是关于量刑规范化视野下的法定刑、量刑基准、量刑方法、量刑情节、量刑程序等方面的专题研究，缺少基于"量刑"本体与原理的深入系统研究。另一方面表现在实践中，实务部门所积极推行的量刑规范化改革探索，特别是一些地方法院模仿国外"量刑指南"或制定的"量刑指南"，①或结合信息化时代的电脑技术开发的"智能化电脑辅助量刑系统"（俗称"电脑量刑"），②其实在一定程度上是缺乏量刑基本原理支撑（甚至违背量刑基本原理）的"无根""无理"做法。

（二）量刑原理研究不足带来量刑规范化探索片面

事实上，量刑规范化探索中对"量刑不均""同案异判"认识的片面化，也是理论上对量刑及其现代化问题研究薄弱，特别是对量刑的基本原理揭示不够所致。不可否认，量刑不均是世界各国量刑中的一大顽症，它不仅影响法院的公信力，而且也有损量刑的公正有效性。可到底什么是量刑不均？量刑不均是否就等同于"同案异判"？尚值得深入研究。例如，据2002年3月23日《检察日报》报道的两个案例：一是湖北省武汉市江汉区房地产管理局原局长方某受贿51.6万元，因具有自首、重大立功和退清全部赃款情节，被法院判处有期徒刑3年，缓刑5年，并处没收财产3万元；二是江西省上高县田心镇教办会计陈某贪污11.8万元，被法院判处有期徒刑10年。如此两案，在一定意义上可视为"同案异判"。③ 然而，能否

---

① 姜堰市（现为泰州市姜堰区）人民法院的量刑方式改革及出台的《规范量刑指导意见》，被认为是"首开全国刑事案件量刑方式改革先河的破题之作"。参见汤建国主编：《量刑均衡方法》，人民法院出版社2005年版，第4页。

② 典型的是山东省淄博市淄川区人民法院于2003年年底开始推行的"量刑规范化改革"，以及制定的《常见百种罪名量刑规范化实施细则》和研发的《智能数字化量刑辅助系统》。

③ 据此，有论者判定这就是"量刑不均"，并由此发表评论，称这将影响法院的公信力和量刑的公正性。

据此判定这就是“量刑不均”，尚需综合考察它们的社会危害性和人身危险性等因素，包括各种法定和酌定从宽或从严量刑情节，才能合理判定。从媒体报道的有限信息来看，它们的社会危害性和人身危险性并不相同。就社会危害性而言，对于一个房地产管理局局长，其行贿者往往“腰缠千万”，50 多万元受贿金额并不很大；而对于一个镇教办室，其经费是老百姓的血汗钱，10 多万元贪污款在行为时已是“天文数字”。据此，后者的社会危害性似乎更大一些。就人身危险性而言，对于一个房地产管理局局长，因其地位和权力的诱因，受贿也往往具有某种“不得已而为之”的社会因素，在案发后又具有自首、重大立功和退清全部赃款等情节，其人身危险性并不很大；而对于一个镇教办会计，利用职务之便贪污“血汗钱”，其人身危险性可想而知。因此，如此两案，并不能简单地作为“量刑不均”的例证。

其实，“同案异判”与“量刑不均”是根本不同的两个问题。对于“同案异判”，固然非理性的“同案异判”现象，确属“量刑不均”而应当摒弃。但理性存在的“同案异判”，不是“量刑不均”，反而是量刑实质公正以及量刑法律效果与社会效果相统一的现实表现。事实上，“同案异判”有时是重视一些必须重视的重要差异，而那种齐头式的等同处理（划一的“同案同判”）有时会忽略一些重要的差异。对于“量刑不均”，则是指量刑并未建立在个案的社会危害性和人身危险性等量刑情节上，是一种任意的、随意的量刑。这种量刑，不仅使类似案件之间达不到均衡，而且案件内部的罪与刑之间也不可能相适应，是一种不理性的“同案异判”。

然而，理论上有着明显的“‘同案异判’即‘量刑不均’”倾向。这种理论认为，所谓量刑不均，又称量刑失衡或量刑偏差，是指审判机关在同一时空条件下，对性质相同、情节相当的犯罪，[①]在适用相同的法律时，量刑结果存在相差悬殊的现象，表现为：同类案件在量刑结果上不相同或相近，同一个案件中的不同被告人之间量刑失

---

① 笔者认为，“同案”只是就犯罪性质和定罪情节而言，对于量刑情节，因人身危险性因素不能作为“罪”（案）的根据而不应认定为“同案”（同罪）的内容。

衡,在一段时期内、一个地区范围内量刑出现不一致等情况。在这里,确实存在非理性的同案异判而表现为量刑不均的情形,但也包括了把理性的同案异判误作量刑不均的部分。如对于“同一时空条件下,对性质相同、情节相当的犯罪”,虽然它们的社会危害性可能大致相同,但其人身危险性可能大不相同。虽然最终适用相同的法律,但这只意味着这些案件的“量刑基准”相同,其量刑结果会因犯罪者的人身危险性的不同而不同。因此,对于“同一时空条件下,对性质相同、定罪情节相当的犯罪”,虽可以在一定意义上称为“同案”,但因包含有不同人身危险性因素的量刑情节而不宜“同判”。否则,就既没有遵循个案的“具体问题具体分析”基本原理,也无法使量刑结果与所有反映案件犯罪行为的社会危害性和犯罪人的人身危害性等的量刑情节相适应,无法满足量刑个别化的需要。另外,不同地区发生的犯罪,因它们在一般预防必要性大小上可能不同,这也决定了它们在量刑轻重上会有所差别。特别是,“我国地域辽阔,人口众多,各地发展不平衡,这会合理地影响不同地区的法官对所谓相同案件的罪行轻重评价,因而必然造成量刑上的差异”。①因此,不同空间上的“同案”,也并非必须“同判”。

将“同案异判”等同于“量刑不均”,必定会给量刑规范化改革带来诸多误导。综观量刑规范化改革实践中的探索性做法,如制定细密化量刑指南、开发智能化量刑辅助系统、建立同案同判的案例指导制度等,②无不是以力克“同案异判”“同罪异罚”为目标追求。如此追求,固然可在一定范围内、一定程度上防止量刑自由裁量权的滥用,减少上诉、抗诉、上访,提高所谓量刑效果、量刑效率,但不能说,这就遵循了量刑规律,就实现了量刑公正,就达到了量刑目标;而相反,以上以力克“同案异判”等为目标的探索,恰恰是以违背量刑规律、损害量刑实质公正、弱视量刑目标为代价(恕后详述)。其结果,不仅无谓地耗费了大量人力、财力、物力,而且使得整

① 张明楷:《论预防性的裁量》,载《现代法学》2015 年第 1 期。

② 本书并不否认合乎量刑运行规律的量刑指南和案例指导制度对量刑规范化的必要性和重要性。

个刑事追诉活动的目标与价值在很大程度上被消解。

基于“量刑不均”等的片面认知，给量刑规范化改革带来的最为突出的误区，是试图挤压法官量刑自由裁量权的行使。从司法实践来看，滥用量刑自由裁量权固然可以导致量刑不均乃至量刑不公，但片面化的“同案同判”同样可以导致量刑不均和量刑不公。量刑的运行规律表明，量刑自由裁量权的存在是必需的且不以任何人的意志为转移的；只要不使量刑“名存实亡”，就必须保证量刑自由裁量权的必要和充分行使；我们不能因为量刑自由裁量权会被滥用，就因噎废食地挤压甚至排除它。因此，在量刑规范化改革与防止滥用自由裁量权的关系处理上，正确的做法不是挤压甚至排除自由裁量权的行使，而是如何依量刑规律使量刑自由裁量权得到规范有序地行使。

可是，如何规范量刑自由裁量权的行使，在世界各国各地区都是难以解决的“难题”。例如，在美国，为了限制法官的自由裁量权，防止量刑偏差，早在 1977 年，加利福尼亚州就制定了《统一确定量刑法》，明尼苏达州、华盛顿州和宾夕法尼亚州也相继制定了《量刑指南》，并建立了量刑委员会等专门机构指导量刑工作。美国国会也于 1984 年通过了《量刑改革法案》(Sentencing Reform Act)，设立了专门的量刑委员会(Sentencing Commission)，监控联邦法院的量刑活动，制定对联邦法官具有约束力的《联邦量刑指南》(Sentencing Guidelines)。《联邦量刑指南》将美国联邦规定的罪行分为 43 个等级并规定相应的刑罚，要求法官必须按照统一的标准判刑。如果法官认为某一罪行需要加重或者减轻处罚，必须有陈述其理由的书面报告，以避免各级法院对同一罪行予以不同的处罚。[①]应当说，如此以“立法”和相对弹性的方式出现的量刑指南，在实践适用中能够得出相对合法、合理的量刑结论。可纵然如此，也因在实践适用中所暴露出的严重问题，使其处在细密与粗略的反复变换之中。这个变换历程，虽然不能否定量刑指南存在的必要性，但至

---

① 参见美国量刑委员会编撰：《美国量刑指南》，王世洲等译，北京大学出版社 1995 年版，第 44 ~ 65 页。

少表明,量刑指南不能侵犯量刑自由裁量权的必要行使空间。在日本,早在其1931年的刑法修改时,就提出了立法化细密的量刑基准问题,但终究只是在其1974年刑法修改草案第48条明确强调,在适用刑罚时,必须考虑犯人的年龄、性格、经历和环境,犯罪的动机、方法、结果及对社会的影响,犯罪后犯人的态度及其他情况,作为适用刑罚时应考虑的具体情况及量刑基础。[①] 这意味着,日本寻找精细化量刑基准的计划已被搁置。在德国,虽然其有着一向注重刑法精密化并不能接受量刑不统一的传统,但是在长期追求“量刑统一”未果后,理性地发现基于多种原因,不同地区间存在量刑差异不仅是合理的,而且还是法律和公正所要求的。[②]

在我国,随着“电脑量刑”等早期量刑规范化探索被广泛质疑,当前的量刑规范化探索已开始注意到,保证法官必要和相对充分的自由裁量权,对遵循量刑运行规律和实现量刑目标具有重要意义。但如何保证法官必要和相对充分的自由裁量权的行使,如何处理量刑情节数量化、量刑建议精准化与法官量刑裁量权充分行使的关系,如何运用现代科学技术进行“智慧量刑”,仍是尚待理论和实践予以突破的难题。

事实上,量刑公信力低、量刑效果差等问题的存在,最关键的缘由,不是“同案异判”“同罪异罚”,而是量刑的个别化原理被漠视。因为体现量刑本体与罪刑相适应的个别化量刑,不是建立在案件的全部事实基础上,或者没有以公开、透明的方式显现出来。曾在21世纪初影响广泛且饱受争议的“黑道霸主”刘涌案,[③]其二审量刑改判引起了舆论哗然甚至公众声讨,在一定意义上是由于,如此量刑因说理不透而缺乏“公开”“透明”性,使得媒体和公众对量刑结论产生了质疑。正如媒体所言,“在公告对刘涌案改判结果的同时,公众没有获得足够的信息,以了解为什么会产生那样的改判,因而导致大量

---

① 参见[日]西原春夫主编:《日本刑事法的形成与特色——日本法学家论日本刑事法》,李海东等译,中国法律出版社、日本成文堂1997年联合出版,第142页。

② 参见[德]汉斯·海因里希·耶赛克、托马斯·魏根特:《德国刑法教科书》,徐久生译,中国法制出版社2017年版,第1173~1175页。

③ 农夫:《信息公开,减少误解》,载《外滩画报》2003年8月27日,A19版。

的怀疑和猜测”“这种质疑和猜测会在一定程度上损害司法机关在人民群众心目中的地位”“事实上，直到我们的记者到沈阳的时候，各种关于改判原因的猜测还在流行着”“如果能有一个对事实真相的解释，这些流言也就不会有市场了”。[①] 这种看法，虽然显示了司法公信力低的重要症结以及量刑不公开、不透明、简单化的当然弊害，但也在一定程度上表明了，量刑结果必须建立在反映犯罪行为的社会危害性和犯罪人的人身危险性等方面事实的全部信息上。如此全部信息决定了，对量刑结果的追求，不应是绝对化、划一化、简单化的“同案同判”“同罪同罚”，而应是量刑结果需与反映犯罪行为的社会危害性和犯罪人的人身危险性等方面事实相适应。因此，揭示量刑的基本原理，匡正量刑的片面理念，使量刑结果建立在案件的全部事实基础上，并使量刑公开、透明、有理，既是塑造量刑公信力、维护司法权威、实现量刑目标的关键，也是本书研究的基本目标所在。

第二节 几个基础性的基本范畴

随着刑法现代化的演进，一些刑法基石范畴（如刑法、量刑等）的内涵也在悄然地发生着变化。既然“概念”是反映事物本质属性的思维形式，是构成判断、推理的基础，且“一个探索者在任何领域中的工作，总是从该领域中有用的语言和概念开始”，[②]那么在量刑

---

① 刘涌，男，1960 年 11 月 30 日出生于辽宁省沈阳市，初中文化，原系沈阳嘉阳企业集团有限责任公司董事长，因犯组织、领导黑社会性质组织罪、故意伤害罪、故意毁坏财物罪、非法经营罪、妨害公务罪、非法持有枪支罪，特别是在实施组织、领导黑社会性质组织犯罪活动中，实施了多起造成极其严重后果的故意伤害罪行（共 1 死、5 重伤、8 轻伤），于 2002 年 4 月被辽宁省铁岭市中级人民法院一审判处死刑。2003 年 8 月，辽宁省高级人民法院基于“不能从根本上排除公安机关在侦查过程中存在刑讯逼供情况”改判其死刑缓期两年执行。最高人民法院于 2003 年 10 月以原二审的改判理由不能成立（笔者认为，纵然有“不能从根本上排除公安机关在侦查过程中存在刑讯逼供情况”，但其他证据能够形成证据锁链并能证明其行为“罪行极其严重”，也完全可以判其死刑）而依照审判监督程序提审本案，并于同年 12 月以故意伤害罪等罪名判其死刑。参见《最高人民法院再审刘涌案刑事判决书》，（2003）刑提字第 5 号。

② ［美］E. 霍贝尔：《原始人的法》，严存生等译，法律出版社 2012 年版，第 16 页。

个别化研究中,首先就应对变化了的“刑法”“量刑”等相关范畴,以及对构筑量刑理论的基础性概念的“社会危害性”“人身危险性”“主观恶性”,进行刑法现代化的梳理与解读。

一、进化发展下的“刑法”解读

量刑问题是刑法理论的缩图。到底什么是量刑(量刑是对“刑罚”轻重的裁量,还是对“刑事责任”大小的量定),首先就涉及“刑法”的基本界定(刑法到底是规定“犯罪”与“刑罚”的法律,还是规定“犯罪”与“刑事责任”的法律)。因为,定罪与量刑作为刑事审判的两大基本环节,分别对应着“刑法”的两大基本范畴。具体就量刑而言,若刑法以犯罪与刑罚为基本内容,则量刑就应是对刑罚轻重的裁量;若刑法以犯罪与刑事责任为基本内容,则量刑就应是对刑事责任大小的裁量。由此,在现代刑法中,刑法之“刑”,到底是指“刑罚”还是“刑事责任”,对量刑的现代化界定及其运行设置,有着非常重要的逻辑起点意义。

(一)“刑法”概念的内涵进化

在传统刑法理论上,一般把刑法理解为规定犯罪与刑罚的法律规范的总称,从而认为刑法的最基本范畴是“犯罪”和“刑罚”。[①] 随着刑事责任[②]理论研究的深入与发展,以上刑法基本内容的通说受到了挑战,并围绕刑事责任在刑法中的地位,大致形成了“刑事责任即刑罚”说、“刑事责任—犯罪—刑罚”说、“犯罪—刑事责任”说和“犯罪—刑事责任—刑罚”说四种观点。在如此四种观点中,“刑事责任即刑罚”说否定了刑事责任的独立实体地位,也不符合犯罪的

---

① 参见[德]弗兰茨·冯·李斯特:《李斯特德国刑法教科书》,徐久生译,北京大学出版社2021年版,第3页;[日]木村龟二主编:《刑法学词典》,顾肖荣等译,上海翻译出版公司1991年版,第3页;甘雨沛、何鹏:《外国刑法学》,北京大学出版社1984年版,第1页;储槐植:《美国刑法》,北京大学出版社2005年版,第3页;高铭暄、王作富主编:《刑法总论》,中国人民大学出版社1989年版,第1页;何秉松主编:《刑法教科书》,中国法制出版社1993年版,第11页;等等。

② 这个刑事责任是指我国刑法中的刑事责任,是犯罪的法律后果,而不是犯罪论的内容,与德日等大陆法系国家刑法理论中作为犯罪成立条件之一的“责任”(“有责性”要件,属于犯罪论的内容),在使用方式等方面明显不同。

刑事责任配置从单纯报应刑到兼有报应刑与预防刑的实际，早为现代刑法实践与理论所不取；“刑事责任—犯罪—刑罚”说违背了“责由罪生，有罪才有责”的罪刑(责)关系，其不合理性也显而易见；基于刑事责任与刑罚的内在关系，“犯罪—刑事责任—刑罚”说虽被当前刑法理论视为通说，[①]但因其并未对刑事责任与刑罚的关系进行正确定位，并不符合刑事责任实现方式的立法实际，且并未反映现代刑法的实践与理论；只有“犯罪—刑事责任”说，因其正确地反映了当前刑法立法和司法的最新发展状况，反映了刑法现代化的理论，才是对“刑法”概念的合情合理界定。

在刑事责任与刑罚关系的理论认知上，有一个逐步深入与进化发展的过程。早期的刑法理论上认为，“刑事责任是联结犯罪与刑罚的中介和纽带”。[②] 其实，刑事责任的进一步理论研究证明，刑事责任在刑法中并不是处于作为犯罪与刑罚“中介”的边缘地位，而是具有实际意义的独立实体，是刑法中与“犯罪”对应的最基本的范畴。主要表现在：犯罪是违反刑法的事实，刑事责任是所有犯罪的法律后果；但并非对所有犯罪都施以刑罚，判处非刑罚处罚或给予单纯宣告有罪的处罚，也是刑事责任的实现方式。刑事责任的如此独立实体地位决定了，不仅全部刑事立法和司法活动都围绕解决犯罪人的刑事责任这“一个中心”问题展开，而且刑法理论也是借此使犯罪与刑罚联结起来的。在我国传统刑法学中，仅把犯罪和刑罚作为最基本的范畴，实际上否定了刑事责任的独立性，这不仅导致一些学者将刑事责任理解为定罪和量刑的总称，而且也导致一些学者将刑事责任与刑罚混为一谈。[③]

刑事责任的独立实体性及其与犯罪和刑罚的关系决定了，刑罚并非与刑事责任存在于同一层面，且并非与犯罪并列的刑法基本范

---

① 参见张明楷：《刑法学》(第 2 版)，法律出版社 2003 年版，第 23 页；高铭暄、马克昌主编：《刑法学》(第 8 版)，北京大学出版社、高等教育出版社 2019 年版，第 8 页；屈学武主编：《刑法总论》，社会科学文献出版社 2004 年版，第 3 页；赵廷光：《量刑公正实证研究》，武汉大学出版社 2005 年版，第 88 页；等等。

② 赵廷光：《量刑公正实证研究》，武汉大学出版社 2005 年版，第 88 页。

③ 参见王晨：《刑事责任的一般理论》，武汉大学出版社 1998 年版，第 113 页。

畴。从性质上讲,刑事责任和刑罚都是犯罪的法律后果。就刑事责任而言,虽然对于什么是刑事责任,在刑法理论上意见不一,并有后果说、义务说、刑事法律关系说、责难说(谴责说)、刑事负担说等不同界定,但它们"并不相互排斥与相互矛盾",[①]特别是在对"刑事责任是犯罪带来的法律后果"问题上,各认识基本是一致的。就刑罚而言,通说认为,它是刑法规定的由国家审判机关依法对犯罪人适用的限制或剥夺其某种权益的强制性制裁方法,在本质上是强制性地使犯罪人遭受一定的损失和痛苦,是对犯罪的惩罚。[②]据此,刑罚在本质上也是犯罪带来的法律后果。因此,"都以犯罪为前提,同时都是犯罪的法律后果",是刑罚与刑事责任的相同点所在。[③]

然而,作为犯罪的法律后果,刑事责任和刑罚并不在同一层面上。首先,承受刑罚处罚应以承担刑事责任为前提。刑事责任是行为人承受刑罚的前提,行为人只有在应当承担刑事责任的前提下,才可能承受刑罚处罚;没有刑事责任就没有刑罚。其次,刑罚只是刑事责任的一种实现方式而已。从立法及理论上看,刑事责任的实现方式有定罪判刑方式和定罪免刑方式(包括给予非刑罚处理方法的处理和不给任何处分)两类三种。[④] 这样,判处刑罚只不过是在当前刑事司法环境下的刑事责任的最基本、最主要的实现方式。再次,刑罚的轻重需以刑事责任的大小为根据。司法机关在裁量刑罚的时候,必须考虑行为人所承担刑事责任的大小,刑事责任大则刑罚重,刑事责任小则刑罚轻。最后,刑事责任并不依附于刑罚而存在。刑事责任既是犯罪的直接法律后果,又是刑罚的前提;而刑罚是刑事责任的直接法律后果,是犯罪的间接后果。刑事责任可不依附于刑罚而独立存在于刑罚之外,而刑罚不能独立于刑事责任,必

---

① 张明楷:《刑法学》(第6版),法律出版社2021年版,第659页。

② 参见高铭暄、马克昌主编:《刑法学》(第8版),北京大学出版社、高等教育出版社2019年版,第213页。

③ 参见张明楷:《刑法学》(第2版),法律出版社2003年版,第398页。

④ 对此,理论上有不同观点。

须依附于刑事责任而存在。[1] 综上,刑罚不仅与刑事责任不处于同一层面上,而且还是刑事责任的一个下位概念(范畴)。当然,为了突出刑罚在刑事责任中的主体地位,也可以在表述上按习惯把它们予以并列,但若由此认为它们是处于同一层面的刑法最基本范畴,那就不仅是逻辑上的失当,而且更意味着"有罪必有刑(刑罚)"刑罚报应观念的复活,从而使定罪判刑以外的刑事责任实现方式得不到应有的重视。

实际上,以"犯罪与刑罚"或"犯罪、刑事责任和刑罚"为刑法二元或三元基本内容的理论界定,也早为近现代刑法立法所否定。在西方国家,刑事责任的实现方式早在刑事近代学派时期就有刑罚处罚和保安处分等非刑罚处罚之分;在我国,也早在 1979 年《刑法》中就规定了建议行政处分和行政处罚等非刑罚处罚,甚至单纯宣告有罪的处罚方式。[2] 因此,从我国法律体系中的刑事责任[3]与犯罪的法律后果的关系来看,在对刑事责任理论展开研究之前,通说把这个"法律后果"界定为"刑罚",认为刑法是规定犯罪与刑罚的法律,犯罪与刑罚构成刑法的基本内容,[4]这也是可以理解的;但在对刑事责任展开深入研究之后,通说还把这个"法律后果"界定为"刑罚"或"刑事责任和刑罚",认为刑法是规定犯罪与刑罚的法律,或是规定犯罪、刑事责任与刑罚的法律,[5]这就已经不合时宜了。既然刑事责任既不是犯罪与刑罚的单纯中介,又不是与刑罚并列的概念,而是与犯罪并列的刑罚的上位概念,那么作为刑法基本内容的"法律后果",就只能界定为"刑事责任",而不能界定为"刑罚"。由此,刑法只是规定犯罪与刑事责任的法律规范的总和,而不是规定犯罪与刑罚的法律规范的总和。

以上界定,实际上也有理论上的必要支持。如有论者认为,刑

---

① 参见张明楷:《刑法学》(第 2 版),法律出版社 2003 年版,第 399 页。

② 1979 年《刑法》规定在第 32 条,1997 年《刑法》规定在第 37 条。

③ 以下简称刑事责任,与大陆法系国家刑法理论中作为犯罪成立条件之一的"责任"(有责性)不同。

④ 参见高铭暄主编:《中国刑法学》,中国人民大学出版社 1989 年版,第 1 页。

⑤ 参见高铭暄、马克昌主编:《刑法学》(第 8 版),北京大学出版社、高等教育出版社 2019 年版,第 1 页;苏惠渔主编:《刑法学》,中国政法大学出版社 1997 年版,第 13 页。

法是"规定犯罪及其刑事责任的法律规范的总和"。[①] 又有论者认为,"犯罪—刑事责任"说的体系结构是科学的,因为刑事责任既不是犯罪与刑罚的中介,又不是与刑罚并列的概念,而是与犯罪相并列的刑罚的上位概念;犯罪是确认刑事责任的依据,刑罚是实现刑事责任的方式之一。[②] 还有学者认为,"刑法并不只是规定犯罪与刑罚,刑罚也不能与刑事责任相并列",[③]"刑法是规定犯罪及其法律后果(主要是刑罚)的法律规范"。[④] 确实,"刑由罪生,有罪才有刑",与犯罪相伴而生的只是刑事责任;[⑤]刑事责任是犯罪的必然结果和必然要求,无犯罪便无刑事责任,有犯罪则必有刑事责任。[⑥] 刑事责任与犯罪的如此关系,决定了它们的平行地位。

当然,关于刑法的以上基本内容,并非在《刑法》总则和《刑法》分则中都得以完整体现。从《刑法》总则来看,总则意义上的刑法是犯罪与刑事责任的法律规范的总称,是以上刑法基本内容的完整体现。尽管这些规范,只是一般意义上的通常规定,不仅规定不宜或不需要有刑法分则特别规定的内容,而且通常不对接具体罪名。而《刑法》分则,其基本上只是规定某个行为为何种具体犯罪,以及配置什么种类与程度的法定刑,对法定刑以外的处罚(包括要不要和如何从轻、减轻、免除刑罚处罚或非刑罚处罚等)通常不予规定,在实践中根据《刑法》总则的规定予以体系化理解和适用。《刑法》总则和分则的以上特点,意味着分则意义上的刑法是一个不完整的刑法评价规范,其对刑事责任实现方式的规定,仅与抽象个罪的刑罚处罚配置(法定刑)相对应,只是针对抽象个罪犯罪行

---

① 苏惠渔主编:《刑法学》,中国政法大学出版社 1997 年版,第 13 页。

② 参见王晨:《刑事责任的一般理论》,武汉大学出版社 1998 年版,第 125 页。

③ 张明楷:《刑法学》(第 2 版),法律出版社 2003 年版,第 23 页。

④ 张明楷:《刑法学》(第 6 版),法律出版社 2021 年版,第 17 页。张明楷教授将刑事责任与犯罪的法律后果作为大体等同的概念使用。

⑤ 刑事责任应区分实体上应负的刑事责任与司法中实负的刑事责任。就前者而言,自行为人实施了犯罪行为时起至法院作出有罪判决时止,就已经存在,但这还不是其实际所负的刑事责任;就后者而言,只有法院作出的有罪判决确定即发生法律效力时,才意味着行为人实际负刑事责任。

⑥ 参见王晨:《刑事责任的一般理论》,武汉大学出版社 1998 年版,第 122 ~ 125 页。

为的社会危害性所配置的刑罚种类与幅度，并不包括量刑中根据量刑情节所增减的刑罚量，也不包括由《刑法》总则做普遍性要求的一般规定。

《刑法》分则系不完整刑法规范的以上特点，是由《刑法》分则的规范本质决定的。从立法来看，《刑法》分则关于罪名条文的规定并不是一个完整的刑法规范。① 从其构成内容来看，它只是规定了具体犯罪定性处罚的部分犯罪构成要件和部分刑罚处罚配置，并没有对具体犯罪成立的全部构成要件和需适用的全部处罚方法（刑罚处罚、非刑罚处罚、不给任何刑罚）作出规定。具体表现在，我国《刑法》分则关于罪名条文的规定，一般包括罪状与法定刑两个部分。其中，罪状规定的是关于抽象个罪成立的部分要件，法定刑是针对该抽象个罪（含基本犯、加重犯、减轻犯等）所应承担的基本刑事责任而制定的部分刑罚配置。这里的“部分定罪要件”和“部分刑罚配置”意味着《刑法》分则关于罪名条文的规定，并不是对该犯罪的定性处罚、法律适用的完整刑法规范，而只是针对整个个罪特别情况所作的特别规定或为防止刑罚权滥用而对其惩处范围进行的限定。对于决定抽象个罪成立与否的全部构成要件及其所应承担的全部刑事责任的刑罚配置，即能评价一个行为是什么和如何处罚的完整刑法规范，需要《刑法》总则“指导”下的《刑法》分则的所有相关规定体系化地完成与实现。其中，当《刑法》分则在总则“指导”下而不符合总则的规定时，需要根据《刑法》总则的规定予以补充、限制甚至修正。否则，就会因法律适用不完整而导致该罪定性、处罚既不合理也不合法。首先，《刑法》分则条文规定的用以个案定罪量刑的评价，需总则视情况予以“补充”。例如《刑法》分则第232条关于故意杀人罪的规定，即“故意杀人的，处死刑、无期徒刑或者十年以上有期徒刑；情节较轻的，处三年以上十年以下有期徒刑”，只规定了部分定罪要件和刑罚配置，需要根据《刑法》总则的

---

①　一个完整的刑法规范应包含适用条件、要求怎样做、不能怎样做及违反的法律后果等基本内容，以能够独立评价一个行为是什么和给予什么样的处罚。一个完整法律规范可以表述在几个法律条文甚至不同的法律文件之中。

规定对其犯罪主体、死刑执行制度、剥夺政治权利、没收财产、有期徒刑的上限、拘役等定罪要件和刑罚配置予以补充。其次,《刑法》分则条文规定的用以个案定罪量刑的评价,需总则视情况予以“限制”。例如,《刑法》分则第 170 条的规定(伪造货币罪),“伪造货币的,处……”也作出了相对明确的规定(《最高人民法院关于审理伪造货币等案件具体应用法律若干问题的解释》第 1 条),要求“伪造货币的总面额在二千元以上不满三万元或者币量在二百张(枚)以上不足三千张(枚)的”,才“依照刑法第一百七十条的规定,处三年以上十年以下有期徒刑,并处五万元以上五十万元以下罚金”。即在司法上,并非仅依《刑法》分则第 170 条规定行为人伪造了货币就构成伪造货币罪,在客观数额上至少需伪造 2000 元或 200 张(枚)的,才构成,否则就会属于“情节显著轻微危害不大的,不认为是犯罪”。[①] 最后,《刑法》分则条文规定的用以个案定罪量刑的评价,需总则视情况予以“修正”。其实,《刑法》总则关于故意犯罪的未完成形态、共同犯罪形态和罪数形态的规定,都是为了贯彻罪刑相适应原则而对《刑法》分则规定(基本犯罪形态)进行修正的修正犯罪形态。除此之外,《刑法》总则还有对《刑法》分则所规定的法定刑的修正功能。例如,根据《刑法》总则第 37 条的规定,“对于犯罪情节轻微不需要判处刑罚的,可以免予刑事处罚”,从而使得《刑法》分则关于罪名条文规定失去“给予刑罚处罚”的意义;根据《刑法》总则第 63 条的规定,对于“犯罪分子具有本法规定的减轻处罚情节的,应当在法定刑以下判处刑罚”,或者“犯罪分子虽然不具有本法规定的减轻处罚情节,但是根据案件的特殊情况,经最高人民法院核准,也可以在法定刑以下判处刑罚”,从而使《刑法》分则具体罪名条文规定的法定刑变成了处断刑。[②] 综上,《刑法》分则

---

① 按这里关于“限制”的理解,这个解释也存在机械和不科学的地方,但笔者认为,它并不是违背罪刑法定原则的“越权解释”,而是没有真正认清《刑法》总则、分则关系及这个“限制”的《刑法》总则根据而带来如此机械和不科学的规定。这一点,也是当前众多司法解释的通病所在。

② 所谓处断刑,是指在某个具体犯罪存在减轻处罚情节时,给予犯罪人在定罪所应确定的具体法定刑之下确定相应的量刑幅度。详见后文内容。

关于罪名条文的规定，在实质上并不是对该犯罪定性、处罚、法律适用的完整的刑法规范，需要《刑法》总则予以指导。《刑法》总则对分则的“指导”，并不是抽象和形式上的，而是有具体的内容，即具体个案完整的法律适用需要通过《刑法》总则对《刑法》分则予以补充、限制甚至修正。

综观刑法立法，事实上，很多问题只能由《刑法》总则而不能由《刑法》分则来规定。如对于符合《刑法》分则定罪基准的出罪问题，一般只能由《刑法》总则在犯罪定义、刑法的空间效力和时间效力、追诉时效等方面作出一般性规定；对于符合《刑法》分则量刑基准的免刑或减轻处罚问题，一般也只能在《刑法》总则中作出一般性规定，如我国现行《刑法》第 37 条的规定和第 63 条的规定。就以上意义而言，分则性刑法规范的以上不完整性，是《刑法》总则和《刑法》分则之间内在关系的体现。

理论上，有学者认为，以上罪责平行说不符合我国现行立法的实际。理由如下：从刑法立法来看，我国现行刑法体系是按“刑法—犯罪—刑罚”的结构规定的，罪责平行体系明显与这个刑法体系不符；在刑法理论中，刑罚理论内容丰富，占有很大篇幅，非刑罚处理方法内容单薄，所占篇幅很小，使两者处于同等地位，未必合理，而以刑事责任为联结犯罪与刑罚的纽带的罪责刑平行说，基本上符合现行刑法的规定。① 笔者不同意这种看法。其一，“刑法是按刑法—犯罪—刑罚的结构规定的”本身也说明了罪责刑平行说不能成立。因为“刑法—犯罪—刑罚”本就意味着犯罪与刑罚不是平行结构，否则就会出现犯罪也与刑法是平行结构的悖论。其二，罪责刑平行说在逻辑上是错误的。既然以上论者肯定“刑罚与非刑罚处理方法都是刑事责任的下位概念，主张以刑事责任论代替刑罚论，在逻辑上是正确的”，则因罪责刑平行说而又使罪责刑处于一个层面上，存在显而易见的逻辑错误。其三，只有罪责平行说符合我国现行立法的规定。表现在我国现行刑法明确把“犯罪与刑事责任”

---

①　参见高铭暄、马克昌主编：《刑法学》（第 8 版），北京大学出版社、高等教育出版社 2019 年版，第 200～201 页。

(总则第二章第一节的标题)予以并列,而对于刑罚,鉴于其在刑事责任实现方式中的特殊地位(刑事责任的主要实现方式),以专章作出详尽的特别规定(第三章和第四章)。这既是突出刑罚处罚的特殊地位的需要,也是罪刑法定原则关于限制刑罚权滥用的人权保障机能的具体体现。其四,刑罚理论内容与非刑罚理论内容在刑法理论中的不平衡,更不能成为否定罪责平行说的理由。因为以上两内容的不平衡,一方面意味着它们在刑事责任实现方式及其理论中的主次地位,另一方面说明我国理论上对非刑罚处罚方式的理论研究的薄弱,且不适应立法等需要,应加强研究和丰富其内容。综合以上几点,本书认为,罪责平行说不仅本身是符合逻辑和科学的,而且也是符合(且是唯一符合)我国现行立法规定的。

(二)"刑法"概念重解的理论影响

以上刑法基本内容也即刑法概念的重构,既是刑法现代化的反映,也势必给刑法理论乃至刑法立法和司法带来重大影响。这个影响,从消极方面来看,主要是颠覆传统刑法学理论关于刑法基本内容的理论,并挑战由此建立的刑法理论秩序和刑法立法和司法中没有现代化的一面。但这个"消极"影响,又深深地推动了刑法理论现代化的发展并促进了刑法立法、司法现代化的进程,且直接影响了对量刑的理论研究和实践探索。

1. 带来刑法之"刑"的重新解读

按传统刑法理论,刑法之"刑"被解读为"刑罚",已是共识。认为刑法之所以被称为"刑法",是因为刑法侧重于法律的刑罚特征而确定的名称,正如犯罪法是侧重于法定犯罪的特征而确定的名称一样。① 但由于"刑随罪至,罪因刑显;单称犯罪法或单称刑法,亦均足以赅括罪刑兼有之义",②因而刑法和犯罪法也就可以被看作一个意思。然而,据此理论,刑法的基本内容已由"犯罪与刑罚"修正为"犯罪与刑事责任"的情况下,刑法之"刑",就不应再理解为

---

① 参见李海东:《刑法与犯罪法》,载《中国刑法词典》编委会编:《中国刑法词典》,学林出版社1989年版,第5页。

② 郑健才:《刑法总则》,台北,三民书局1982年版,第3页。

“刑罚”，而应理解为“刑事责任”了。正如有论者指出，“事实上，在现代国家，犯罪并不必然导致刑罚，刑法中的‘刑’作为罪与刑（广义的）的核心概念，其含义应该是指刑事责任”；[①]“在国外，由于保安处分不是刑罚却被规定在刑法中，只能将刑法一词中的‘刑’解释为‘刑罚’，故采用‘刑法’一词似有不合适之处。在我国，刑事责任包括了犯罪法律后果的各种表现形式，只要将刑法一词中的‘刑’理解为刑事责任，就没有不妥当之处，没有必要将‘刑法’改为‘犯罪法’”。[②]

2. 带来罪刑法定之“刑”的重新解读

罪刑法定原则，作为刑法的基本原则之一，在很多国家也是宪法的一项基本原则，甚至还成为相关国际法的一项重要原则。[③] 从世界各国关于罪刑法定原则的立法方式来看，大部分国家对该原则采取了最简朴的表达方式，即类似于“法无明文规定不为罪（nullum crimen sine lege），法无明文规定不处罚（nulla poena sine lege）”。[④] 如此规定，在理论上被认为是“消极的罪刑法定主义”。[⑤] 从各国立法和理论上对该规定的解读来看，这里的“处罚”即罪刑法定之“刑”，只是“刑罚”而不包括非刑罚处罚方式。[⑥] 在我国，《刑法》第3条也对罪刑法定原则作了明确规定。根据这一规定的表述，[⑦]实际上包括正（积极）和反（消极）两方面。[⑧] 在如此罕见的正反两方

---

① 王晨：《刑事责任的一般理论》，武汉大学出版社 1998 年版，第 115 页。

② 张明楷：《刑法学》（第 2 版），法律出版社 2003 年版，第 24 页。对此，张明楷教授在该书的 2007 年第 3 版中又回避了该主张。这是张教授另有新的认识，还是基于写作主题的需要而去除，不得而知。

③ 参见马克昌、杨春洗、吕继贵主编：《刑法学全书》，上海科学技术文献出版社 1993 年版，第 605 页。

④ 陈泽宪主编：《刑事法前沿》（第 3 卷），中国人民公安大学出版社 2006 年版，第 4 页。

⑤ 参见何秉松：《刑法教科书》（上卷），中国法制出版社 2000 年版，第 69 页。

⑥ 该原则的含义是：认定某种行为是犯罪，以及对其判处刑罚，必须先有规定犯罪与刑罚的成文法的规定；成文法（制定法）未规定，便不存在犯罪和刑罚。参见［日］木村龟二主编：《刑法学词典》，顾肖荣等译，上海翻译出版公司 1991 年版，第 66 页。

⑦ 即“法律明文规定为犯罪行为的，依照法律定罪处刑；法律没有明文规定为犯罪行为的，不得定罪处刑”。

⑧ 参见何秉松：《刑法教科书》（上卷），中国法制出版社 2000 年版，第 69 页。

面的表述中,罪刑法定之“刑”也只是“刑罚”。[①] 然而,随着刑事责任研究的发展和保安处分等非刑罚处罚形式被纳入刑法,以上把罪刑法定之“刑”仅仅理解为“刑罚”的观点和解读,已受到立法和司法现实的挑战。日本刑法学者平野龙一曾在理论上将“没有责任就没有刑罚”的标语变为“有责任就有刑罚”,而受到广泛的诘难。[②] 这就表明理论界对把罪刑法定之“刑”仅仅理解为“刑罚”的传统共识已在动摇。因为,在罪刑法定之中,能够真正与“罪”发生“没有××就没有××”和“有××就有××”关系的,只有“刑事责任”,即便“刑罚”也无法担当如此重任。正如日本刑法学家大塚仁所言,“‘没有责任就没有刑罚’是说为了科处刑罚,作为其前提需要责任[③]的存在,而不能解释为存在责任就当然要科以刑罚”。[④] 实际上,存在责任,可以科以刑罚处罚或非刑罚处罚甚至给予单纯宣告有罪的处罚。然而,在已构成犯罪且需要追究刑事责任的情况下,无论是科以刑罚或非刑罚处罚,还是不给任何刑罚或非刑罚处罚,都应当有刑法的明确规定,否则,“罪刑法定”这个刑法最基本原则的地位及其精神就会遭到破坏。由此,罪刑法定之“刑”,无法以“刑罚”解读,而需“刑事责任”予以表现。

3. 带来量刑之“刑”的重新解读

与刑法的犯罪和刑事责任两大基本内容相对应,定罪和量刑两大基本刑事审判活动也分别是对犯罪的认定和对刑事责任实现方式及其轻重的裁量(而不只是对刑罚的裁量)。对此,下文予以详述。

4. 带来刑法理念的重要变化

“刑法”概念的重构,并不只是刑法基石概念的“拨乱反正”,还

---

① 参见陈泽宪主编:《刑事法前沿》(第3卷),中国人民公安大学出版社2006年版,第4页。

② 参见[日]大塚仁:《犯罪论的基本问题》,冯军译,中国政法大学出版社1993年版,第177页。

③ 这里的“责任”是广义上的责任,相当于我国刑法上的刑事责任,而不是德日刑法上作为犯罪构成要件的有责性。

④ [日]大塚仁:《犯罪论的基本问题》,冯军译,中国政法大学出版社1993年版,第177页。

意味着刑法理念的重要变化。我们都不会否认,传统“犯罪与刑罚”的二元刑法基本内容,意味着刑法理念是建立在犯罪与刑罚的对应关系的基础上,从而使“刑罚”成为惩治犯罪的当然工具,并意味着只要行为构成犯罪就“应当给予刑罚处罚”。如此刑法理念,不仅与当今刑法关于刑事责任的实现方式(刑罚与非刑罚处罚等)不相适应,也与教育与改造犯罪人的刑法理念相背离。也正是这种刑罚主义理念,使得既有刑法理论陷入“罪刑均衡”(“犯罪”与“刑罚”相均衡、刑量等于罪量)的泥潭。其实,在“犯罪与刑罚”相对应的刑法观念下,无论是将“罪”解读为已然之罪与未然之罪的综合体而使之与“刑罚”相均衡,还是将“罪”和“刑”抽象和换算成“罪量”与“刑量”相均衡,终将是在“犯罪”与“刑罚”的藩篱中“打转”,既不符合现代化的刑法立法和司法实际,也无法在理论上真正地自圆其说。原因在于,一方面并非只有“刑罚”才是犯罪的法律后果(刑事责任的承担方式);另一方面将“未然之罪”(犯罪人的罪前、罪后乃至平时生活环境等)作为“罪”的评价根据,既不符合并合主义的真实内涵,也给实践带来重刑主义和刑罚主义的可怕后果。从历史上看,罪刑均衡本是报应主义的产物。虽然贝卡里亚主张的罪刑均衡是建立在双重预防思想上,即“刑罚的目的既不是要摧残折磨一个感知者,也不是要消除业已犯下的罪行”,而仅仅是“阻止罪犯再重新侵害公民,并规诫其他人不要重蹈覆辙”,但其“刑罚的恶果大于犯罪所带来的好处”①的罪刑均衡观,不仅表现为实质上的报应主义,而且还是重刑主义和刑罚主义。现代刑法发展早已表明,以上罪刑均衡观,虽然相对于封建专制年代的罪刑擅断来说,确实是刑法理念的巨大进步,但这种建立在报应主义和刑罚主义之上的罪刑均衡观,已不符合刑法现代化的需要,也与现代化的刑法立法和司法不相符合。综观当前关于罪刑均衡的各种阐述,基本上是以上原初形态的罪刑均衡观。事实上,只要是主张“犯罪”与“刑罚”相均衡,就不可能跳出

---

① 参见[意]贝卡里亚:《论犯罪与刑罚》,黄风译,中国大百科全书出版社 1993 年版,第 42 页。

罪刑均衡的原初形态的藩篱。

然而，把刑法的最基本范畴匡正为“犯罪”和“刑事责任”后，刑法理念就当然地建立在犯罪和刑事责任的基础上，并使得刑法理念变为：并非犯了罪就要给予刑罚处罚，并非只有刑罚才是刑事责任的实现方式。如此理念，不仅与当今刑法立法和司法相一致，而且也有利于宽严相济刑事政策的贯彻落实，有利于现代刑法的非刑罚化和轻刑化的实现。

（三）重构“刑法”概念的意义

以上情况表明，新解刑法概念并不是理论游戏，而是刑法理论、刑法立法、刑事司法现代化的需要。具体而言，新解“刑法”概念至少具有如下几方面的意义：

1. 在很大程度上使刑法概念反映了刑法现代化的状况

如前所述，把刑法界定为关于犯罪和刑罚的法律规范的总称的传统刑法概念，是一个不能反映刑法现代化的概念。而把刑法概念界定为关于犯罪和刑事责任的法律规范的总称后，就与“责由罪生”“有罪必有责”等原理以及现代刑法立法和司法上的刑事责任实现方式（刑罚处罚、非刑罚处罚和单纯宣告有罪）等相一致，并使刑法概念囊括了传统刑法概念所无法囊括的内容，使刑法概念在很大程度上“名”副其“实”。

2. 有利于罪刑法定原则的现代化

罪刑法定原则作为现代刑法的基石，既是现代刑法发展的产物，又要随着现代刑法的发展而发展。所谓现代刑法的发展，在本质上就是刑法随着时代的发展和社会的进步而发展进步。既然罪刑法定原则是现代刑法的灵魂和基石，则罪刑法定原则也应与时代的发展和社会的进步相适应。在时代特征上，我们现代社会是一个走向权利的时代，关注个体特别是弱者的权利，是我们这个时代的突出特征。这个时代特征反映在刑法上，就是强化刑法的人权保障机能和人性关怀，以在社会契约中增强国民对抗国家的“实力”，并使刑法表现出人性化、轻缓化、非刑罚化等时代特征。然而，在将罪刑法定之“刑”解读为“刑罚”并以形式公正为价值取向的情况下，这些时代特征和社会进步的产物和表现，不仅无法在罪刑法定原则中得以很好体现，而且还表现出与罪刑法定原则的冲突。而把刑法和罪刑法定之“刑”解读为“刑事责任”后，因刑事责任的认定和评价需结合时代特征，且刑事责任的实现方式具有多样性，这样有利于罪刑法定原则真正从传统走向现代、从机械走向灵活、从形式走向实质、从矛盾冲突走向自圆其说、从虚置走向有效。

3. 有利于量刑概念的重新解读

按照传统刑法概念——刑法是关于犯罪与刑罚的法律规范的总称，就必定要把量刑概念界定为刑罚的裁量。而把量刑概念界定为刑罚的裁量，这意味着量刑活动就应给犯罪人判处刑罚，否则就不是刑罚裁量。虽然刑罚裁量也可理解为不判处刑罚，但因对非刑罚处罚的裁量毕竟不是刑罚裁量，而使量刑即刑罚裁量无法囊括量刑的全部内容。而基于“刑法是关于犯罪与刑事责任的法律规范的总称”的重新解读，量刑概念也应相应解读为是对刑事责任大小的量定及其相应承担方式的配置。[①] 从以上把量刑概念界定为刑罚裁量的困境来看，把量刑概念重新解读为对刑事责任实现方式的裁量，就不会出现以上困境。因此，刑法概念的以上新解有利于量刑概念的重新解读。

二、进化发展下的“量刑”解读

量刑个别化是“量刑”的个别化。因此，刑法现代化下的量刑个别化研究、理解和适用，都必须建立在量刑概念的现代化解读的基础上。在刑法以犯罪和刑事责任为基石范畴的刑法现代化下，与此相应的基本刑事审判活动之一的量刑，也应随之现代化。这不仅是其基本运行需反映现代化刑法立法和司法，而且还应遵循量刑之为量刑的基本规律，同时包括量刑观念的现代化转变。

---

① 从刑事责任本身的属性来看，之所以可以作如此解读，是因为刑事责任本身就具有实体的惩罚性意义，不仅其本身大小需要且可以量定，而且其具体表现形式（实现方式）也需要且可以量定。

(一)“量刑”概念的历史进化

在传统刑法理论上,量刑一般被理解为刑罚的裁量。[①] 本书认为,基于刑事责任理论研究的发展及其在现代刑法中的地位,不能再简单地对量刑概念仅作以上理解和解读。在现代刑法理论上,量刑不再只是“刑罚的裁量”,还包括“非刑罚乃至单纯无罪宣告的裁量”。虽然以上传统量刑界定,体现了刑罚在刑事责任实现方式中的主要地位,但毕竟“刑罚的裁量”,一方面已不能担当“刑法理论的缩图”的重任,另一方面也不能满足现代化的量刑运行需要。虽然刑罚的裁量,可以是处以刑罚处罚,也可以是处以非刑罚处罚,甚至是单纯宣告有罪,但把处以非刑罚处罚和单纯宣告有罪的裁量,称之为“刑罚的裁量”,肯定是逻辑上的不当。因此,对量刑概念作出与以上刑法概念现代化相符合的解读,对量刑研究和实践至关重要。

从刑法概念现代化(刑法是关于犯罪和刑事责任的法律规范的总称)来看,现代化的量刑概念,也应相应地界定为对刑事责任大小及实现方式的裁量。在这个裁量中,由于刑罚是刑事责任最基本、最主要的表现形式,而刑罚裁量只是量刑的主体部分而不是全部。[②] 在理论上,虽然尚没有发现如此的量刑概念界定,但也能找到相关理论支持。如有学者在解读量刑方法时认为:“我国的量刑方法,是指在我国《刑法》规定的量刑模式下,为实现量刑目的和任务而采取的对犯罪分子落实刑事责任的具体操作方法和技术。”[③]若对此界定进行简化,则我国的量刑方法就是“对犯罪分子落实刑事责任的具体操作方法和技术”。由此推之,量刑也就可简称为“对犯罪分子落实刑事责任”。

---

① 参见高铭暄、马克昌主编:《刑法学》(第8版),北京大学出版社、高等教育出版社2019年版,第246页;张明楷:《刑法学》(第2版),法律出版社2003年版,第72页;马克昌主编:《刑罚通论》,武汉大学出版社2001年版,第247页;[日]木村龟二主编:《刑法学词典》,顾肖荣等译,上海翻译出版公司1991年版,第439页。

② 甚至,随着刑罚轻缓化和非刑罚化的发展,在轻型犯罪中的刑罚裁量将会退而居其次。

③ 马克昌主编:《刑罚通论》,武汉大学出版社1999年版,第296~297页。

本书认为,量刑之所以可被解读为对刑事责任大小及实现方式的裁量,主要是因为:

其一,这由量刑任务决定。从刑事责任的发展阶段来看,审判机关在定罪后即量刑的任务是确认犯罪人应负何种程度的刑事责任以及如何实现这个刑事责任。[①] 这就决定了量刑实际上就是裁量犯罪人应负怎样的刑事责任以及如何实现这个刑事责任,包括刑事责任的大小和刑事责任的实现方式。其中,在判处刑罚处罚的刑事责任的实现方式上,涉及判处何种刑罚以及判处多重的刑罚;在判处非刑罚处罚的刑事责任实现方式上,涉及判处补偿性的还是教育性的抑或惩戒性的,等等。

其二,这由刑法二元基本范畴决定。既然刑法的基本范畴为犯罪和刑事责任,则作为与之相对应的两大基本刑事审判活动之一的量刑,也应是对刑事责任实现方式的选定和大小的裁量。又既然现代刑法之"刑"应解读为"刑事责任",则量刑之"刑"也当然可理解为"刑事责任"。在理论上,不仅我国学者张明楷教授曾主张将刑法之"刑"理解为"刑事责任",[②]而且德国学者耶赛克和魏根特教授对量刑概念采取的也是类似本书"刑事责任(大小)的裁量"的界定,即"量刑是对犯罪行为的法律后果的确定"。因为,依德国法,"对犯罪行为的法律后果的确定""包括制裁的选择(例如自由刑、罚金刑、禁止驾驶、吊销驾驶执照),确定量刑标准(例如自由刑的期限),需要的情况下还要对刑罚或保安处分的缓刑交付考验作出裁决",[③]并非只是刑罚的裁量。

其三,这由刑事责任的属性决定。从刑事责任的属性来看,之所以可以把量刑之"刑"解读为刑事责任,是因为刑事责任本身就具有实体的惩罚性意义。申言之,作为具有实体惩罚性意义的刑事

---

① 参见高铭暄、马克昌主编:《刑法学》(第8版),北京大学出版社、高等教育出版社2019年版,第246~247页。

② 参见张明楷:《刑法学》,法律出版社1997年版,第11页;张明楷:《刑法学》(第2版),法律出版社2003年版,第23页。

③ [德]汉斯·海因里希·耶赛克、托马斯·魏根特:《德国刑法教科书》,徐久生译,中国法制出版社2017年版,第1166页。

责任,并不是因为它是犯罪与刑罚的桥梁和中介,而是因为其本身就是可裁量的实体。不仅其大小需要且可以量定,而且其具体表现形式(实现方式)也需要且可以裁定。在这里,刑罚的裁量只是“量刑”中的一种情况,具体是“刑罚惩罚”这种刑事责任实现方式的选定与轻重的裁量。

其四,这由定罪与刑事责任的关系决定。在二者关系上,二者既相互关联,又不能互相替代,需要相互联动。一方面,二者互相依存,互为前提。主要表现在,“刑事责任”与“犯罪”是一个犯罪有机体不可分割的“两面”:一个人实施了某种犯罪行为,在成立犯罪的同时就意味着要承担相应的刑事责任。这是因为“责由罪生,无罪就无责”,也是因为按罪刑法定原则的要求,在规范刑法意义上,行为人即使实施了严重危害社会的行为,只要其被认定为“不负刑事责任”,就“不认为是犯罪”。另一方面,二者认定的对象和根据不同,需要分别进行与相互联动。主要表现在,定罪的对象是刑事被告人的犯罪行为,其认定根据是该行为实施过程中表现出来的犯罪构成事实;而就刑事责任而言,虽然其有无的认定就是定罪,但作为其实现方式的选定和大小的裁量的对象,是已被认定为有罪的行为人(而不是犯罪行为),其认定根据是定罪外的案件所有能反映社会危害性大小和人身危险性大小的事实,包括犯罪前、犯罪中、犯罪后的以上事实。这意味着,定罪既是刑事责任有无的认定,也是刑事责任实现方式的选定和大小的裁量的基础和前提。正是在这个意义上,理论上认为,行为人的罪行到底有多重,应负多大的刑事责任,在定罪过程中还不能完全反映出来;只有通过量刑这种审判活动,即正确和适当地依法决定对犯罪分子是否判处刑罚,判处何种刑罚、刑度,所判刑罚是否立即执行,以及是否适用某种非刑罚处理方法,其罪行大小和责任轻重才能得以确定,并据此认为“量刑的过程就是对犯罪分子落实刑事责任”。①

其五,这由量刑实际决定。既然在量刑中,审判机关对犯罪人

① 参见高铭暄、马克昌主编:《刑法学》,北京大学出版社、高等教育出版社 2007 年版,第 272 ~ 273 页。

裁量和选定的刑事责任实现方式，不只是刑罚处罚，还有非刑罚处罚和单纯宣告有罪，那么裁量“刑事责任”才能是真正意义上的量刑。否则，所谓的量刑，只是“裁量刑罚”，并不符合刑法的立法实际和量刑的内容实际。

其六，这由刑事责任的共同性决定。其实，“刑事责任”作为实施犯罪行为所应承担的法律责任，在所有国家和地区法律中的含义都是一样的（具有共同性）。这意味着，把“量刑”解读为刑事责任实现方式的选定和大小的裁量，并不真正影响“量刑”作为刑事法基本范畴在概念理解上的共通性。虽然大陆法系的德国刑法中，“责任”是犯罪成立的构成要件（有责性），但这个作为犯罪构成要件的“责任”（有责性），与作为犯罪的法律后果的“刑事责任”，是两个完全不同的概念。就“责任”（有责性）而言，它是“意志形成的非难可能性”，是“构成要件该当的和违法的行为中所表现的法律意识的可非难缺陷”，是“意志形成时动机价值的高低”，包括责任能力、违法性意识和禁止错误等内容。就作为犯罪的法律后果的“刑事责任”而言，包括责任原则、构成刑罚基础的责任以及量刑责任中的“责任”。“刑事处罚中，只应当根据行为人所为的行为进行非难”，即“刑罚只能够在其责任的范畴内进行非难”“刑罚的制定建筑在对行为非难可能性基础之上，而且是否定要件的总体评价”“综合量刑上应当考虑的诸因素，行为人应当承担责任的总体评价”，这些被视为“责任论”的犯罪成立要件的“基础”。[①] 对此，理论上有论者认为，大陆法系在量刑中所称“责任”，是基于道义上的要求而对行为人的非难和谴责，其含义与我国刑法中的“刑事责任”相同。[②] 确实，从大陆法系一些国家或地区的刑法立法及理论来看，既有“有责性”这个作为犯罪成立要件及犯罪论的内容，也有在刑罚论及量刑问题上关于刑罚、矫正及保安处分等“刑事责任”实现方式的规制。据中国人民大学冯军教授的研究，域外各国关于量刑

---

① 参见［德］汉斯·海因里希·耶赛克、托马斯·魏根特：《德国刑法教科书》，徐久生译，中国法制出版社 2017 年版，第 549、572～578 页。

② 参见胡学相：《论我国刑法中量刑原则的重构》，载《法学评论》2005 年第 1 期。

内容的规定大致有如下六种模式：[①]一是规定量刑要以行为人的责任为根据，同时列举具体的量刑事实，如《瑞士刑法》(1996 年修订)第 63 条；二是规定量刑要以行为人的责任为基础，同时应考虑"刑罚目的"，进而列举具体的量刑事实，如《德国刑法》第 46 条，日本 1974 年的改正刑法草案第 48 条；三是规定量刑时要考虑"行为的社会危险性程度"(和"犯人的人格状况")以及"刑罚目的"，并列举了具体的量刑事实，如 1969 年的《波兰刑法》第 50 条，1997 年的《俄罗斯联邦刑法典》第 60 条；四是规定在量刑时应考虑"犯罪的轻重"及"犯人的犯罪性"，并列举了具体的量刑事实，如 1930 年的《意大利刑法典》第 132 条和第 133 条；五是只规定"刑罚目的"，如 1965 年的《瑞典刑法》第 1 章第 7 条；六是只规定量刑时应该考虑的量刑事实，如 1930 年的《丹麦刑法》第 80 条，中国 1997 年《刑法》第 61 条。综观以上六种立法例，第一、二种立法例实际上已明确把量刑内容界定为广义的"责任"；其他立法例关于量刑的规定，其实质内容基本上就是本书所称的"刑事责任"方面，因为，无论是量刑时要考虑行为的社会危险性程度和行为人的人格状况以及刑罚目的，还是量刑时应该考虑犯罪的轻重及行为人的犯罪性等，实际上都是落实刑事责任的根据。

综上，传统刑法理论上的"量刑即刑罚裁量"的量刑概念，不仅与现代刑法二元基本内容不相适应，而且也使许多量刑内容或活动无法纳入量刑概念的内涵中来，不是一个现代化的量刑概念。基于量刑与刑事责任的关系，把量刑界定为刑事责任实现方式的选定和大小的裁量，能在很大程度上使量刑概念反映刑法现代化的发展状况与当今刑法的立法实际。

以上量刑概念与传统量刑概念相比，除了量刑之"刑"应为"刑事责任"外，还具有如下几个主要特点：

其一，量刑之"量"是"裁量"，而非只是"量化"。"刑之量化"与"刑之裁量"的根本不同在于，是否把量刑视为一个能动的和个别化的活动和过程。对于"刑之量化"，因作为量刑事实根据的各

---

① 参见冯军：《量刑概说》，载《云南大学学报(法学版)》2002 年第 3 期。

因素被事先数量化,而使量刑只是一个"对号入座"的、一般化的技术活动和过程;而对于"刑之裁量",虽然也在一定程度上包含了"刑之数量化",但更多的是需针对个案的具体情况,对作为量刑事实根据的各因素作具体的分析判断,使量刑表现为一个能动的、个别化的活动和过程。就以上意义而言,"刑之数量化"至多只是"刑之裁量"中的一个技术活动,只是法官量刑的事实基础之一,只是影响量刑裁判的众多因素中的一个静态因素,还需在量刑过程中接受刑法总则相关规范的调整和校正。把量刑仅视为"刑的量化",实际上是对量刑运行规律的背离和对量刑本体的异化,其结果必然会导致量刑既不合法也不合理。广东许某恶意取款案原一审量刑(无期徒刑)的"既不合理也不合法"[①]与重审量刑(5年有期徒刑)的相对"既合理也合法",就充分表明了这一点。[②]

其二,量刑之主体应是承办案件的审判人员而非其他。虽然宪法及有关法律规定量刑由(也只能由)法院进行,但这并非意味着量刑由抽象的"法院"或不从事具体审判工作的法院组织及个人具体施行。从量刑的运行规律,也即把抽象的法律规范与具体案情相结合并上升到具体判决的过程来看,量刑的具体施行与权责主体只能是承办案件的审判人员。其意义有三:一是量刑主体并非泛泛地为"法官",法官中非承办本案者不是(也不应是)本案的量刑主体,从而有利于排除"其他人"对案件审理的干预;二是量刑主体并非"审判人员"以外的管理人员乃至审判委员会,未亲历庭审者不能参与量刑活动(这是依法独立审判和量刑公正的必要前提),毕竟庭审时犯罪人的表现在一定程度上可以洞察其真实的悔罪表现与人身危险性大小;三是量刑主体并非只是法官,参与庭审的陪审员等所有"审判人员",都是可以参与量刑活动的量

---

① 合法的量刑并非只是符合《刑法》分则的法定刑规定,还需结合《刑法》总则的相关规定。具体是在依法定刑规定给出的量刑结论明显不合理(违背常理、常情、常识)时,就应当适用刑法总则关于减轻处罚、免除处罚等的指导性规定。

② 参见石经海:《刑法分则的司法本质与量刑基准的界定》,载郎胜等主编:《2008年度中国刑法学年会论文集:刑法实践热点问题探索》(下卷),中国人民公安大学出版社2008年版,第123页以下。

刑主体。

其三,量刑之对象应是犯罪人而非犯罪嫌疑人和刑事被告人。在严格意义上,量刑的对象与定罪的对象也是不同的。量刑建立在定罪基础上,以行为已构成犯罪为前提。这就决定了量刑是以犯罪人为对象,与定罪以刑事被告人为对象不同。犯罪人是其行为经审判确认为有罪的人,而刑事被告人是其行为被指控有罪但未经审判确认为有罪的人。未经审判确认为有罪的任何人,包括刑事被告人和犯罪嫌疑人,都不能成为量刑的对象。量刑对象的如此法律地位,既是定罪量刑关系的体现和要求,也对量刑建议制度的构建与施行产生极其重要的影响。

其四,量刑之法律依据应是所有相关刑法规范,而非仅是刑法的某个(些)规定。这是罪刑法定原则的要求和体现。罪刑法定原则作为刑法的最基本和最重要的原则,所有的刑事审判活动都不能突破该原则,量刑作为刑事审判活动的基本环节之一,自然也不例外。不过,即使是对量刑,罪刑法定原则也不是机械和形式的,而是实质的。质言之,这个“依法”不仅指具体犯罪的法定刑规定,而且还包括刑法总则的一般指导性规定;[①]不仅是罪刑法定原则的体现,而且也是罪责相适应原则和刑法面前人人平等原则的体现;不仅是刑法基本原则的体现,也是诸如刑法关于免除刑罚处罚和减轻刑罚处罚等规定的体现;不仅指刑法文本规定的直观内容,而且也包括文本内容蕴涵的当然内容;不仅包括法律的规定,而且也包括对法律具体化的司法规范,如量刑指导规则。

其五,量刑之事实根据应是反映犯罪行为的社会危害性、犯罪人的人身危险性等方面的事实,而非仅是反映犯罪行为的社会危害性方面的事实。在现代刑法上,定罪的事实根据和量刑的事实根据是不同的。定罪是对犯罪行为的刑法性质进行认定,主要以反映犯

---

① 既然是一般指导性规定,则一方面刑法总则性规范并非刻板地适用规则,另一方面这个一般指导性规定可帮助审判人员理解立法的精神实质,有利于正确把握量刑的方向。

罪行为的社会危害性方面的事实为根据；[①]而量刑是对犯罪人所应承担的刑事责任的落实和配置（裁量），以反映犯罪行为的社会危害性、犯罪人的人身危险性等方面的事实为事实根据。

其六，量刑之本质应是理性的动态过程，而非仅是机械的技术活动。根据量刑运行规律，现代化的量刑应是把抽象的法律规范与个案相结合，并上升到理性具体（法律真实上的量刑判决）的动态活动。在这个活动中，既需要统一的法律规范（量刑基准），又需要全面把握案情并梳理出关于行为的社会危害性、行为人的人身危险性及其他相关事实，并需要利用法官的理性、知识、良知、技术等（即量刑自由裁量权）使以上两方面相结合，从而通过充分的形式逻辑（技术）和辩证逻辑（智慧）论证，形成最终的量刑判决。显然，在这个过程中，既不能只把量刑作为纯技术性的形式逻辑活动（如所谓电脑量刑），也不能只把量刑作为纯智慧性的辩证逻辑活动（如传统的经验量刑）；而应当把二者有机统一，使量刑既通过技术以提高效率，又通过智慧以提高理性（实质公正与社会效果等）。

其七，量刑之权力应是审判权下的量刑权，而非仅是刑罚权。量刑权从属于刑事审判权，但并非理论上认为的，只“是国家刑罚权的重要内容之一”。[②] 虽然在刑罚权的内容中包含刑罚裁量权，但从刑事责任大小的裁量的视角来看，量刑权除了包括刑罚裁量权，还包括非刑罚处理方式和单纯宣告有罪方式的裁量权。因此，在现代化刑事立法和司法中，量刑权从属于刑事审判权，但不从属于刑罚权，它与刑罚权仅是交叉关系。从现实来看，把制刑权、求刑权、量刑权与行刑权都放在刑事责任视阈中，统称国家刑事管辖权，应当更准确、更现实、更重要。

其八，量刑之过程应是“宣告刑”等的裁量，而非仅是“宣告刑”的裁量。在量刑概念的界定和量刑问题的研究上，理论上对刑罚裁量的过程问题存在一个重大误区，就是仅把量刑理解为是从“法定

①　在现代刑法立法上，已出现了诸多反映犯罪人人身危险性大小的事实成为定罪的根据，如基于“认罪悔罪”“初犯”“偶犯”等被评价为“情节显著轻微危害不大而不认为是犯罪”（《刑法》第13条）等。详见后文阐述。

②　张明楷：《刑法学》（第3版），法律出版社2007年版，第426页。

刑”(基准刑)到“宣告刑”的裁量;从量刑实践来看,量刑的典型完整过程应是从法定刑(基准刑)到处断刑、宣告刑和执行刑的裁量。恕后详述。

综合刑法现代化下的以上量刑特征(点),我们可对现代“量刑”概念作如下界定:所谓量刑,简言之,就是刑事责任大小及实现方式的裁量;具体而言,是指承办案件的审判人员在定罪的基础上,根据反映本案犯罪行为的社会危害性、犯罪人的人身危险性等方面的事实,依法确定犯罪人刑事责任的大小,并配置相应刑事责任的实现方式(包括是否判处刑罚、判处何种刑罚、判处多重刑罚、判处非刑罚处罚甚至单纯宣告有罪),以及如何交付执行的刑事审判活动。

(二)新解“量刑”概念的意义

以上量刑概念及其特征表明,重构量刑概念是非常必要的。

第一,这是适应刑法概念现代化的需要。如前所述,刑事责任的深入研究表明,传统刑法二元基本内容(犯罪与刑罚)并不符合刑法概念及刑法立法等实际,需重构为犯罪与刑事责任二元基本内容。然而,刑法概念作为整个刑法立法、司法和理论的最基本范畴,其变化不可能只是其自身的,而且还映射到所有相应内容中。量刑概念的重构就是这个“映射”的内容之一。既然刑事审判活动的两个基本环节(定罪和量刑)分别对应刑法的两个基本内容(犯罪和刑事责任),那么在定罪就是犯罪的认定的情况下,量刑也就是刑事责任(大小及其实现方式)的裁量了。①

第二,这是量刑概念现代化的需要。量刑实践表明,量刑不仅仅是对刑罚的裁量,而且包括对非刑罚处罚的裁量和单纯宣告有罪的量定;不仅仅是对宣告刑的裁量,还包括对处断刑、执行刑的裁量;不仅仅是基于刑法一般公正而报应犯罪,还要基于防范犯罪人再次危害社会和帮助犯罪人重新回归社会而预防犯罪;不仅仅是把犯罪行为及其社会危害性转化成法定要件纳入刑事责任的评价和

① 若按传统刑法理论,把刑法的两个基本内容定义为犯罪与刑罚的话,则这个对应关系就是,定罪就是犯罪的认定,量刑就是刑罚的裁量。

落实之中而惩罚犯罪,还要把反映犯罪人的人身危险性及其他方面的事实转化为法定要素(量刑情节、量刑制度)纳入刑事责任的评价和落实之中而挽救犯罪人和防卫社会。如此等等则决定了,在刑法已逐步走向现代化的情况下,量刑概念不能还停留在“原始形态”,而应随着量刑立法和司法乃至理论的现代化而现代化。

第三,这可解决理论上关于“量刑即刑罚裁量”的难以自圆其说的难题。理论上的通说认为,“量刑即刑罚裁量”。然而,这个“刑罚裁量”,不仅包括裁量刑罚,还包括裁量非刑罚处罚,甚至包括给予单纯宣告有罪的处罚。从逻辑上看,A 不应包括非 A,刑罚裁量不应包括非刑罚裁量,更不应包括给予单纯宣告有罪的裁量。这样,“量刑即刑罚裁量”并不合乎逻辑,或说在理论上难以自圆其说。把量刑解读为“刑事责任(大小及其实现方式)的裁量”,就不会出现以上尴尬局面,因为“刑事责任(大小及其实现方式)的裁量”当然包括刑罚处罚的裁量、非刑罚处罚的裁量和单纯宣告有罪的裁定。

第四,这是转变“量刑就是给予刑罚处罚”量刑观念的需要。按照传统的量刑界定,量刑就是刑罚裁量,这势必给审判人员及公众带来量刑活动就是要给犯罪人判处刑罚(否则就不是“量刑”)的“报应刑”量刑观念;而把量刑解读为“刑事责任”的裁量,就不会带来如此非现代化量刑观念。在我国理论上,有论者从以刑事责任为量刑根据的角度出发,主张量刑应以行为人的责任即应受谴责性为根据(标准),以协调报应(公正)和预防(功利)为目的,防止为追求报应和预防的目的而使量刑超越责任的范围。① 如此认识,具有反对我国目前重刑的意味。② 但如此观念的转变,与其说是量刑的根据从犯罪行为的社会危害性和犯罪人的人身危险性变更为刑事责任,不如说是量刑的内容从刑罚拓展到刑事责任。因为据笔者观察,刑事责任与犯罪行为的社会危害性和犯罪人的人身危险性(后

① 参见周光权:《刑法诸问题的新表述》,中国法制出版社 1999 年版,第 362 ~ 370 页。

② 参见阮齐林:《中国刑法上的量刑制度与实务》,法律出版社 2003 年版,第 32 页。

者为前者的事实根据）在转变量刑观念上的作用是一致的，而把量刑从裁量刑罚拓展为裁量刑事责任后，量刑观自然就随之变化为：可以是裁量刑罚，也可以是裁量非刑罚，甚至单纯宣告有罪后的免刑。因此，把量刑解读为刑事责任大小及其实现方式的裁量，不仅是量刑"名副其实"的需要，而且也是扭转和引导审判人员、公众树立刑法轻缓化、刑法现代化量刑观的需要。

第五，这是实现量刑任务的需要。一般认为，量刑的任务是审判机关在定罪后确认犯罪人应负何种程度的刑事责任，以及如何实现这个刑事责任。[①] 这意味着，量刑实际上就是裁量犯罪人应负怎样的刑事责任以及如何实现这个刑事责任，包括刑事责任的大小和刑事责任的实现方式。在我国立法上，《刑法》第 61 条关于量刑的规定，即"对于犯罪分子决定刑罚的时候，应当根据犯罪的事实、犯罪的性质、情节和对于社会的危害程度，依照本法的有关规定判处"，似乎是把量刑之"刑"限定为"刑罚"。然而，综观整个刑法立法，这里的"决定刑罚"应作广义上的理解，即既包括刑罚裁量，也包括非刑罚裁量，甚至单纯宣告有罪处罚的裁量。这样，只有把量刑解读为刑事责任大小的裁量，才能使量刑的以上任务建立在名副其实的基础和前提之上。

第六，这是刑事一体化原理的要求和体现。刑事一体化原理的最大价值在于在追求刑法公正的核心价值的同时，关注其他刑事科学（如犯罪学、行刑学等）的价值目标（效果），也即控制和减少犯罪、教育和改造罪犯、维护社会安定和长治久安。刑事一体化原理的这个价值目标，使得量刑的价值目标必须与之相一致，并表现为量刑公正有效；反之，量刑公正有效的价值目标也是刑事一体化原理的必然要求。基于后文关于量刑公正有效与量刑内容关系的理由，量刑只有建立在是对刑事责任大小及其实现方式的裁量的基础上，才可能真正满足刑事一体化原理的这个要求。

第七，这由刑事责任在刑事司法活动中的中心地位决定。如前

---

① 参见高铭暄、马克昌主编：《刑法学》（第 8 版），北京大学出版社、高等教育出版社 2019 年版，第 246 ~ 247 页。

所述，全部刑事司法活动，实际上都是围绕解决犯罪人的刑事责任这个“中心”问题展开的。对于刑罚裁量，同给予非刑罚裁量处罚方式一样，在本质上只不过是量定刑事责任而得出的结果；对于定罪，虽然在一定意义上是为量刑提供服务的，即为量刑选定正确具体的法定刑，但定罪本身不是量定刑事责任而只是确认刑事责任的有无；对于行刑，虽然在一定意义上是为了实现量刑，但行刑本身不是量定刑事责任，而只是实现量定刑事责任所试图实现的目的。就以上意义而言，量刑就是量定或裁量刑事责任，定罪只是量定或裁量刑事责任的必要前提和准备，行刑只是对量刑目的的实现和践行。

三、“社会危害性”的本书界定

“社会危害性”是刑法的基本概念（范畴）。行为没有社会危害性，就不可能成立犯罪，甚至不可能涉嫌犯罪。正因如此，新中国刑法典自始将社会危害性作为犯罪成立的前提条件之一。如 1979 年《刑法》第 10 条规定，只有“危害国家主权和领土完整，危害无产阶级专政制度，破坏社会主义革命和社会主义建设，破坏社会秩序，侵犯全民所有的财产或者劳动群众集体所有的财产，侵犯公民私人所有的合法财产，侵犯公民的人身权利、民主权利和其他权利，以及其他危害社会的行为”，才可能是犯罪。1997 年全面修订的《刑法》第 13 条也作出了相同的规定，要求行为必须是“危害国家主权、领土完整和安全，分裂国家、颠覆人民民主专政的政权和推翻社会主义制度，破坏社会秩序和经济秩序，侵犯国有财产或者劳动群众集体所有的财产，侵犯公民私人所有的财产，侵犯公民的人身权利、民主权利和其他权利，以及其他危害社会的行为”，才是犯罪。

不仅如此，“社会危害性”也是确定量刑根据和权衡量刑轻重的基本实质性标准，是让某个事实成为量刑情节及其影响量刑轻重的实质性要求。也正因如此，新中国刑法自始对量刑的社会危害性作出了明确要求。如 1979 年《刑法》第 57 条规定，“对于犯罪分子决定刑罚的时候，应当根据犯罪的事实、犯罪的性质、情节和对于社会的危害程度，依照本法的有关规定判处”。在这里，“犯罪的事实、犯罪的性质、情节和对于社会的危害程度”,其实若从字面表述或狭义上理解,都是关于犯罪行为社会危害性的规定和要求。1997年全面修订的《刑法》第61条完全沿袭了如此规定。

对于何谓社会危害性,理论上有不同的认识。概括起来,大体有如下两种:一是广义的界定。认为所谓社会危害性,是指行为对刑法所保护的社会关系造成或可能造成这样或那样损害的特性,它的轻重大小取决于行为侵犯的客体,即行为侵犯了什么样的社会关系,取决于行为的手段、后果以及时间、地点,取决于行为人的情况及其主观因素,如是成年人还是未成年人,是故意还是过失,有预谋还是没预谋,动机目的的卑劣程度,偶尔犯罪还是累犯、惯犯等。[①] 据此,所谓的社会危害性,既包括犯罪行为对刑法所保护的社会关系造成或可能造成这样或那样的损害(如所谓的“故意还是过失”“有预谋还是没预谋”“动机目的的卑劣程度”),也包括犯罪人的再犯可能性及其改造的难易程度(如所谓的“偶尔犯罪”“累犯”“惯犯”),甚至还包括刑法出于人性关怀而给出的特别规制(如所谓的“成年人还是未成年人”)。二是狭义的界定。认为所谓的社会危害性,是指行为对法益的侵害性(包括侵害与侵害的危险或威胁),即《刑法》第13条所列举的对国家法益、公共法益、集体法益及公民法益的侵犯性。其中,应受刑罚处罚程度的社会危害性,是指立法机关认为,行为对法益的侵犯性已经达到了需要用刑罚予以抑制的程度,使用其他法律制裁方法已不足以保护法益。这种社会危害性,在内部结构上,包括危害行为对法益的客观侵犯性与行为人在犯罪过程中的主观罪过性等主客观两方面有机统一的内容,只是行为人在罪过心理支配下实施的危害社会的行为。[②] 据此,这里的所谓社会危害性,并不包括犯罪人的再犯可能性及其改造的难易程度,以及刑法出于人性关怀而给出的特别规制,是一种犯罪过程中形成的反映犯罪行为主客观相一致方面事实的内在属性。

---

① 参见高铭暄、马克昌主编:《刑法学》(第8版),北京大学出版社、高等教育出版社2019年版,第42~43页。

② 参见张明楷:《刑法学》(第2版),法律出版社2003年版,第96~97页。

本书认为,所谓社会危害性,从直观意义上进行解释,是行为对社会造成危害的综合价值评价。具体基于评价的根据不同,可以将其分为反道德的社会危害性、反民法的社会危害性、反行政法的社会危害性、反刑法的社会危害性和反宪法的社会危害性等。这不仅意味着,“社会危害性”不只是反刑法才具有的,反道德、反民法、反行政法、反宪法、反国际法、反行业制度等,都会有社会危害性,它们的差别只是评价的根据及其所作的界定不同而已。某个危害社会的行为并非一定只有某个视阈的社会危害性。例如,“醉驾”在入刑前和入刑后,其本身的社会危害是没有什么不同的,只是在入刑前通常只由《道路交通安全法》评价而具有行政法上的社会危害性,而在入刑后因由刑法评价而具有刑法上的社会危害性,并在被评价为应受刑罚惩罚后才具有犯罪的社会危害性。又如,严重的侮辱诽谤行为,其社会危害性到底是刑法上的,还是行政法上的或民法上的,取决于被害方权利行使的选择。若选择提起刑事自诉并定罪,就具有刑法上的社会危害性;若选择请求治安处理,则就是行政法上的社会危害性;若选择提起民事侵权诉讼,则就是民法上的社会危害性。因此,从《刑法》第 13 条的规定来看,“社会危害性”需从犯罪学、抽象个罪和具体犯罪三个维度作有机整体性界定。从犯罪学视角看,任何危害社会的行为都具有社会危害性,都是犯罪现象意义上的“犯罪”,并由刑事政策分流和立法程序赋予其某种法律意义,包括可入行政法予以行政处罚、可入民法予以民事制裁、可入刑法予以刑事惩处。这意味着,一个危害社会的行为是否入刑、是否具有犯罪的社会危害性,并不完全从严重与否的视角考察,还需要考虑价值评价根据(道德、行政法、民法、刑法等)。从抽象个罪视角看,一个危害社会的行为,只有入刑(接受刑法的评价)了,才具有刑法上的社会危害性,才成为刑法规范上的“抽象个罪”。但还不能说这个行为就当然是“犯罪”,还需要进一步作具体犯罪上的“应受刑罚惩罚性”评价。也就是,从具体犯罪视角看,行为入刑了,只表明赋予了该行为的刑事违法性,还只是刑法上的抽象个罪。该行为是否最终成立犯罪,还需考察具体个案的事实和情节是否具有“应受刑罚惩罚性”,包括《刑法》第 13 条的“但书出罪”规定

(基于刑事政策、形势、案情、自救行为)、刑法规定的无空间和时间效力行为(《刑法》第6~12条)、刑法规定的紧急行为(《刑法》第20条规定的正当防卫和第21条规定的紧急避险)、刑法规定的过追诉时效行为(《刑法》第87~89条)和其他法律规定的正当行为(包括刑诉法上的微罪不诉行为、行政法上的职务行为、行业法上的正当业务、民法上的被害人承诺)等。否则,还不能认为是刑法意义上的犯罪。这也意味着,犯罪的社会危害性,实际上是基于刑事违法性和应受刑罚惩罚性进行的有机整体性的评价。否则,很难孤立地说某个行为是否具有犯罪的社会危害性。

就以上意义而言,刑法意义上的社会危害性,是犯罪行为对刑法所保护的社会关系造成或可能造成这样或那样的危害,有犯罪的社会危害性和其他的社会危害性之分,分别用以定罪和量刑。

犯罪的社会危害性,是基于刑事违法性(具体需基于主客观相一致原则作犯罪构成方面的评价)和应受刑罚惩罚性进行的有机整体性的评价,用以定罪,决定了罪与非罪、此罪与彼罪、轻罪与重罪的成立。具体评价行为的刑事责任有无或评价是否符合某个具体犯罪的刑事责任。从立法上看,这个根据主要表现为犯罪构成、犯罪概念、正当行为、追诉时效、刑法的效力范围等。其中,按我国的刑法立法及其基本理论,刑事责任的有无,首先取决于行为人的行为是否具备刑法规定的犯罪构成(包括基本的犯罪构成和修正的犯罪构成)。这是犯罪成立的本体性根据。除此之外,刑事责任的有无还取决于犯罪概念的但书规定、正当行为、追诉时效和刑法的效力范围等。与犯罪构成方面的事实不同,这些方面的事实并不是犯罪成立必须具备的要件;相反,它们均是阻却犯罪成立的正当性根据。

用以定罪以外的其他社会危害性,是通过评价刑事责任的大小而影响量刑的。按我国的刑法立法及其基本理论,刑事责任的大小取决于立法关于量刑情节的规定。所谓量刑情节,是指客观存在的、反映犯罪行为的社会危害性和犯罪人的人身危险性,并在法官裁量刑罚时必须予以考虑的、据以决定处刑轻重或免予处罚的各种具体的事实情况，包括罪中情节和罪外情节、[1]法定情节和酌定情节等。其中，这里的罪中情节是指本身不是犯罪构成要素，但与犯罪构成要素相关，并能说明社会危害性大小的罪中事实因素，表现为各种法定的从重、从轻、减轻或免除情节。

据我国《刑法》第 61 条规定，所谓“犯罪的事实、犯罪的性质、情节和对于社会的危害程度”，从字面表述或狭义上理解，都只是关于犯罪行为社会危害性的规定和要求。所谓犯罪事实，是指存在于某种犯罪实施过程中的表明行为的社会危害性及其程度的一切主客观事实情况，包括犯罪构成事实和反映犯罪社会危害程度的事实。

反映社会危害性的犯罪构成事实，是用来说明行为的社会危害性是否达到了犯罪的程度，是用来定罪的事实（如基本犯、情节或结果加重犯、减轻犯）。具体通过对接刑法中关于犯罪构成要件而用以定罪。例如，对于故意伤害犯罪，根据现行《刑法》第 234 条的规定，有基本犯（轻伤及不能评价为情节显著轻微的轻微伤）、加重犯（一般重伤）和再加重犯（故意伤害致人死亡或者以特别残忍手段致人重伤造成严重残疾）之分。这里的“轻伤及不能评价为情节显著轻微的轻微伤”、“一般重伤”和“故意伤害致人死亡或者以特别残忍手段致人重伤造成严重残疾”，分别是故意伤害犯罪的基本犯、加重犯、再加重犯的犯罪构成事实，决定着这些犯罪行为分别适用“3 年以下有期徒刑、拘役或者管制”、“3 年以上 10 年以下有期徒刑”和“10 年以上有期徒刑、无期徒刑或者死刑”的具体法定刑。这些法定刑，又分别是故意伤害犯罪的基本犯、加重犯、再加重犯的量刑基准，具体接受各种从重、从轻、减轻或免除处罚等量刑情节的调节而形成相应的量刑结果。

反映犯罪社会危害程度的事实，是用来说明行为的社会危害程度对量刑影响的大小，是用来量刑的事实。如在有预谋并以残忍手段致人轻伤案中，“有预谋”和“残忍手段”，是存在于故意伤害犯罪

---

① 罪外情节是指犯罪人在罪前、罪后与犯罪行为有联系的表现，属于量刑情节，如立功、自首。后详。参见蒋明：《量刑情节研究》，中国方正出版社 2004 年版，第 19 页。

实施过程中的,表明故意伤害行为的社会危害程度的主客观事实情况,属于犯罪事实中的反映犯罪社会危害程度的案件事实。这个案件事实转化为法律事实后,就是对故意伤害犯罪基本犯进行酌定从重处罚的量刑情节。又如,故意致人轻伤案中自动放弃犯罪的事实,通常具有反映社会危害性和人身危险性的双重属性,在这个案件事实转化为法律事实(自首)后,就是对故意伤害犯罪基本犯进行法定从宽处罚的量刑情节。

四、"人身危险性"的本书界定

(一)关于"人身危险性"含义的理论争议

对于什么是人身危险性,在我国理论上,主要有三种观点:一是认为人身危险性就是再犯可能性,是犯罪人的存在对社会所构成的威胁;①二是认为人身危险性是再犯可能性和初犯可能性的统一,其中,初犯可能性是指犯罪人以外的其他人,主要是潜在的犯罪人的犯罪可能性;②三是认为人身危险性是犯罪人的存在对社会所构成的潜在威胁,包括对犯罪人改造的难易程度和再犯罪的可能性大小。③ 以上观点,第一种是现代刑法理论的通说。这不仅是因为人身危险性概念在提出背景上本就是针对犯罪人的再犯可能性提出的,而且还因为在现代刑法中人身危险性常常作为与社会危害性相区别使用的概念。对于前者,无论是龙勃罗梭的天生犯罪人论、菲利的犯罪原因三元论,还是李斯特的教育刑论,人身危险性都是针对犯罪人的;对于后者,后文所述现代刑法关于刑罚个别化的根据和内涵则表明了这一点。

第三种观点应相对合理些。这是因为,预防犯罪的刑罚目的包括特殊预防和一般预防(包括威慑预防和规范预防④)。对于一般

① 参见邱兴隆、许章润:《刑罚学》,中国政法大学出版社1999年版,第241页。

② 参见陈兴良:《论人身危险性及其刑法意义》,载《法学研究》1993年第2期。

③ 参见张明楷:《刑法格言的展开》,法律出版社2003年版,第70~72页。

④ 前者指通过对犯罪适用刑罚来消极地威慑社会一般人,使之不致走上犯罪之路;后者指通过唤醒和强化国民对法的忠诚、对法秩序的存在力与贯彻力的信赖来积极地预防犯罪。

预防,因法定刑在立法时就已蕴涵了一般预防的内容而在量刑中能自动地得到实现。对于特殊预防,为了避免把犯罪人作为实现一般预防目的的工具或手段,而在量刑时必须考虑犯罪人的人身危险性因素,包括两方面的情况:一是犯罪人在犯罪前、犯罪后与犯罪行为有联系的表现,如犯罪人的罪前一贯品行较好或有劣迹、是否为累犯、有无前科等,以及罪后自首或逃避罪责、积极退赃或隐藏赃款赃物等;二是犯罪人的人格、家庭及社会环境、职业状况等影响再犯罪的危险因素,如行为人的家庭生活环境是否健全等。对于这些因素,虽然对犯罪人所实施的犯罪本身没有直接影响,但却可以预示其改造的难易程度和再犯罪的可能性大小。在量刑时考虑这些因素,有利于实现量刑的功利性目标。[①] 至于行为人的"初犯可能性",基于"责由罪生,无罪则无责"的罪刑关系,不应当在行为人的行为尚不构成犯罪的情况下,纳入针对"犯罪人"刑事责任评价的"人身危险性"。申言之,人身危险性不应包括行为人的初犯可能性。

综上,本书认为,所谓人身危险性,是指犯罪人的存在对社会所构成的潜在威胁,包括对犯罪人改造的难易程度和再犯罪的可能性大小,是犯罪人的内在属性,主要影响量刑,但也影响定罪。

需要注意的是,刑法中有些事实是既不反映社会危害性也不反应人身危险性的,只是刑法为实现特定定罪量刑目的而特别规定为定罪量刑情节。例如,为了保证刑事诉讼活动顺利进行的先行羁押,根据法律规定在某些情况下需进行刑期折抵,进而对拟移交执行的执行刑的裁量产生影响。显然,先行羁押既不能说明行为人刑事责任的有无,也不能说明行为人刑事责任的大小,但它在客观上又确实影响了对刑事责任的承担,表现为先行羁押的时间需折抵某些刑事责任实现方式的刑期。在这里,因先行羁押而折抵刑期所依据的事实,既不是反映犯罪的社会危害性的事实,也不是反映犯罪人的人身危险性的事实,而是反映刑法的人权保障机能的事实。这里的"其他事实",如具有量刑交易性质的立功(立功包括基于悔罪

---

① 参见张明楷:《刑法格言的展开》,法律出版社2003年版,第69~72页。

的立功和基于量刑交易的立功等情形)。这种立功,也既不是反映犯罪的社会危害性的事实,也不是反映犯罪人的人身危险性的事实,而是反映提高刑事诉讼效率等法律功利目的的事实。事实上,在立法上,如此既不能说明刑事责任的有无,也不能说明刑事责任的大小,但在客观上对刑事责任有影响的事实,还有很多:如基于犯罪者刑事责任承担能力的易刑,基于提高诉讼效率的辩诉交易,基于对一人犯数罪而能够作出罪刑相适应量刑的数罪并罚。

在现代刑法立法上,存在诸多将反映犯罪人人身危险性大小的事实作为定罪根据的现象。如基于"认罪悔罪""初犯""偶犯"等事实被评价为"情节显著轻微危害不大的,不认为是犯罪"(《刑法》第13条),以及因"二次以上行政处罚"而被认定为逃税罪(《刑法》第201条)、走私普通货物物品罪(《刑法》第153条),因"多次"而被认定为盗窃罪(《刑法》第264条)、敲诈勒索罪(《刑法》第274条)。这里的"认罪悔罪""初犯""偶犯",以及"二次以上行政处罚""多次",能成为"出罪"或"入罪"的要件(要素),都不是或主要不是因为犯罪行为的社会危害性,而是因为这些行为人的人身危险性,也即再犯可能性和改造的难易程度。

(二)人身危险性与社会危害性的关系

在人身危险性与社会危害性的关系上,理论上也有不同观点。概括起来主要有如下两种:一种是包容说。如高铭暄、马克昌等教授将社会危害性界定为"行为对刑法所保护的社会关系造成或可能造成这样或那样损害的特性,它的轻重大小决定于行为侵犯的客体即行为侵犯了什么样的社会关系,决定于行为的手段、后果以及时间、地点,决定于行为人的情况及其主观因素,如成年人还是未成年人、故意还是过失、有预谋或没预谋、动机目的的卑劣程度、偶尔犯罪还是累犯、惯犯等",①将"行为人的情况及其主观因素"的再犯可能性作为衡量社会危害性大小的一种因素。另一种是相互独立说。如张明楷教授将社会危害性界定为"行为对

---

① 参见高铭暄、马克昌主编:《刑法学》(第8版),北京大学出版社、高等教育出版社2019年版,第42~43页。

法益的侵害性(包括侵害与侵害的危险或威胁)”,是一定的人在罪过心理支配下实施的危害社会的行为,包括危害行为对法益的客观侵犯性与行为人在犯罪过程中的主观罪过性等主客观两方面有机统一的内容,[①]这个观点就是将社会危害性视作与人身危险性不同的两个概念。

本书赞同人身危险性与社会危害性是两个不同的概念。具体而言,犯罪行为的社会危害性,是指犯罪给社会已经造成的危害,其评价的对象是严重危害社会的行为,相对于“罪”来说,它属于“已然”领域;而犯罪人的人身危险性,是指犯罪人的存在对社会所构成的潜在威胁,其评价的对象是犯罪人,相对于“罪”来说,它属于“未然”[②]领域。[③] 社会危害性是犯罪行为的内在属性,人身危险性是犯罪人的内在属性;[④]社会危害性是犯罪的前提条件,没有严重的社会危害性就不可能有犯罪存在,而人身危险性是犯罪人的特征,主要用以评价犯罪人的再犯可能性和被改造的难易程度;社会危害性是刑事责任有无的根据,而人身危险性只是影响刑事责任大小的要素;社会危害性作为已然之罪对社会所造成的危害结果是一个不变量,且实害结果一旦发生就无法恢复,而人身危险性则是一个变量,它会随着各种条件的影响而变化,如通过本人幡然悔悟或者由司法机关的教育改造而削减。[⑤]

---

① 参见张明楷:《刑法学》(第2版),法律出版社2003年版,第96~97页。

② 曲新久教授认为,说“犯罪行为的社会危害性是已然的”是正确的,但说“犯罪人的人身危险性是未然的”则是错误的(参见曲新久:《刑法的精神与范畴》,中国政法大学出版社2000年版,第498页)。仅从这个方面说,这个批判是正确的。确实,无论是“犯罪行为的社会危害性”还是“犯罪人的人身危险性”,它们都是实际存在的。但这里的问题是,理论上在这两个问题上所称“已然”和“未然”:一方面,是针对已然之罪与未然之罪;另一方面,这里的“已然”与“未然”并不等于“实际存在”与“尚不存在”,而是指“已经实施了犯罪”(犯罪行为的社会危害性是已然的)和“尚未实施犯罪”(犯罪行为的社会危害性是未然的)。质言之,“犯罪人的人身危险性”其自身存在当然是“已然的”,但相对于是否是现实的犯罪来说,自然只能是未然的。

③ 参见曲新久:《试论刑法学的基本范畴》,载《法学研究》1991年第1期。

④ 参见曲新久:《刑法的精神与范畴》,中国政法大学出版社2000年版,第498~499页。但他把现代刑罚个别化的含义等同于近代刑罚个别化的含义,值得商榷。

⑤ 参见聂立泽:《刑法中主客观相统一原则研究》,法律出版社2004年版,第201~202页。

人身危险性虽然独立于社会危害性,但作为量刑的事实根据,需依犯罪行为的社会危害性才能在量刑中发挥其作用。一方面,“责由罪生,无罪则无责”“惩罚在任何情况下,必须是由于一个人已经犯了一种罪行才加刑于他”;[①]另一方面,在现代刑法上,惩罚不是为了惩罚而惩罚,而是为了在惩罚的同时,预防犯罪和挽救犯罪人。因此,惩罚既要考虑犯罪人的人身危险性,也要依附于行为人的行为成立犯罪。从而,“作为量刑考虑因素的人身危险性,只有在本人实施了犯罪行为,被审判机关裁量刑罚的时候,才有意义。如果他的行为尚未构成犯罪,则没有必要对其人身危险性进行评价,审判机关也绝不应借口他具有人身危险性,而判处刑罚”。[②]

当然,社会危害性与人身危险性也存在一定的联系。主要表现在:其一,社会危害性和人身危险性在一定条件下可发生转化。例如,对于一般犯罪来说,现在的人身危险性有可能转化为将来的社会危害性;对于再犯来说,现在的社会危害性是从过去的人身危险性转化而来的。其二,行为的社会危害性本就在一定程度上说明了行为人的人身危险性大小。其三,它们共同成为量刑的事实根据。虽然对于定罪,只能以已经发生的社会危害性作为事实根据,但对于量刑来说,因与定罪的评价对象和目的不同而与定罪采用不同的事实根据,表现在兼以已经发生的社会危害性和已经存在的人身危险性为根据。又因这个根据不是二者的简单相加,而是二者的有机统一和综合评价,因而表现出联系性。

(三)人身危险性并不是纯主观的东西

当前理论上有一种误解,认为人身危险性是主观性的东西,并把它与主观恶性相混淆。如有论者认为,“主客观相统一原则,一般是指刑事责任的有无及其大小的确定,不仅要考虑行为的客观危害,还要考虑行为人的主观罪过及其人身危险性”。[③] 又如,有学者

① 法学教材编辑部编:《西方法律思想史资料选编》,北京大学出版社 1983 年版,第 424 ~ 425 页。

② 张明楷:《刑法学》(第 2 版),法律出版社 2003 年版,第 74 页。

③ 中国人民大学刑事法律科学研究中心:《主客观相统一原则岂能动摇》,载《法学》2003 年第 10 期。

认为,作为定罪根据的犯罪构成是犯罪行为的社会危害性与犯罪人的人身危险性的统一。其中,“人身危险性正是社会危害性的一个方面,不能将它归结为是社会危害性以外的东西”,因为:其一,人身危险性是犯罪人将来再实施犯罪的思想倾向,是说明犯罪社会危害性的一个重要方面;其二,主客观相统一原理决定了犯罪行为的社会危害性是客观危害性与主观恶性的统一,而主观恶性反映了犯罪人思想上反社会性的程度,主要反映了犯罪人的人身危险性。① 在这里,论者的论证有几点值得商榷:一是能否将“将来再实施犯罪的思想倾向”等同于人身危险性?在这里,“将来再实施犯罪的思想倾向”显然是主观性的东西,而人身危险性并非仅是主观性的东西。人身危险性不只是犯罪人“将来再实施犯罪的思想倾向”,还包括犯罪人罪前和罪后行为表现乃至犯罪行为表现,是以上二者即主客观方面的统一。二是人身危险性能否纳入社会危害性而作为定罪的评价根据?论者主张的“主客观相统一原理决定了犯罪行为的社会危害性是客观危害性与主观恶性的统一”,并承认主观恶性与人身危险性的不同,这自然是正确的;但这并不能成为把人身危险性纳入已然行为及其危害而作为定罪的评价根据。一方面,如前所述,人身危险性是独立于社会危害性的;另一方面,定罪只是对已然行为及其危害的性质认定。纵然以上论者所认为的人身危险性是“将来再实施犯罪的思想倾向”,也不应将其纳入已然行为及其危害而作为定罪的评价根据。

在理论上,有论者认为,在有关犯罪人主观人格方面的情况中,将犯罪过程中所反映出的主观危险性归入行为人的主观罪过性,犯罪行为前后的情况所反映出的人身危险性,应独立于社会危害性。② 这个认识自然是正确的。但这不能由此就把社会危害性列入客观方面,把人身危险性列入主观方面。其实,无论社会危害性还是人身危险性,都是主客观方面的统一,只是“统一”的内容和评价的目标不同而已。表现在:就社会危害性而言,它是已然犯罪行为的客

① 参见王勇:《定罪导论》,中国人民大学出版社 1990 年版,第 82 ~ 85 页。

② 参见张明楷:《刑法学》(第 2 版),法律出版社 2003 年版,第 97 页。

观危害表现与主观方面(罪中主观恶性,支配着犯罪行为的实施)的统一,其评价目标是对犯罪行为进行定性以确定量刑基准;就人身危险性而言,它是未然犯罪行为的既有不良表现与主观方面(罪外主观恶性,支配着对其改造的难易程度和再犯罪的可能性大小)的统一,其评价目标是对犯罪行为和犯罪人的人格进行综合量定以确定量刑结果。

五、“主观恶性”的刑事法地位

主观恶性,并非立法“术语”,但它是刑事司法和理论研究上使用极其广泛而又极其混乱的一个概念。事实上,主观恶性与社会危害性和人身危险性并非平起平坐、并列发生评价作用的概念,而是作为社会危害性和人身危险性的主观侧面存在并内置于它们之中发挥作用的关系概念。

对于何为刑法上的“主观恶性”,理论上有不同的观点。概括起来,大体有如下五种:一是“道德谴责”说。认为主观恶性是“犯罪人因其犯罪所应受的道德谴责”。[①] 二是“法律责难”说。认为主观恶性是“犯罪人应受的法律责难的程度,它主要通过犯罪的主观要件及与其相关的某些因素来衡量”。[②] 三是“恶劣思想品质”说。认为主观恶性是“由犯罪前、犯罪中和犯罪后的行为所表现出来的犯罪人的恶劣思想品质,它表现为犯罪人应受道义上和法律上责难的程度”。[③] 四是“性情性格”说。认为主观恶性是“犯罪人在犯罪过程中表现出来的危害社会的性情或性格,它集中反映为犯罪人支配其犯罪行为时的主观心理状态”。[④] 五是“反社会性”说。认为主观恶性是“通过犯罪客观方面产生的,并由犯罪构成内外客观事实所表现的,以伦理悖德性、政治否定性和刑法确认性为统一规范特

---

① 参见邱兴隆等:《刑罚学》,群众出版社1988年版,第159页。

② 参见陈兴良、邱兴隆:《罪刑关系论》,载《中国社会科学》1987年第4期。

③ 参见胡学相、黄祥青:《论主观恶性》,载《政治与法律》1993年第4期。

④ 参见沈德咏:《量刑公正:刑事正义的最终结果》,载《中国律师》2001年第1期。

征的犯罪心理的反社会性”,[①]是“犯罪人恶劣的思想品质,它反映出犯罪人思想上的反社会性,并表现为应受道义上和法律上责难的程度”,[②]是“犯罪人通过犯罪所表现出来的恶劣的思想意识和品质,反映了犯罪人思想上反社会性的程度,亦即‘蔑视社会’的程度,并表现为应受道义上和法律上责难的程度”。[③]

以上关于“主观恶性”的概念分歧,与论者对“主观恶性”在刑法上的地位及其与罪过、责任、犯意、人身危险性、主观危险性、社会危害性、客观危害性、刑事违法性等相关范畴的界定密切相关,并同样表现出很大的分歧。这些分歧,概括起来也大体存在如下四种情况:一是将其等同“罪过”“责任”“犯意”的本质。认为大陆法系国家刑法理论中的责任(有责性)、[④]社会主义刑法理论中的罪过和英美法系国家刑法理论中的犯意,“就其本质而言,都是一个主观恶性的问题”;这里的“责任”“罪过”“犯意”是“主观恶性的外在表现”。[⑤] 二是将其等同于“罪过”“人身危险性”。认为行为人的主观恶性包括“行为人在实施犯罪时的故意或过失的心理状态以及除此以外的人身危险性”。[⑥] 三是将其等同于“人身危险性”或“主观危险性”。认为量刑应当与犯罪的客观危害性和犯罪人的主观恶性相适应,以“消除或者防止犯罪人由其主观恶性决定的再次实施犯罪的可能性”,[⑦]从而将主观恶性等同于人身危险性。四是将其并列于“客观危害性”“刑事违法性”。认为“刑事责任的归责基础与归责要素是两个不同的概念”,分别说明“国家确立和追究刑事责任的基本理由”与“某行为是否应当追究刑事责任以及承担怎样程度

---

① 参见薛瑞麟、毛宇兵:《关于静态恶性的几个问题》,载《法制与社会发展》1995年第5期。

② 参见王勇:《定罪导论》,中国人民大学出版社1990年版,第84页。

③ 参见苗生明:《刑事责任归责要素与阻却事由初探》,载《烟台大学学报(哲学社会科学版)》1998年第3期。

④ 其实,在大陆法系刑法理论中,刑事责任与有责性是两个不同的概念,分别对应犯罪的法律后果与犯罪构成的主观评价要件。但几乎在各相关理论中,是把它们混用的。这势必造成定罪与量刑的评价混乱且难以理清刑法上的因果关系。

⑤ 参见陈兴良:《主观恶性论》,载《中国社会科学》1992年第2期。

⑥ 参见张明楷:《犯罪论原理》,武汉大学出版社1991年版,第75页。

⑦ 参见沈德咏:《量刑公正:刑事正义的最终结果》,载《中国律师》2001年第1期。

的刑事责任”。其中,归责基础是“犯罪的社会危害性”,归责要素包括“犯罪人的主观恶性、犯罪行为的客观危害以及犯罪行为的刑事违法性三个方面”。①

以上情况表明,一方面,理论上关于主观恶性及其与相关范畴的关系界定,是极其混乱的。这不仅影响对相关问题的理论梳理与制度构建,而且影响对复杂疑难案件的正确定罪和准确量刑。另一方面,之所以出现如此混乱的局面,在很大程度上是因为在刑法上定位“主观恶性”及其相关概念的目标不够明确。具体而言,这个“目标”至少表现在如下四个方面:其一,“主观恶性”是为了揭示与明确刑法惩处的对象与程度。显然,刑法所惩处的与其说是所谓的“犯罪”(行为及其结果),不如说是支配行为实施并导致危害结果的“主观恶性”,而且这个“主观恶性”越大,所触及的罪名或所受刑罚等处罚就越重。应当说,当代的刑法立法,都是如此构建定罪量刑的规则的。其二,“主观恶性”只是刑法惩处对象与程度的实质侧面。在其形式侧面也即“外在表现”或“表现形式”,包括罪过(故意和过失,包括直接故意、间接故意、过于自信的过失和疏忽大意的过失)、犯罪目的、犯罪动机、犯罪前后的表现所反映出的犯罪人的品质等。② 其三,“主观恶性”并非只存在于犯罪过程中和用于定罪。那种将“主观恶性”和“人身危险性”限定在“犯罪人在犯罪过程中表现出来的危害社会的性情或性格”,既缺少了对罪前、罪后“主观恶性”的关注,也不符合理论上关于人身危险性的基本认知。而且,量刑的各量刑情节也只有蕴含和体现了“主观恶性”,才能体现和评价犯罪人刑事责任的大小,才能合理配置刑事责任的实现方式。其四,“主观恶性”不可能与“社会危害性”“人身危险性”“刑事违法性”并列。显然,犯罪人实施的犯罪行为,若没有蕴含主观恶性或没有受主观恶性支配实施,怎么能成立社会危害性?怎么就需要动用刑法予以定罪处刑和给予刑罚惩罚?同理,犯罪的犯罪行为以

---

① 参见苗生明:《刑事责任归责要素与阻却事由初探》,载《烟台大学学报(哲学社会科学版)》1998 年第 3 期。

② 参见胡学相、黄祥青:《论主观恶性》,载《政治与法律》1993 年第 4 期。

外的表现,若没有蕴含主观恶性或没有主观恶性大小支配,又怎么成立人身危险性?怎么就可以成为量刑轻重的要素?并且,"刑事违法性"作为刑法规定的主客观要件要素的有机评价整体,可以让体现"主观恶性"的罪过置身于自己之外?

综上,其实,"犯罪在主观评价上是个恶性问题"。① 刑法惩处的与其说是犯罪行为及其后果,不如说是在惩处支配犯罪行为实施和导致其危害后果发生的主观恶性。在这个意义上,作为犯罪后果的刑事责任,其实质"就是一个主观恶性问题"。②

刑法上的"恶性",在词源学上应指"恶意"。"恶意",从本意或通常意义上看,指"不良的居心""坏的用意"。③ 在发展史上,最早将"恶性"或"恶意"与犯罪相联系,或说用于犯罪评价(犯罪被视为一种"罪恶")的人,据理论上的考证,是古希腊哲学家亚里士多德。④ 他认为,作恶犯罪,应负道德的和法律的责任,应当受谴责和处罚。⑤ 而作为刑法上的概念,"恶性"被认为最早出现在古罗马法中,具体为其关于"'自体恶'(mala in se)与'禁止恶'(mala prohibita)"的规定,类似于当今理论上所称自然犯与法定犯,分别意味着"某些不法行为本身即具恶性,此等恶性系与生俱来的,而不待法律之规定,即已存在于行为之本质中"和"某些不法行为的恶性系源自法律的禁止规定,而非行为与生俱来的或行为本身所具有的"。⑥

基于刑法上"主观恶性"的理论发展,产生了按恶配刑理论。按此理论,"刑罚的轻重与犯罪人的主观恶性的大小相适应,对主观恶性大者配之以重刑,对主观恶性小者则只应配之以轻刑"。⑦ 如

① 参见陈兴良:《主观恶性论》,载《中国社会科学》1992 年第 2 期。

② 参见陈兴良:《主观恶性论》,载《中国社会科学》1992 年第 2 期。

③ 参见中国社会科学院语言所词典编辑室编:《现代汉语词典》(第 7 版),商务印书馆 2016 年版,第 341 页。

④ 参见陈兴良:《主观恶性论》,载《中国社会科学》1992 年第 2 期。

⑤ 参见罗国杰、宋希仁:《西方伦理思想史》(上卷),中国人民大学出版社 1985 年版,第 197、201 页。

⑥ 参见陈兴良:《主观恶性论》,载《中国社会科学》1992 年第 2 期。

⑦ 参见邱兴隆:《配刑原则统一论》,载《中国社会科学》1999 年第 6 期。

此主张，虽有把评价犯罪的主要甚至唯一基点放在“主观恶性”上，而具有割裂主观恶性与客观危害的内在联结之嫌，但无论是从刑法惩治犯罪的实质还是从刑法立法对反映主观恶性的规制与要求来看，基于主客观相统一的“主观恶性”问题，确实是犯罪的构成（成立）、配刑的轻重、量刑的轻重的实质性方面。这不仅是因为，“主客观相一致”是刑法反“主观归罪”和“客观归罪”并既指导定罪又指导量刑的基本原则，而且是因为，刑法立法规定成立犯罪需要有罪过，并通过区分故意（包括直接故意与间接故意）与过失（包括疏忽大意的过失与过失自信的过失），以体现所成立的犯罪的轻重和应受惩处的轻重，以及基于各量刑情节（包括法定的和酌定的）所蕴含的主观恶性大小，裁定相应的轻重不同的刑事责任承担方式。

因此，在“主观恶性”与“社会危害性”、“人身危险性”的关系上，它们是内涵和外延根本不同而又相互关联的两个概念。其中，“主观恶性”不是独立用来定罪或量刑的要件要素，而是“社会危害性”“人身危险性”中蕴含的主观并体现“恶性”大小的实质侧面。在理论或实务上，忽视甚至割裂它们的如此关系，就必定会出现“主观归罪”或“客观归罪”、“唯数额论”或“唯结果论”等违背主客观相统一、罪刑相适应等刑法基本理念与基本原则的现象。据此，所谓的主观恶性，在内涵上，特指犯罪人在犯罪过程中和犯罪前后所表现出来的蔑视社会的思想意识，是规范对心理事实评价的结果；在外延上，它不仅属于社会危害性的有机组成部分（罪中主观恶性），也属于人身危险性的有机组成部分（罪外主观恶性）。一般而言，支配犯罪人实施已然犯罪的犯罪动机、犯罪心理、违法性认识和期待可能性，属于罪中主观恶性；反映犯罪者再犯可能性大小的因素，如累犯、惯犯、前科、抗拒或初犯、偶犯、坦白、自首、立功、悔过等，分别属于不同性质的罪外主观恶性。对于已然之罪，罪中主观恶性与客观危害表现共同说明了行为的社会危害性状况；对于未然之罪，罪外主观恶性与既有的各种罪外不良表现共同说明了行为人的人身危险性状况。

第二章　量刑个别化之基本界定

第一节　量刑个别化的概念

一、量刑个别化的含义与特征

综观古往今来域内外关于量刑的理论与实践，量刑个别化，作为一个名词（名称、术语），很少单独出现，基本上与刑罚个别化结合在一起或作为刑罚个别化的一种情况使用。从关于刑罚和量刑的相关中文文献来看，尚只发现在中国人民公安大学樊凤林教授主编的《刑罚通论》中，明确使用了本概念。[①] 当然，也有类似概念，如"刑罚裁量的个别化"、[②]"裁量上的个别化"[③]等。

根据以上《刑罚通论》中的阐述，所谓量刑个别化，是指在裁量刑罚时，应当考虑犯罪人的人身危险性因素，使刑罚的轻重与犯罪人的人身危险性相

---

① 参见樊凤林主编：《刑罚通论》，中国政法大学出版社 1994 年版，第 128 页。

② 参见翟中东：《刑罚个别化研究》，中国人民公安大学出版社 2001 年版，第 72 页。

③ 参见曲新久：《刑法的精神与范畴》，中国政法大学出版社 2000 年版，第 506 页。

适当。[①] 从本书对刑法基本问题的梳理及其相应的量刑概念界定来看，以上概念界定，至少存在如下两个问题：一是把量刑个别化仅限制在对刑罚的裁量上，显然不符合现代量刑的实际和量刑个别化的需要；二是从后文分析可知，仅以犯罪人的人身危险性作为量刑个别化的根据，是近代新派的极端做法，不是现代理性的量刑个别化，不符合现代量刑既要报应也要预防的要求。

综合进化发展的"刑法"和"量刑"界定，本书认为，所谓量刑个别化，是指在定罪基础上，把相关法律规范与具体犯罪的各种事实相结合，并在一定刑事政策、量刑原则的指导下，依一定方法形成与反映犯罪行为的社会危害性和犯罪人的人身危险性等方面的事实相适应的量刑结果的刑事裁量活动。它是一种进化发展和现代理性的量刑个别化，并不是说个案的量刑结果必定不同，而是要求个案的量刑结果需与反映其犯罪行为的社会危害性和犯罪人的人身危险性等方面的事实相适应，是实质化的刑法基本原则和能动司法在量刑问题上的具体要求和表现。

以上关于量刑个别化概念的界定表明，量刑个别化具体包括如下几个方面的基本特征：

一是量刑个别化建立在量刑一般化的基础上。所谓量刑一般化，又称量刑统一化，是指量刑在刑法基本原则的指导下，以案件事实为根据，以刑事立法为准绳，对任何犯罪人都适用统一的法律规范，而不是因人而异或者因事而异。从哲学上看，"个别"是与"一般"相对的范畴。个别，指单一事物的个体性、独特性，反映具体事物的自身；一般，指一类事物或一切事物普遍具有的共性和本质，反映事物的普遍联系和统一性。在相互关系上，它们是辩证统一的。一般不能脱离个别而存在，共性寓于个性之中，没有个性就没有共性；个性又与共性相联结，个性体现出共性，并为共性所制约。个别与一般的界限是相对的，它们在一定条件下相互转化。[②] 由此，一方面刑法上的量刑统一化只是量刑一般化意义上的相对性概念；另一

---

① 参见樊凤林主编：《刑罚通论》，中国政法大学出版社 1994 年版，第 128 页。

② 参见《辞海》（缩印本），上海辞书出版社 2000 年版，第 378 页。

方面量刑个别化并不是对量刑统一化(量刑一般化)的否定,而是在量刑一般化前提下的量刑个别化,并与量刑统一化共同遵循以上一般与个别的辩证关系原理。

二是量刑个别化兼以反映犯罪行为的社会危害性与犯罪人的人身危险性等方面的事实为根据。在现代刑法中,人身危险性作为与社会危害性相区别使用的概念,不仅反映它的事实都是量刑的根据,而且也是决定量刑能否个别化的关键。因为量刑个别化在本质上,就是量刑结果与反映犯罪行为的社会危害性、犯罪人的人身危险性和其他方面的事实相适应。从立法上看,无论是西方国家还是苏联和东欧国家,尽管在刑法典中关于量刑原则的表述不尽相同,但在量刑的时候,既要依据犯罪行为的社会危害性程度,又要考虑犯罪人的人身危险性大小,由此确定应当判处的刑罚,已是普遍遵循的量刑一般原则。特别是,随着刑法的现代化发展,如此原则仍得以坚持和不断发展。如在法国,其1994年新刑法典以专节(第二编第二章第二节)规定了“量刑个别化的方式”,并以第132-24条明确规定:“法院在法律规定的限度内,依据犯罪情节和罪犯人格,宣告刑罚并规定刑罚制度。”同时,量刑个别化的刑法立法、司法等均表明,以上现代的量刑个别化,从制刑、求刑、量刑和行刑的全部活动来看,其根据并非仅为反映犯罪行为的社会危害性和犯罪人的人身危险性方面的事实,还包括刑法规定的其他特定方面的事实。例如,为保证刑事诉讼活动顺利进行而采用的羁押性刑事强制措施,即先行羁押,就既不反映犯罪行为的社会危害性,也不反映犯罪人的人身危险性,而只是基于保证刑事诉讼活动顺利进行而出现的事实。出于刑法的人权保障考虑,这个先行羁押的事实,在某些情况下应当影响量刑。现代各国各地区刑法所普遍规定的刑期折抵制度,就是为先行羁押如何折抵刑期(执行刑的裁量)所设置的量刑规则。由此,虽然先行羁押既不是反映社会危害性也不是反映人身危险性的事实,但它也是相关案件实现量刑个别化的根据。

三是量刑个别化在本质上是量刑结果与反映犯罪行为的社会危害性、犯罪人的人身危险性和其他方面的事实相适应。从本质上看,量刑个别化并不是要求不同案件必须有不同的量刑结果,而是要求量刑结果与反映本案的社会危害性、人身危险性等方面的事实相适应,以既报应犯罪又预防和教育改造犯罪人。

二、本概念与类似概念的界分

(一)量刑个别化与量刑具体化

这是两个相近而又有所不同的两个概念。它们的不同,主要表现在各自针对不同的视角和强调不同的侧面。就量刑个别化而言,因"个别"(个性、特殊性)相对于"一般"(共性、普遍性),故其更强调针对不同个案的特殊情况作出与之相适应的量刑判决;就量刑具体化而言,因"具体"相对于"抽象",故其更强调把抽象的规则具体应用到相应对象上。因此,在这个意义上看,虽然量刑个别化在本质上是一种理性的具体化,但它们的视角是不同的。

量刑个别化与量刑具体化的近似性,主要表现在实质目标上的一致性。从实质上看,量刑具体化突出的"同案同判",只是一种理想化状态下的理念追求和一定层面上的具体实现(量刑基准),并不是现实状态下的量刑结果。申言之,现实状态下的量刑结果,若一味地要求对相同或相类似的危害行为给予相同或相类似的判决结果即"同案同判",则反而既忽视了案件的复杂多样性的客观事实,又无法关注犯罪人的人身危险性状况,不利于防范犯罪人再次危害社会和促使犯罪人重返社会的量刑效果的实现。从刑法公正角度看,现实状态下的"同案同判",并非实事求是的个案公正和实质公正,而只是一种抽象状态下的形式公正,旨在要求和指导量刑均衡,而不是禁止和排斥量刑个别化。因此,在现实状态下,理性的具体化量刑及其所追求的"同案同判",也应要求量刑一般化与量刑个别化的有机统一,也应坚持在量刑一般化条件下的量刑个别化。

(二)量刑个别化与量刑个人化

从表面上看,量刑个别化与量刑个人化似乎是同义的,但严格地说,它们是有差别的。从词汇渊源上考察,"个别化"和"个人化"

均是由“化”作为词缀所构成的合成词，都是为了适应“个别化”或“个人化”意蕴的特别表述需要，而由“个别”或“个人”与“化”构造而来。从关系视角上看，“个人”与“个别”是分别相对于“集体”与“一般”的范畴。虽然在一定意义上，“个人”也是“个别”，但前者是相对于“集体”，后者是相对于“一般”。“个人化”，是以“人”为中心，相对于“集体化”而言，强调具体个人不同于一般人的特点和方面；“个别化”，则既可以行为人为中心，也可以行为为中心，相对于“一般化”而言，强调具体事物与其自身特点相适应。

由此，“量刑个人化”也以行为人为中心，相对于“量刑集体化”（量刑估堆化），强调针对行为人的个人情况量刑；而“量刑个别化”，则既可针对行为及其社会危害性的具体情况，也可针对行为人及其人身危险性的具体情况量刑，相对于“量刑一般化”（量刑统一化），强调量刑结果与包括行为和行为人在内的案件具体情况相适应。这样，量刑个别化比量刑个人化有更大的包容性。正因如此，在刑罚裁量以行为及其社会危害性为根据的年代，也有了量刑个别化（刑罚个别化）的生长点。现代刑法中的刑罚个别化（量刑个别化）兼以犯罪行为的社会危害性和犯罪人的人身危险性为根据的事实也表明，刑罚个别化（量刑个别化）不仅可以以反映行为的社会危害性的事实为根据，而且在一定范围内还必须以反映犯罪人的人身危险性方面的事实为根据，这是刑罚个人化（量刑个人化）所不具有的方面。但这同时表明，虽然从不严格意义上讲，理论上也可把刑罚个别化（量刑个别化）等同于刑罚个人化（量刑个人化），但若在乎用语的严谨性，则这个“等同”的做法，并不可取。

（三）量刑个别化与量刑个性化

理论上认为，在哲学上，个性与个别、特殊是同类范畴，共性与一般、普遍是同类范畴，它们是不同场合的不同用法。① 具体而言，个性与共性相对，并组成辩证法的一对范畴。个性即矛盾的特殊性，是一事物区别于其他事物的个别的、特殊的性质，它使事物具有各自的特点；共性即矛盾的普遍性，是不同事物所共有的普遍性质，

---

① 参见《新华词典》，商务印书馆1980年版，第275页。

它决定这类事物发展的基本趋势。共性存在于个性之中，个性体现共性并丰富了共性，共性与个性的区别是相对的，它们在一定条件下可以相互转化。[①] 而个别，如前所述，与一般相对，并组成辩证法的一对范畴。

基于以上个性与个别的不同意义，个性化，作为哲学范畴，与普遍化相对，强调突出一事物区别于其他事物的个别的、特殊的性质，也即与其他事物的不同；而个别化，与一般化相对，强调突出“单独”“单个”（并非一定是一事物区别于其他事物的个别的、特殊的性质），也即与事物自身的个性特点相适应。由此，从以上意义上看，量刑个性化与量刑个别化也是不同的，前者强调的是不同个案间的量刑结果不同，后者强调的是量刑与个案自身的个性特点相适应。

（四）量刑个别化与刑罚个别化

因量刑权并非从属于刑罚权，而量刑个别化并非只是刑罚权下的量刑个别化，还应包括审判权下的量刑个别化。后者是传统观点主张的量刑个别化，是刑罚个别化在量刑问题上的具体表现，这种量刑个别化只是针对不同的具体情况给予不同的刑罚处罚；前者是本书所主张的量刑个别化，是国家刑事审判权运行中的量刑个别化，这种量刑个别化，是针对案件的具体情况给予与反映其犯罪行为的社会危害性和犯罪人的人身危险性等方面事实相适应的刑事责任实现方式（具体可能是刑罚处罚，也可能是非刑罚处罚，甚至可能是单纯宣告有罪）。事实上，这两种视角下的量刑个别化，都与刑罚个别化的关系不同。

1. 刑罚权下的量刑个别化与刑罚个别化

关于刑罚权下的量刑个别化与刑罚个别化的关系，在理论上有不同理解。概括起来，大致有如下三种：

一是把刑罚个别化等同于量刑个别化。这是传统理论也是绝大多数学者的认识。例如，日本著名刑法学者木村龟二认为，刑罚个别化，“是指反对以离开行为人的犯罪行为本身为标准，来科以统

---

① 参见《辞海》（缩印本），上海辞书出版社 2000 年版，第 378、1497 页。

一的刑罚,主张应该按照犯罪人的个人情况科以与此相应的不同的刑罚,由此使犯罪人能够回到社会上来的思想"。[①] 这个把刑罚个别化的范围限定在"科以与此相应的不同的刑罚"的定义,显然是把刑罚个别化等同于量刑个别化。如此理解,实际上是刑罚报应主义,即刑事责任的实现方式仅为"刑罚"观念下的理论认知。我国学者关于刑罚个别化含义的界定,也大多如此。例如,认为刑罚的个别化是指,"审判机关在量刑时,应当根据犯罪人所犯罪行的社会危害程度和犯罪人的人身危险性大小,在相应的法定刑范围内或以该法定刑为基础,判处适当的刑罚或者刑期";[②]或者,"法官在对犯罪人裁量决定刑罚时,根据犯罪人的个人情况、犯罪原因以及其他情况,有针对性地适用刑罚,以更好地实现刑罚的个别公正和个别预防";[③]等等。

二是认为刑罚个别化是量刑个别化和行刑个别化的有机统一。这是极个别学者的认识。例如,"刑罚个别化是指根据犯罪人的人身危险性裁量并执行刑罚";"刑罚个别化的根据是犯罪人的人身危险性,在此基础上刑罚个别化又可分为量刑个别化与行刑个别化"。[④]

三是认为刑罚个别化是制刑个别化、量刑个别化和行刑个别化三个方面的有机统一。对此,早在19世纪末,法国科学学派代表人物雷蒙·萨莱耶(Raymond Saleilles)在其名著《刑罚个别化》(1898年出版)中,就把刑罚个别化分为法律上的个别化(legal individualization)、司法上的个别化(judicial individualization)和行政上的个别化(administrative individualization)。其中,所谓法律上的个别化,是指法律预先对个别化惩处作出规定;所谓司法上的个别化,是最为理想的方面,是由法官决定的刑罚个别化;所谓行政上的个别化,

---

① [日]木村龟二主编:《刑法学词典》,顾肖荣等译,上海翻译出版公司1991年版,第416页。

② 马克昌主编:《刑罚通论》,武汉大学出版社1999年版,第293页。

③ 梁华仁、王洪林:《试论刑罚个别化的根据》,载《时代法学》2004年第2期。

④ 参见樊凤林主编:《刑罚通论》,中国政法大学出版社1994年版,第120页。

是指刑罚执行中采取的刑罚个别化。[①] 我国也有很多学者持如此观点。如认为刑罚个别化原则得出的必然结论有三:在立法上,以犯罪状态、犯罪人的恶性程度作为分类的标准;在司法上,量刑的标准不能仅以犯罪损害的大小为标准,而应主要以犯罪人的恶性程度为标准;在行刑上,刑罚应与犯罪人的恶性相适应而有一定的可塑性。[②] “刑罚个别化要求建立从刑事立法到行刑司法的一整套个别化的刑罚体系并赋予其运动状态,即根据刑罚的目的要求及其实现的需要,在立法上,对不同的罪行(和罪犯)规定不同的刑罚方法及其幅度;在适用刑罚时,分别情况,酌情判处最合于预防犯罪和罪犯改造的刑罚方法及其幅度;更为重要的是,在行刑司法实践中根据罪犯的不同情况,从最有利于行刑目的的实现出发,实行因人而异、有的放矢的矫正。”[③]刑罚个别化不仅要求刑罚裁量要考虑犯罪及犯罪人的具体情况,刑罚执行中要考虑犯罪及犯罪人的具体情况,而且还要求在刑罚制定中考虑犯罪及犯罪人的个别情况。[④]

以上三种观点,实际上把刑罚权下的量刑个别化与刑罚个别化的关系分成了两类:一是同一关系,如第一种观点;二是包含关系,如第二和第三种观点。其实,刑罚权下的量刑个别化与刑罚个别化的关系,仅取决于刑罚权的运行情况。我们都知道,刑罚权作为国家权力的一部分,其运行一般包括刑罚创制权(制刑权)、刑罚发动权(求刑权)、刑罚裁量权(量刑权)和刑罚执行权(行刑权)四种情况。从理论上看,刑罚权的这四种情况在运行中都存在“个别化”问题,也即刑罚个别化实际上包括制刑个别化、求刑个别化、量刑个别化和行刑个别化四种情况。这样,在以上三种观点中,第一种观点把量刑个别化与刑罚个别化理解为同一关系,显失偏颇;第二和第三种观点把它们的关系理解为包含关系是正确的,但遗漏了制刑

---

① See Raymond Saleilles, *The Individualization of Punishment*, translated from the second French edition by Rachel Szold Jastrow, Patterson Smith, 1968.

② 参见曾庆敏主编:《法学大辞典》,上海辞书出版社 1998 年版,第 432 页。

③ 邱兴隆、许章润:《刑罚学》,中国政法大学出版社 1999 年版,第 22 ~ 24 页。

④ 参见翟中东:《刑罚个别化研究》,中国人民公安大学出版社 2001 年版,“前言”第 1 页。

权或求刑权,也是遗憾的。当然,因"刑罚发动"(求刑)不具有最终确定意义,因而弱视求刑个别化,把刑罚个别化视为制刑个别化、量刑个别化和行刑个别化三种情况的有机统一体,也是可以接受的。但在刑罚权运行的统一体中,量刑个别化与其他三种个别化间的关系,显然也是很密切的。具体表现在:

(1)制刑个别化与量刑个别化是"前提"与"实现"的关系

如前所述,制刑个别化与量刑个别化、行刑个别化一起,共同成为刑罚个别化的有机组成部分。按照萨莱耶的观点,所谓制刑个别化,也即法律上的个别化,是指法律预先着重以行为作为标准,细分其构成要件、规定其构成要件、规定加重或减轻情节等。按我国学者的观点,它是指"在立法上,对不同的罪行(和罪犯)规定不同的刑罚方法及其幅度";①是指"在刑罚制定中根据刑罚的目的考虑犯罪及犯罪人的个别情况"。②

理论上认为,制刑个别化,始于萨莱耶1898年在他的《刑罚个别化》一书中正式提出的主张,萨莱耶将刑罚个别化从刑事裁判领域引入立法与刑罚执行领域,从而使刑罚个别化从一种刑罚裁判要求一跃成为一种包括立法在内的法律上的要求,此后才被人们沿用。③ 本书认为,若把制刑个别化作为一个理论,认为制刑个别化始于萨莱耶的创造,则是可以接受的;但若作为一个现象,认为其始于萨莱耶的首倡,则是对制刑个别化及刑罚个别化的误解。因为,早在罗马教法庭时,法官就按照个别情况,也即以犯罪者犯罪时的环境作为确定刑罚的根据,并使用了不定期刑。1810年《法国刑法典》取消了1791年《法国刑法典》对各罪的刑罚都规定绝对确定法定刑的做法,确立了相对确定的法定刑制度,也意味着刑罚已经"个人化"。④ 1832年后的法国普遍采用了从轻处罚情节,从而使

---

① 邱兴隆、许章润:《刑罚学》,中国政法大学出版社1999年版,第22~24页。

② 翟中东:《刑罚个别化研究》,中国人民公安大学出版社2001年版,第242页。

③ 参见翟中东:《刑罚个别化研究》,中国人民公安大学出版社2001年版,第8、242页以下。

④ 参见[法]马克·安塞尔:《新刑法理论》,卢建平译,香港天地图书有限公司1989年版,第11页。

以前适用从轻情节的例外变成了普遍规则，[①]以及1893年在瑞士的刑法草案（司特士案）里最先引进的保安处分制度，[②]实际上也都是刑罚个别化在立法上的表现。因此，制刑个别化，作为一个立法的客观存在，早在萨莱耶把刑罚个别化的理论系统化之前就已存在。

显然，制刑个别化并非根据具体罪中的个案制定刑罚，所谓"化"是一种倾向性要求，刑罚制定的个别化就是制定刑罚时，根据刑罚目的考虑犯罪及犯罪人的个别情况。这种对犯罪及犯罪人个别情况的考虑通常表现为将适用某一类型犯罪或犯罪人的刑罚或者措施制度化，例如，将惯犯制度化。[③]

由于制刑个别化评价的对象只是抽象的个人，且这些评价必须经由法院的审判，才能具体应用于个别的犯罪人，因此，在实践中它必须通过量刑个别化得以实现。同时，既然制刑个别化要求刑罚的制定需考虑犯罪及犯罪人的个别情况，要求刑罚及其制度设置要具有适应个别化需要的明确性和可操作性，则制刑个别化实际上就为量刑个别化的实现提供了立法和制度上的前提和保障；反之，量刑个别化也为制刑个别化目标的实现提供了"前沿阵地"和"主战场"。可以说，没有量刑个别化，也即量刑对制刑个别化精神的贯彻，则制刑个别化就失去了其应有的意义，制刑个别化的目标也就无法实现。

因此，制刑个别化与量刑个别化（本部分中的量刑个别化均指刑罚权下的量刑个别化，下同）的关系，起码表现在三个方面：一是它们有各自的任务和领域，应互不侵犯；二是前者是后者的前提，是罪刑法定原则下司法对立法的诉求；三是前者的目标在一定程度上需要后者去实现。

---

①　参见卢建平：《社会防卫思想》，载高铭暄、赵秉志主编：《刑法论丛》，法律出版社2000年版。

②　参见［日］木村龟二主编：《刑法学词典》，顾肖荣等译，上海翻译出版公司1991年版，第417页。

③　参见翟中东：《刑罚个别化研究》，中国人民公安大学出版社2001年版，第249页。

（2）求刑个别化与量刑个别化是“发起”与“裁决”的关系

所谓求刑个别化，是一种基于求刑权的刑罚个别化。所谓求刑权，是起诉权的基本组成部分，是请求对犯罪人予以刑罚处罚的权力。在现代社会，这种权力主要由有关机关代表国家行使，表现为公诉权；但在少数情况下，国家也授权给个人（一般是被害人）行使，表现为自诉权。这样，求刑个别化也就是公诉机关或自诉人根据案件的社会危害性与犯罪人的人身危险性，而在量刑程序中[①]向审判机关提出的对犯罪人的量刑建议或意见。这种个别化，在本质上也是刑罚个别化的一种具体形式，是刑罚个别化的理念、原则、方法，在求刑问题上的具体要求和体现。

求刑个别化，要求“求刑”即量刑建议或意见，必须以反映犯罪行为的社会危害性与刑事被告人的人身危险性等方面的事实为根据。这种个别化，作为刑罚个别化的具体形式，既具有刑罚个别化的一般理念、一般原则、一般方法，也具有区别于刑罚个别化其他形式的不同特点。具体表现在与量刑个别化的关系上，一方面，求刑个别化不能对量刑个别化起到支配作用。毕竟，求刑个别化只是求刑权行使的具体要求和体现，与作为审判权行使的量刑个别化，是宪法赋予的性质完全不同的两种权力行使方式，分别践行着宪法赋予的“刑事追诉发起与刑事审判监督”职权职责与“刑事审判”职权职责。这意味着，在实践中，求刑个别化并非当然就是量刑个别化，基于求刑个别化的量刑建议并非当然就是基于量刑个别化的量刑结果，量刑个别化及其量刑结果只能由行使审判权的国家机关作出，其他任何机关和个人都不可凌驾于宪法之上，以求刑个别化实际取代量刑个别化。求刑个别化作为求刑权行使的要求和表现，终究是要通过作为量刑权行使的量刑个别化去确认与裁决。另一方面，基于“不告不理”的求刑原则，求刑个别化对量刑个别化在发动与监督上，具有前提与指向的现实意义。就公诉案件而言，公诉方根据案情以及自己的裁量权，决定将案件提交给可能判处无期徒刑

---

① 基于定罪和量刑的对象的不同，量刑建议或意见不宜在定罪及以前程序中提起。

或死刑的中级人民法院审判还是提交给基层人民法院审判,这实际上就是其量刑建议权也即求刑权的具体体现;同时,向法庭建议判处何种刑罚及刑度等,也是根据案情以及自己的裁量权行使求刑权的具体表现。而这些根据案情和自己的裁量权而具体作出的“求刑”,实际上就是求刑个别化。就自诉案件而言,求刑个别化的表现就更加突出。例如,自诉人可以放弃求刑,也可以根据案情和法律,提出求刑轻重的意见。

(3)行刑个别化与量刑个别化是“落实”与“内容”的关系

行刑个别化是刑罚个别化在行刑司法领域的体现和实现。在我国的刑罚执行实践法学中,通常称之为“区别对待原则”。① 行刑个别化,是指在刑罚执行过程中,应当根据犯罪人的人身危险性(再犯可能性大小)及社会生活需要,而给予个别处遇的制度,即刑罚的执行必须依据犯罪人的年龄、性别、性格特征、生理状况、犯罪性质、犯罪严重程度、人身危险性等给予不同的处遇改造方式;②是指在执行刑罚(主要是指自由刑)时,应当贯彻区别对待的政策,根据犯罪人的人身危险性的大小,实施因人而异的改造措施,③表现在对罪犯的管理、教育、劳动和奖惩四个方面。④

理论上认为,刑罚个别化要求建立从刑事立法到行刑司法的一整套个别化的刑罚体系并赋予其运动状态。主要表现在,根据刑罚目的要求及其实现的需要,在立法上,对不同的罪行(和罪犯)规定不同的刑罚方法及其幅度;在适用刑罚时,区分情况,酌情判处最合于预防犯罪和罪犯改造的刑罚方法及其幅度;更主要的是,在行刑司法实践中根据罪犯的不同情况,从最有利于行刑目的的实现出发,实行因人而异、有的放矢的矫正。⑤ 据此,行刑个别化与量刑个别化,是两个不同的概念。

---

① 参见马克昌主编:《刑罚通论》,武汉大学出版社1999年版,第509页;樊凤林主编:《刑罚通论》,中国政法大学出版社1994年版,第128页。

② 参见马克昌主编:《刑罚通论》,武汉大学出版社1999年版,第508页。

③ 参见樊凤林主编:《刑罚通论》,中国政法大学出版社1994年版,第128页。

④ 参见樊凤林主编:《刑罚通论》,中国政法大学出版社1994年版,第128~129页。

⑤ 参见邱兴隆、许章润:《刑罚学》,中国政法大学出版社1999年版,第22~24页。

不过，行刑个别化与量刑个别化因都是刑罚个别化的有机组成部分而又有着密切的内在关系。主要表现在，量刑个别化在一定意义上又是行刑个别化的内容与基础，量刑个别化的情况如何直接制约着行刑个别化目标的实现，良好的量刑个别化有利于行刑个别化目标的实现。这是因为，量刑个别化对行刑个别化的以上意义，使刑罚的适用同教育改造罪犯所需的限度相适应，从而能在一定程度上防止犯罪人再次实施犯罪，并能限制具有某种犯罪倾向的人实施犯罪。当然，良好的行刑个别化也对量刑个别化目标的实现有重大影响，主要表现在，量刑个别化目标的实现，有赖于行刑个别化的实践及其效果。因为，刑罚的特殊预防的目的，并非判处刑罚就能自动实现的，需要行刑个别化在内的行刑过程都要坚持惩罚与教育改造相结合、劳动与改造相结合的方针，需要建立健全有利于争取社会与家属积极配合的制度。①

2. 审判权下的量刑个别化与刑罚个别化

这是本书主张的量刑个别化与刑罚个别化的关系。这个关系首先取决于量刑权的归属。量刑权从属于刑事审判权，而不是“国家刑罚权的重要内容之一”。虽然在刑罚权的运行内容中包含刑罚裁量权，但从刑事责任大小的裁量视角来看，量刑权除了包括刑罚裁量权，还包括对非刑罚处理方式和单纯宣告有罪方式的裁量权。因此，从刑事责任运行视角来看，量刑权从属于刑事审判权而不是刑罚权，它与刑罚权仅是交叉关系；从现实来看，把制刑权、求刑权、量刑权与行刑权都放在刑事责任视阈中，统称国家刑事管辖权，应当更准确、更现实、更重要。显然，在现实中，制刑权不仅仅是制定刑罚，还包括制定非刑罚处罚；求刑权并非仅请求审判机关给予刑罚处罚，也可能给予非刑罚处罚甚至不给予任何处罚；行刑权虽然主要是执行刑罚，但也可能是执行非刑罚处罚和保安处分等。

就以上意义而言，量刑个别化并非就是刑罚权的运行在量刑问题上的具体体现，并非就是刑罚个别化的一种形式，尽管刑罚个别化中存在量刑个别化这种形式。但具体来说，量刑个别化既包括刑

---

① 参见张明楷：《刑法学》(第2版)，法律出版社2003年版，第404页。

罚裁量的个别化,也包括非刑罚裁量的个别化,甚至还包括单纯宣告有罪的个别化,即根据案件的具体情况而作出单纯宣告有罪的处罚。在这些量刑个别化中,只有刑罚裁量的个别化才是刑罚个别化的情形。虽然理论上认为,刑罚裁量包括给予刑罚处罚和不给予刑罚处罚两种情况,但把非刑罚裁量的个别化和单纯宣告有罪的个别化包括在刑罚裁量的个别化中,肯定是不合适的,因为非刑罚的裁量和单纯宣告有罪的裁量无论如何都不是"刑罚裁量"。因此,在审判权下,量刑个别化与刑罚个别化只是一种交叉关系。

第二节　量刑个别化的本质

一、量刑个别化实际上就是"量刑"本体

(一)量刑在本体上为一般化指导下的个别化

本体(ontology),即事物的本身,作为哲学名词,它与"现象"(phenomenon)相对,通常指形成现象的根本实体,是客观现象的抽象本质。对于量刑来说,按其运行规律,其本体也即量刑之为量刑的根本实体,应是量刑个别化。也就是说,量刑在运行规律上,是将适用于一般对象的抽象法律规定适用于具体个案、具体犯罪人,并上升为理性具体(法律真实、相对真理)的活动。这个活动,不是法律规范的简单具体化,而是法律规范与具体案情、犯罪人的具体情况乃至刑事政策等相结合的综合体。这个综合体,显然不是表现为量刑一般化,而是一般化(共同法律规范)指导下的个别化(与犯罪行为的社会危害性和犯罪人的人身危险性等相适应)的活动。在这个活动及其过程中,从辩证法上一般与个别的关系来考察,量刑个别化虽然是从量刑一般化也即抽象的一般规则出发,但这个一般化规则,只是量刑的法律依据而已,而不是量刑本身;量刑本身是对具体个案的裁量活动及其过程。正如弗里德里希·米勒所指出的:法官承担的是具体化规范之任务,因为,规定在法律中的规范(规范文本)并非最终个案裁判基准的规范(裁判规范),前者只是法官形成

后者的出发点而已；裁判本身不得抵触规范文本，规范文本系具体化规范的界限。正是在以上意义上，他总结出法官量刑的方式应是，眼光首先往返流转于案件事实与有关规范文本之间，其次流转于借前述过程而被缩小范围的案件事实与相关的规范之间，之后裁判者就可以形成适当的规范，最后个案裁判者的眼光往返于[透过规范方案及规范领域而研拟出来的法规范一级（个别化之后的）]案件事实之间。[①] 因此，就以上意义而言，量刑活动实际上只是实现量刑个别化的活动。也就是说，量刑在本体上，只是表现为量刑个别化。这一点，无论是大陆法系还是英美法系国家的量刑，都是一致的。

在大陆法系国家，虽然法官只能依法律规定量刑，实行"审判不依照判例，而依照法律"（non examples sed legibus judicendum est），甚至法官在进行量刑时只能进行逻辑推理，也即"法官对任何案件都应进行三段论式的逻辑推理。大前提是一般法律，小前提是行为是否符合法律，结论是自由或刑罚"。[②] 但量刑在本质上，仍是在坚持罪刑法定、有法必依原则的前提下，对个案的犯罪分子在法律规定的范围内，视情况选择与犯罪行为和犯罪人个人特点相适应的处罚方法的活动。[③] 因此，大陆法系的量刑模式，从哲学上来说，是从一般到个别的推理，[④]是一个个别化的裁量过程。

当然，这个"个别化"，其内容在不同时期的刑法中的具体表现可能是不同的。在古代刑法中，实行所谓"设法而体刑，临事而议罪"，定罪和量刑没有严格的法律根据和事实根据，定罪量刑完全取决于裁判者的自由裁量权。[⑤] 在这种情况下的量刑，显然也是一个个别化的活动，但因它既没有严格的法律根据，也没有严格的事实

---

① 参见[德]卡尔·拉伦茨：《法学方法论》，陈爱娥译，商务印书馆2003年版，第13～14页。

② [意]贝卡里亚：《论犯罪与刑罚》，黄风译，中国大百科全书出版社1993年版，第4页。

③ 参见张绍谦：《浅论法官量刑的"自由裁量权"》，载杨敦先等编：《刑法发展与司法完善》，中国人民公安大学出版社1989年版，第251～252页。

④ 参见陈兴良：《刑法哲学》，中国人民大学出版社2017年版，第769页。

⑤ 参见陈兴良：《刑法哲学》，中国人民大学出版社2017年版，第766～767页。

根据，其量刑个别化表现为恣意、任意的“擅断”。也就是说，在这种制度下的量刑，没有实现与犯罪和犯罪人的具体情况相适应。但纵然如此，其量刑也不是实现一般化而是实现个别化的活动。

在近代刑法中，针对古代刑法的罪刑擅断，资本主义初期的刑事立法实行绝对的罪刑法定主义，试图彻底否定法官的自由裁量权而让法官无量刑可言。[①] 显然，这种绝对规则主义，不仅只是一个脱离实际的美妙追求，而且也只是一个名不副实的实践误读。因为，“徒法不足以自行”，只要把一般规则应用于具体个案，哪怕是绝对的“同案同判”，也在一定程度上是实现个别化的活动，而不可能是一律实现一般化的活动；即使是绝对的“同案同判”，作为“同判”的刑罚确定，也需在裁定“同案”的基础上，在这个过程中也在一定程度上，客观地包含了法官的斟酌行为。那种仅从绝对罪刑法定主义的理论设想及其立法追求，就推断“法官毫无选择斟酌之余地”的观点，是与近代初期绝对罪刑法定主义下的实践不符的。虽然在这些立法中，法定刑采用的是绝对确定的法定刑，但这只表明，法官在对量刑幅度的选择上没有自由裁量权，而在诸如刑罚种类、刑事责任的大小等方面，仍存在较大的行使自由裁量权的空间。因此，在近代绝对罪刑法定主义下，虽然法官自由裁量权相对较小，但仍在一定范围内存在。这个时期的法官，把一般规则运用于具体个案的活动，虽然具有极端的机械性、划一性，但在本质上，仍是量刑一般化指导下的个别化量刑。近代刑法发展也表明，刑法（如 1791 年《法国刑法》）在挤压法官自由裁量权上的极端化做法，很快就宣告失败，并通过从绝对性刑法立法转向相对性刑法立法，赋予法官必要的自由裁量权。

在现代刑法中，因采用相对罪刑法定原则、相对确定的法定刑、刑事责任兼以犯罪行为的社会危害性和犯罪人的人身危险性为根据等，从而使“罪刑法定”精神蕴涵的司法实现实质化，使量刑公正的追求实质化。在这样的情况下，量刑也随着刑法现代化而现代化，其突出表现在，量刑不仅需遵循严格的规则，而且要兼以反映犯

---

① 参见陈兴良：《刑法哲学》，中国人民大学出版社 2017 年版，第 767 页。

罪行为的社会危害性和犯罪人的人身危险性等方面的事实为根据。

在英美法系国家,虽然判例(legal precedent)是法律的主要渊源和形式,但以判例为依据的量刑,在本体上仍是量刑个别化。所谓判例,是指经有权机关确认,可以作为法律依据加以援用的判决。作为判例的判决,不仅适用于该案,而且作为同类案件的先例而适用于以后该法院或下级法院所管辖的案件。因此,在这种法律体制中,判例作为针对个案而形成的判决,一旦形成后,就不仅仅是具有个案拘束力的法律文书,而且还是对同类案件具有普遍效力的一般规则。因此,在"遵循先例"(stare decisis)的量刑模式下,量刑并非简单地"从个别到个别或者从此个别到彼个别的推理",而在本质上仍然是从一般规则到具体个案的过程。质言之,在英美法系,量刑在本质上也是一个与大陆法系量刑模式并无实质区别的量刑个别化过程。

综上,虽然在不同刑法或不同法系下的量刑,在个别化程度和模式上有所不同,但在运行上都只能是量刑个别化。这是量刑个别化作为量刑的本体所在。无论是大陆法系的量刑还是英美法系的量刑,也无论是现代量刑还是古近代量刑,它们都只存在规范与否、合理与否、程度大小等差别,在量刑个别化的应然本体上,并无不同。历史和现实也反复证明,那些试图与量刑个别化原理背道而驰的改革、尝试、探索,终将因违背量刑的本体与规律而陷入僵局,甚至宣告失败。

实际上,量刑在本体上为量刑个别化,也能找到相应的理论支持。例如,北京大学陈兴良教授认为:"罪刑关系的量的个别化问题,就是我们通常所说的量刑问题。量刑是在定罪的基础上,对具体刑罚进行裁量""无论是西方国家还是苏联和东欧国家,尽管在刑法典中对量刑的原则表述不尽相同,但内容上大同小异,即在量刑的时候,既要依据犯罪行为的社会危害性程度,又要考虑犯罪人的人身危险性的大小,由此确定应当判处的刑罚"。① 清华大学张明楷教授也认为:"从严格意义上说,量刑是在认定犯罪性质及其法

① 陈兴良:《刑法哲学》,中国人民大学出版社2017年版,第773页。

定刑的基础上,依案件情节和犯罪人的人身危险程度的不同,实行区别对待的方针,具体选定适当的宣告刑或决定免予刑罚处罚的审判活动”。[①] 武汉大学喻伟教授认为:“量刑总是在个别场合针对个案具体犯罪人进行的”“法院对罪犯量刑时,不能仅仅以犯罪行为的社会危害性的大小为依据,还应考虑行为人的人身危险性的大小,有针对性地给予合适的刑罚,以期改造罪犯,达到特殊预防的目的”。[②] 如此等等之表述,虽然没有直接强调量刑在本体上是量刑个别化,但实际上都是对量刑个别化为量刑本体的妥帖揭示。

(二)量刑个别化并不是一项独立的量刑原则

在当前理论上,刑罚裁量的个别化一般被视为刑罚裁量的基本原则。[③] 综观当前有限的相关研究,认为刑罚适用的原则,应是刑罚相适应原则、刑罚个别化原则和刑罚法定原则,[④]是罪刑相适应原则和刑罚个别化原则,[⑤]是罪刑相适应原则、刑罚个别化原则和刑罚法定原则,[⑥]是罪刑均衡原则、刑罚个别化原则和依法量刑原则,[⑦]是刑责相适应原则、刑罚个别化原则和依照刑事法律政策量刑原则。[⑧] 如此等等之观点,虽对量刑原则到底有哪些,意见不一,但对于量刑个别化[⑨]为量刑的基本原则,在绝大多数学者那里已是“共识”,且赋予其至尊地位。如认为,从刑罚裁量个别化与罪刑相适应原则(改造为“责刑相适应原则”)和依刑事政策适用刑罚原则的关系来看,刑罚裁量个别化是刑罚裁量的基本原则,其他原则为其派生原则。[⑩] 综上,一方面,量刑个别化确实在刑罚等裁量中具有“基本”

---

① 张明楷:《刑法学》(第3版),法律出版社2007年版,第62页。

② 喻伟主编:《量刑通论》,武汉大学出版社1994年版,第9页。

③ 参见翟中东:《刑罚个别化研究》,中国人民公安大学出版社2001年版,第162页。

④ 参见周振想:《刑罚适用论》,法律出版社1990年版,第160页。

⑤ 参见赵廷光主编:《中国刑法原理》,武汉大学出版社1992年版,第561页。

⑥ 参见周振想:《刑罚适用论》,法律出版社1990年版,第60页。

⑦ 参见樊凤林主编:《刑罚通论》,中国政法大学出版社1994年版,第283页。

⑧ 参见马克昌主编:《刑罚通论》,武汉大学出版社2001年版,第264页。

⑨ 学者们在这里谈的刑罚个别化实为刑罚裁量个别化。

⑩ 参见翟中东:《刑罚个别化研究》,中国人民公安大学出版社2001年版,第162~163页。

地位;但另一方面,视“刑罚裁量个别化是凌驾于罪刑相适应等原则之上的刑罚裁量基本原则,罪刑相适应等原则只是其派生原则”,又与罪刑相适应原则为刑法的基本原则(当然也是量刑的基本原则)相矛盾。因此,把量刑个别化视为量刑的“原则”遇到了难以自圆其说的矛盾和困难。

本书认为,这个“矛盾困难”,主要源于把量刑个别化定位为一种独立的“原则”。申言之,量刑个别化本是量刑的本体,而不应只是一种独立的量刑原则。本体,即事物的本身;而原则,即说话或行事所依据的法则或标准,[①]量刑原则也就是量刑所依据的法则或标准。即使按胡学相教授的观点,将以下三个条件作为界定量刑原则的标准:量刑原则必须具有专门性(专门用以指导量刑活动)、可操作性(易于被法官掌握)和指导性(对量刑活动具有直接的指导意义),[②]量刑个别化也不是一项独立的量刑原则。因为,量刑个别化虽然是“量刑所依据的法则或标准”,并相对于“量刑”而言,具有“专门性”、“可操作性”和“指导性”,也即符合量刑原则的全部要件,但因它不仅蕴涵于量刑原则之中,而且蕴涵于其他所有关于量刑的政策、方法乃至立法等之中,因此,我们不能简单地把它归于量刑的某一个问题(如量刑原则或量刑方法等)之中。同时,从有论者主张其为“凌驾于”其他原则之上的“基本原则”而不能自圆其说来看,它也不应具体作为一项独立的原则。事实上,将量刑个别化界定为量刑的本体,自然就“凌驾于”所有量刑原则之上了,也就无需牵强附会地非要把它解读为属于何种原则或属于何种地位的原则。

(三)量刑个别化也不是一种独立的量刑方法

有论者认为,包括刑罚权下的量刑个别化在内的刑罚个别化,

---

① 参见中国社会科学院语言所编:《现代汉语词典》,商务印书馆 2005 年版,第 1676 页。

② 参见胡学相:《量刑的基本理论研究》,武汉大学出版社 1998 年版,第 27 ~ 28 页。从后文的分析来看,以这些标准来界定量刑原则也并非合理。特别是,将“量刑原则”限定在“专门用以指导量刑活动”,既不符合量刑活动的实际,也与刑法的基本原则作为“基本原则”的蕴涵相悖。

也是一种运用刑罚的方法。“刑罚个别化意为根据具体情况运用刑罚。刑罚个别化这一概念直接喻示刑罚运用的方法与要求，它明确要求刑罚运用要考虑犯罪及犯罪人的具体情况……刑罚个别化体现着马克思主义的具体问题具体分析的思想，并将具体问题具体分析的观点从刑罚裁量、刑罚执行贯彻至刑罚制定。从方法论的角度看，刑罚个别化可以指导我们正确地运用刑罚，不仅可以促进刑罚的正确裁量、刑罚的正确执行，而且还可以指导刑罚的制定”。[①] 以上观点，从刑罚个别化对刑罚裁量等实践的方法论意义来看，无疑是正确的。它正确和深入地揭示了刑罚个别化与刑罚裁量、刑罚执行、刑罚制定之间的内在关系。然而，从论者的相关论述来看，刑罚个别化不仅被视为一种刑罚裁量、刑罚执行和刑罚制定的“方法”，更视为一种刑罚裁量、刑罚执行和刑罚制定的“原则”，还视为一种刑罚裁量、刑罚执行和刑罚制定的“思想”。[②] 据此，对同一个刑罚个别化问题，同时被界定为原则、方法和思想，这本身就意味着如此界定中的“问题”。

显然，虽然原则、方法和思想之间有共通之处，但它们的侧重点和视角，毕竟是不同的。如前所述，原则，意即说话或行事所依据的法则或标准；方法，意即关于解决思想、说话、行动等问题的门路、程序等；[③]思想，意即客观存在于人的意识中经过思维活动而产生的结果。[④] 这样，原则侧重于标准，方法侧重于技巧，思想侧重于意识结果。就以上意义而言，刑罚个别化，确实可以同时被视为原则、方法和思想。这是刑罚个别化的特质所在，也体现了其能较为全面地反映原则、方法和思想的存在价值和实用价值，以及刑罚个别化与那些仅能作为“原则”“方法”“思想”等某个特质的东西的实质性不

---

① 翟中东：《刑罚个别化研究》，中国人民公安大学出版社 2001 年版，“前言”第 1 ~ 2 页。

② 参见翟中东：《刑罚个别化研究》，中国人民公安大学出版社 2001 年版，“前言”第 1 ~ 2 页，正文第 162 页。

③ 参见中国社会科学院语言所编：《现代汉语词典》，商务印书馆 2005 年版，第 383 页。

④ 参见中国社会科学院语言所编：《现代汉语词典》，商务印书馆 2005 年版，第 1290 页。

同。例如,数学量刑法,一般而言,只是一种量刑方法,而不是一种原则或思想。这在一定程度上意味着,刑罚个别化不能简单地视为某个"原则"、"方法"或"思想"层面上的东西,因为同时具有多个特质的东西,实际上就已是更高层面上的东西了。既然刑罚个别化(量刑个别化)的内核分别体现在刑罚裁量、刑罚执行、刑罚制定的原则、方法和思想中,那么我们不宜简单地把它归结为某一具体方面,而应放在更高层面即量刑本体上。

二、量刑个别化并不排斥"量刑统一化"

既然量刑个别化为量刑的本体,那么量刑就不能以量刑统一化(量刑一般化)为本体。事实上,量刑统一化与量刑个别化的关系,是哲学上一般与个别关系在量刑问题上的具体体现。其中,量刑一般化应当是以一般的社会报应观念和社会公正观念对犯罪人的行为进行价值评价,表现为立法上的刑罚规定(配置)与犯罪行为的社会危害性相均衡,旨在追求社会公正的一般正义,并主要表现在对已然之罪的"同罪同罚",即适用同样的法律规定、基于同样的量刑基准。

在社会发展史上,社会公正观有报应主义和功利主义两种形态。报应观念可以追溯到原始社会的同态复仇,它反映了原始社会朴素、粗俗的公平思想。在这种思想下,"倘若是一个人打人,一个人被打,一个人杀人,一个人被杀,这样,承受和行为之间就形成了不均等,于是就以惩罚使其均等,或者剥夺其利得"。[①] 功利主义在伦理学上有规范功利主义与行为功利主义之分。规范功利主义是一种规则或准则的功利主义,是指根据处于相同境遇的每个个体的行为所确立的规则所追求的整体功利效果;行为功利主义(行动功利主义)是根据单个个体行为(行动)追求的个体功利效果。规范功利主义追求的刑罚适用功利效果是一般预防,行为功利主义追求刑罚适用的功利效果是个别预防。因此,作为量刑一般化的社会公

---

① [古希腊]亚里士多德:《尼各马科伦理学》,苗力田译,中国社会科学出版社1990年版,第95~96页。

正性的功利主义，是规范功利主义，作为量刑个别化的社会公正性的功利主义，是行为功利主义。[1] 本来，在刑罚理论中，功利主义是反对报应主义的，但因它们都以量刑一般化为前提而在一般正义的要求上是一致的。表现在：报应主义主张罪有应得，强调完全以已然之罪的社会危害性作为衡量刑罚的一般标准；而规范功利主义主张一般预防，虽然强调确立刑罚是为了威慑社会上一般人不致犯罪，但在本质上仍然是以强调已然之罪的社会危害性为前提的。既然报应主义和规范功利主义都强调已然之罪的社会危害性，那么它们都代表了一定社会的评价标准，且这种社会评价标准与社会心理状态相吻合。[2]

无论是刑罚关于罪有应得的报应主义，还是关于一般预防的功利主义，它们对已然之罪的同态报应（等量报应）和对未然之罪的特殊预防，都具有功能性缺陷，均需要量刑个别化的个别正义追求。个别正义本就是一般正义的对立统一体，并与一般正义相互依赖、相互补充，共同实现刑罚的完全的社会正义。具体表现在：一方面，量刑一般化追求的一般正义，需以量刑个别化追求的个别正义为表现和补充；另一方面，量刑个别化追求的个别正义，需以量刑一般化追求的一般正义为前提。仅有对已然之罪的"同罪同罚"，尚只是刑罚一般正义的追求。量刑及其个别化的正义追求，还需要在已然之罪"同罪同罚"的一般正义价值追求下，具有"具体问题具体对待"的个别正义价值追求和表现。因此，报应刑是刑罚对犯罪的一种反应，离开了报应，刑罚就不成其为刑罚；同时，报应刑也限定了刑罚存在的范围，刑罚的发动与适用都应当受到报应的限制。然而，单纯的报应刑并不可取，在现代对犯罪并非一概报应的文明时代，刑罚还应当具有预防犯罪的功利目的，需要通过对已然之罪处以刑罚以防患未然之罪。同时，这种功利性目的的实现，又需以报应为基础，否则就可能走向不公正，毕竟，功利主义只有在报应主义

---

① 参见［澳］J. J. C. 斯马特、［英］B. 威廉斯：《功利主义：赞成与反对》，牟斌译，中国社会科学出版社 1992 年版，第 9 页。

② 参见陈兴良：《刑法的人性基础》，中国人民大学出版社 2017 年版，第 386～395 页。

的限制下，才能防止其潜在的非正义，从而建立刑罚公正的一般标准。[①]

综上，量刑个别化与量刑一般化的关系，应是对立统一的辩证关系。量刑一般化代替不了量刑个别化，反之，量刑个别化也不是对量刑一般化的否定，而是在量刑一般化前提下的量刑个别化。如此辩证关系的具体表现如下：一是量刑个别化需以量刑一般化为基础。就是在以犯罪人的人身危险性为量刑根据时，不能脱离犯罪行为的社会危害性的基础性根据，不能脱离立法相应配置的罪刑结构，从而使得量刑个别化受到量刑一般化的约束。同时，量刑一般化也意味着，一方面，要建立合乎社会正义的量刑基准，要在针对抽象个罪行为进行刑罚配置时注重宏观上的量刑均衡与对称；另一方面，要在实践中对于任何人都适用同样的法律规范，基于同样的量刑基准，而不是因人而异或因事而异。二是量刑一般化不能脱离量刑个别化而存在，需通过量刑个别化体现出来。三是量刑个别化与量刑一般化的区分是相对的。它们在一定条件下可以相互转化。如在一定范围内是量刑一般化，而在另一范围内又是量刑个别化，反之亦然。

因此，在司法实践中，要防止两种错误倾向：一是片面强调量刑个别化而忽视量刑一般化。表现为，片面强调量刑的个人情况而忽视其罪行的危害性大小以及法律的明确规定，造成处罚过重或过轻。这是不正确地理解量刑个别化的结果，是应当纠正的。二是片面强调量刑统一而忽视量刑个别化。表现为，试图以极其细密化的量刑规范挤压法官的量刑裁量权，试图基于片面的划一性“同案同判”，搞“一刀切”，不问犯罪人的具体情况，不问是否有利于犯罪的改造和回归社会情况等，这同样是不正确地理解量刑个别化的结果，同样是错误并应当纠正的。

需要指出的是，理论上所谓的“量刑划一化”，与量刑一般化是根本不同的。“划一”，亦作“画一”，意即“一致”“一律”，[②]有不存

---

① 参见陈兴良：《刑法的人性基础》，中国人民大学出版社 2017 年版，第 389 ~ 390 页。

② 参见《辞海》（缩印本），上海辞书出版社 2000 年版，第 1630 页。

在商量和讨价余地之义，是一种“一刀切”的思想和做法，与“统一”根本不同；“统一”意即“部分联成整体”“分歧归于一致”，如统一祖国、统一体、意见统一、统一战线等，[①]有既要求宏观上的求同存异又允许微观上的个性存在之义，是一种兼顾整体与部分关系的辩证意涵和做法，是哲学上的一般与个别、整体与部分的辩证关系，在“一般”“整体”方面的具体体现。据此，所谓量刑划一化，是那种严格按照一个标准、“一刀切”式地进行量刑的思想和方法。那些追求绝对的“同案同判”“同罪同判”，没有或几乎没有自由裁量权的各种量刑方式、方法，如量刑规范化改革所早期探索的精确化量刑指南和“电脑辅助量刑”，都属这种情形。显然，“量刑划一化”是一种绝对极端化的量刑思想和方法，与量刑个别化是根本对立和相互排斥的关系，既不符合哲学上的普通与特殊、一般与个别、整体与部分的辩证关系，也与量刑的本质和规律（见后文论述）相悖，是错误和必须重点防范的。

三、量刑个别化是“量刑规范化”的核心

所谓量刑规范化，就是通过完备的程序制度使量刑自由裁量权按其固有的属性运行。在我国量刑规范化改革实践中，将其界定为“规范量刑裁量权，将量刑纳入法庭审理程序”。[②] 虽然是针对时下量刑存在的突出问题而作出的措施性界定，并有很强的针对性和必要性，但如此界定还谈不上是概念性界定。其实，基于对刑法现代化及量刑实质和规律的考量，量刑规范化，应是对“量刑”把抽象的法律规则与具体的案件事实相结合并上升为理性与具体的过程的规范化。它表现为量刑统一化与量刑个别化的有机统一，是在尊重量刑实质和遵循量刑规律的前提下，通过设置和适用完备的程序制度，使量刑生产出公正有效且符合刑罚目的的量刑判决。[③]

---

① 参见中国社会科学院语言所编：《现代汉语词典》，商务印书馆 2005 年版，第 1371 页。

② 参见熊选国主编：《〈人民法院量刑指导意见〉与“两高三部”〈关于规范量刑程序若干问题的意见〉理解与适用》，法律出版社 2010 年版，第 14～16 页。

③ 参见石经海：《“量刑规范化”解读》，载《现代法学》2009 年第 3 期。

量刑规范化的基本功能，其实不是挤压量刑裁量权的行使，而是保障量刑个别化的量刑本体实现。“没有规矩无以成方圆”，无论是基于“幅度过大”的法定刑立法，还是针对需“具体问题具体分析”的自由裁量司法，没有规范化的手段，就难以有“方圆”的量刑目标。量刑的自由裁量权是一种依法、合理、有据地作出量刑裁判的权力。依据实质性的罪刑法定原则和量刑实质及规律，量刑的自由裁量权的行使需以案件事实及相应法律制度规定（包括刑法的基本原则及内化于相关规定中的基本刑事政策、刑法的时代精神等）为根据和限制。实践中，所谓量刑“以事实为根据、以法律为准绳”，并“量刑说理”以使量刑公开、透明，就意味着量刑的自由裁量权不是“任意的”，而必须受到案件事实和法律制度的限制。由此，量刑的自由裁量权受事实和法律制度的限制，并不是（也不能是）由于“法官素质参差不齐”或“鼓励法官在量刑的过程中能够深入地研究法律或者去探寻可能影响量刑的各种情节”，而是由于量刑的自由裁量权自身所固有的属性，是量刑的自由裁量权在运行中的应有之义。量刑个别化作为量刑的本体，其运行自然不能是无章的，也必须规范运行；而且，量刑个别化所拥有的充分的自由裁量权，容易被滥用，更需对其予以规范化。规范，意即标准、法式，或模范、典范，[①]是约定俗成或明文规定的标准；[②]规范化，意即“使合于一定的标准”，[③]既然“化”表示转变成某种性质或状态，则规范化就是使所及对象都符合约定俗成或明文规定的标准，在本质上就是“使标准化”。具体到量刑而言，作为罪刑法定原则下的司法活动，其规范化应是使量刑符合相关规范明文规定的标准。

显然，无论是规范化还是标准化，并非意味着“划一化”。所谓标准，是衡量事物的准则；所谓标准化，是为适应科学技术发展和合理组织生产的需要，在产品质量、品种规格、零部件通用等方面规定统一的技术标准。[④] 这意味着标准，一方面，作为衡量事物的准则，

① 参见《辞海》（缩印本），上海辞书出版社2000年版，第1743页。

② 参见中国社会科学院语言所编：《现代汉语词典》，商务印书馆2005年版，第513页。

③ 中国社会科学院语言所编：《现代汉语词典》，商务印书馆2005年版，第513页。

④ 参见中国社会科学院语言所编：《现代汉语词典》，商务印书馆2005年版，第89页。

是统一的；另一方面，作为适应事物变化发展的需要，也即合乎规律的、客观存在的而非主观臆造的东西。这个“统一性”只是大体的，只是事物的共性，只是事物的一般性，只是宏观的，它并没有否定和排斥事物微观方面的个性。因此，具体到量刑问题，量刑规范化并非意味着“量刑划一化”。在本质上，量刑规范化“不是像巴士底狱大钟那样的单一具体的机械实物，而是一套能生产出标准产品并更易被人接受的非人格化程序和机制”，①是一种“量刑标准化”，是“使量刑达到标准化”，是一种宏观上的统一化。这种“统一化”并不排斥微观上的个别化。

量刑不是以形成或制定“规范”为目标的。规范，作为约定俗成或明文规定的标准，要么是实践中长期形成的，要么是特别制定而成的。量刑规范化，虽是为了使量刑合乎约定俗成或明文规定的标准（规则），但这并不是其终极目标。量刑规范化的终极目标，应与量刑的终极目标一致，是为了公正有效地实现报应与预防的法律效果与社会效果。而这个终极目标的实现，既要有一定的规则指导，因“没有规矩无以成方圆”，但更要有必要的裁量去操作；因“徒法不足以自行”，法只有在适用中才能对社会生活产生作用，离开了法的适用，法只是一种纯粹的语言条文形态，是一种没有生命力的“死法”。② 因此，如果说关于约定俗成或明文规定的标准（规则），是量刑规范化的必要组成部分，那么依如此规则去进行的必要裁量活动，更是量刑规范化的关键。

实际上，规则与裁量的如此关系，构成了整个人类法律发展史的基本线索。美国著名法学家罗斯科·庞德指出：“有关稳定必要性与变化必要性之间的协调问题，从某个方面来看，变成了一个在规则与自由裁量权之间进行调适的问题，变成了一个在根据确定的规则（或至多根据从严密确定的前提所作出的严格的推论）执行法律与根据多少受过训练的、有经验的司法人员的直觉在司法之间进

---

① 胡水君：《惩罚技术与现代社会——贝卡里亚〈论犯罪与刑罚〉的现代意义》，载《社会学研究》2007 年第 3 期。

② 参见陈兴良：《刑法的人性基础》，中国人民大学出版社 2017 年版，第 522～523 页。

行调适的问题。”[①]对此，陈兴良教授把它概括为，“法律史是由规则与裁量的互动构成”。具体表现在两个方面：一方面，因规则体现的是法律稳定的一面，而裁量则反映法律变动的一面，故规则与裁量是法律的稳定性与变动性的统一；另一方面，因规则又是体现法律静态的存在，而裁量则是体现法律动态的存在，只有通过裁量，法律才能被适用于个案，故规则与裁量又是法律的规范性与适用性的统一。[②] 显然，以上认识是正确的。虽然对于法治而言，无规则当然无法治，但有规则无裁量，同样也无法治可言；虽然规则与裁量之间存在此消彼长的关系，即规则越细密、越严格，裁量的空间就越狭小、越趋于技术化，反之亦然，但无论规则怎么挤压，裁量无论如何也不会退出历史舞台，除非“徒规则以自行”。即使是贝卡里亚设想的严格规则主义，实际上也只是一种乌托邦式的构想，不可能也不能真正实现。虽然以其为理论基础的1791年《法国刑法典》规定了绝对确定的法定刑，但一方面，在现实中仍有裁量，否则，如此精心设计的刑法典也只能是永远停留在载体上的法典而已；另一方面，其也很快被现实需要的必要裁量挤压，而被具有相当裁量空间的1810年《法国刑法典》取代。

因此，实际上，量刑规范化不仅不排斥，也不应排斥量刑个别化，而且还与量刑个别化有着密切的内在联系。在法律理性上，量刑规范化是量刑一般化和量刑个别化的有机统一；仅有量刑统一化（量刑一般化）的量刑规范化，不仅是不全面的，而且也是片面和极端的。因此，针对当前量刑自由裁量权滥用、量刑不规范、不统一等不良量刑现象，正确的做法既不是片面地追求量刑划一化，也不是片面地强调量刑统一化，更不是违背量刑规律地挤压量刑自由裁量权的行使，而应当是通过采取措施来规范量刑自由裁量权的行使，使量刑一般化与量刑个别化的关系得以协调。

---

① [美]罗斯科·庞德：《法律史解释》，邓正来译，商务印书馆2016年版，第4～5页。

② 参见陈兴良：《刑事裁量权论·序》，载周长军：《刑事裁量权论——在划一性与个别性之间》，中国人民公安大学出版社2006年版，第3页。

第三节　量刑个别化的功能

功能，即事物或方法所发挥的有利的作用，与效能同义。[①] 由此，量刑个别化的功能，也就是量刑个别化的效能，是量刑个别化所发挥的有利的作用。这具体可以从刑事责任的任务、量刑的理念目标和刑事科学系统的共同目标等几个方面予以考察。

一、量刑个别化是实现刑事责任任务的必要方式

（一）刑事责任的任务及其实现方式

所谓刑事责任的任务，是指代表国家的统治阶级规定、认定和实现刑事责任所意图达到的目标。从本质上看，刑事责任是规定、确定刑事责任的统治阶级的意志和利益的体现。[②] 因此，虽然刑事责任的有无和大小，在应然层面的正当性根据上，取决于行为的社会危害性和犯罪人的人身危险性；但在实然层面的规范性规制上，还主要取决于体现统治阶级意志、代表统治阶级利益的刑法予以如何规制。包括对于何种行为承担刑事责任、承担多大的刑事责任、承担何种方式的刑事责任，都是统治阶级根据其统治秩序和统治利益需要予以确定的。例如，对于长途贩卖的行为，统治阶级若是为了维护计划经济秩序，则可以将其规定为犯罪（投机倒把罪）并追究其刑事责任；但若是为了促进市场流通，维护市场经济秩序，则不仅不将其规定为犯罪并追究刑事责任，反而要动用相应的法律手段予以保障。又如，对于数额特别巨大（如 10 万元）的盗窃行为，统治阶级可以根据其统治秩序和统治利益的需要，既可规定大的刑事责任（如 1979 年《刑法》对该情节规定的法定最高刑为死刑），也可规定相对较小的刑事责任（如 1997 年《刑法》对该情节规定的法定最

---

① 参见中国社会科学院语言所编：《现代汉语词典》，商务印书馆 2005 年版，第 475、1054 页。

② 参见王晨：《刑事责任的一般理论》，武汉大学出版社 1998 年版，第 70 ~ 71 页。

高刑为无期徒刑)。

从现代刑法理论来看,统治阶级规定、认定和实现刑事责任所意图达到的目标,无非是报应与预防犯罪,以实现社会公平正义、安定社会秩序、保证社会的长治久安。因此,从这个意义上说,刑事责任的任务主要表现在,报应和预防两方面。在报应上,规制犯罪人承担其犯罪行为的刑事责任,并据此予以追诉,体现了国家对犯罪的报应,彰显了刑法的正义性;在预防上,规制犯罪人承担其犯罪行为的刑事责任,并据此予以追诉,既是特殊预防犯罪人再次实施犯罪,也是警示(一般预防)其他人远离犯罪。

以上刑事责任的任务,只是一种观念或抽象意义上的目标,还需要将具体的实现方式(刑事制裁手段)转变为现实。因此,现代刑法上的刑事责任任务的实现,其实就是代表国家的司法机关,依法运用立法配置的刑事制裁手段,使犯罪行为受到相应的否定性评价,使实施犯罪行为的犯罪人受到相应惩处,使那些有相关犯罪动机或不能很好履行相关注意义务的人,感受到刑法的否定评价及其对其身体、生活、名誉等带来的不利影响,使受害方得到来自刑法和国家的安抚,使社会公众感受到刑法的公平正义,使国家和社会有了经济社会发展和长治久安的社会秩序。从我国的刑法立法来看,这个刑事责任任务的实现方式,也即刑事责任的实现方式,主要有给予刑罚处罚、给予非刑罚处罚和给予单纯宣告有罪三种。至于具体采取哪一种,需结合国家的基本刑事政策,根据犯罪人犯罪行为的社会危害性及其人身危险性等因素予以具体确定。

(二)量刑个别化是实现以上任务的必要方式

以上刑事责任的任务及其实现的表现形式表明,绝对统一化的量刑不可能使其得以有效实现。这一点,可从刑事古典学派所主张的绝对规则主义的要求和做法上得到印证。为了反对贵族或封建专制主义的罪刑擅断,作为刑事古典学派的资产阶级启蒙思想家们,基于个人主义的意志自由,强调形式上的罪刑法定和罪刑均衡主义,强调抽象和统一的刑罚价值观。他们认为,“公民的自由主要依靠良好的刑法”；[①]“当一部法典业已厘定，就应逐字遵守，法官唯一的使命就是判定公民的行为是否符合成文法律”；“刑事法官根本没有解释刑事法律的权力，因为他们不是立法者”；一个作出终极判决的司法官员，“他的判决是对具体事实作出单纯的肯定或否定”。[②] 他们主张，立法者“试图对各种特殊而细微的实情开列出各种具体的、实际的解决办法，它的最终目的，是想有效地为法官提供一个完整的办案依据，以便使法官在审理任何案件时都能得心应手地引经据典，同时又禁止法官对法律作任何解释”。[③] 于是，一种绝对化的罪刑法定规则在一些国家开始实践。表现为，在这样的思想观点指导下，不仅法典编纂得以盛行，而且其内容也尽可能地详尽。例如，当时的普鲁士国家法就有 191,000 多条，当时俄国法典汇编更有 421,000 条。如此详尽的立法，是“打算回答可能出现的每一个问题，并且以此来否定那种以解释法律的途径来进行法官立法的一切可能性”。[④] 这个极端理性主义反映在刑法方面，将导致绝对的罪刑法定主义，认为：犯罪是行为人自由意志的产物，各个人的自由意志都是相同的、绝对的，犯罪的差异仅表现在客观的犯罪行为和犯罪结果的差异，而与行为人的主观意志无关；作为犯罪法律后果的刑罚也仅只能由犯罪的客观危害结果决定，而犯罪者个人方面的情况则是无需考虑的。[⑤] 作为世界第一部近代刑法典的 1791 年《法国刑法典》，对各罪的刑罚都规定为绝对确定的法定刑，该做法就是这个极端的理性主义和绝对的罪刑法定主义的具体体现。

然而，物极必反，在以上极端的理性主义和绝对的罪刑法定主义的发展过程中，旨在反对和纠正如此极端化倾向和做法的相对理性主义和相对的罪刑法定主义，也就悄然待命，并随着以上极端化倾向和做法的发展而逐渐由弱势走向强势。表现在，刑罚个别化从

---

① [法]孟德斯鸠：《论法的精神》(上册)，张雁深译，商务印书馆 1961 年版，第 188 页。

② [意]贝卡里亚：《论犯罪与刑罚》，黄风译，商务印书馆 2018 年版，第 60 ~ 61 页。

③ [英]梅里曼：《大陆法系》，顾培东等译，西南政法学院 1983 年编印，第 42 页。

④ [英]约洛维奇：《普通法和大陆法的发展》，潘汉典译，载《法学译丛》1983 年第 1 期。

⑤ 参见喻伟主编：《量刑通论》，武汉大学出版社 1994 年版，第 92 ~ 93 页。

早期朴素形态的萌生到近代极端形态的发展。之所以有如此发展，意味着绝对划一性的包括量刑在内的刑事司法行为，既不能满足刑事司法的运行需要，也不符合刑事司法的运行规律。因为，在这种原则指导下的司法模式中，法官基本上既没有刑罚裁量权也没有法律解释权，他们只不过是法律的机械执行者而已。[①] 这正如卢梭所讥讽的那样，“立法者如造机器之工程师，运用此机器者则为官吏”[②]。对此，菲利也进行了深入批判，指出无论从立法还是从司法来看，犯罪分子不再是具体的人，而是法官可以在其背上贴刑法条文的标本。[③]

绝对罪刑法定主义的如此极端性，决定了它必定走向失败，必定被允许自由裁量权存在的相对罪刑法定主义所取代，并通过刑罚一般化下的刑罚个别化去实现。就量刑而言，具体表现在，必须赋予法官必要的自由裁量权和实行一般化指导下的量刑个别化。质言之，绝对统一的量刑不可能实现刑事责任的报应和预防的任务，只有量刑个别化才能实现。

二、量刑个别化是实现量刑基本理念的基本途径

（一）量刑一般化不能实现量刑的公正有效理念

量刑一般化仅追求法律层面上的“同案同判”和量刑结果的统一，是不可能实现量刑的实质公正等目标理念[④]的。因为，仅追求法律层面上的“同案同判”和量刑结果的统一，纵然能实现法律的报应和满足社会的所谓正义要求，但也无法实现个案的实质公正，无法满足对犯罪者“辩证施治”的要求，以及量刑的法律效果和社会效果的统一。对此，曾有论者将某区域 5 年内被判处 3 年以下有期徒刑而分别被监禁与适用缓刑的罪犯作比较，结果发现，被监禁者

① 参见陈兴良：《刑法的启蒙》，北京大学出版社 2018 年版，第 10 ~ 13 页。

② 黄少游：《自然法思想之史的变迁与发展》，载刁荣华主编：《中西法律思想论集》，台北，汉林出版社 1984 年版，第 419 页。

③ 参见［意］恩里科 · 菲利：《实证派犯罪学》，郭建安译，商务印书馆 2016 年版，第 38 页。

④ 下文详述。

刑满释放后的重新犯罪率为两位数，而被适用缓刑、纳入社区矫治者的重新犯罪率接近于零。① 这在一定程度上表明，量刑公正有效的目标不可能通过划一式的量刑一般化去实现，对所有的犯罪均判处缓刑显然不行，而对所有的犯罪都仅按法律规定“同案同判”更不可取。因此，量刑的目标理念需要量刑个别化去实现。具体表现在，通过对犯罪行为的社会危害性的报应，体现刑事责任实现的正义性；通过对犯罪人的人身危险性的预防，体现刑事责任实现的功利性；通过对刑法人道（如对怀孕的妇女不适用死刑）、人性关怀（如对未成年人、老年人的从宽）和人权保障（如刑期折抵）等问题的兼顾，体现刑事责任实现的公正性。对此，我国最高人民法院原副院长、二级大法官刘家琛针对如何正确适用刑罚问题指出：如何正确适用刑罚，不仅是一个技术问题，也是一个价值取向问题。在适用刑罚种类时，存在运用刑罚手段单一的倾向，往往比较注重使用监禁刑，而忽视运用多种非监禁刑罚。其结果，不仅违反了我国刑法中规定的罪刑相适应原则，影响了社会公众对法院刑事判决公正性的评价，也加大了改造罪犯的成本和难度，使再犯等社会不安定因素潜在增长，不利于社会的长治久安。② 如此观点，虽然强调罪刑相适应，但也在一定范围内折射出量刑应当个别化，也即针对不同犯罪人的情况应当适用不同的刑罚手段。

（二）量刑目标理念需有量刑个别化的践行路径

在当前理论和实践中，“同案同判”被视为量刑均衡的基本表现。然而，这实际上只是量刑均衡的形式化表现，在实质上，量刑均衡不能表现为绝对的“同案同判”，而应表现为基于“同案同判”的量刑基准的量刑个别化。申言之，量刑个别化下的“同案同判”，才是量刑目标理念的基本实现方式。

从形式上看，在犯罪行为的社会危害性与犯罪人的人身危险性相当的案件间，它们的判决结果应当是相当的。量刑平衡是刑事司

① 参见黄祥青：《刍议量刑的一般规则》，载《政治与法律》2004 年第 6 期。

② 参见刘家琛：《充分运用多种手段惩治预防犯罪》，载《人民法院报》2002 年 9 月 2 日，第 1 版。

法的一种理想状态,是人们主观设定的一种标准。如果说量刑达到了平衡,也只是处于一种动态形式。平衡是暂时、相对的,不可能是一成不变的,旧的不平衡解决了又会出现新的不平衡问题,新的平衡产生后很快又会因各种变量影响而出现新的不平衡问题。事物始终就是在这种"不平衡—平衡—不平衡"中进行周而复始的循环往复和螺旋式发展。这是事物存在和发展的客观规律所在。这也意味着,绝对和静止不变的量刑平衡是不存在的,我们要追求的,不是绝对平衡的结果,而是实现平衡的根据和基准。因此,在刑事司法上,试图寻找和实现那种绝对的量刑平衡,是不可能和徒劳的。正确的做法应当是,对所有案件的量刑都以本案犯罪行为的社会危害性和犯罪人的人身危险性等方面事实为根据,并依据定罪选定的量刑基准(某个抽象个罪所对应的具体法定刑)和刑法的所有相应规定,作出相应的量刑结果。只有这样,才能基于量刑平衡目标,使个案的量刑最大限度地趋近于平衡。①

然而,在司法活动中,由于受各种主观与客观因素的制约,总会产生一定程度上的量刑偏差。应该说,量刑偏差是世界各国较为普遍的现象。在我国,量刑偏差问题同样存在。当然,在这里首先是一个思想认识问题。在司法实践中,定罪问题往往受到重视,而量刑问题在一定程度上被忽视,没有把量刑适当提到与定罪准确同样重要的地位。② 按照德国耶赛克和魏根特教授的观点,鉴于模糊的法律规定和量刑法官的为数众多这一事实,发生于不同地点和不同时间的类似的犯罪案件被科处不同的刑罚,并非就一定违背了量刑均衡即"同案同判"原理。该观点认为,在德国,较旧的和较新的经验研究表明,量刑决定确实存在着地区间和个体上的巨大差异。例如,在 1985 年至 1986 年,对于情节严重且有前科的盗窃犯罪人,一个州的法院科处了 7.9% 的绝对自由刑,而相邻的另一个州的法院科处了 56% 的绝对自由刑。此等巨大的差异,在过去,不仅会被认

---

① 参见白杨:《关于量刑不平衡若干问题的研究》,载《行政与法》2004 年第 12 期。

② 参见陈兴良:《罪刑均衡的中国命运》,载《中央政法管理干部学院学报》1996 年第 6 期。

为是与公正性相矛盾的，而且会引起人们对法律是否同等对待的质疑；但在现在，在人们理性地审视造成这种现象的原因后，对这个程度的地区差异，也就看得不那么重了。其原因，至少包括如下方面：其一，相应的犯罪行为在不同法院管辖区发生的频率是不同的，基于一般预防的考虑，可允许这个地区差异；其二，法官的独立性价值决定了这个差异的存在有其客观性；其三，与行为人有关的制裁的个别化价值决定了，这个差异不仅是合理的，而且还是法律和公正所要求的。[①] 这样，对罪质相同、情节相同的犯罪的量刑，因地因时不同而存在，那些并非轻重悬殊的差异，是无可非议的；那种主张在全国范围内量刑必须统一的观点，并不可取。[②]

因此，我们应当理性地理解和对待"同案同判"与量刑均衡的关系，不应基于量刑均衡而将"同案同判"绝对化。基于以上可接受或应当存在的量刑不均的理由，笔者主张，应将体现量刑均衡的"同案同判"，放在量刑个别化的量刑本体下予以理解和进行制度设置。这种量刑个别化下的"同案同判"，具体包括如下几个基本内容：一是允许基于必要的一般预防而在时空上表现出的量刑差异。虽然量刑不宜过于重视一般预防的需要，但因不同时空发生犯罪的一般预防的必要性大小而必然（也应当）在量刑上得到体现，并表现出必要的差别。特别是，我国的地域辽阔及其区域发展的不平衡，也客观决定了"同案"在不同地区的社会危害性不同。基于这些不同而作出不同的量刑，不仅没有违背量刑公正有效的终极目标，而且恰恰是量刑个别化的要求和表现。二是允许基于犯罪人的人身危险性而带来的量刑差异。显然，量刑不是为了量刑而量刑，量刑是为了解决犯罪和犯罪人的问题，是为了报应已然之罪并预防未然之罪和教育改造犯罪人。因此，量刑除了与犯罪行为的社会危害性相适应，还要与犯罪人的人身危险性等方面的事实相适应。这就决定了，具有相同社会危害性和相同人身危险性等的量刑，应当

---

① 参见[德]汉斯·海因里希·耶赛克、托马斯·魏根特：《德国刑法教科书》，徐久生译，中国法制出版社2017年版，第1173～1174页。

② 参见张明楷：《刑法学》（第3版），法律出版社2007年版，第63页。

相当;而具有相同社会危害性和不同人身危险性、具有不同社会危害性和相同人身危险性、具有不同社会危害性和不同人身危险性等的量刑,都应当存在差异。从现实来看,在量刑的根据仅为反映犯罪行为的社会危害性方面事实的报应刑主义年代,确实存在仅基于相同(近)社会危害性的量刑的"同案同判";但在量刑的根据同时包括社会危害性和人身危险性的"并合主义"年代,因几乎不会有两个案件的社会危害性和人身危险性完全相同,而难以有量刑结果视角下的"同案同判"。

综上,我们追求的基于量刑均衡的"同案同判",[①]只能是量刑个别化视野下的"同案同判"。这意味着,一方面,所谓的"同案同判",只是存在于社会危害性的评价层面,具体是基于案件的反映刑事责任有无或加重犯、减轻犯的社会危害性方面的事实,通过定罪选定某个犯罪的基本犯(或加重犯或减轻犯)所对应的具体法定刑,即量刑基准,从而使所有符合某个犯罪的基本犯(或加重犯或减轻犯)成立条件的犯罪,都适用相同的量刑基准(具体法定刑);另一方面,基于某个犯罪的基本犯(或加重犯或减轻犯)所对应的相同的量刑基准(具体法定刑),进行量刑情节的评价与刑事责任量的增减调整,具体是基于案件的反映犯罪行为的社会危害性和犯罪人的人身危险性等方面的事实,以定罪所选定的具体法定刑为基准,对犯罪人进行从轻、减轻、免除或从重处罚,并适用数罪并罚、刑期折抵、缓刑等量刑制度,从而作出罪刑相适应的量刑结果。这种既表现为"同案同判"的量刑基准,又表现为"同案异判"的量刑结果,其所体现和达到的量刑均衡,是符合刑法规定和量刑运行规律的"量刑个别化下的量刑均衡"。

三、量刑个别化是实现刑事系统目标的重要保障

(一)量刑一般化不能实现刑事科学系统的目标

如前所述,刑事科学系统[②]的目标是在坚持刑法的前提下,注重

① 若一定要将"同案同判"作为量刑的目标追求的话。

② 关于刑事科学系统原理,在后文的"量刑个别化的理论根基"部分还要具体展开,在这里就不详尽阐述。

各刑事法学科的协作，以实现刑法的最佳社会效益。如此目标，反映在量刑问题上，不能仅以量刑一般化为表现。因为，虽然在刑事科学系统中，刑法处于中心地位，但刑法作为专门的行为规范和裁判规范，不仅其来源于事实科学（如犯罪学），而且其目标也是预防犯罪、减少犯罪乃至最终消灭犯罪，即在很大限度上为行刑学等服务。而这些来源和目标决定了，仅按刑法规定（如量刑一般化）对犯罪实行报应是无法实现刑事科学系统的共同目标的。也正是基于此，学者们提出了刑事一体化的主张，以使刑法和刑法运行处于内外协调状态，也即受犯罪态势和行刑效果的双向制约。

（二）刑事系统目标需以量刑个别化为实现方式

以上刑事系统目标决定了，只有量刑个别化才能使其得以实现。因为只有量刑个别化才能使量刑与犯罪学和监狱学等刑事法学科群的共同任务——维护社会稳定、惩罚教育犯罪、减少和预防犯罪等得以协调，才能使量刑公正不成为美丽的谎言，不成为纯粹的游戏工具。因此，在量刑问题上，应把量刑个别化作为实现刑事系统目标的基本方式。

第三章　量刑个别化之基本理念

第一节　量刑个别化需体现现代刑法理念

一、法治现代化下的刑法基本理念

法律并非仅是制度，还应包含着理念。所谓理念，即理性观念，从实质上看，“理念者，事物（制度）最高价值与终极宗旨之谓也。它是以纯文化、纯精神的角度为对事物（制度）本质所作的高度抽象与概括”。[①] 既然理念是“事物（制度）最高价值与终极宗旨”，则理念实指目标理念，即事物（制度）所追求的终极目标。理念和制度是法律所不可分割的两个方面。只有制度而没有理念的法律，是死的、工具性的法律。从功能上看，理念是行动的灵魂，它不仅主导和塑造行动，而且还直接决定了行动是否适当。从司法裁量来看，若法治理念把握和运用得娴熟，则有“一举其纲，万目皆张”的效果；相反，若对法律规范背后的理念不能熟练把握，法院裁判往往在法律适用时流于机械化，不能举一反三地从

---

① 刘凯湘：《论民法的性质与理念》，载《法学论坛》2000 年第 1 期。

容应对纷繁复杂的案件和层出不穷的新情况、新问题，不能使法律适用的积极效果最大化，从而使裁判者成为目光如豆的"工匠"。[①]

既然量刑个别化在本质上表现为量刑的本体，那么它必须体现现代化量刑的理念。同时，量刑问题是刑法理论的缩图，意味着量刑应以刑法理念为基本理念。对于什么是刑法理念，在理论上有不同的认识。概括起来主要有：

一是"刑法规范总体（综合体）"说。该说认为，所谓刑法理念，从规范层面上看，是指对刑法的性质、功能、使命，以及刑法所规定的犯罪和刑罚的基本认识和价值取向的总称。它在整个刑法文化结构中居于深层或潜隐的地位，虽然不一定与刑事立法和刑事司法保持一致，但控制和影响居于表层的刑法规则和刑法操作系统的状态与功效；[②]它是"作为对刑法本质及发展规律的一种宏观的、整体的理性认知、把握和建构，它与法律观念、法律表象、法律意识等相比，处于更高的层次，是由法律的信念或信仰、目的、目标、理想、精神、理论、手段、方法、准则等构成的有机综合体"。[③]

二是"刑事活动基本观念"说。该说认为，刑法理念显然并非仅存在于规范层面，"还关涉到有关刑事法的创制、适用及其执行过程乃至终极意义的通盘考量"，[④]甚至更主要地存在于刑法运作层面，"是关于刑法的价值、机能和原则的一些基本观念，这些观念对于刑事立法与刑事司法具有指导意义"。[⑤]

三是"广义正义"说。该说认为"刑法理念"就是"正义理念"，它们是在同等意义上使用的两个术语。[⑥]

本书认为，以上对刑法理念的认识都是不全面的。既然理念是"事物（制度）最高价值与终极宗旨"，那么刑法理念就应是刑法的

---

① 参见孔祥俊：《司法理念与裁判方法》，法律出版社 2005 年版，"自序"第 1 页。

② 参见叶洪和：《现代法治社会的刑法理念》，载《行政与法》2006 年第 12 期。

③ 苏彩霞：《刑法国际化视野下的我国刑法理念更新》，载《中国法学》2005 年第 2 期。

④ 屈学武：《刑事法治"理念"更新及其践行期待》，载李林、王家福主编：《依法治国十年回顾与展望》，中国法制出版社 2007 年版，第 241 ~ 257 页。

⑤ 陈兴良：《刑法理念导读》，中国检察出版社 2020 年版，第 442 页。

⑥ 参见张明楷：《刑法理念与刑法解释》，载《法学杂志》2004 年第 4 期。

“最高价值与终极宗旨”。据此，“广义之正义”，作为刑法的“最高价值与终极宗旨”，自是刑法的理念。然而，刑法的“最高价值与终极宗旨”，不应只有“正义”，还应有“效果”，即法律适用的有效性，是价值理性和工具理性相结合而应当产生的有利于社会、集体和个人的结果。从实践来看，这个“效果”也应当成为“理念”，因为在一定意义上，“正义”的追求只是法律作为“工具”的完善。从机理上看，工具的完善与发动机的完善是两回事。工具的完善虽然也至关重要，但不是决定性因素。而“发动机”作为产生并输出“动力”的体系化“工具”，往往对事物的性能与运转效果具有决定意义。量刑理念的追求应是“发动机”的完善，需把既追求“公正”也讲究“效果”的精神，内化为法官观念中的意识。如缺乏这种意识，即便法规像潮水般涌来（工具的完善），其结果也将是一样的，毫无用处。这一点，是刑法及其量刑观念的经验和教训发展的产物。在刑事古典学派们看来，刑法应以报应所体现的正义为理念，但这不仅可能导致刑罚过于严酷，而且社会治安会继续恶化。针对如此现状，刑事实证学派临危受命，试图通过以效果为目标的预防，来实现防卫社会的目标。然而，他们没有想到的是，这只是从刑事古典学派的一个极端走向自己追求的另一个极端。因此，现代刑法学者理性地把二者结合起来，一方面，为了体现社会公正而主张对犯罪给予必要的报应；另一方面，为了防卫社会而也必须关注处罚的社会效果，并实现刑法的法律效果与社会效果的统一。这样说来，刑法兼以公正和效果为理念，是刑法发展的必然结果。既然如此，量刑问题作为刑法理论的缩图，那么量刑理念自然也应是这个公正与效果的有机统一。而量刑个别化作为量刑的本体，自然也需以这个有机统一为理念，并体现和贯穿于量刑政策、量刑原则、量刑方法等各个方面。

在理论上，有论者从“量刑不但应当符合刑罚目的需要，而且也应符合社会公正观念”出发，把量刑公正界定为一项量刑原则。①本书认为，这不仅贬低了量刑公正在量刑中的地位，而且也把量刑

① 参见邱兴隆、许章润：《刑罚学》，中国政法大学出版社 1999 年版，第 240、246 ~ 247 页。

原则虚化了。据论者的阐述,所谓量刑的公正性原则,是指所裁量的刑罚的严厉性程度应该与犯罪的严重性程度相适应,而犯罪的严重性体现在犯罪的客观危害与犯罪人的主观恶性两个方面。因此,量刑的公正性原则也包括量刑与犯罪的客观危害程度相适应,以及量刑与犯罪人的主观恶性相适应。① 据此,本书认为,在这里与其说论者阐述的是量刑公正本身,不如说是阐述量刑的正当性根据以及由此对量刑公正的体现。而且,抛开这个"名不副实"的界定不说,仅从量刑公正为量刑原则来看,因量刑原则显然不具有量刑的"最高价值与终极宗旨"之地位,而客观上贬低了量刑公正的理论地位。特别是,在量刑公正为一项量刑原则时,并不具有量刑原则应当具有的专门性和可操作性。这不仅是由于"公正"是任何裁判规范的价值理念,而且更是由于公正作为一种正义,其"随时可呈不同形状并具有极不相同的面貌"。② 如果直接根据刑法理念认定犯罪,必然损害刑法的安定性。③ 因此,量刑公正,作为量刑的"最高价值与终极宗旨",只应是一种量刑理念。

二、量刑个别化与现代刑法理念的内在统一

如果说量刑本就是在一般规则指导下的量刑个别化,本就是量刑一般化与量刑个别化的有机统一,则量刑的理念也就是量刑个别化的理念。量刑问题作为整个刑法理念的缩图,其理念不是量刑的某一个方面(如量刑政策或量刑原则、量刑方法等)的具体理念,而是一种贯穿于量刑的各个方面(包括量刑政策、量刑原则、量刑方法等)的基本的量刑理念。这种理念,是一种价值目标性的追求,表现为量刑既公正又有效,并延伸表现为既合法又合理。

以上量刑个别化理念,具有如下几个特点:一是量刑个别化贯穿于量刑活动始终,并具体体现在量刑的原则、方法乃至政策等关于量刑的各方面。二是量刑个别化与定罪的理念有所不同。量刑

---

① 参见邱兴隆、许章润:《刑罚学》,中国政法大学出版社1999年版,第246~247页。

② [美]博登海默:《法理学:法律哲学与法律方法》,邓正来译,中国政法大学出版社1999年版,第252页。

③ 参见张明楷:《刑法理念与刑法解释》,载《法学杂志》2004年第4期。

不同于定罪，它不仅要在定罪的基础上对已然的犯罪行为进行报应，而且还要关注犯罪原因、犯罪现象及其社会稳定，还要关注对罪犯的教育改造，关注如何量刑既更有利于威慑和防范社会上不稳定分子远离犯罪，又有利于使罪犯回归社会。三是量刑个别化并不是仅有“理念”就能实现的，它需要贯穿于具体的量刑原则、方法、制度乃至政策之中，并通过具体化而发挥作用。

量刑个别化的以上理念，并非现代的产物。早在1897年法国刑法学家萨莱耶(Ray-mond Saleilles)对刑罚个别化的必要性进行论证时，就试图把量刑个别化(刑罚个别化)设想为实现量刑公正有效的手段。他主张，根据犯罪人的人格衡量犯罪的轻重、犯罪行为的社会影响及其性质，适用公正有效的刑罚。法国当代刑法学家戴奥多雷·巴芭戴奥多鲁将萨莱耶的这个主张解读为，量刑个别化(刑罚个别化)赋予了刑事法官在刑罚和现有的措施中，就每个案例选择最适宜、最有效、最公平的刑罚的可能性。①

实际上，量刑的以上理念，是与刑法二元基本结构论相一致的。如前所述，刑法的基本结构实际上只是“犯罪+刑事责任”。与该二元基本结构相对应，犯罪的认定即定罪，是对犯罪行为及其带来的社会危害性的性质认定，包括罪与非罪、此罪与彼罪、轻罪与重罪(基本犯、加重犯或减轻犯)的认定；而刑事责任(犯罪带来的法律后果)的大小与实现方式的裁量(量刑)需建立在这个认定的基础之上，实现刑事责任对犯罪人实施犯罪行为的报应，以体现社会公正。但报应不是量刑的唯一终极目标，量刑的终极目标还需关注实施犯罪行为的人。这一方面，因犯罪为犯罪人实施，而承担刑事责任的应是犯罪人而不是犯罪行为；另一方面，要将犯罪人教育改造成新人并使其重返社会，还必须关注其一贯的人格表现，以防再次危害社会。这意味着：量刑不能仅是报应，还需预防；不能仅追求公正，还需关注效果。

如此量刑理念也与并合主义的刑罚目的相一致。关于刑罚目

---

① 参见[法]戴奥多雷·巴芭戴奥多鲁：《法国新刑法典中的刑罚个别化》，魏武译，载《外国法译评》1998年第4期。

的,在刑事古典学派那里,是绝对主义的报应,追求的是刑罚报应的正义性;在刑事实证学派那里,是相对主义的预防,追求的是刑罚预防的有效性;在现代理性的刑法学那里,是相对报应主义的报应与预防,追求的是刑罚报应的正义性与刑罚预防的有效性的有机统一。既然量刑个别化以量刑公正有效为终极目标,那么其追求的,就是包括刑罚报应和预防在内的刑事责任报应的正义性与刑事责任预防的有效性的对立统一。因此,量刑个别化理念与并合主义的刑罚目的是一致的。

如此量刑(量刑个别化)理念,也与罪刑法定原则的精神相一致,从而使得既公正又有效的理念,延伸表现为既合法又合理。罪刑法定原则,从其经典表述即“法无明文规定不为罪、法无明文规定不处罚”来看,既为对被告人不利的定罪和量刑,设置了不可逾越的藩篱,体现了刑法的公正,同时,其又不禁止对被告人有利的刑事处理(定罪与量刑),体现了刑法的实质效果追求。我国《刑法》虽然对罪刑法定原则作出了具有中国特色的积极与消极的“双向”规定,但关于犯罪定义的但书规定(第 13 条)、关于酌定免除刑罚处罚规定(第 37 条实际包含了酌定免除)、关于酌定减轻处罚规定(第 63 条第 2 款)以及相对确定法定刑规定等,也足以体现出我国罪刑法定原则的相对性和实质性,为量刑公正和量刑效果、合法和合理的双重追求留下充分的空间。正是在这个意义上说,罪刑法定原则在终极目标上与量刑个别化相一致。至于具体何为量刑公正、何为量刑有效,具体何为量刑合法、何为量刑合理,在下文予以展开。

第二节　量刑个别化的既公正又有效理念

一、刑法公正与量刑公正

理论上认为,刑法因涉及公民的生命予夺而需更重视公正性,并以公正性为其首要价值。[①] 既然公正性是刑法的首要价值,[②]则也是量刑的首要价值,即量刑首要追求的是量刑公正。对于什么是量刑公正,理论上有不同的观点。从历史上看,量刑公正观取决于刑罚观。刑罚观是一定历史时期人们关于刑罚本质及其存在理由的基本观念。[③] 在近代西方刑法史上,存在刑事古典学派(旧派)的报应刑主义与刑事实证学派(新派)的目的刑主义的基本对立。在旧派那里,所谓量刑公正,就是对犯罪行为进行报应;在新派那里,所谓的量刑公正,就是对社会防卫效果的追求。

在我国的司法实践中,量刑公正被定义为"人民法院对犯罪人裁量、决定刑罚时要做到依法进行、罚当其罪、罪刑相称、公平裁判、不偏不倚"。量刑公正具体包括程序公正(对犯罪人的量刑权只能由人民法院行使,人民法院必须严格依照《刑事诉讼法》规定的程序行使量刑权)、实体公正(对犯罪人裁量、决定刑罚时要做到罚当其罪、罪刑相当、不偏不倚,也就是,人民法院对犯罪人的量刑,必须根据《刑法》分则和总则的不同规定,判处最能适应犯罪的客观危害和犯罪人的主观恶性的刑罚)和公平裁判(法院中立地对类似性质和情节的案件,适用相类似的刑罚,不能失轻失重,造成量刑失衡)三个方面。[④] 这既是对传统量刑公正观的发展,也表现出一些认识的片面性及其需要进一步发展的方面。就其"发展"而言,这种认识,不仅比旧派和新派关于量刑公正的认识更加全面和深化,而且也比中国历史上任何时代关于量刑的认识更加全面和深化。在中国历史上,在量刑问题上,重实体轻程序、重定罪轻量刑、重社会危害性轻人身危险性、重报应轻预防等,已是传统中国量刑问题的突出特点和诟病。以上当今实践中新的量刑观,表现出实体与程序并重、定罪与量刑并重、报应与预防并重等理性主义的特点,这些是显而易见的量刑进步及量刑公正的表现。就其"片面性"而言,

---

① 参见陈兴良:《刑法公正论》,载《法学研究》1997 年第 3 期。

② 参见陈兴良:《刑法的价值构造》,中国人民大学出版社 2017 年版,第 226 页。

③ 参见赵廷光:《论量刑原则与量刑公正》,载《法学家》2007 年第 4 期。

④ 参见沈德咏:《论量刑公正》,载中国政法大学刑事法律研究中心、英国大使馆文化教育处主编:《中英量刑问题比较研究》,中国政法大学出版社 2001 年版,第 1 ~ 28 页。

主要表现在：一是把量刑公正仅界定为程序公正、实体公正及公平裁判并不全面；二是把公平裁判与程序公正和实体公正并列并不合理；三是把主观恶性与社会危害性相脱离并不客观。本书认为，量刑公正并非仅表现为程序公正、实体公正及公平裁判；同时，主观恶性实际上是社会危害性的有机组成部分（详见文中论述）。

本书认为，从不同的视角和依不同的标准，量刑公正有不同的表现。例如，从矛盾的普遍性与特殊性（共性与个性）的辩证关系来看，量刑公正表现为一般公正（社会公正）与个别公正的有机统一；从实体规范和程序规范的辩证关系来看，量刑公正表现为实体公正与程序公正的有机统一；从内容和形式的辩证关系来看，量刑公正是实质公正与形式公正的有机统一。这些“统一”，在实质表现上，就是理性地根据案件事实运用法律规则。量刑个别化作为量刑的本体，自然也以公正为首要价值，并表现为以上各种“统一”。

其一，量刑个别化是一般公正与个别公正的统一。

从共性与个性的辩证关系来看，公正可分为一般公正和个别公正。一般公正又称社会公正，是指立法上的公正，也即普遍的、对一切人适用的公正。个别公正是指司法公正，即在一般公正的指引下，对个别人、个别案件处理的公正。也可以说，司法公正就是将公正个别化。一般公正与个别公正的关系：一般公正即立法上的公正是个别公正的前提和基础，并对个别公正具有指导意义；个别公正是司法活动的最高追求，但它又不能完全脱离立法活动，而是需要一般公正的指引。①

具体就量刑而言，虽然量刑公正既需要一般公正，也需要个别公正，但显然个别公正更为重要。所谓量刑一般公正，是指量刑需体现立法的规定，也即量刑需以罪刑法定原则、罪刑相适应原则和适用刑法平等原则等基本原则及其理念为前提。这种公正是一种抽象的公正，其存在与否及程度如何，不是（或主要不是）量刑活动本身所能左右的。一方面，量刑需遵循立法的一般规定，使类似案

① 参见陈兴良：《刑法的价值构造》，中国人民大学出版社 2017 年版，第 265～291 页。

件作出类似判决,即所谓的“同案同判”;另一方面,量刑所表现出的一般公正是被动的,是立法直接规定的,法官不能超越立法作出对当事人不利的判决,以体现所谓的一般公正。所谓量刑个别公正,就是针对具体个案进行的量刑所体现出来的公正,是司法上而不是立法上的公正,是一种能够让人直接感受到的公正。这种公正,是主动的,是法官运用自由裁量权正确、准确、科学、能动地适用法律的结果,是法官运用自由裁量权弥补法律概括性、抽象性、静止性的不足,使个案同时收获法律效果和社会效果的结果,是量刑一般公正向个别公正的转化。这个公正的实现,其理论根据是以上共性和个性的关系原理,其事实根据是行为的社会危害性与行为人的人身危险性,其方法论根据是基于个案情况的具体问题具体分析,其目标效果是实现量刑的公正性与有效性的统一。既然量刑在本体上就是量刑一般化指导下的量刑个别化,则量刑个别化理念在本质上就是现代化量刑的理念。

在理论上,有观点认为,量刑个别化(刑罚个别化)是有失公正的。其主要理由是:第一,个别化对报应论的排斥必然导致不公正的刑罚,具体表现为,不受报应制约的个别化必然导致无罪施罚,必然导致轻罪重罚与同罪异罚等;第二,量刑既应与犯罪的轻重相适应,又应与犯罪人的人身危险性相适应,意味着量刑可在犯罪的轻重之外以人身危险性为根据,可能导致以人身危险性较大为由而加重对犯罪人的处刑;第三,对于把刑罚个别化解释为罪刑相适应的内容,必然导致在罪刑相适应的名义下依个别化决定刑罚的适用与执行,可能以罪刑相适应之名行个别化之实,最终导致在罪刑相适应的公正性的掩饰下不公正地按个别化的要求决定刑罚;等等。显然,以上观点及其理由,是对刑罚个别化(量刑个别化)的误解。综观以上阐述,至少存在如下致命问题:一是用静止的观点看问题。认为“个别化排斥报应论”,这是把现代刑罚个别化等同于近代刑罚个别化。事实上,早在“二战”后刑罚个别化就已经开始了以人身危险性为根据向兼以犯罪行为的社会危害性和犯罪人的人身危险性为根据的转变(恕后详述)。二是割裂了人身危险性与罪刑法定原则的关系。事实上,基于罪刑法定原则的人权保障原理,以人身危险性为根据的量刑不可能加重对犯罪人的处刑。因为人身危险性纳入量刑视野需首先转化为相应的量刑情节,而从我国现行立法来看,因没有“加重情节”的规定而事实上只能转化为减轻、从轻、从重情节,显然这些情节因要么在法定刑量刑幅度之下、要么在法定刑量刑幅度之内而不可能加重对犯罪人的处刑。三是片面地理解公正。论者的批驳和指责,其基点都是建立在公正仅为一般公正的基础上,显然,公正不仅是一般公正,还包括个别公正;量刑公正是一般公正和个别公正的统一。四是只要报应不要预防。论者的论述及批驳都建立在公正只是报应的基础上,认为基于预防的刑罚个别化(量刑个别化)是错误的,是不公正的。这不仅是片面地解读公正,而且也是只看过去、不看未来,只讲打击、不讲改造和回归社会,只要刑法学、不要刑事一体化的片面认识。

当然,量刑的一般公正与个案公正也可能存在冲突。个别公正是司法活动的最高追求,但又不能完全脱离立法所确立的一般公正。在特殊场合,为实现一般公正甚至不得不牺牲个别公正。个别公正的司法实现,较之一般公正的立法实现更为复杂。因为立法的任务是制定刑法典,因而主要通过法典体现一般公正;而司法的内容却是个案处理,由于个案的特殊性,一般公正能否转化为个别公正,还有赖于能动而有效的司法活动。①

其二,量刑个别化是实体公正与程序公正的统一。

显然,量刑不只是实体性活动或程序性活动,而是二者的有机统一。从实体和程序的关系来看,它们“如同一辆车的两个轮子,对诉讼均起作用,在它们之间不可能存在主从关系”。② 与此相对应,量刑公正也应当包含实体公正与程序公正两方面。如果说程序公正主要是指遵循立法要求的司法程序运作标准,实体公正主要是指遵循立法赋予的权利和义务标准,则量刑的程序公正和实体公正就分别是这些标准所体现的价值目标。

① 参见陈兴良:《刑事司法公正论》,载《中国人民大学学报》1997年第1期。

② [日]兼子一、竹下守夫:《民事诉讼法》,白绿铉译,法律出版社1995年版,第8页。

从司法实践来看，对于实体公正与程序公正的关系，有两种极端做法。一种是片面追求实体公正而忽视程序公正，认为无论程序如何，只要结论是公正的，就是司法公正。这种“结果公正观”曾是大陆法系国家诉讼制度的传统，我国在这方面的表现更为突出。另一种是片面强调程序公正而弱视实体公正，认为司法上的公正只能是法律上的公正，无论实体结果如何，只要程序是公正的，就是司法公正。这是普通法系国家的司法传统。显然，这两种公正观都是片面的，都是不可取的。就量刑而言，一方面，缺乏程序公正的量刑，即使实体公正，也是失却理性的量刑，犹如算术没有过程，结果对错无从知晓；另一方面，缺乏实体公正的量刑，即使程序公正，也是失去灵魂的量刑，犹如市场检查只看包装及其标志，品质如何在所不问。如果说前者带来诸如刑讯逼供的证据也堂而皇之地登上量刑的证据宝殿是必然的话，则后者必然导致“白马非马”的荒唐。因此，对于量刑公正的追求，正确的做法是，“两手抓，两手都要硬”，并实行两者的有机统一。

量刑的实体公正和程序公正的有机统一的实现，需遵循量刑的一般公正和个别公正的辩证关系。从量刑的一般公正和个别公正的关系来看，如果立法上的实体公正因针对不特定对象而主要是一般公正的话，则司法上的实体公正因针对特定对象而主要是个别公正；量刑的程序公正亦然。以上立法和司法上的实体公正和程序公正的关系，自然也要遵循立法与司法之间的相互关系，即立法为司法提供法律依据，司法需遵循立法规定而以体现一般公正为指导。从这个意义上说，司法上的实体公正和程序公正，也都是一般公正与个别公正的对立统一。

从形式上看，量刑的程序公正似乎只能是一般公正，因为，量刑似乎不能针对不同对象适用不同程序。但实际上，司法上量刑的程序公正同样是一般公正与个别公正的对立统一。一方面，量刑需遵循统一的量刑程序；但另一方面，不仅案件的复杂轻重程度影响个案程序（级别管辖、简易程序与普通程序等，回避与否、公开审理与否等）的运用，而且个案所需的证据及其证明状况、当事人具体诉讼权利的行使状况等也应个案具体对待。那种对于所有案件都必须适用繁杂的量刑程序或所有案件都没有量刑程序的做法都是片面的；那些一律只允许一轮或两轮控辩辩论的“一刀切”做法，虽然体现了程序上的一般公正，但因忽视了个别公正，而势必使量刑公正落空。因此，法国法学家罗伯斯庇尔所认为的，“诉讼程序，一般来说，不过是法律对于法官弱点和私欲所采取的预防措施而已”，[①]虽深刻地揭示了诉讼程序的一般公正价值，但这只是对诉讼程序价值的片面揭示，是一个不全面的认识。

我国实践中认为，量刑的实体公正是指“人民法院对犯罪人裁量、决定刑罚时要做到罚当其罪、罪刑相称、不偏不倚”，根据犯罪的不同情况具体表现在决定是否判处刑罚或决定判处什么样的刑罚时的公正性上。[②] 应当说，这种观点和做法有一定的道理，但不全面和深入。实际上，量刑的实体公正就是罪刑相适应原则在量刑问题上的具体要求和体现。具体表现为，量刑既要体现行为的社会危害性，又要体现行为人的人身危险性。它们是量刑的实体根据，也是量刑的实体公正的标准。同时，在我国司法实践中认为，量刑的程序公正，是指“对犯罪人的量刑权只能由人民法院行使，人民法院必须严格依照刑事诉讼规定的程序行使量刑权”。认为，在大陆法系国家，量刑权统一由法官行使，是量刑的程序公正的表现；在普通法系国家（如美、英），虽然对被告人是否构成重罪由陪审团认定，但对被告人是否判处刑罚、判处什么样的刑罚仍由法官进行，是量刑的程序公正的表现。在我国，《宪法》第 131 条和《人民法院组织法》第 4 条关于“人民法院依照法律规定独立行使审判权，不受行政机关、社会团体和个人的干涉”的规定，现行《刑事诉讼法》第 3 条、第 5 条关于人民法院与公安机关、人民检察院权限划分的规定，也都是量刑程序公正的体现。[③] 本书认为，以上关于量刑权只能由法

① ［法］罗伯斯庇尔：《革命法制与审判》，赵涵舆译，商务印书馆 1986 年版，第 30 页。

② 参见沈德咏：《论量刑公正》，载中国政法大学刑事法律研究中心、英国大使馆文化教育处主编：《中英量刑问题比较研究》，中国政法大学出版社 2001 年版，第 2 页。

③ 参见沈德咏：《论量刑公正》，载中国政法大学刑事法律研究中心、英国大使馆文化教育处主编：《中英量刑问题比较研究》，中国政法大学出版社 2001 年版，第 2 页。

院行使，只是量刑程序公正的重要保障，或仅是量刑的程序公正的一个体现，其本身不是量刑公正（至少不能代表量刑的程序公正的全部）。显然，不是有了量刑权由法院行使，就有了量刑的程序公正；量刑的程序公正需要一系列能保证实体公正最大化实现的科学制度的有机衔接、相互作用，才能实现。当今社会，无疑量刑权基本上是由法官行使，但当今社会又都较为普遍地存在严重的司法不公正现象，其中，在很大程度上，这个司法不公正就表现为程序上的不公正。

从形式上看，实体公正和程序公正"如同动物的外形和血肉的联系一样"，具有同等重要的地位；但从实质上看，程序公正需放在更加重要的地位上。这是因为：程序公正是司法活动要求的目标；实体的正义必须通过公正的程序才能实现；公正的程序是保障裁判公正的基本措施；公正的程序严格限制了法官的恣意，能够有效地防止法官滥用自由裁量权；公正的程序可以有效地弥补实体规则的不足；程序的公正是使司法具有权威性的基础。[①] 另外，程序公正是一种能"看得见"的公正。实体公正作为一种结果公正，往往是相对和不能自证的，其公正与否一般不能从其自身加以展示；而程序公正在现实中不仅容易做到（依程序办事），而且也更容易为人们所接受与服从，是一种"看得见"的形式公正。再从我国的历史文化传统和量刑公正的现实追求来看，我国基本上都是"重实体轻程序"，程序公正往往被认为是可有可无的东西。在这样的司法环境下，在我们对量刑公正的追求中，应当针对如此历史文化和司法实践现状，把程序公正放在更突出的位置上，为"矫枉"而"过正"。

其三，量刑个别化是实质公正与形式公正的统一。

依形式与内容的相互关系，还可把公正分为实质公正与形式公正。所谓实质公正，是基于某种理念的实质内容的公正，强调的是具体对象的个别性，追求的是一种目的的合理性、主观的合理性；所谓形式公正，是一种纯形式的、客观的、不包含价值判断的公正，强调的是不同对象的普适性，追求的是一种手段的合理性、客观的合

---

① 参见王利明：《司法改革研究》，法律出版社2000年版，第55、303页。

理性。

从理论上说，实质公正和形式公正应能得到统一，但这种统一，只是一种应然状态，在现实中，两者经常处于矛盾和冲突的状态中。即使是德国著名学者马克斯·韦伯关于“形式合理性”与“实质合理性”的划分，也只是理想的分类，在现实中并未以纯粹的“形式合理性”或纯粹的“实质合理性”形式出现过。因此，在现实中，理想公正的实现模式应当是尽可能通过形式公正的手段保证实质公正的内容的实现。

需要提出的是，实体公正不等于实质公正，程序公正不等于形式公正。程序公正除了具有保障实体公正实现的工具性价值外，还有其独立的价值。主要表现在，程序公正除了有形式公正的一面外，也有其实质公正的一面。① 程序公正的实质公正体现在诸多方面，如程序公正的“以公开促公正”，使其是一种看得见的公正，正如法谚所言，“正义不但要伸张，而且必须眼见着被伸张”。

在量刑上，理想的公正模式是形式公正与实质公正的有机统一。那种只注重形式公正，不注重实质公正的所谓公正，实质上只是报应主义的体现。这一点在刑事公正观的发展历程中得以清楚展现。无论是绝对报应主义的等量报应，还是相对报应主义的等值报应，或是法律报应主义的规范报应，一方面，它们的发展变化都是为了更好地实现“公正”；另一方面，这些公正的追求都无不是以报应为内容和内在要求的。然而，这些只针对犯罪行为及其危害的“报应”，无论是等量还是等值或其他，在本质上具有只问“形式”（犯罪行为及其危害）不问“实质”（是什么原因及其个体差异而实施的犯罪行为及造成的后果）的嫌疑。这种只建立在“形式”而不建立在“实质”上的“公正”追求，只是一种形式公正的追求。

当然，这种形式公正的追求，在本质上也是为了追求实质公正；没有实质公正的“形式公正”，往往是掩盖着偏私和罪恶的虚假公正，毕竟，形式公正只是“手段”，而实质公正才是“目的”。因此，一方面形式公正应当以实质公正为追求目标，另一方面我们也应当以

---

① 参见张骐：《通过法律推理实现司法公正》，载《法学研究》1999 年第 5 期。

此来认识量刑的形式公正和实质公正的关系:形式公正是量刑活动的外部特征,脱离形式公正去追求实质公正是违反量刑基本规律的;同时,若欠缺形式公正,即使最后的处理结果在实质上非常公正,也难以令人信服。因此,量刑不仅要追求实质公正,也要追求形式公正,以这个“看得见”的公正征服人心。

不过,从形式公正和实质公正的关系来看,虽然实质公正是“目的”,形式公正只是“手段”,但正是这个“目的”和“手段”的关系,才使得实质公正往往需要形式公正去实现。这正如马丁·路德金所言,“手段代表了正在形成之中的理想和正在进行之中的目的,人们不可能通过邪恶的手段来达到美好的目的,因为,手段是种子,目的是树”。[①] 也正因如此,形式公正被誉为“实质公正的重要保障”,失去形式公正的量刑难以有实质公正的结果。

综上,量刑不是为了量刑而量刑。当前实践中的量刑,具有为量刑而量刑的事实上的特点。一方面,过于追求形式公正而忽视个案公正,从而割裂了形式公正与实质公正的关系。虽然形式公正也是为了追求实质公正,但它不能以牺牲个案公正为代价,只有兼顾宏观上的形式公正与微观上的个案公正,才可能实现形式公正与实质公正的有机统一。另一方面,过于追求形式公正而忽视实质公正,从而必然走向为量刑而量刑,使量刑难以甚至无法顾及实效。量刑个别化的提出,就是在坚持量刑规范化和罪刑法定原则的前提下,以量刑公正和量刑实效的实现为目标,试图在最大限度上解决量刑公正与量刑实效的关系及其实现问题。对于量刑公正与量刑实效的关系问题,将以宏观上的形式公正(报应下的规范标准)与微观上的个案公正(预防下的个别情况)的不同层面上的追求,解决形式公正与实质公正、量刑公正与量刑实效的关系问题;对于量刑实效问题,将以犯罪学上的犯罪现象、犯罪特点和犯罪原因,以及行刑学上的犯罪改造、罪犯回归和社会学上的社会治安状况为基点和目标,确立形式公正下的个案公正的质和量(方向和标准)。

“同罪同罚”不是量刑公正的必然要求。从刑事实体法意义上

---

① 李心鉴:《刑事诉讼构造论》,中国政法大学出版社1992年版,第1页。

看,量刑公正的基本内涵是“罪行的大小决定法定刑的轻重,刑事责任的大小决定宣告刑的轻重”。[①] 这意味着,罪行的大小与刑事责任的大小未必成正比。主要表现在,在犯罪分子具有罪外的从重、从轻、减轻或免除处罚等量刑情节的前提下,法定刑进入处断刑的裁量而形成宣告刑。因此,宣告刑与罪行不完全吻合,不仅是形成宣告刑之必要,而且因宣告刑与犯罪人所应承担的刑事责任相吻合而恰恰是量刑实质公正的重要体现。从这个实质公正意义上说,不能简单地将量刑公正理解为“罪刑均衡”[②]或“罪责均衡”,[③]那种笼统地认为“同罪同罚”“同案同判”的提法都是片面的,都不是量刑实质公正的必然要求。

二、法律效果与量刑效果

量刑必须追求效果,不追求效果的量刑,不仅使整个刑事法系统的存在及其运行失去意义,而且还使受刑者及社会成为法律的受害者,最终与量刑的预期目标背道而驰。从广泛意义上说,通过量刑给犯罪者以处罚,即使这个处罚根本不恰当,也是量刑有效果;但这种量刑有效果,实际上只是量刑有实效,只是一种结果的客观评价,它无论是对受刑者还是社会来说,都可能没有积极意义。从严格意义(狭义)上说,量刑有效果,是对量刑的价值评价,是指量刑所带来的积极法律效果和积极社会效果,是其法律效果和社会效果的良好协调和有机统一。因此,作为量刑个别化终极目标的量刑有效,不是指量刑有实效,而是指狭义的量刑有效果(简称“量刑效果”“量刑有效”),包括量刑所追求的积极法律效果和积极社会效果。

从法理学上看,所谓法律效果(Legal Effection),是指法律通过

---

① 赵廷光:《量刑公正实证研究》,武汉大学出版社 2005 年版,“前言”第 2 页。

② 实为罪刑相适应,而不是罪刑等量,罪与刑不仅性质不同,而且根据和要求也不相同,因而即使是进行量的换算也不可能“等量”。

③ 宣告刑与犯罪人所应承担的刑事责任相吻合并非“罪责均衡”;“罪责均衡”也未必是量刑实质公正的体现。因为定罪的根据与落实刑事责任的认定根据可能是不同的,后者往往包括犯罪人的人身危险性因素,而前者不包括也不应包括这个因素。

实施而实现自己的社会目的、价值或社会功能及其程度;[①]是指法律为了实现其目的而通过调整社会关系而对整个社会所产生的客观影响和效应。[②] 它表明法律的社会目的得以实现,法律实现了立法者所追求的价值;它体现为法定权利的行使、义务的履行与法定利益的实现,或者经济、政治、社会关系的改变,社会经济、政治、文化事业的发展,安全、秩序、自由、公正、公共福利等价值的实现。[③] 在西方法社会学中,法律效果是指法律或判决对社会生活的作用、影响,衡量法律效果能否达到法律的预期目标。[④] 在行为学概念中,法律效果是一种状态,是指法的行为规则在社会中为人们所遵守、适用和执行的状态。[⑤] 因此,虽然从不同视角,对法律效果有不同的理解和界定,但无论从哪个方面理解或界定,把法律效果理解为"法律被人们实际遵守、执行或适用而产生的影响和结果",肯定是不合适的。

实际上,法律效果不同于法律实效的概念。所谓法律实效(legal efficacy),是指人们实际上按照法律规定的行为模式去行为,法律被人们实际遵守、执行或适用,它与法律实施的意思相近,但分别侧重于法律被人们实际施行的状态、程度与过程或状态。那种"法律被人们实际遵守、执行或适用而产生的影响和结果",实际上只是这种法律实效。效果,指由行为产生的有效结果。[⑥] 从这个意义上说,法律效果应当是法律适用产生的有效结果,量刑的法律效果应当是量刑产生的有效结果。这样,法律效果与法律实效是两个既有联系又有区别的概念。仅从法律权利与义务实现而产生的结果来说,法律效果包括法律实效;但法律效果不仅仅是有结果而且其结果还需有效。因此,法律实效在通常情况下只是法律效果的前提,只有首先实现法律实效,才有可能实现法律效果;但实现法律实

---

① 参见沈宗灵主编:《法理学研究》,上海人民出版社1990年版,第260~261页。
② 参见赵震江主编:《法律社会学》,北京大学出版社1998年版,第308页。
③ 参见沈宗灵主编:《法理学》(第2版),北京大学出版社2003年版,第330页。
④ 参见朱景文:《现代西方法社会学》,法律出版社1994年版,第204页。
⑤ 参见谢邦宇等:《行为法学》,法律出版社1993年版,第377页。
⑥ 参见《辞海》(缩印本),上海辞书出版社2000年版,第1777页。

效,并不等于就实现了法律效果,在有些情况下,某些法律虽然有实效,但没有效果,或收效甚微,甚至事与愿违而违背立法的社会目的及立法者的初衷。[①] 在我国,1978 年中国共产党十一届三中全会提出了关于社会主义法制建设的"十六字方针":有法可依、有法必依、执法必严、违法必究。其中,主要属于司法范畴的"有法必依、执法必严、违法必究",实际上只是对法律实效的要求,还不是对法律效果的要求。法律效果要求法律适用的结果需具有"有效性"。就量刑而言,量刑的法律实效,是指通过严格依法(包括程序法和实体法)量刑而产生的结果。而这个有效性,则是通过量刑而产生报应犯罪行为、控制犯罪现象、有利于犯罪者回归社会、有利于司法公信力的培养等有效的结果。对此,有学者把它称为"法律实行的社会效果(效益)"。[②] 据此,相对于法律实效和法律的社会效果而言,法律效果是一个上位概念,它包含法律实效和法律的社会效果两个下位概念。

以上分析表明,法律效果不仅是法律实效,而且还需法律适用产生的结果具有有效性,而这个有效性实际上是通过法律的社会效果来实现的。对于什么是法律的社会效果,有论者认为,"所谓社会效果,是指社会大众依据社会发展的现状对司法活动的一种主流评价,是公众从传统道德、文化、审美情趣、观念等社会生活的各个范畴对司法活动所作的主导性评判";"审判的社会效果就是指审判在社会生活中、在社会公众中所产生的影响和结果。审判效果作用的范围是社会公众,即司法机关和司法人员之外的人"。显然,这些把法律适用的社会效果仅理解为是对"社会公众产生的影响",是表面、片面和望文生义的。实际上,所谓法律的社会效果"是通过审判活动来实现法律的秩序、公正、效益等基本价值的效果",[③]"是法律效果的应有之义和当然组成部分,社会效果本身是法律效果的有

---

① 参见沈宗灵主编:《法理学》(第 2 版),北京大学出版社 2003 年版,第 329 ~ 331 页。

② 参见沈宗灵主编:《法理学》(第 2 版),北京大学出版社 2003 年版,第 331 页。

③ 参见范智君:《浅议审判中的法律效果和社会效果的统一》,载《律师与法制》2006 年第 9 期。

机组成部分”,“在法律适用时进行社会需求、社会价值,或社会变化的衡量,将这些社会因素纳入考虑范围,成为法律适用的组成部分。而一旦纳入考量对象,法律适用的社会效果也就与法律效果融为一体了。之所以会将社会效果单独地提出来,不是因为社会效果与法律效果截然不同,而是因为有时存在不将社会价值考量纳入法律适用的考虑范围,而将法律适用简单的概念化逻辑化的现象,致使最终不能实现良好的或者最佳的社会效果”。①

量刑的法律效果和社会效果不是相互割裂的,而是有机统一的。正如有论者指出,“法律效果与社会效果是统一的,社会效果本身是法律效果的有机组成部分,两者本身不是两种效果,而就是一种效果,压根不存在对立关系”。② 把法律效果与社会效果的统一作为一种基本的司法理念,作为法院的一项基本司法政策,不仅是重要和必要的,而且也应是量刑的终极目标之一。然而,如何理解这里的“两个效果的统一”,应是贯彻这个统一的关键。并不是需对犯罪人予以处罚才实现量刑的法律效果,严格依法办事并不排斥量刑的积极社会效果。

对此,在我国法律适用中,存在两种片面认识:一是强调法律规范的严格适用(即所谓的“法律效果”),僵化刻板地理解适用法律,把法律变成了一成不变或者必定有唯一答案的教条;二是无视法律的基本要求或者合理含义,甚至无视法律的规定,使法律随心所欲地服从即时的需要或者特定人的需求。③ 对于如此两种片面认识,前一种虽然强调了维护法律的稳定性、确定性和统一性等法治需求,但把这种需求推向了教条化;后一种虽然使法律适应社会变化的需要,但视法律为单纯的工具而难免具有法律工具主义甚至法律虚无主义的嫌疑。因此,以上二者实际上并不符合法治的要求。

---

① 参见孔祥俊:《论法律效果与社会效果的统一——一项基本司法政策的法理分析》,载《法律适用》2005 年第 1 期;范智君:《浅议审判中的法律效果和社会效果的统一》,载《律师与法制》2006 年第 9 期。

② 孔祥俊:《论法律效果与社会效果的统一——一项基本司法政策的法理分析》,载《法律适用》2005 年第 1 期。

③ 参见孔祥俊:《论法律效果与社会效果的统一——一项基本司法政策的法理分析》,载《法律适用》2005 年第 1 期。

本书认为,从法理学等视角的法律效果及其与法律实效、法律的社会效果的关系来看,以上“两个效果的统一”的基本司法政策中的法律效果与社会效果,应放在“法律效果”这个上位概念上来理解。也就是说,这里的法律效果,实际上是指作为法律效果前提的法律实效;这里的社会效果,实际上是指作为法律效果有机组成部分的社会效果。对此,理论上也能找到支持。例如,前述论者认为,“法律的社会效果是法律效果的应有之义和当然组成部分,社会效果本身是法律效果的有机组成部分”。[①]“之所以会将社会效果单独地提出来,不是因为社会效果与法律效果截然不同,而是因为有时存在不将社会价值考量纳入法律适用的考虑范围,而将法律适用简单的概念化、逻辑化的现象,致使最终不能实现良好的或者最佳的社会效果”。但他们把法律效果理解为“是通过严格适用法律来发挥依法审判的作用和效果”,把社会效果理解为“是通过审判活动来实现法律的秩序、公正、效益等基本价值的效果”,[②]实际上是在不同层面上使用了“法律效果”的概念。也就是,在阐述法律效果与社会效果的相互关系时,把法律效果作为一个上位概念使用;但在界定法律效果的概念时,又把法律效果等同于法律实效(“严格适用法律”)了。

因此,在以上“两个效果的统一”的基本司法政策中,一方面,需严格依法适用法律,以实现法律实效;另一方面,为了避免严格适用法律走向机械化,而应当追求法律正当化的社会效果。法院在审判实践中当然首先要注重法律效果,法律效果是其他任何效果的前提,但如果片面追求法律效果,机械套用法律规范,有时会得出不公正(实质公正、个案公正)的结果。这就要求法院必须在注重法律效果的同时关注社会效果,原因在于:法律是社会关系的调节器,法律源于社会则必须回归社会;严肃执法本身并不是目的,其目的在于对社会关系实施有效的调整,不注意社会效果就难以实现法律的

---

① 孔祥俊:《论法律效果与社会效果的统一——一项基本司法政策的法理分析》,载《法律适用》2005 年第 1 期。

② 范智君:《浅议审判中的法律效果和社会效果的统一》,载《律师与法制》2006 年第 9 期。

目的;当前,在经济转轨、社会转型时期,审判工作如不注意社会效果,将会产生极大的负效应;适用法律如果不注意社会效果,就会反过来损害法律的权威性,破坏人民群众对法治的信仰。[①] 就量刑而言,一方面,量刑应严格依法(包括程序法和实体法)进行,使法律得到严格遵守和执行;另一方面,在依法量刑中,需体现法的本质特征、体现法的基本价值,使量刑产生报应犯罪行为、控制犯罪现象、有利于犯罪者回归社会、有利于司法公信力的培养等有效的结果。然而,在量刑的以上“两个效果的统一”中,仅量刑一般化是无法实现的,需要在量刑一般化前提下的量刑个别化去实现。虽然从总体上看,实现法律效果与社会效果统一的具体途径很多,但量刑个别化是其中必要的和基本的途径。

需要指出的是,量刑效果的实现,并不意味着就是消灭犯罪。事实上,作为社会病态综合反映的犯罪,其在社会中的存在具有常态性。也就是,只要社会中还存在阶层的对立、利益的冲突,犯罪就是必然现象。正如马克思所言:“如果有100%的利润,就敢于铤而走险;如果有200%的利润,就不惜冒绞首的危险;如果有300%的利润,就不惜践踏人间的一切法律。”从这个意义上说,社会中存在一定量的犯罪是正常的;相反,社会中不存在犯罪反而是不正常的。正如法国学者迪尔凯姆所言:“当犯罪率下降到明显低于一般水平时,那不但不是一件值得庆贺的事,而且可以肯定,与这种表面的进步同时出现并密切相关的是某种社会的紊乱。”[②]因此,人类社会只能是最大限度地控制犯罪,而不可能彻底消灭犯罪;那种试图彻底消灭犯罪的思想和政策是不现实的。

同时,导致犯罪原因的复杂性也决定了,要彻底消灭犯罪也是极其困难的。从犯罪学上看,犯罪人走上犯罪道路有着极其复杂的原因:既有个人的心理、生理原因,也有社会、环境等原因;既可能是一种原因在起作用,也可能是多种原因在起作用。在很多时候,犯

---

① 参见马艾地、吴在存:《从法律规则的局限性谈法律效果与社会效果》,载《人民法院报》2004年2月21日,第3版。

② [法]E.迪尔凯姆:《社会学方法的准则》,狄玉明译,商务印书馆1985年版,第89~90页。

罪是家庭、学校和社会共同教育失败的产物，纯生理意义上的天生犯罪人是不存在的。更何况，对于犯罪者来说，在一定意义上，他（她）本人也是受害者；没有人生来就想犯罪的，犯罪往往是特定环境直接或间接作用的结果。因此，要彻底消灭犯罪，除非彻底消灭导致犯罪的环境；然而，事实证明，这是不可能的。这也就意味着，量刑要取得彻底消灭犯罪的效果是不现实的。

另外，量刑公正与量刑效果也是有机统一的。在"公正"与作为功利主义表现的"有效"的关系，特别是功利主义是否会否定刑法公正上，理论上有不同的认识。刑事古典学派的代表之一康德认为："要犯罪者爬过功利主义的毒蛇般的弯弯曲曲的道路去发现那些什么有利于他的事，可以使它免受不公正的惩罚。这对受刑者是一种灾难"，[①]该观点旨在抨击罪刑擅断、宣扬报应刑、主张功利主义以公正惩罚为前提。[②] 而美国法学家奥利弗·温德尔·霍姆斯则认为："对个人的正义必须让位于社会功利""公共政策为了公共利益而牺牲个人"，[③]从而将二者视为两个在公共利益与个人利益冲突下的对立物。本书认为，从公正性为刑法的首要价值来看，在公正与功利的关系上，既不能为了所谓的功利主义追求而脱离甚至不要刑法公平公正，也不能为了所谓的坚持刑法公正而忽视甚至不要功利，而应该追求公正与功利的有机平衡，也就是在基于公平公正前提下追求社会功利。毕竟，"刑事司法系统应该更注重预防犯罪和保护社会，然而注重这些功利主义的利益不应该违反刑事责任的基本原则或其重视的道德权力"[④]。例如，在处理立功、自首、坦白、累犯等各法定和酌定量刑情节，乃至认罪认罚从宽制度与刑法公正的关系上，一方面，必须坚守刑法关于罪刑相适应的实体公正底线，不可脱离案件的各种体现"罪刑相适应"这个实体公正原则的情节

---

① 马克昌主编：《近代西方刑法学说史略》，中国检察出版社 1996 年版，第 101 页。

② 参见崔爱鹏、李淑娟：《论立功制度的本质》，载《法学评论》（双月刊）2000 年第 3 期。

③ 参见［美］道格拉斯·N. 胡萨克：《刑法哲学》，谢望原等译，中国人民公安大学出版社 1994 年版，第 54 ~ 55 页。

④ 参见［美］道格拉斯·N. 胡萨克：《刑法哲学》，谢望原等译，中国人民公安大学出版社 1994 年版，第 55 页。

而无底线地“从宽”或“从重”惩处；另一方面，必须在刑法关于罪刑相适应的实体公正前提下，根据犯罪人关于立功、自首、坦白、累犯等各法定和酌定量刑情节以及认罪认罚从宽等制度中，所表现出的社会危害性大小和人身危险性大小而给予相应的从宽或从重处罚。

三、量刑个别化与公正有效的有机统一

基于量刑个别化的内涵与机理，量刑个别化需既契合量刑公正又契合量刑效果，是二者的有机统一。具体表现在如下几个方面：

一是量刑公正需表现为一定的量刑效果。从量刑的一般公正来看，量刑的一般公正是一种法律形式上的公正，是一种普遍性的公正，这种公正所产生的量刑效果主要是严格依法办事。然而，这往往只注重适用对象的一般性而忽视其特殊性，从而这个对于适用于一般情况的法律规范可能本是正义的，但这个正义的法律规范适用于个别情况时，其结果未必也是公正的。这就导致法律获得一般正义而丧失个别正义的悖论。从量刑个别公正来看，是一种法律实质上的公正，是一种个别化下的公正，这个公正所产生的量刑效果主要是，通过量刑而产生报应犯罪行为、控制犯罪现象、有利于犯罪者回归社会、有利于司法公信力的培养等有效的结果。从这个意义上说，如此量刑效果的实现，在本质上也就是实现了量刑公正。量刑公正并不一定是报应主义的公正，矫正主义所追求的量刑效果也即有利于犯罪人的教育改造、有利于犯罪者重返社会、有利于社会的治安稳定等，也应是量刑公正的重要内容。因此，一方面，量刑在公正和效果关系上的终极追求，需以量刑一般公正为前提；另一方面，量刑公正本就需表现为一定的量刑效果并受量刑效果的制约。

二是量刑公正与量刑效果的关系，在一定意义上是一种保护和保障的关系。北京大学储槐植教授认为：保护功能的价值体现是功利，保障功能的价值体现是公正；功利强调的是秩序、功效和利益，而公正强调的是公平和正义，它们都是人类永恒的追求；功利与公正关系密切，没有功利，公正无所依存，没有公正，功利必成公害。①

---

① 参见储槐植：《美国刑法》，北京大学出版社 1997 年版，“前言”。

从这个意义上说，量刑公正还体现量刑的保障功能，体现对犯罪人量刑的公平和对犯罪人正当利益的维护。也就是说，不仅对犯罪人的量刑要建立在犯罪行为的社会危害性、犯罪人的人身危险性及其他事实的基础上，而且量刑的轻重要与这些事实（量刑情节）相适应，超出这些事实（量刑情节）的量刑就是量刑不正义（这也是“刑法是犯罪人的大宪章”的表现）。因此，量刑公正并不只是体现一般预防和对犯罪者的报应，也体现在对犯罪者正当权益的维护。同时，量刑效果还体现量刑的保护功能，体现量刑对社会秩序、社会目标和社会利益的功利追求。因此，量刑效果在本质上追求的是一种社会秩序、社会目标和社会利益的整体效果。这个“整体效果”既是对社会的整体保护，也是对犯罪者个体的保护，从而量刑效果在本质上成为量刑公正的前提。其表现为，没有量刑效果，量刑公正无所依存；也意味着，量刑效果的追求需要受量刑公正的约束，没有对犯罪人正当权益维护的量刑公正，所谓的量刑效果必将成为“公害”。

三是量刑公正与量刑效果的关系，表现为一种动态平衡的关系。也就是在某些特殊情况下，可基于特别的价值取向而对量刑公正或量刑效果有所变通和偏向。这实质上是刑法从形式主义走向实质主义，从绝对主义走向相对主义的表现和要求。例如，在量刑的社会效果具有更大的价值时，就可根据法律授权的酌定情节对法律规范的基准进行修正和变更，而不是刻板地适用法律，以通过社会效果的实现体现法律的实质公正。之所以如此，主要是因为量刑的法律效果与社会效果存在不相适应甚至冲突的情况。例如，当法律落后于社会发展状况时，若在量刑时不进行调整，而仍然“对号入座”地适用已经滞后了的法律条文，这就必然导致量刑公正与量刑的社会效果相冲突。同时，法律规定不可能穷尽所有变化了的社会和经济关系，如果我们撇开党的政策、撇开经济和必要的行政手段，简单地运用法律手段解决改革开放中的所有问题，必然导致办案社会效果的不理想。①

① 参见李国光：《坚持办案的法律效果与社会效果相统一》，载《党建研究》1999 年第 12 期。

四是量刑公正与量刑效果的关系,要求应尽可能少地使用刑罚手段。本来,刑法是一种资源,应尽可能少用,并需注重其使用的效果。刑法的过多使用,不仅容易损害刑法的效用,而且也预示着一国文化的落后。对此,梅因早就有过尖锐的批判:"所有进步社会的运动,到此处为止,是一个'从身份到契约'的运动。""一个国家文化的高低,看它的民法和刑法的比例就能知道。大凡半开化的国家,民法少而刑法多,进化的国家,民法多而刑法少。"①不仅如此,刑罚作为刑法惩罚和预防犯罪的最严厉手段,更是一种资源,更应尽可能少地使用。这不仅是因为刑罚的使用需要大量的经济投入,会造成大量资源的浪费,而且因为刑罚的不必要使用而难以收获量刑效果(主要是社会效果),进而破坏量刑个别公正(实质公正)的实现。

五是量刑公正与量刑效果的关系,反对作为量刑结果的"同案同判"。在实际意义上,若一定要坚持和实现"同案同判"的话,则这个"同案同判",也只能是针对同样(或相类似)的犯罪行为及其社会危害性适用同样的量刑基准,而不能是针对同样(或相类似)的犯罪行为作出同样(或相类似)的量刑结果。那种追求同样(或相类似)的犯罪行为及其社会危害性要有同样(或相类似)量刑结果的理念和观点,是形式主义和绝对主义的表现,既不符合相对主义和实质主义的刑法现代化需要,也与量刑公正与量刑效果间的平衡关系相背离。即使是白建军教授所主张的"同等罪量同等刑量",在本质上是一种形式主义和绝对主义的表现,也是与量刑公正与量刑效果间的平衡关系相背离的。因为,虽然"同等罪量"和"同等刑量"都客观地存在,但对于具体个案来说,"罪量"与"刑量"间是不能"等同"的。纵然案件以外的因素即人身危险性能够转换为"同等罪量"(事实上这也只能是部分地和机械地转换),但因罪与刑的适用根据不同,②罪量与刑量间无法(也不能)实现"等同"。适

① [英]梅因:《古代法》,沈景一译,商务印书馆1959年版,第97页。

② 也即前者只能是行为及其社会危害性,后者既包括行为人实施的犯罪行为及其社会危害性,还包括行为人的人身危险性及其他事实(如先行羁押)等。

用刑法人人平等,一方面,这个“平等”是实质上的平等,而不是形式上的平等(形式上的平等有时恰恰蕴涵着实质上的不平等);另一方面,这个“平等”并不意味着罪与刑之间“等同”。显然,报应只是量刑的一个目的,只是通过报应实现社会一般正义以及一般预防(一般预防通过报应来实现);量刑更主要的目的,是特殊预防和社会防卫(特殊预防通过剥夺犯罪能力以及教育改造来实现)。就以上意义上说,即使是抽象的、虚拟的“同案”也只是针对案中因素而言,并不包括案外因素。而从前述量刑公正与量刑效果的实质关系来看,量刑公正(实质公正)不仅不要求,而且还反对在量刑结果上脱离个案实际的“同案同判”。

第三节　量刑个别化的既合法又合理理念

按照当代普适的刑罚理念,各种罪名的量刑幅度是由法律规定的,法官必须援引其规定将定罪者处罚,在刑种、刑期等方面都不能超过该规定。既然我国《刑法》第 3 条对罪刑法定原则有明确规定,则量刑部分纵使是权力机关也不能随便改动。在如此普适理念的影响下,在当前理论上和实践中,存在“不合理但合法”、“讲法可以不讲理”、“讲法”与“讲理”可以分离等认识甚至共识,并由此滋生诸如广东许某恶意取款案等举世瞩目和“无法破解”的奇案。[①] 这表明理论上和实践中对于到底什么是“量刑合法”及其与“量刑合理”的内在关系尚缺乏正确认识,需要进一步梳理,以作为科学合理量刑的基本理念。

一、量刑合法及其表现

量刑合法,从字面上看,就是量刑符合法律的规定。可符合刑法的什么或哪些规定,才算量刑合法,应是真正把握和正确适用量刑合法的关键。按我国台湾地区刑法学家高仰止教授的界定,所谓

---

① 详见第六章相关内容的分析。

量刑合法(量刑适法),是指“科处之刑罚完全符合刑法上一切法定要件,不仅合于分则中对某一犯罪所规定之刑种与刑度,并应合于总则中对于刑种与刑度之修正,依法予以加重或减轻也”。[①] 又据我国大陆学者的相关界定,所谓量刑合法(依照刑法规定量刑的原则),“是指在对犯罪行为的社会危害性和犯罪人的人身危险性作出评断之后,究竟适用何种刑罚,适用多重的刑罚,要在法律规定的刑罚幅度内选择,并与刑法规定的一系列原则、制度相一致”。[②] 据以上界定,所谓量刑合法,就是量刑要适用《刑法》分则和《刑法》总则的所有相关规定。这意味着,量刑合法的界定和把握,进一步有赖于《刑法》分则与《刑法》总则的关系原理。

对于《刑法》分则与《刑法》总则的关系原理,传统刑法理论一般阐述为:《刑法》分则是关于具体犯罪和具体法定刑的规范体系;在《刑法》分则中,列举了各种具体犯罪的罪状和相应的法定刑,它们是解决具体定罪量刑问题的标准;它与《刑法》总则相互为用、相互依存、密不可分,是特殊与一般、具体与抽象的关系,没有总则的原则规定,分则所规定的罪状和法定刑就难以理解和适用;人民法院在处理每个刑事案件的时候,不仅直接涉及分则的有关条文,而且必须遵守总则所规定的各项原则。[③] 如此阐述,深入揭示了《刑法》分则与《刑法》总则的内在关系。这个关系决定了,“对犯罪人量刑时仅仅根据刑法分则规定的法定刑还是不够的,还必须在此基础上,考虑刑法总则的有关规定。只有这样,对犯罪人确定的刑罚才真正具有合法性”。[④] 但如此阐述,也缺乏对《刑法》分则在立法和司法上的规范性质的准确定位。特别是,关于“人民法院确定对犯罪人适用的刑罚之前,都有一个根据犯罪行为的社会危害性大小和犯罪人的人身危险性大小进行选择的过程,但无论怎样选择,都

---

① 参见高仰止:《刑法总则之理论与实用》,台北,五南图书出版股份有限公司1986年版,第483页。

② 参见高铭暄主编:《刑法学原理》(第3卷),中国人民大学出版社1994年版,第239页。

③ 参见高铭暄:《刑法学》,法律出版社1984年版,第45~46页。

④ 参见高铭暄主编:《刑法学原理》(第3卷),中国人民大学出版社1994年版,第243页。

必须在刑法条文规定的法定刑的幅度内,不能超越”[①]的量刑合法的理解,并不符合立法和司法实际。事实上,从立法和司法来看,《刑法》分则的规定并不是一个完整的刑法规范。在立法上,它只是关于具体犯罪的特别犯罪构成要件和一般刑罚处罚的规定而已,并没有对具体犯罪构成的全部要件和可能适用的全部处罚方法(刑罚、非刑罚、不给任何刑罚或非刑罚处罚)作出规定。在司法上,这些不完整的规定,需结合《刑法》总则的相关规定,才能予以正确和准确地适用。仅就量刑而言,《刑法》分则关于抽象个罪的法定刑规定(立法),只是为具体犯罪的量刑(司法)提供一个起始标准即量刑基准,[②]至于具体如何量刑和量什么刑,还需《刑法》总则的相关规定[③]予以验证、补充、修正,[④]并表现为给予刑罚处罚、给予非刑罚处罚或单纯宣告有罪的处罚等三种情形。对于后两种情形,因《刑法》分则没有规定,而只能由总则性规定予以补充。这个“补充”,实际上是对《刑法》分则关于法定刑规定的修正。同时,即使是给予刑罚处罚(第一种情形),也因罪刑相适应原则的要求,而依总则性的法定或酌定减轻处罚规定,需对这个《刑法》分则关于法定刑的规定予以补充、修正。据此,基于《刑法》分则与《刑法》总则的关系原理及《刑法》分则的规范性质,量刑合法与否,并非孤立地取决于《刑法》分则关于法定刑的规定,而应综合地取决于《刑法》总则和《刑法》分则的所有相关规定。

---

① 高铭暄主编:《刑法学原理》(第3卷),中国人民大学出版社1994年版,第242页。

② 我们所称的量刑基准,与众多学者所界定的量刑基准不同,是基于《刑法》分则的司法实质及《刑法》分则与《刑法》总则的关系等所作出的界定,即所谓量刑基准是指在定罪活动中确定的,由定罪情节(而不是量刑情节)所决定的那个具体法定刑。当然,这只是第一个层级的量刑基准。从司法适用上看,以上量刑基准,仅是定罪(据基本的犯罪构成事实)相应带来的东西,基于量刑规范化的需要,还应根据案件的具体犯罪构成事实确定相应的量刑起点和基准刑。在通常情况下,这个量刑起点和基准刑仍属于量刑基准之列,具体为第二层级的量刑基准。详见后文阐述。

③ 就定罪基准而言,这意味着《刑法》分则关于抽象个罪罪状的规定(立法),只是为具体犯罪的定罪(司法)提供一个起始标准,至于具体如何定罪和定什么罪,还需由定罪情节和《刑法》总则的相关规定决定。

④ 参见石经海:《刑法分则的司法本质与量刑基准的界定》,载郎胜等主编:《2008年度中国刑法学年会论文集:刑法实践热点问题探索》(下卷),中国人民公安大学出版社2008年版,第123～133页。

在司法上,《刑法》分则的规范性质及其与《刑法》总则的关系决定了,量刑合法并非只是表现为静态地符合法定刑的规定,而还表现为动态地符合经刑法相关综合性规定及相应量刑情节、量刑制度调整,而使法定刑发生的司法变型即处断刑、宣告刑、执行刑或免刑的要求。

首先,在案件存在加重或减轻的法定或酌定情节时,量刑合法就表现为符合处断刑的要求。所谓处断刑,是指审判机关对于具有加重或减轻处罚情节的被告人,在变更法定刑范围之后以判决的形式所确定的刑罚。① 虽然处断刑以法定刑为基础,但它不等同于法定刑,是对法定刑范围的突破。事实上,基于罪刑法定原则的人权保障原理,这个突破只能是基于减轻处罚情节而对法定刑下限的突破。② 所谓减轻处罚,是指在法定刑幅度以下判处刑罚。从立法来看,这种量刑情节有法定和酌定之分。前者是法律明确规定需减轻处罚的情形,这不仅在我国现行《刑法》第 63 条第 1 款作了概括的指导性规定,而且还有很多具体规定,如现行《刑法》关于防卫过当、避险过当、胁从犯、从犯、预备犯、犯罪未遂、教唆未遂等,都明确规定可以甚至应当减轻处罚;后者指不是法律明确规定,但根据案件的特殊情况而需减轻处罚的情形,对此,我国现行《刑法》第 63 条第 2 款作了明确规定:“犯罪分子虽然不具有本法规定的减轻处罚情节,但是根据案件的特殊情况,经最高人民法院核准,也可以在法定刑以下判处刑罚。”综上,处断刑虽是对法定刑范围的突破,但并没有违背罪刑法定原则,而相反,还是罪刑法定原则在司法上的要求和表现,是量刑合法的司法表现形式。

其次,在案件存在从重或从轻的法定或酌定情节时,量刑合法就表现为符合宣告刑的要求。所谓宣告刑,按照高仰止教授的表述,是指裁判上实际量定宣示之刑罚,是裁判官就特定犯罪,在法定刑或处断刑范围内,量定一定之刑罚而为科处之宣示刑罚的情形。③

---

① 高格:《定罪与量刑》,中国方正出版社 1999 年版,第 196 页。

② 我国现行立法也取消了“加重处罚”的规定。

③ 参见高仰止:《刑法总则之理论与实用》,台北,五南图书出版股份有限公司 1986 年版,第 483 ~ 484 页。

确实,宣告刑是审判机关对犯罪人以判决形式宣告的刑罚,这个刑罚可能是一个刑期幅度(不定期刑),也可能是一个具体确定的刑种和刑期(确定期刑)。从我国现行刑法来看,宣告刑只能是一个具体确定的刑种和刑期(确定期刑),不能是不定期刑。[①] 在性质上,宣告刑只不过是一种裁判上的刑罚,一方面它以法定刑或处断刑为基础,在法定刑或处断刑范围内作出;另一方面它并非就是行刑的直接依据,在存在数罪并罚或刑期折抵等情况下,宣告刑还要形成执行刑才能交付执行。因此,宣告刑也是罪刑法定原则在司法上的要求和体现,也是量刑合法的司法表现形式。

再次,在法定刑转变为宣告刑后,在案件又存在刑期折抵、数罪并罚等情形时,量刑合法就表现为符合执行刑的要求。所谓执行刑,是指在宣告刑基础上作出的或对原执行刑修正的、[②]拟交执行阶段执行的刑罚。在执行刑问题上,理论上存在诸多认识误区,如认为量刑只是作出宣告刑的活动,执行刑是执行机关对刑罚的执行,等等。事实上,量刑并非只是作出宣告刑的活动,还应包括作出执行刑;执行刑不是执行机关对刑罚的执行,而是审判机关在宣告刑的基础上根据数罪并罚、刑期折抵等制度作出的拟移交执行的刑罚。执行刑与刑罚执行的关系,犹如医疗活动中医生开具的处方与护士执行处方的关系。也就是,如果说执行刑是医生开具的"处方",则执行机关对刑罚的执行就是护士按"处方"给病人打针、吃药乃至监护等执行处方的活动。[③] 理论上所言"折抵刑期,仅系折抵刑之执行,而非抵消刑之宣告",[④]实际上是指刑期折抵抵扣的是执行刑的刑期,而非宣告刑的刑期;宣告刑作为刑期折抵前就已存在的客观物,只能是刑期折抵的对象,本身不会因刑期折抵而发生数量减少的变化;在刑期折抵后发生的数量减少,就由宣告刑转变

---

① 当然,宣告刑也不一定是确定自由刑之刑期而宣告,它可以是任何类型刑罚的刑期或刑量。

② 主要表现在减刑、假释中。详见下文及本人其他著述。

③ 在这个意义上,缓刑、减刑、假释也都是量刑制度,具体为执行刑裁量制度。

④ 参见高仰止:《刑法总则之理论与实用》,台北,五南图书出版股份有限公司1986年版,第539~542页。

成了执行刑。同时,宣告刑因刑期折抵而转变为执行刑,不是执行机关直接抵扣的结果,而是审判机关依法作出的裁量;犹如护士不能直接变更处方一样,未经审判机关裁量,执行机关无权直接抵扣刑期。又根据立法上的数罪并罚制度,对某个犯罪人适用的数罪并罚,实际上就是由宣告刑(包括某些情况下的处断刑)到执行刑的方法:先对每个个罪分别宣告刑罚(宣告刑),然后根据数罪并罚的原则和计算方法合并决定执行的刑罚(执行刑)。理论上认为,执行刑仅存在于"为数罪并罚之场合",虽然这有失片面,[①]但认为在数罪并罚中"最终定其应执行之刑,即所谓'执行刑'",[②]是正确的界定。既然执行刑是依法定的刑期折抵、数罪并罚等制度作出,则由宣告刑转变为执行刑,也是罪刑法定原则在司法上的要求和表现,也是量刑合法的司法表现形式。

最后,在案件存在免予刑事处罚情节时,量刑合法就表现为符合免刑的要求。免刑即免予刑罚处罚,是指定罪不给予刑罚处罚,但根据案件情节,可能给予非刑罚处罚,也可能只单纯宣告有罪而不给任何处罚。确定免刑与否的根据,不是罪名本身的轻重,[③]而是因"犯罪情节(实为量刑情节,下同)轻微不需要判处刑罚"(《刑法》第37条)。具体就非刑罚处罚而言,在犯罪情节轻微不需要判处刑罚的情况下,可以免予刑事处罚;但在这类案件中,免予刑事处罚不是不给任何处罚,而是还需要根据案件的不同情况,予以训诫或者责令具结悔过、赔礼道歉、赔偿损失,或者由主管部门予以行政处罚或者行政处分(《刑法》第37条)。就单纯宣告有罪而言,在犯罪情节轻微不需要判处刑罚的情况下,免予刑事处罚,并不给任何处罚,即单纯宣告有罪。从我国现行刑法立法来看,这个"犯罪情节轻微

---

① 实际上,研究表明,执行刑还存在于刑期折抵、缓刑、减刑、假释等场合。

② 参见高仰止:《刑法总则之理论与实用》,台北,五南图书出版股份有限公司1986年版,第483页。

③ 实践中,一些法院把《刑法》第13条的但书规定、第37条的免刑规定、第63条的法定和酌定减刑规定的适用限定在轻罪名上,认为重罪名如故意杀人、放火等不能适用这些规定。本书认为,这是对适用这些规定的误解,这些规定的适用与否不在于罪名本身的轻重,而在于案件本身的社会危害性和人身危险性等事实,是否属于情节轻微而免予刑事处罚。

不需要判处刑罚”,具体表现在诸多法定量刑情节上,如防卫过当、避险过当、胁从犯、从犯、预备犯、非法种植毒品原植物在收获前自动铲除、没有造成损害的中止犯、又聋又哑的人或者盲人犯罪、犯罪较轻而且自首、自首后又有重大立功、行贿人在被追诉前主动交代行贿行为、介绍贿赂人在被追诉前主动交代介绍贿赂行为等,都明确规定了可以甚至应当免除处罚。然而,以上《刑法》第37条关于“免除处罚”的规定并非只限于法定量刑情节,对于有些酌定情节如初犯、偶犯、激情犯等,在犯罪情节轻微的情况下,基于宽严相济的刑事政策和非刑罚化的时代精神,也给予酌定免除刑罚处罚,不仅符合《刑法》第37条关于“免除处罚”的立法精神,而且也是实质性的罪刑法定原则的具体体现和要求。因此,无论是法定的还是酌定的免刑,也都是量刑合法的司法表现形式。

综上,所谓量刑合法,是指量刑综合地、动态地符合《刑法》分则和《刑法》总则的所有相关规定。其中,这里的“综合地”,意味着它不是只符合《刑法》分则的规定,而是需符合《刑法》的所有相关规定,特别是,当直接适用《刑法》分则规定而明显导致罪责刑不相适应时,需依《刑法》的基本原则及其他总则性规范和内化于这些规范中的刑事政策和刑法时代精神等,对《刑法》分则的刑罚规定进行调整和校正。这里的“动态地”,意味着在刑事司法上,量刑合法并不只是表现为静态地符合法定刑的规定,还表现为动态地符合经《刑法》的相关规定及相应量刑情节、量刑制度的综合调整,而使法定刑发生司法变型(处断刑、宣告刑、执行刑或免刑)的要求。

二、量刑合理及其要求

合理,从字面上看,就是合乎道理或事理。[①] 所谓量刑合理(量刑适当),按我国台湾地区刑法学家高仰止教授的界定,是指“科处之刑罚合乎法条所规定之精神,亦即将抽象之法律规定,适用于具

① 参见中国社会科学院语言研究所词典编辑室编:《现代汉语词典》,商务印书馆2016年版,第524页。

体之犯罪事实,其量刑之是否妥当是也”。[①]

按照德国学者韦伯的理解,合理性有形式合理性与实质合理性之分。[②] 据此,量刑合理也应有形式合理与实质合理之别。理论上认为,“形式合理性与实质合理性就是形式理性与实质理性”。[③] 所谓形式合理性,是指关于不同事实之间的因果关系判断;所谓实质合理性,是指关于不同价值之间的逻辑关系判断。[④] 前者主要被归结为手段和程序的可计算性,是一种客观的合理性;后者则基本属于目的和后果的价值,是一种主观的合理性。[⑤] 这样,形式合理性与实质合理性的关系,实际上就是手段与目的的关系。

有观点认为,“形式判断先于实质判断”“如果先作实质判断则不可能后作形式判断”“只有先做形式判断,其后的实质判断才是可能的”。[⑥] 本书认为这个观点需进一步讨论。不可否认,基于手段和目的的关系,形式合理性作为实现实质合理性的手段,具有优先性,但这并不意味着,形式合理性的判断就先于实质合理性的判断。虽然“如果先作实质判断则不可能后作形式判断”,但这并不能得出“形式判断先于实质判断”和“只有先做形式判断,其后的实质判断才是可能的”的结论。因为,形式判断与实质判断是完全可以同时做出的。事实上,依“判断”的思维规律,“形式”与“实质”作为互为内表的“判断”对象,在实践中应是同时作为综合判断的对象,否则,必定会因判断对象不全而得出片面的判断结论。在实践中,由于认识手段和能力的局限性,认识中的判断会有一个渐进过程,但这不意味着判断有先后之分。在司法上,形式合理性与实质

① 高仰止:《刑法总则之理论与实用》,台北,五南图书出版股份有限公司 1986 年版,第 483 页。

② [德]马克斯·韦伯:《论经济与社会中的法律》,张乃根译,中国大百科全书出版社 1998 年版,第 290 页。

③ 参见陈兴良主编:《刑事法评论》(第 6 卷),中国政法大学出版社 2000 年版,第2 ~4 页。

④ [德]马克斯·韦伯:《论经济与社会中的法律》,张乃根译,中国大百科全书出版社 1998 年版,第 290 页。

⑤ 参见陈兴良主编:《刑事法评论》(第 6 卷),中国政法大学出版社 2000 年版,第 3 页。

⑥ 参见陈兴良:《定罪的基本规则》,载《第七届刑事法前沿论坛文集》,中国社会科学院刑事法重点学科编印 2009 年版,第 36 ~38 页。

合理性的实现,不存在先后之分,而是同时实现的。

基于手段与目的的内在关系原理,也即手段是为达到某种目的而采取的方法和措施,而目的是人在行动之前根据需要在观念上为自己设计的要达到的目标或结果,它贯穿于实践过程的始终,并通过主体运用手段改造客体的活动来实现,[①]形式合理性的坚守与实质合理性的建构实际上是有机统一的。

这个有机统一表现在,一方面,量刑的形式合理性,作为实现合法性的一种手段,其价值在于,它是实现适用法律统一性的需要,表现为所有相同或相类似的案件都在统一的法律框架下进行处理。因此,量刑的实质合理性离不开其形式合理性。另一方面,量刑的形式合理性也离不开其实质合理性。这主要是因为,没有与实质合理性相结合的形式合理性,必然导致量刑价值取向的形式化。当前实践中关于"量刑合法与量刑合理可以分离"的理论主张和实践做法,实际上只是主张量刑的形式合理性。这不仅不符合实质的罪刑法定原则,[②]而且必然使量刑的法律适用陷入困境,使量刑的司法权威受到挑战。例如,在某个(些)法律规定与其他所有相关规定(如刑法的基本原则,内化于某些规定中的刑法时代精神、基本刑事政策等)不相一致时,其量刑就必定会受到普遍质疑。[③] 这主要是,在法的"理"不是浮于法的表面时,在只"讲法"不"讲理"受到质疑,而需"既讲法又讲理"(既合法又合理)时,就不会综合该法的所有相关规定"释其理、用其法",而把"指望"放在批判或试图修改立法或有权解释的某个具体规定上,这必然会将本是"常规性量刑"演绎为引起广泛争议的"哗然量刑"。有鉴于此,我们确实应当实质性地解释刑法,而不应当简单地批判刑法。否则,即使在批判刑法的基础上,提出了良好的立法建议,也不能及时解决司法实践中面临

---

① 《辞海》(缩印本),上海辞书出版社2000年版,第1755、2014页。

② 对罪刑法定原则的实质意义,周少华教授在《刑法理性与规范技术》一书中进行了深入剖析。另外,从立法上看,它也既表现在刑法分则中大量"其他"弹性罪状和相对确定法定刑上,又表现在《刑法》总则中的出罪(第13条关于犯罪定义的但书规定)、免刑(第37条)和酌定减轻处罚(第63条第2款)等特别规定上。参见周少华:《刑法理性与规范技术》,中国法制出版社2007年版,第253页。

③ 在这个(些)规定与刑法的其他相关规定相一致时,其量刑一般不会出现问题。

的现实问题。[①]

理论上，较为广泛地存在只要“形式”不要“实质”的片面价值追求。该观点认为，对于那些符合有效事实要件的行为、利益、主张和期待，在用法律上的既定标准加以衡量时，只要它们具有相同或相似的法律性质，具有相等或近似的法律上的重要性，就不管这些行为、利益、主张和期待来自什么样的人，也不管由什么样的人来扮演“主持正义”的司法者角色，案件的处理结果都应当是相同或相似的。[②] 显然，这种只要“形式”不要“实质”的价值追求，是片面的。其一，司法过程并不是一个把形式化的普遍性概念和范畴适用于案件事实的过程，而是一个由司法决策者把他对实质正义的理解适用于待决争议的过程。[③] 以上量刑的形式化追求，虽然有利于实现基于社会平均主义的均衡报应及试图由此实现的一般预防，但忽视了犯罪人的个性差别而必然走向极端。其二，形式上的平等往往掩盖了实质上的不平等。例如，在经济发达地区和落后地区对诸如财产犯罪使用同样的刑罚，便暗示着量刑在实质上不公正。又如，在同一地区对诸如饥寒交迫的少年与富家公子盗窃同样的财物，而给予同样的处罚，也是形式上的平等掩盖了实质上的不平等，甚至，在这种意义上，形式上越公正，实质上就越不公正。因此，从量刑公正来看，形式合理性只是实现该实质合理性的手段；量刑合理性终将通过形式合理性去实现其实质合理性。这是形式合理性与实质合理性的统一性所在。

当然，形式合理性和实质合理性也确实存在对立的情况。在范畴学上，概念和范畴之间的对立有两种情况：具有相容性的分立关系和互不相容的排斥关系。形式合理性与实质合理性的对立，属于前一种情况：在理性化的法律制度中，在多数情况下，它们是相容的，即形式合理性是形式化了的实质合理性。在这种情况下，只要

---

① 参见张明楷：《刑法学研究中的十大关系论》，载《政法论坛》2006 年第 2 期。

② 参见郑成良：《论法律形式合理性的十个问题》，载《法制与社会发展》2005 年第 6 期。

③ [德]马克斯·韦伯：《经济与社会》(下卷)，林荣远译，商务印书馆 1997 年版，第 14、148 ~ 154 页。

采用形式合理性优先原则,就实现了二者的融合。既然形式合理性和实质合理性是手段与目的的关系,则二者不存在矛盾冲突和相互排斥的关系,只存在手段能否体现和实现目的的关系。然而,虽然形式合理性与实质合理性间不存在矛盾冲突和互相排斥的问题,但在实践中,手段并非都能恰当地切合目的(形式合理性并非都能恰当地切合实质合理性)。从现实来看,这个"不切合"主要有与法律的确定性相联系和与法律的不确定性相联系两种情况。对于前者,因法律上的规定过于明确,若按照形式合理性的要求来处理案件,就可能导致个案结果的实质合理性被过度牺牲的严重结果;对于后者,因法律上的不确定设置(如自由裁量),若按形式合理性的要求处理案件,就无法得出确定性的结论。对于如此两种情况,因"手段"都失去了其作用的意义,而都应回到"目的"即实质合理性这个"基点",按实质合理性的要求及法律赋予的量刑裁量权去实现量刑的目标。显然,如此做法,是罪刑法定原则实质化的要求和表现。因此,理论上认为,"与其说形式合理性是一种与实质合理不同的合理性,毋宁说它是实质合理性的一种特殊存在形态",①并非正确;那种试图"通过形式合理性而追求与实现实质合理性"的做法,②也并不总是可行的。

基于以上形式合理性与实质合理性的互补关系,在追求量刑规范化的过程中,实质性罪刑法定原则下的量刑合法追求,就不应只是形式合理,而应是形式合理与实质合理的融合与互补:在形式合理性能恰当地切合实质合理性时,只要践行形式合理性就实现了实质合理性;在形式合理性不能恰当地切合实质合理性时,就应抛开形式合理性,而按刑法基本原则、内化于法律中的基本刑事政策和刑罚轻缓化、非刑罚化等刑法时代精神及法律赋予的量刑裁量权等,去实现量刑的实质合理性。

---

① 郑成良:《论法律形式合理性的十个问题》,载《法制与社会发展》2005 年第 6 期。

② 参见陈兴良:《法治国的刑法文化——21 世纪刑法学研究展望》,载《人民检察》1999 年第 11 期。

三、量刑个别化是合法与合理的有机统一

从刑法的视角即量刑的实体公正来看,所谓量刑的公正,并不仅是做到形式意义上的量刑合法,而是既做到合法又做到合理。在这个意义上,量刑的公正问题实际上就是量刑的合法和合理问题。由此,量刑公正的实现,有赖于对量刑合法的正确理解,以及能否既做到合法又做到合理。既然量刑个别化为量刑本体的要求,则量刑个别化在量刑实体公正上,就是使量刑既要合法又要合理。

综观理论上关于合法与合理关系的阐述,一般认为,“合理性是合法性的前提,法治中首先要讲合法性,还要讲合理性”;[①]“适用刑罚之最高准则,首为合法,次为适当”;“刑罚之适用,虽属合法,但未必皆为适当,故两者应分别言之”。[②] 如此等等关于合理性与合法性关系的阐述,实际上是把合理性与合法性在形式上视为两个独立的东西。具体就量刑合法与量刑合理的关系而言,以上观点意味着,量刑合法与量刑合理的追求和实现,是分开进行的:先追求和实现量刑合法,在符合量刑合法性的前提下,再进一步追求和实现量刑合理(量刑适当,下同)。

本书不同意以上对量刑合法与量刑合理关系的认识。从表面上看,量刑公正源自量刑合理,量刑权威源自量刑合法;但实际上,量刑公正与量刑权威及量刑合理与量刑合法,都并非两个可以分离的独立体。一方面,在量刑中,不仅要“讲法”,而且要“讲理”,只有既合法又合理,该量刑才是符合量刑目的的,才能与刑法现代化的发展相一致;另一方面,在法律规范层面上,量刑合理(量刑适当)不仅意味着“科处之刑罚合乎法条所规定之精神,亦即将抽象之法律规定,适用于具体之犯罪事实,其量刑之是否妥当也”,[③]而且还要使量刑符合所有相关法律的规定,并达到这些规定在实质内容上

---

① 参见陈兴良主编:《刑事法治论》,中国人民大学出版社 2007 年版,第 1 页。

② 参见高仰止:《刑法总则之理论与实用》,台北,五南图书出版股份有限公司 1986 年版,第 483 页。

③ 参见高仰止:《刑法总则之理论与实用》,台北,五南图书出版股份有限公司 1986 年版,第 483 页。

的统一。正如有论者指出,“只有不讲理的人,没有不讲理的法”;“不管是从技术上来看,还是从道理上来看,法律只有合乎情理,才能是符合人民意志的”。[①] “量刑合法”只有合乎情理,只有合乎人民的意志,只有合乎民众普遍认可和遵循的“常理、常情、常识”,[②]才能真正称得上“量刑合法”,才能达到量刑的目的,才能受到民众的拥护,才能树立量刑权威。显然,这样的“量刑合法”,不可能是形式上的,而需是实质上的,[③]即根据案件的具体事实,综合适用刑法的所有相关规定,包括刑法的基本原则及内化于刑法规定中的刑法时代精神、基本刑事政策等。正是在以上意义上,合法与合理不可割裂,“合理”是“合法”的实质内容,“合理”必然蕴含于“合法”之中,并表现为互为内表的统一体。

同时,量刑合法与量刑合理的司法实现,并不存在先后之分,而是同时进行的,表现为罪刑法定原则与罪刑相适应原则的有机统一和在量刑问题上的同时贯彻。罪刑法定原则和罪刑相适应原则作为刑法的基本原则,在司法上不是彼此孤立而是有机统一的。一方面,《刑法》关于符合犯罪构成但因情节显著轻微而不认为是犯罪(《刑法》第 13 条)、免除刑事处罚(《刑法》第 37 条)以及法定或酌定减轻刑事处罚(《刑法》第 63 条)的规定,就意味着我国立法上的罪刑法定原则不是形式上,而是实质上的。这个实质上的罪刑法定

① 马国川、陈忠林:《我是“非主流”法学家》,载《经济观察报》2008 年 4 月 7 日,第 41 版。

② 按陈兴良教授的解释,所谓常识是一种社会的通识或者共识,它虽然不是一种理性思维的结果,但却具有强大的生命力。按陈忠林教授的解释,所谓常理,是指那些经过几千年还能得到民众普遍认同的人与人相处、人与自然相处的基本道理(如不害人),是经过人类社会实践检验的社会或自然规律,即“天理”;所谓常情,是指为一个社会民众所普遍共享的感情(如爱英雄、恨坏人),是一个社会普遍认同的价值观、善恶观、是非观在一个人心目中的反映,即“良心”。因此,所谓的“常识、常理、常情”实际上是现代法治法律的基础,是天理良心的统一及其在个人身上的体现。若把法律与天理对立起来,就是把法律摆在社会自然规律的对立面;若把法律与常情对立起来,就是把法律摆在了人民的对立面。以民众都懂的“常识、常理、常情”来释法,既利于民众守法,也利于克服少数人的“暴政”和“精英专制”。参见马国川、陈忠林:《我是“非主流”法学家》,载《经济观察报》2008 年 4 月 7 日,第 41 版;陈兴良:《刑罚目的新论》,载《华东政法学院学报》2001 年第 3 期。

③ 是罪刑法定原则实质化的表现和要求。

原则的实质性表现及其实现标准，在一定意义上就是罪刑相适应原则的内容和要求。具体就量刑而言，以上关于免除刑事处罚、法定或酌定减轻刑事处罚的规定，就意味着罪刑法定原则下的量刑合法，不只是在形式上要符合《刑法》分则的规定，而且需依罪刑相适应原则，对依《刑法》分则规定所作的量刑进行考察、验证、补充甚至调整，以做到量刑合理和真正意义上的量刑合法。在这个意义上说，量刑合法与否，取决于罪刑法定原则与罪刑相适应原则的有机统一与同时贯彻。另一方面，罪刑法定原则与罪刑相适应原则的内在关系决定了，罪刑相适应意义上的量刑合理，只能在刑法[①]框架内予以追求和实现。“不合法”的量刑，纵使与其犯罪行为的社会危害性和其犯罪人的人身危险性程度相一致，也不能是“合理”的量刑。例如，未成年人或孕妇以极其残忍手段、极其恶劣情节实施了杀人行为，对其判处死刑，似乎并不违背罪刑相适应原则，但因违背罪刑法定原则即不合法，因而是不合理的量刑。因此，对于《刑法》分则的刑罚规定，经罪刑相适应原则等刑法总则性规范的检验，而表现为量刑合理时，在该《刑法》分则的刑罚规定内所作的量刑，就是合法性量刑；相反，经罪刑相适应原则等刑法总则性规范的检验，而使量刑结论表现为明显不合理时，就应启动《刑法》总则关于酌定减轻乃至免除处罚的规定，对该《刑法》分则的刑罚规定进行调整和校正，使量刑结论的罪刑相适应。这样，纵使某个法律规范是完备的，但静态地适用该规定不一定有合法、合理的量刑；相反，纵使法律的某个规定有很大缺憾，但因综合适用《刑法》总则和《刑法》分则的所有相关规定，而使该规定得到调整和校正，从而也能作出相对“合法又合理”的量刑。正是基于如此机理，虽然刑法关于盗窃罪的加重犯的“盗窃金融机构，数额特别巨大”及其“处无期徒刑或死刑，并处没收财产”的规定，存在严重缺憾，但法院在许某案重审中，通过综合适用刑法的其他规定，还是作出了相对“合法又合理”的量刑。

---

① 指广义的刑法，包括刑法典、单行刑法、附属刑法等关于犯罪和刑事责任的规范。

在方法论上，量刑合法与量刑合理关系的实现，有赖于定量与定性相结合。定量与定性本是测定物质的不同方法，前者是测定物质所含各种成分的数量，后者是测定物质包含哪些成分及性质。在功能上，定量只是一种数量上的客观事实，本身不具有价值论上的判断取向；而定性则刚好相反，本身不是一种客观事实，而是一种带有价值取向的主观判断。定量与定性的如此功能决定了，它们的存在，需相互依存、相互结合才具有现实意义。若定量不与定性相结合，就因没有融入行为目的及价值取向，而没有行为目标；反之，若定性不与定量相结合，则因定性缺乏客观事实的素材和根据，而往往只是一种缺乏现实性的主观臆断（巧妇难为无米之炊），其结果同样难以达到行为之目标。就量刑而言，只有定量没有定性，量刑结果就无法融入刑罚的目的、刑法的精神、政策的取向等量刑之目标，就难以真正实现"治病救人"及法律效果与社会效果的统一；反之，只有定性没有定量，量刑结果就难以全面、客观地建立在事实的基础上，其量刑要么有违刑法公正，要么不可能实现法律效果与社会效果的统一。定量与定性相结合，就是在定量之中有定性，在定性之中有定量，在定量之后必然有定性，在定性之时必定以全面客观的定量事实为根据，并依定性要素在宽严相济的刑事政策和刑法规定的指导下，对量化结果进行衡平与取向。例如，通过定量，量刑情节对基准刑的调节结果高于法定最高刑，此时就应根据刑法的精神（无加重处罚），至多只能把法定最高刑作为宣告刑。又如，通过定量，量刑情节对基准刑的调节结果低于法定最低刑，可案件又没有法定减轻处罚情节，此时，依罪刑相适应原则所作出的定性取向，要么启动酌定减轻处罚程序给予减轻处罚，要么至多把法定最低刑作为宣告刑。

从实践来看，量刑合法与合理的统一和同时实现，需要量刑的全面审度、综合平衡。所谓量刑的全面审度、综合平衡，是指对量刑情节的法定情节和酌定情节，应作通盘考虑，要慎重处理各种情节之间的矛盾冲突。具体而言，既要全面审度，又要有所取舍；既不能漏掉某个情节，也不能把不该重复评价的情节重复评价；各情节既不能孤立使用，又不能不分轻重主次使用；既要找出其中的决定性情节,又要分清其中的一般性情节。例如,对于激于义愤杀人的案件,在全面审度、综合平衡中,平衡结果可能是这一酌定情节起了决定性作用而得到从宽处罚。这意味着,对于既有法定情节又有酌定情节,既有从重情节又有从轻情节的案件,既不能等量齐观而一对一抵消,又不能绝对地把法定情节重于酌定情节;既不能只重视多数情节而忽视少数决定情节的作用,又不能只重视个别关键情节而弱视多数情节的作用。还如,对于使用暴力抢劫财物并致人死亡的案件,若是故意杀死被害人而取得财物,则适用无期徒刑甚至死刑,可算适当;但若只是一般伤害过失导致被害人死亡的,则适用无期徒刑甚至死刑,就不适当。再如,对于坦白从宽,这只说明犯罪后的态度好,应从宽处罚,但从量刑最终结果来看,往往不一定从轻,因为犯罪后的态度只是一个因素,还有其他许多因素。量刑需平衡各种因素,各种因素平衡下来,结果仍有可能从重,但这不是由于坦白不从宽的缘故,而是因其他因素所致。①

量刑个别化以合法与合理为实质性的基本要求,实际上体现了量刑对"和谐"的追求。所谓和谐,是自然与人类社会发展的根本要求,它以均衡、协调、整体发展为根本特征。和谐以差异的存在为前提,没有差异也就无所谓和谐。就量刑而言,量刑和谐不仅要量刑适法,表现为量刑严格遵循法律的基本规定,使量刑在基准上保持整体上的均衡和协调,而且还需量刑适当。量刑适法、适当在本质上就是依法作出与犯罪和犯罪人的具体情况相适应的量刑结果。既然是"相适应",则其结果就会随犯罪和犯罪人的具体情况的不同而不同。显然,这不仅没有违背"量刑和谐"的要求,而且还是量刑和谐的实质要求。如果说社会和谐是社会系统各不同要素之间的和平友好相处的话,则量刑个别化所体现的量刑和谐也就是量刑结果依法与犯罪和犯罪人的具体情况(罪和责)相适应。因此,对于量刑来说,无论是量刑和谐还是量刑个别化,正确的做法不是不要量刑差异,而是如何考察这些差异是不是罪刑相适应。具体而

---

① 参见顾肖荣、吕继贵主编:《量刑的原理与操作》,上海社会科学出版社 1991 年版,第 51 页。

言，差异有积极差异与消极差异之分。就量刑而言，前者指适法、适当下的差异，后者指不适法、不适当下的差异；前者表现为量刑和谐即量刑均衡，后者表现为量刑不和谐即量刑不均。因此，就以上意义上而言，体现量刑均衡和量刑和谐的差异，只是积极的即适法、适当的差异。

第四章　量刑个别化之理论根基

第一节　量刑个别化的历史根基

这里的量刑个别化，仅指刑罚权下的量刑个别化。虽然刑罚权下的量刑个别化并不是量刑个别化的全部，但对量刑个别化的理论根基进行探究，必须梳理刑罚权下的量刑个别化的历史进化。因为，科学研究“最可靠、最必需、最重要的就是不要忘记基本的历史联系，考察每个问题都要看某种现象在历史上怎样产生，在发展中经过了哪些主要阶段，并根据它的这种发展去考察这一事物现在是怎样的”。[①] 特别是，在“如果事物的名称是从另外一个名称引申出来的，但是引申出来的名称和原来的名称有不同的语尾”[②]时，这个历史的梳理，就显得更加重要了。基于量刑个别化与刑罚个别化的内在关系，量刑个别化的历史进化在很大程度上就是刑罚个别化的历史进化。从刑罚个别化来看，传统理论均认为其最早形态是刑事实证学派主张的以人身危险性为根据的近代刑罚个别化，但实

---

① 《列宁选集》(第4卷)，人民出版社1972年版，第43页。

② ［古希腊］亚里士多德：《范畴篇·解释篇》，方书春译，商务印书馆1959年版，第9页。

际上,这是对刑罚个别化发展历程的片面认识。经考证,在发展史上,刑罚个别化经历了从一个极端到另一个极端再到理性的进化历程。表现在,在近代刑罚个别化前有古代朴素的刑罚个别化,在近代刑罚个别化后有现代理性的刑罚个别化。刑罚权下的量刑个别化,作为刑罚个别化的一种形式,随着刑罚个别化的以上进化而进化。

一、早期朴素量刑个别化的萌生

这是以社会危害性为根据的量刑个别化。这种量刑个别化,随着早期刑罚个别化一起萌生。按照理论上的通说,刑罚个别化萌生于近代刑事实证学派。事实上,这是对刑罚个别化发展历程的误解。从刑罚权运行及刑罚个别化的固有特性①来看,刑罚个别化实际上早在近代刑事实证学派产生之前就已存在。按当前的观点,近代刑事实证学派形成于1872年,②而据资料显示,在这之前的二百多年,就已事实上存在以社会危害性为根据的刑罚个别化的朴素形态。现代犯罪社会学的代表人物、美国学者齐林(John Lewis Gil-lin,1871~1958年)认为,刑罚个别化即法官按照个别情况确定刑罚的理论,是由罗马教会法庭③开始的。在当时,对罪犯的惩罚,是按照犯人的个人责任,也即应按照犯罪人犯罪

---

① 在"个别化"的固有特性上,刑罚个别化并非只能以人身危险性为根据,现代理性的刑罚个别化表明,它也可以以社会危害性为根据。

② 以龙勃罗梭、加罗法洛和菲利在这一年发表了有代表性的论文为标志。参见吴宗宪:《犯罪人论·龙勃罗梭及其犯罪学研究》,中国法制出版社2000年版,"序言"第3~4页。

③ 罗马教法庭,是罗马教廷的司法机构。罗马教廷(Curia Romana)是天主教会的中央行政机构,协助教皇处理整个教会的事务,它从古代罗马主教府发展而来,最初无固定机构,1588年教皇西克斯图五世设立教廷各部门,罗马教廷始告形成。教廷所设法庭有:宗座特赦法庭,处理对触犯教会法者的特赦问题;高级法庭,即罗马圣轮法庭,处理对地区教会法庭判决不服而向教廷上诉之案件(必须留待教皇亲审的重大案件除外),以及教会婚姻方面的上诉案件,由拥有民法及教会法博士学位的教士组成;最高法庭,即宗座钦准最高法庭,有权裁决高级法庭的判决,并由教皇亲自署名定案。以上各法庭均以教会法为司法依据。

时的自由意志[①]及责任加以处置;这个自由意志及责任,以犯罪时的环境作为推断的根据。[②] 考察罗马教会法庭时的相关资料可知,齐林的以上观点是可信的。如1563年佩鲁贾地方教会法学家保罗·兰斯洛特,仿效二世纪罗马法学家盖尤斯的《法学阶梯》,出版了《教会法体制》一书,其中,将教会法分成一般准则(第一篇)、论人(第二篇)、论物(第三篇)、论程序(第四篇)及论罪与罚(第五篇)五篇。其中,第五篇,论罪与罚,讲一般惩罚、特别惩罚和非常罪行的惩罚。[③] 以上体例及其具体阐述的内容,虽不是立法,但从中可洞察,当时的教会法在刑事处罚问题上,就已有在立法和司法上区分一般与特别(个别)的刑罚个别化思想。

显然,以上以个人责任为根据的刑罚个别化,不同于以人身危险性为根据的刑罚个别化。这个刑罚个别化,建立在犯罪者的自由意志及责任的基础上,基于对犯罪行为的正义报应的要求而产生,是"恶有恶报、善有善报"的体现和反映,与刑事实证学派(新派)否定人的意志自由、以犯罪人的人身危险性为根据的刑罚个别化,很是不同。正如我国学者陈兴良教授所言,以上刑罚个别化,"只是个人责任意义上的刑罚个别化,而不是刑事实证学派所主张的以人身危险性为根据的刑罚个别化"。[④] 既然在自由意志与社会危害性的

---

① 自由意志论,是刑事古典学派(旧派)倡导的一种刑法理论。自由意志是提倡报应刑主义的基本观念。这种理论认为,凡人都有择善去恶的自由意志,如果择恶去善,实施犯罪行为,就应受到刑罚的制裁。因此,自由意志是负刑事责任的基础,刑罚是对于自由意志结果的报应。对无责任能力人的不良行为之所以不罚,主要是因为他们不具备自由意志;对限制责任能力人的犯罪行为之所以要减轻处罚,也是因为他们不具备完整的自由意志,欠缺辨别是非的能力。新派的理论反对自由意志的观念,认为人的意志受社会环境的影响,不存在所谓自由意志,社会环境和人的内在因素才是促使犯罪的原因,刑事责任的基础在于个人的人格。参见曾庆敏主编:《法学大辞典》,上海辞书出版社1998年版,第534页。

② 参见[美]齐林:《犯罪学及刑罚学》,查良鉴译,中国政法大学出版社2003年版,第338～339页。

③ 参见丘日庆主编:《各国法律概况》,载《不列颠百科全书》(第15版第3卷),何子恒译,知识出版社1981年版,第110～112页。

④ 陈兴良:《刑法的人性基础》,中国人民大学出版社2017年版,第390～391页。

内在关系上，[1]只对基于有责任能力人的自由意志的犯罪行为处以作为报应的刑罚，[2]则以上以自由意志为核心的个人责任上的刑罚个别化，在本质上就是以犯罪行为的社会危害性为根据的刑罚个别化。但由于这种意义上的刑罚个别化，没有成型的话语载体，也没有专门的概念，更没有成熟的理论，只是作为一种贯穿于司法和立法中的理念和表现，因此，它还只是刑罚个别化的朴素形态。[3]

实际上，这种朴素的刑罚个别化，在近代刑事实证学派产生之前的理论和实践中，均有广泛体现。在理论上，前期旧派关于刑罚的观点中，实际上包含了这种以社会危害性为根据的刑罚个别化思想。例如，作为前期旧派重要代表人物的边沁（Bentham，1748～1832 年），其关于刑罚的阐述，在一定意义上就是关于刑罚个别化的阐述。在其名著《立法理论——刑法典原理》中，边沁主张，刑罚应该具有“本身平等”的特质。他认为，“它应该在某种程度上对所有犯同样之罪的人都一模一样，适应他们不同层次的感受力。这就需要注意年龄、性别、条件、命运、个人习惯以及许多其他情节；然而，同样的名誉刑却经常对一些人太严厉，对另一些人太温和，因此或者惩罚过量，或者难以奏效。由法律固定的罚金对不同命运的人也绝不是一个平等的刑罚。放逐亦具有某些不方便性，对一些人过分严厉，对另一些人则毫无意义”。[4] 显然，边沁在这里主张的“本身平等”，不是仅指刑罚一般化意义上的形式平等，而是刑罚一般化与刑罚个别化相统一意义上的实质平等。于是，他进一步主张，应选择与罪行相似的个别化刑罚，认为，“如果刑罚具有某种与罪行类似或相似的特性，即与罪行有共同属性，那么就极易加深记忆，给人

---

① 理论上认为，犯罪行为的社会危害性包括法益的客观侵犯性与行为人的主观罪过性这两个有机统一的内容。其中，犯罪过程中所反映出的主观危险性，应归入行为人的主观罪过性；犯罪行为前后的情况所反映出的人身危险性，不应归入社会危险性。按照这个观点，犯罪人犯罪时的自由意志，自然应归入社会危险性。

② 参见张明楷：《刑法学》，法律出版社 2003 年版，第 97 页。

③ 由此，有论者把这种形态下的刑罚个别化称为“刑罚个别化思想”，以区别于成熟形态的刑罚个别化理论。

④ ［英］边沁：《立法理论——刑法典原理》，陈兴良等译，中国人民公安大学出版社 1993 年版，第 77 页。

留下强烈印象”。表现为,“根据其罪孽方式进行处罚”,具体表现为,“贪利犯罪最好用罚金处罚,只要罪犯的财力允许;侮辱类犯罪通过羞辱刑处罚,游手好闲的犯罪通过强制劳动或强迫安宁处罚”。[①] 显然,边沁的如此思想,已是刑罚个别化的思想。不仅如此,即使是极力反对刑事法律解释的“刑法之父”贝卡里亚,其所谓的“刑罚阶梯”,与其说只是在追求刑罚统一化,不如说是在追求以社会危害性为根据的刑罚统一化下的刑罚个别化。[②] 因为,这个“刑罚阶梯”,一方面,需以犯罪行为通常所具有的社会危害性为根据,针对抽象人、一般人予以立法设置,以使刑罚适用获得统一的法律根据;另一方面,需以犯罪行为具体所具有的社会危害性大小为根据,针对具体人、个别人予以司法适用,以使刑罚适用获得个别化的量刑结果。[③] 但无论是其立法设置还是其司法适用,都应与犯罪行为的社会危害性程度相适应。[④] 除了前期旧派以外,后期旧派也在客观上认同刑罚个别化问题。众所周知,刑事古典学派(旧派)关于刑罚正当及目的的核心观点是刑罚报应主义,无论是康德(Kant,1724~1804年)主张的等量报应,[⑤]还是黑格尔(Hegel,1770~1831年)主张的等价(等值)报应,[⑥]在本质上都表现为罪刑相适应,也即刑罚与个体犯罪者所实施的行为及其危害(已然之罪)相适应。在以上刑罚报应主义的责任主义的基本立场中,无论是康德的道义责

---

① 参见[英]边沁:《立法理论——刑法典原理》,陈兴良等译,中国人民公安大学出版社1993年版,第77~83页。

② [意]贝卡里亚:《论犯罪与刑罚》,黄风译,中国方正出版社2004年版,第17~18页。

③ 正如张明楷教授所言,旧派在解释刑法规范本身时,根据规范的特点,注重的是抽象人、一般人;但在适用规范时,则注重考虑具体人、个别人。参见张明楷:《刑法学(上)》(第6版),法律出版社2021年版,第9页。贝卡里亚作为旧派的重要代表人物,其重要观点和阐述当然也具有这个特点。

④ 这才是对贝氏“刑罚阶梯”意义的准确理解。

⑤ 参见[德]康德:《法的形而上学原理——权利的科学》(中译本),沈叔平译,商务印书馆1991年版,第166~167页。

⑥ 参见[德]黑格尔:《法哲学原理》,范扬等译,商务印书馆1961年版,第100、104页。

任主义，还是黑格尔的法律责任主义，[①]都强调刑罚与基于不同自由意志的道义责任或法律责任相适应。因此，虽然后期旧派绝对否定、反对法官的自由裁量权，但在核心内容上与前期旧派一致，[②]也都包含了以责任主义及社会危害性为根据的报应性刑罚个别化思想。除了理论上散见的刑罚个别化思想外，在立法上，在近代刑事实证学派产生之前，业已有了以社会危害性为根据的刑罚个别化实践。例如，1791 年《法国刑法典》，虽然它以绝对确定的法定刑为特色，但其法定刑设置，也是以犯罪行为通常所具有的社会危害性为根据的，并且其轻重不同的法定刑设置，体现出刑罚轻重与犯罪行为的社会危害性大小相适应。而 1810 年《法国刑法典》以相对确定的法定刑替代其 1791 年刑法典的绝对确定的法定刑，不仅是“证明了启蒙大师们用纯粹理性的热情所设想的那种形式的罪刑法定原则，不可能在现实中找到实现的基础”，[③]而且表明这个时期刑罚已经是“个人化”。[④]

以上刑罚个别化，主要是一种建立在报应刑基础上的刑罚个别化。这种刑罚个别化因仅以犯罪行为的社会危害性为根据，而体现了刑罚报应主义，与仅以犯罪人的人身危险性为根据的近代刑罚个别化（体现了刑罚目的主义），以及与兼以犯罪行为的社会危害性和犯罪人的人身危险性为根据的现代刑罚个别化（体现了刑罚并合主义），都有着根本的不同。同时，以上刑罚个别化，首先萌生于刑罚裁量领域，表现为量刑个别化。制刑个别化和行刑个别化只是随着量刑个别化的发展和经验的积累，才上升到制刑上并应用于行刑中，而使刑罚个别化从量刑个别化的单一形式表现为制刑个别化、量刑个别化和行刑个别化的刑罚个别化体系。

---

① 笔者认为，康德和黑格尔的学说属于后期旧派，但并非产生于新派产生之后。据史料显示，新派的形成是以其创始人龙勃罗梭（1836～1909 年）于 1872 年发表的论文《对 400 名威尼斯犯人的人体测量》为标志。而这个时候，甚至在龙勃罗梭诞生前，康德和黑格尔均已经仙逝，自然也就不存在反驳新派理论而形成后期旧派的问题。

② 参见张明楷：《刑法的基本立场》，商务印书馆 2019 年版，第 24 页。

③ 陈忠林：《刑法散得集》，法律出版社 2003 年版，第 163 页。

④ 参见［法］马克·安塞尔：《新刑法理论》，卢建平译，香港天地图书有限公司 1989 年版，第 11 页。

因此，在近代新派产生之前，量刑个别化（刑罚个别化）就已客观存在，只不过其不是以行为人的人身危险性为根据，而是以行为的社会危害性为根据。虽然旧派学者不主张以人身危险性为根据的预防性刑罚个别化（量刑个别化），但他们不自觉地主张了以社会危害性为根据的报应性刑罚个别化（量刑个别化）。① 然而，这种刑罚个别化（量刑个别化），因只以刑罚报应主义为刑事责任的基本立场和只以行为的社会危害性为刑事责任的评价根据，忽视或反对考虑刑罚预防主义和行为人的人身危险性情况，因而从现代理性主义视角来看，它不仅是朴素的，而且还是极端的。但对这个朴素和极端的刑罚个别化（量刑个别化）的发现和认识，既是客观对待刑罚个别化（量刑个别化）历史和匡正刑罚个别化（量刑个别化）误区②的需要，也是使刑罚个别化（量刑个别化）发展为兼以社会危害性和人身危险性为根据的现代理性形态的需要。

二、近代极端量刑个别化的形成

这是以犯罪人的人身危险性③为根据的量刑个别化。这种量刑个别化，随着近代刑罚个别化的形成而形成。在发展史上，人身危

---

①　刑罚个别化并非意味着与报应刑主义相对立。刑罚与个体犯罪者所实施的行为及其危害（已然之罪）相适应，本就是报应刑主义的主张。

②　主要是把刑罚个别化仅等同于以人身危险性为根据的近代形态。如认为：刑罚个别化原则是以人身危险性为理论根据的刑罚原则（参见曲新久：《试论刑罚个别化原则》，载《法学研究》1987 年第 5 期）；刑罚个别化“是以人身危险性为核心的一种刑罚理念”（参见邱兴隆：《刑罚个别化否定论》，载《中国法学》2000 年第 5 期）；“刑罚个别化的依据就是行为人的人身危险性，离开了人身危险性这一概念，刑罚个别化也失去了基础，成为无源之水和空中楼阁”［参见游伟、王恩海：《刑罚个别化思想与我国刑法的发展》，载游伟主编：《华东刑事司法评论》（第 8 卷），法律出版社 2006 年版，第 79 页］。当然，还有论者误认为，刑罚个别化与报应刑主义相排斥，如刑罚个别化“是与报应刑论相排斥的一种刑罚理论”（参见邱兴隆：《刑罚个别化否定论》，载《中国法学》2000 年第 5 期）。

③　人身危险性是独立于社会危害性的范畴。在有关犯罪人主观人格方面的情况中，犯罪过程中所反映出的主观危险性归入行为人的主观罪过性，犯罪行为前后的情况所反映出的人身危险性，应独立于社会危害性。参见张明楷：《刑法学》，法律出版社 2003 年版，第 97 页。

险性是标志着新派的出现,并区别于主观恶性[①]的一个重要概念。从责任视角来看,道义责任论与社会责任论为旧派与新派的基本对立点。旧派主张道义责任论,把行为的主观恶性所表现出来的社会危害性作为评价行为人刑事责任的根据,认为犯罪是基于人的自由意志实施的行为,具有责任能力的人,均具有自由意志。故意、过失,实际上是对基于自由的意志活动所实施的犯罪的认识要件;基于这种自由意志活动而实施的犯罪行为,才能受到伦理上的非难,对行为人处以作为报应的刑罚才是正当的。[②] 从而行为人是否承担责任及责任的大小,均需基于实施违法行为时的意志自由及主观恶性大小。因而,在旧派那里,因只关注自由意志支配下的行为而不关注行为人,自然就没有以行为人为中心的人身危险性概念的地位;其所主张的刑罚个别化,也就不可能以人身危险性为根据。与旧派不同的是,新派主张社会责任论,把行为人的人身危险性作为评价行为人刑事责任的根据。其认为,由于不同的犯罪人具有不同的情况,每个人犯罪的原因都存在差异,为了使社会免受具有犯罪性格和倾向的人所侵害,也为了消除、改正这些人的犯罪倾向,就不应当以其犯罪行为的外部表现和客观损害来确定刑罚,而应以犯罪人的反社会倾向即人身危险性大小来分别处理,[③]也即实行以人身危险性为根据的刑罚个别化。由此,人身危险性概念既是刑事法学从旧派转变到新派的重要标志,也是刑罚个别化从以社会危害性为根据转变到以人身危险性为根据的重要标志。

按当前理论上的通说,以上意义上的刑罚个别化,首先由龙勃罗梭、菲利等新派代表人物提出,经过德国沃尔伯格等刑法学者的进一步发展,于19世纪末形成较为完备的体系,在世界范围内得到多数刑法学者的支持,并逐渐成为近代各国刑罚裁量的一

---

① 主观恶性的概念在刑事实证学派产生之前就已存在。

② 参见张明楷:《刑法学》(第6版),法律出版社2021年版,第671页。

③ 参见马克昌主编:《刑罚通论》,武汉大学出版社1999年版,第269页。

项重要原则。[①] 具体是,意大利犯罪学家龙勃罗梭在利用比利时人凯特莱的犯罪统计学,对犯罪人进行大量实证研究的基础上,于 1872 年发表了第一篇关于刑事实证学派的奠基石式的论文——提出一种关于犯罪人生来就具有犯罪本能的假说的《对 400 名威尼斯犯人的人体测量》,并于 1876 年出版了著名的《犯罪人:人类学、法理学和精神病学的思考》(简称《犯罪人论》,*L'Uomo delinquente*)[②],从而使以人身危险性为根据的刑罚个别化走向理论化,[③]并在理论和立法上产生了巨大的影响。在理论上,在这之后的 1898 年,[④]法国学者萨莱耶(Raymond Saleilles)在其名著《刑罚个别化》中,对以上刑罚个别化思想予以理论化。萨莱耶认为,刑罚个别化包括法律上的个别化、裁判上的个别化和行政上的个别化。所谓法律上的个别化,是指法律预先着重以行为作为标准,细分其构成要件,规定其构成要件、加重或减轻情节等;所谓裁判上的个别化,是指法官根据犯罪分子的主观情况适用不同的制裁方式;所谓行政上的个别化,是指刑罚执行机关根据罪犯的具体情况执行刑罚。[⑤] 这一理论,一方面使刑罚个别化成为包括制刑个别化、量刑个别化和行刑个别化三个有机组成部分的完整体系;另一方面在以上刑罚个别化中,真正

---

① 参见马克昌主编:《刑罚通论》,武汉大学出版社 1999 年版,第 270 页。可从现有资料来看,这个通说可能存在问题。据不充分的资料显示,沃尔伯格(W. E. Wahlderg)早在 1869 年在其《刑事司法中的个别化原则》一书中就提出了刑罚个别化问题,比龙勃罗梭、菲利等在 1872 年论述刑罚个别化理论,至少要早 3 年。与以上观点不同的是,有论者认为,刑罚个别化首先由沃尔伯格提出,后为新派予以理论化。参见邱兴隆等:《刑罚学》,中国政法大学出版社 1999 年版,第 22 页。如此观点,似乎与人身危险性概念的历史渊源不合,或者说沃氏的这个刑罚个别化,很可能就不是以人身危险性为根据的。

② 1878 年再版、1885 年第 3 版、1889 年第 4 版、1896 年和 1897 年第 5 版。参见吴宗宪:《犯罪人论·龙勃罗梭及其犯罪学研究》,中国法制出版社 2000 年版,"序言"第 4 页。

③ 主张把犯罪看作主要由于人类学原因产生的必然现象,为了科处与犯罪性质相适应的刑罚,有必要确立其他犯罪对策。刑罚必须根据犯人的危险程度来决定。参见[意]龙勃罗梭:《犯罪人论》,黄风译,中国法制出版社 2000 年版,"序言"及有关章节。

④ 法国学者戴奥多雷·巴芭戴奥多鲁认为,萨维尼(RaymondSaleilless)提出刑罚个别化是在 1897 年。参见[法]戴奥多雷·巴芭戴奥多鲁:《法国新刑法典中的刑罚个别化》,魏武译,张若思校,载《外国法译评》1998 年第 4 期。

⑤ 参见翟中东:《刑罚个别化研究》,中国人民公安大学出版社 2001 年版,第 8 页。

是以人身危险性为根据的,只是量刑个别化和行刑个别化、制刑个别化不可能不以社会危害性为根据。这种理论化后的刑罚个别化思想,在当时,虽然受到旧派的极力反对,[①]但因实际的必要性而逐渐得到认可。[②] 在立法上,在这之后的1893年,在瑞士的刑法草案(司特士案)里最先引进的保安处分制度,实际上就是采用了刑事实证学派以上刑罚个别化的主张。[③] 意大利的墨索里尼在1930年制定的新刑法典中规定,不论是否实施了犯罪,只要是法官推定为"对于社会有危险性的人",就可以适用保安处分。这自然也是仅以人身危险性为根据的刑罚个别化的表现。原联邦德国、日本、芬兰、巴西、韩国乃至苏联和许多东欧国家的刑法,也都在刑法中写入量刑时要考虑"个人情况"的条款,[④]致使这种以人身危险性为根据的刑罚个别化制度成为20世纪刑法的特色。[⑤]

以人身危险性为根据的刑罚个别化(量刑个别化),本是刑事实证学派(刑事人类学派和刑事社会学派)在批判刑事古典学派基础上发展起来的近代刑罚个别化(量刑个别化)。无论是以龙勃罗梭和加罗法洛为代表的刑事人类学派强调犯罪人的生物学因素,还是以菲利、李斯特为代表的刑事社会学派强调犯罪人的社会学因素,他们都主张刑罚应建立在行为人的人身危险性的基础上,主张用社会责任代替道义责任,根据行为人的人身危险性有针对性地适用刑罚,并特别强调用"刑罚的替代物"(相当于今天的社会政策和经济政策),作为刑罚的预防补充手段,[⑥]以期教育改造罪犯,实现

---

① 确实因割裂立法和司法的内在关系而并不可取,表现在,立法上的制刑个别化是司法上量刑个别化的基础和前提,司法上的量刑个别化不能无视立法上制刑个别化的存在而我行我素地仅以人身危险性为根据。

② 参见[日]木村龟二主编:《刑法学词典》,顾肖荣等译,上海翻译出版公司1991年版,第417页。

③ 参见[日]木村龟二主编:《刑法学词典》,顾肖荣等译,上海翻译出版公司1991年版,第417页。

④ 参见马克昌主编:《刑罚通论》,武汉大学出版社1999年版,第270页。

⑤ 参见[日]木村龟二主编:《刑法学词典》,顾肖荣等译,上海翻译出版公司1991年版,第417页。

⑥ 参见[日]木村龟二主编:《刑法学词典》,顾肖荣等译,上海翻译出版公司1991年版,第417页。

刑罚特殊预防的目的。与以社会危害性为根据的刑罚个别化的朴素形态不同,这种刑罚个别化既有专门概念又有相对成熟的话语载体,已是一种成熟的理论形态。正是因为其理论形态的存在而容易为后继研究者们发现和研究,因而当今理论上所广泛探讨的刑罚个别化,也大都停留在这种意义上,并误认为刑罚个别化就只是这种意义上的。然而,这种刑罚个别化是建立在行为决定论上的。该学说认为,犯罪是行为人的生理和心理状况与其周围环境交互影响的产物,并非由于自由意志,更无所谓人人相同的自由意志。① 该观点把刑罚的量刑标准仅界定为犯罪人反社会的心理状态。② 因此,这种个别化,并不坚持罪刑法定原则,并不注重量刑公正,只是片面地追求量刑的社会效果。其结果,虽与早期朴素刑罚个别化仅追求量刑公正的刑罚个别化不同,但因其仅追求量刑的社会效果并拒绝其实质公正,而走向了另一个片面和极端。

当然,从发展的观点来看,以上"片面"都是刑罚个别化(量刑个别化)的发展,都是进步的,都是刑罚个别化(量刑个别化)走向成熟过程中必不可少的一步。正如有论者所指出:"片面"虽只及一点不及其余,但这"一点"恰恰是以往的"全面"中所没有的,是深刻的;深刻的片面突破平庸的全面,因而在旧的全面面前,它是叛逆,是反动,但正是这种片面所引起的深刻,瓦解了人类的思维定式,促进了思想的成长。③ 显然,无论早期朴素刑罚个别化(量刑个别化)还是近代极端刑罚个别化(量刑个别化),它们在刑罚个别化发展史上都只是片面的"一点";但正是这些"一点",才使得刑罚个别化(量刑个别化)思想和理论逐渐走向全面、深刻和理性。就近代刑罚个别化(量刑个别化)而言,针对早期朴素刑罚个别化(量刑个别化)时期日益高涨的犯罪浪潮,近代刑事实证学派把以社会危害性为根据的早期朴素刑罚个别化,发展为以人身危险性为根据的近代刑罚个别化,从而使早期的刑罚报应主义发展为近代的目的刑

① 参见陈兴良:《刑法的人性基础》,中国人民大学出版社 2017 年版,第 391 页。

② 参见[日]木村龟二主编:《刑法学词典》,顾肖荣等译,上海翻译出版公司 1991 年版,第 417 页。

③ 参见陈兴良:《刑法的启蒙》,北京大学出版社 2018 年版,第 375 页。

主义。这不仅是刑罚个别化及其刑罚观念的一次进化，而且还为现代理性刑罚个别化的发展奠定了坚实的基础。

三、现代理性量刑个别化的进化

这是兼以社会危害性和人身危险性为根据的量刑个别化。这种量刑个别化，随着现代刑罚个别化的进化而进化。刑罚个别化的以上进化发展表明：仅以行为的社会危害性（反映主观恶性的意志自由与客观方面表现的有机统一）作为刑事责任评价的根据，过分强调犯罪行为的现实危害大小，忽视犯罪人的反社会倾向，割裂了行为与行为人、行为的主观方面与行为的客观方面的联系。若仅将刑罚作为报应犯罪行为的工具，其结果必然会因其极端性而不能控制和减少犯罪；若仅以犯罪人的人身危险性为刑事责任的评价根据，虽然使刑法及其科学的中心从行为向行为人发生转变，但这必定会导致无罪施罚、轻罪重罚、同罪异罚、有罪不罚等不公正现象，为法官主观臆断、为国家恣意干涉公民自由留下方便之门等，而又走向了另一个极端。然而，刑法现代化的进程本就是从片面走向全面、从极端走向理性的过程。“自从刑事古典学派、刑事人类学派与刑事社会学派的深刻的片面以后，在刑法领域中不再有片面”；“我们进入了有一个全面的年代”；“现代刑法理论，无不以一种折中与调和的形式出现：吸收古典学派和实证学派之所长，形成所谓综合理论（Die Vereinigungstheorien）”。[①] 具体到刑罚个别化问题上，现代刑法学者“扬弃”新派和旧派的刑罚个别化理论，吸收它们的合理内核，坚持并合主义的刑罚基本立场，既考虑犯罪的个别预防（特殊预防），又考虑刑罚的报应，兼以社会危害性与人身危险性为根据，从而使刑罚个别化进化到现代理性形态。从当代各国刑法理论的发展来看，这个意义上的刑罚个别化，已是全球化趋势。在理论上，在美国，由于康复模式（Rehabilitation Model）、重新回归模式在实施中效果不尽如人意，刑罚适用考虑报应主义成为众多学

---

① 陈兴良：《刑法的启蒙》，法律出版社 1998 年版，第 262 页。

者的共识;[①]在日本,由于小野清一郎、泷川幸辰等主张报应主义的学者的思想传播,学者们主张,刑罚适用既要考虑预防犯罪,又要考虑犯罪分子的责任承担;[②]在意大利,刑法学家帕多瓦尼指出,在刑罚裁量时既要考虑报应,又要考虑犯罪的特殊预防,而在刑罚执行中在考虑一般预防时,要着重考虑特殊预防。[③] 在立法上,1994 年新《法国刑法典》,不仅以专节(第二编第二章第二节)规定了"刑罚个人化的方式",而且据其具体规定,如第 132 – 42 条明确规定,"法院在法律规定的范围内,依据犯罪情节和罪犯人格,宣告刑罚并规定刑罚制度",表明刑罚个别化兼以社会危害性和人身危险性为根据,从而否定了萨莱耶(Raymond Saleilles)1897 年提倡的根据犯罪人的人格衡量犯罪行为的轻重、犯罪行为的社会影响及其性质适用公正有效的刑罚的主张。[④] 事实上,不仅如此,1810 年《法国刑法典》以相对确定的法定刑替代 1791 年《法国刑法典》的绝对确定的法定刑,就意味着其刑罚个别化,已是兼以犯罪行为的社会危害性和犯罪人的人身危险性为根据。[⑤] 否则,仅以行为的社会危害性为根据,而不考虑行为人的人身危险性,就无须相对确定的法定刑,而只要绝对确定的法定刑就够了。因此,法国当代法学家安塞尔认为,1810 年《法国刑法典》的刑罚已经是以人身危险性为根据的"个人化"的观点。[⑥] 该观点虽然看到了在刑事实证学派产生之前,就已存在以人身危险性为根据的刑罚个别化立法实践,但把这种立法

---

① 参见[美]理查德·霍金斯、杰弗里·P. 阿尔珀特:《美国监狱制度——刑罚与正义》,孙晓雳译,中国人民公安大学出版社 1991 年版,第 106 ~ 116 页;[美]巴特勒斯:《矫正导论》,孙晓雳等译,中国人民公安大学出版社 1991 年版,第 20 ~ 23 页。

② 参见[日]曾根威彦:《量刑基准》,载[日]西原春夫主编:《日本刑事法的形成与特色》,李海东等译,法律出版社、成文堂联合出版社 1997 年版。

③ 参见[意]杜里奥·帕多瓦尼:《意大利刑法学原理》,陈忠林译,法律出版社 1998 年版,第 348 ~ 349 页。

④ 参见[法]戴奥多雷·巴芭戴奥多鲁:《法国新刑法典中的刑罚个别化》,魏武译,载《外国法译评》1998 年第 4 期。

⑤ 这表明,1810 年刑法典所体现的刑罚个别化,实际上也不是仅以人身危险性为根据的近代极端的刑罚个别化,而是兼以社会危害性和人身危险性为根据的现代理性的刑罚个别化。

⑥ 参见[法]马克·安塞尔:《新刑法理论》,卢建平译,香港天地图书有限公司 1989 年版,第 11 页。

实践仅看成以人身危险性为根据的刑罚个别化,也是片面的。而且,1832 年修订后的《法国刑法典》普遍采用从轻处罚情节,使从轻情节这个适用例外变成了普遍规则,[①]表明这时的刑罚个别化兼以人身危险性和社会危害性为根据,否则,“从轻情节”就不是以法定刑(以社会危害性为根据设置)为法律依据的量刑情节。这同时表明,作为近代里程碑意义的 1810 年《法国刑法典》,不仅确立了现代刑法的基本原则和基本精神,而且也确立了具有现代刑法理性的刑罚个别化思想。只可惜,该思想没被当时及后来的理论研究者们所洞察,使刑罚个别化理论从一个极端(仅以社会危害性为根据)走向另一个极端(仅以人身危险性为根据)。以上刑罚个别化,仅就其中的量刑个别化而言,具有如下几个特点:

其一,这是一种发展了的、更理性的、更成熟的现代理性的量刑个别化。主要表现为,它兼以社会危害性和人身危险性为根据,奠基于责任主义之上的行为与行为人的统一,是摒弃了早期朴素量刑个别化与近代极端量刑个别化的各自不足并汲取了各自精华而形成的并合主义的理论与做法,是前两种刑罚个别化“物极必反”的结果。犯罪行为的社会危害性和犯罪人的人身危险性之所以需要“并合”,本书认为,这是基于二者的内在联系。我们都不否认,在没有社会危害性的情况下,人身危险性不能(也不可能)纳入刑事责任评价体系内进行刑事评价;只有在社会危害性达到犯罪程度并需追究刑事责任时,人身危险性才可进入刑事责任的评价体系内。但人身危险性的刑事责任评价并不是脱离社会危害性的,而是建立在行为的社会危害性基础上并结合犯罪人罪前和罪后的行为表现予以综合评价的。申言之,现代量刑个别化兼以犯罪行为的社会危害性和犯罪人的人身危险性为根据,并不是这两个方面分别评价的“相加”而是二者“综合”评价的产物。因此,现代量刑个别化是理性的,是成熟的。那种把二者割裂开来分别作为评价根据的观念和做法是片面和极端的。早期和近代的量刑个别化之所以是片面和

① 参见卢建平:《社会防卫思想》,载高铭暄、赵秉志主编:《刑法论丛》,法律出版社 1998 年版,第 144 页。

极端的,是因为割离了这两个方面的内在联系。从整个刑罚个别化视角上看,如果说前两种刑罚个别化是从一个极端走向另一个极端,从一个片面走向另一个片面,则这种刑罚个别化的形成就是由极端走向理性、由片面走向全面、由低级走向高级、由不科学走向科学的辩证发展过程。正如陈兴良教授所言,"自从刑事古典学派、刑事人类学派与刑事社会学派的深刻的片面以后,在刑法领域中不再有片面";"我们进入了有一个全面的年代";"因此,现代刑法理论,无不以一种折中与调和的形式出现:吸收古典学派和实证学派之所长,形成所谓综合理论(Die Vereinigungstheorien)"。[①] 确实,现代量刑个别化走向理性和全面,无不是早期朴素量刑个别化和近代极端量刑个别化从一个片面走向另一个片面的结果。

其二,这是一种具有强大生命力的量刑个别化。以上刑罚个别化的发展表明,在制度史上,刑罚个别化经历了从以社会危害性(个人责任)为根据的刑罚个别化到以人身危险性为根据的刑罚个别化,再到以社会危害性和人身危险性为共同根据的刑罚个别化的发展。这个过程,既符合了辩证的认识发展规律,也在更大程度上适应了制刑、求刑、量刑和行刑目的的需要。因此,从发展规律来看,现代刑法中的刑罚个别化仍具有强大的生命力。正如有论者预言,它在促进刑罚制度、刑罚裁量、刑罚执行合理化上正在并且仍将发挥着重要的作用。[②] 我国个别学者认为西方刑罚学界抛弃刑罚个别化的观点,[③]既缺乏有力的实证,也与世界各国刑法立法的事实和刑法现代化理论不符。

其三,这是一种刑罚权运行下的量刑个别化。从现代量刑视角来看,量刑权的行使并非仅是刑罚权在量刑问题上的运行,还包括非刑罚权在量刑问题上的运行,如判处犯罪人保安处分、赔礼道歉、赔偿损失等。然而,以上所梳理的量刑个别化仅是刑罚权运行视角的情况。这种量刑个别化,一方面,是刑罚个别化的一种具体形态,是刑罚个别化在量刑问题上的具体体现和要求;另一方面,基于刑

---

① 陈兴良:《刑法的启蒙》,北京大学出版社 2018 年版,第 376 页。

② 参见翟中东:《刑罚个别化的蕴涵:从发展角度所做的考察——兼与邱兴隆教授商榷》,载《中国法学》2001 年第 2 期。

③ 参见邱兴隆:《刑罚个别化否定论》,载《中国法学》2000 年第 5 期。

罚个别化的发展历程，量刑个别化的内涵也随刑罚个别化内涵的发展而发展。从刑罚的具体形态来看，如果我们将刑罚理解为包括刑罚创制（制刑）、刑罚发动（求刑）、刑罚裁量（量刑）和刑罚执行（行刑）四种情况的有机统一体，则这四种情况在原则上都将产生个别化问题，也即刑罚个别化不仅是量刑个别化，而且还包括制刑个别化、求刑个别化和行刑个别化等情况。量刑个别化只不过是刑罚个别化有机统一体的四个组成部分之一罢了。

其四，这是一种建立在相对并合主义基础上的量刑个别化。如前所述，量刑的思想基础是从报应刑主义发展到目的刑主义，虽说是进步和发展，但这是从一个片面走向另一个片面。只有以建立在责任主义基础上的相对并合主义为根据，量刑个别化才是全面而合理的。

四、量刑个别化的我国认同状况

以上意义的刑罚个别化（量刑个别化），在新中国刑法理论上，并非自始得到认同。据考证，新中国最早提出刑罚个别化思想的，应是中国政法大学的何秉松教授。他早在 1986 年就指出，在行为人已经实行某种违法行为的前提下，不仅要根据行为的性质、情节、危害性大小实行区别对待，而且也要根据行为主体的具体情况区别对待。[①] 综观何教授关于刑罚个别化的阐述，其把罪刑相适应与刑罚个别化相并列，共同作为一项刑法基本原则，并分别以社会危害性与人身危险性作为二者的根据，实际上是在主张以人身危险性为根据的近代极端的刑罚个别化。在同一时期，中国人民大学王作富教授也持类似的主张，只是他把刑罚个别化作为独立于罪刑相适应的刑法基本原则，认为，对于罪犯不仅要根据其所犯罪行之轻重，考虑对其是否应当判刑或者是否需要重判或轻判，而且要根据罪犯的个人情况考虑是否需要判刑或者是否需要重判或轻判，既贯彻了罪刑相适应原则又体现了刑罚个别化原则，是原则性与灵活

---

① 参见何秉松：《建立具有中国特色的犯罪构成理论新体系》，载《法学研究》1986 年第 1 期。在 1987 年，他又在其主编的《刑法教程》中重申了同一主张。参见何秉松主编：《刑法教程》，法律出版社 1987 年版，第 10 页。

性的统一。[①] 后来,樊凤林教授在其主编的《刑罚通论》中,仅把刑罚个别化界定为“在裁量刑罚的时候,应当考虑犯罪人的人身危险性因素,使刑罚的轻重与犯罪人的人身危险性相适当”,[②]主张刑罚个别化只与犯罪人的人身危险性相适应。再后来,随着比较刑法学和外国刑法学在我国的发展,到20世纪90年代中期,一些刑法学者开始认识到传统刑罚个别化理论的片面性,并提出了与国际社会接轨的现代理性刑罚个别化主张。如赵廷光教授主张,审判机关在量刑时,应当根据犯罪人所犯罪行的社会危害性程度和犯罪人的人身危险性大小,在相应的法定刑范围内或以该法定刑为基础,判处适当的刑罚或者刑期。[③] 陈兴良教授也认为,只根据孤立的外在行为特征,而不考虑犯罪人的人格特征,显然不足以反映法律对犯罪的全面评价,主张在对犯罪人确定刑罚的时候,是在犯罪行为的社会危害性的基础上,兼顾犯罪人的人身危险性。[④] 张明楷教授也主张,在量刑上,刑罚一方面必须与罪行的轻重相适应(即与行为责任相适应),另一方面必须与犯罪人的人身危险性相适应(即考虑预防犯罪的需要)。[⑤] 而对刑罚个别化有专门研究的翟中东教授更是认为,现代刑法确立了刑罚适用的预防与报应一体的思想,因而刑罚个别化不仅要着眼于犯罪人的再犯可能性,而且要着眼于犯罪所造成的危害、社会对犯罪行为的评价;[⑥]审判机关在刑罚裁量时,要充分考虑案件的具体情况,包括犯罪方面的情况与犯罪人方面的情况,使案件裁量符合刑罚适用的目的。[⑦] 如此等等[⑧]之阐述,实际上

---

① 参见王作富:《谈谈刑罚个别化》,载《中国人民大学学报》1987年第4期。

② 樊凤林主编:《刑罚通论》,中国政法大学出版社1994年版,第128页。

③ 参见马克昌主编:《刑罚通论》,武汉大学出版社1999年版,第271页。

④ 参见陈兴良:《刑法的人性基础》,中国人民大学出版社2017年版,第391页。

⑤ 参见张明楷:《刑法学》,法律出版社2003年版,第440页。

⑥ 参见翟中东:《刑罚个别化的蕴涵:从发展角度所作的考察》,载《中国法学》2001年第2期。

⑦ 参见翟中东:《刑罚个别化研究》,中国人民公安大学出版社2001年版,第71页。

⑧ 还有“刑罚方法论”(牟军,载《西南民族学院学报》1991年第6期);“再论刑罚个别化”(莫开勤,载《法律科学》1997年第6期);“刑罚个别化原则及其适用”(王明、吴在存,载《法学杂志》1998年第3期);“论我国刑法中量刑原则的重构”(胡学相,载《法学评论》2005年第1期)等文也都持如此观点。

都体现了兼以社会危害性和人身危险性为根据的现代理性刑罚个别化。

不过,在今天,我国也仍有众多学者坚守近代极端的刑罚个别化理论,认为刑罚个别化只是“以人身危险性为核心的一种刑罚理念”,[①]把裁量上的个别化或司法上的个别化,理解为“由法官根据犯罪人的人身危险性状况作出的处罚或者不处罚以及是否适用刑罚替代措施的决定”。还有学者认为“刑罚的轻重与社会危害性相适应,就是刑罚与犯罪相适应,即罪刑相当;刑罚的轻重与人身危险性相适应,就是刑罚与犯罪人相适应,即犯罪人与刑罚相当,即刑罚个别化”。[②] 如此等等[③]之理解,实际上都是对现代理性刑罚个别化的误解。基于如此误解,对于如何对待刑罚个别化问题,有消极与积极两种态度。消极者主张否定刑罚个别化,认为“即使个别化的后天不足在将来可以弥补,个别化的天生不良也注定了它是永远不应予以贯彻的一种刑罚理念。因为撇开对刑罚一般预防功能的追求而实现的刑罚效益永远不可能是刑罚的最大效益;不奠基于犯罪人已然犯罪之上而奠基于未然的犯罪之上的刑罚即使得之社会效益也失之对个人的公正,刑罚的人权保障功能将会在防卫社会的需要下丧失殆尽”。[④] 积极者则主张发扬光大刑罚个别化,认为:我国1997年《刑法》第5条在确立罪刑相当原则(第一位原则)的同时,隐含着刑罚个别化原则(第二位原则)的内容,是我国修订后刑法的一个突出特点,“这是完全正确的”;[⑤]我们不能因其为法官擅断打开了缺口而一概否定它,它是我国刑法中刑罚目的的必然要求,

---

① 邱兴隆:《刑罚个别化否定论》,载《中国法学》2000年第5期。

② 曲新久:《刑法的精神与范畴》,中国政法大学出版社2000年版,第497、506页。

③ 还有“试论刑罚个别化的根据”(梁华仁、王洪林,载《时代法学》2004年第2期);“论刑罚个别化原则的根基和属性”(赵赤,载《武汉科技大学学报(社会科学版)》2005年第2期);“刑罚个别化思想与我国刑法的发展”(游伟、王恩海,载游伟主编:《华东刑事司法评论》第8卷,法律出版社2006年版,第79、123页)等文也都持如此观点。

④ 参见邱兴隆:《刑罚个别化否定论》,载《中国法学》2000年第5期。

⑤ 参见曲新久:《刑法的精神与范畴》,中国政法大学出版社2000年版,第494～498页。

也是实现我国刑法任务的有力手段，应当在批判的基础上继承它；[①]它是实现个别公正和个别预防的最佳途径，也是必然选择；[②]刑事近代学派针对刑事古典学派所提出的刑罚个别化仍然符合我国的现状，对我国刑法目的的实现仍然发挥着重要的作用。[③] 对于以上两种态度（观点），第一种（消极否定）因其既是片面的逻辑推理，又是片面的现实描述，而应被否弃；第二种（积极肯定）虽主张发扬刑罚个别化，但把刑罚个别化定位为近代极端的刑罚个别化，既不符合现代立法实际，也不利于刑罚个别化在理论上的发扬光大和在实践中的贯彻实施。实际上，既然刑罚个别化经历了从片面到全面、从机械到灵活、从极端到理性的发展历程，则其仍是有着强大生命力的"新事物"，在促进刑法制度、刑罚裁量、刑罚执行性合理化上正在并且仍将发挥着重要的作用。[④]

综观新中国的两部刑法典，虽然有这样或那样的缺憾，但其基本原则和具体制度、具体措施也都不同程度、不同侧重地体现了现代理性刑罚个别化的思想。就刑法的基本原则而言，我国现行刑法确定的三项基本原则，并不是形式化的，而是实质化的，就是因为在一定意义上是以刑罚个别化为其在刑罚权运行上的重要具体内容。对于罪刑法定原则，刑罚个别化不仅不能违背罪刑法定原则，而且还应在该原则的框架下依法运行；它是实质化的罪刑法定原则对刑罚权运行的必然要求和具体体现。在形式化的罪刑法定原则中，不仅不包含刑罚个别化而且排斥刑罚个别化，旨在追究刑法的形式公正，这种形式上的公正往往因掩盖了实质公正而表现为实质上的不公正；而罪刑法定原则从形式化走向实质化后，不仅不排斥反而要求刑罚个别化，其对刑法公正的追求，既不是单纯的形式公正，也不是单纯的实质公正，而是二者的有机协调和统一。对于罪刑相适应

---

① 参见胡学相：《量刑的基本理论研究》，武汉大学出版社 1998 年版，第 36 ~ 38 页。

② 参见梁华仁、王洪林：《试论刑罚个别化的根据》，载《时代法学》2004 年第 2 期。

③ 参见游伟、王恩海：《刑罚个别化思想与我国刑法的发展》，载游伟主编：《华东刑事司法评论》（第 8 卷），法律出版社 2006 年版，第 125 页。

④ 参见翟中东：《刑罚个别化的蕴涵：从发展角度所做的考察——兼与邱兴隆教授商榷》，载《中国法学》2001 年第 2 期。

原则，随着刑法现代化的发展，罪刑相适应原则已经从传统的“罪刑均衡”“罪刑相当”（刑量等于罪量，表现为单纯的刑法形式公正）发展为现代的“罪刑相适应”（刑量并非等于罪量，表现为刑法的形式公正与实质公正的统一）。在现代化的罪刑相适应原则中，罪和刑（刑事责任）的相适应并不表现为简单的等量对应，而是轻重程度的“阶梯对应”，即“罪”大，而“责”也相应地大些。之所以不是简单的等量对应，是因为“罪”与“责”的认定根据是不同的：“罪”的认定根据是已然存在的犯罪行为及其社会危害性（主客观的统一）；而“责”的认定根据除了包括“罪”的认定根据（在“责”中表现为量刑基准）外，还包括未然之不良行为表现及其人身危险性（也是主客观的统一）。在传统罪刑均衡原则下，也存在刑罚个别化，即把抽象的法律规则应用于个案问题，但这是一种以社会危险性为根据的不充分的刑罚个别化。充分的刑罚个别化在司法上，不是一种简单的法律应用活动，而是在一般法律规则指导下的量刑结果与犯罪行为的社会危害性和犯罪人的人身危险性及其他事实相适应。现代的罪刑相适应下的刑罚个别化，显然是一种充分的刑罚个别化。对于刑法面前人人平等原则，它在刑罚问题上主要表现为刑罚适用上的人人平等。但这个“平等”不是形式上的平等，而是实质上的平等，也即通过罪刑相适应而体现出的人人平等。从形式上看，不分性别、职业、家庭出身、财产状况等，都一律针对同样的犯罪行为处以同样的刑罚，这似乎是刑法面前人人平等原则的体现；而从实质上看，这恰恰可能是实质上的不平等，也即在性别、职业、家庭出身、财产状况等不同而表现出犯罪人不同的人身危险性时，刑法面前人人平等原则在刑罚适用上应表现为量刑结果的不同，而不是相同。因此，刑法面前人人平等原则在刑罚适用上的实质表现，应是量刑结果与犯罪行为的社会危害性和犯罪人的人身危险性及刑法人道（如对怀孕的妇女不适用死刑）、人性关怀（如对未成年人、老年人的从宽）和人权保障（如刑期折抵）等相适应。因此，现代理性的刑罚个别化（量刑个别化）是实质化的罪刑相适应等现代刑法基本原则的重要内容和外在表现。另外，我国刑法中各种法定或酌定的关于从轻处罚、从重处罚、减轻处罚、免除处罚的原则性规定和具体规定，以及缓刑、减刑、假释等制度和刑法分则对不同主体、不同行为应受处罚的不同规定,[①]也都是现代理性的刑罚个别化思想的具体体现。因此,完全可以说,现代理性的刑罚个别化(量刑个别化)仍是我国现代刑法立法、司法和理论的一个核心范畴。

第二节 量刑个别化的法学根基

一、刑事科学系统论原理

(一)刑事科学系统原理以公正效益为目标

从理论渊源来看,一般认为,刑事科学系统论源于德国著名刑法学家李斯特的“整体刑法学”。也就是,为了克服专业的片面性,李斯特将以包括刑事政策学、犯罪学、刑罚学和行刑学在内的“整体刑法学”(gesamte Strafrechtswissenschaft)[②]为理想目标,以实现各部分的有机统一和促进各学科间的合作。[③] 德国刑法学家耶赛克和魏根特教授认为这是“一个屋顶下的刑法和犯罪学”的理念,[④]并把它称之为“刑事科学”,具体划分为刑法学(Strafrechtswissenschaft)和犯罪学(Kriminologie)。其中,前者包括实体刑法、刑事诉讼法和行刑法三个主要领域,并以刑法教义学(刑法理论)和刑事政策为主要内容,以刑法史学、法哲学、比较法学和社会科学(社会学、社会政策、社会经济、社会心理学、社会哲学)等为相邻学科;后者主要是关于犯罪原因、行为人的个性和环境、犯罪被害人、刑事制裁效果等方

---

① 如对于公职人员实施的通常由普通主体实施的犯罪,要从重处罚;对于同一类犯罪如贿赂犯罪,分别根据不同主体或行为方式而设置不同法定刑,等等。

② 并于1881年创办《整体刑法学杂志》,以整合所有关于犯罪现象、犯罪行为、犯罪控制、刑事政策和犯罪预防的科学研究。参见[法]马克·安塞尔:《新刑法理论》,卢建平译,香港天地图书有限公司1990年版,第30页。

③ 参见[德]汉斯·海因里希·耶赛克、托马斯·魏根特:《德国刑法教科书(注释总论)》,徐久生译,中国法制出版社2017年版,第59页。

④ [德]托马斯·魏根特:《论刑法与时代精神》,樊文译,载陈兴良主编:《刑事法评论》(第19卷),北京大学出版社2007年版,第283页。

面研究的科学,并以犯罪侦查学、法医学等为相邻学科。耶塞克和魏根特教授认为,刑法只有与犯罪学和它们的相邻学科密切合作,才能适应纷繁复杂和瞬息万变的社会要求;否则,“没有犯罪学的刑法是个瞎子,没有刑法的犯罪学是无边无际的犯罪学”。[①] 在法国,马克·安塞尔(Marc Ancel)于1954年出版了《新社会防卫思想》一书,提出了温和的社会防卫思想,也即所谓的新社会防卫论,批判地针对李斯特、菲利及普林斯等人在19世纪末20世纪初所创立的社会防卫理论,主张在刑罚目的问题上,“走始终建立在促进人类进步的思想基础上的预防(犯罪)、保护(受害人)和安置(犯罪人)的道路”,[②]其总的努力方向,是突破传统刑法领域(刑事责任、刑罚、刑事司法等),在保留刑法制度和刑罚的前提下,在刑法领域以外寻求更广泛、更有效的法律(民事的、行政的或其他)补救办法。[③] 对于如此新社会防卫思想,虽然没有直接被称为“整体刑法学”或“刑事一体化”,但实际上却带有浓厚的“整体刑法学”或“刑事一体化”思想。在我国,甘雨沛先生主张“成立一个具有立法论、适用解释论、行刑论、刑事政策论以及保安处分法的全面规制的‘全体刑法学’”,[④]储槐植先生提出的“犯罪学—刑法学—行刑学”三位一体的、刑法内部结构合理(横向协调)和刑法运行前后制约(纵向协调)的“刑事一体化”,[⑤]从而明确地把“刑事科学系统论”思想在我国上升到理论层面。并且,随着刑事科学系统论思想的展开,该理论会不断走向深化和成熟。[⑥] 前述各“刑事科学系统论”思想,虽然在具体设计和表述上并不相同,但它们的理念是基本相同的,即都

---

① 参见[德]汉斯·海因里希·耶赛克、托马斯·魏根特:《德国刑法教科书(总论)》,徐久生译,中国法制出版社2017年版,第58~68页。

② [法]马克·安塞尔:《新刑法理论》,卢建平译,香港天地图书有限公司1989年版,第124页。

③ 参见卢建平:《社会防卫思想》,载高铭暄、赵秉志主编:《刑法论丛》,法律出版社2000年版,第157~192页。

④ 甘雨沛、何鹏:《外国刑法学》(上),北京大学出版社1984年版,前言。

⑤ 储槐植:《建立刑事一体化思想》,载《中外法学》1989年第1期。

⑥ 刘仁文教授提倡“瞻前望后、左看右盼、上下兼顾、内外结合”的“立体刑法学”,就是该理论走向深化和成熟的重要表现。参见刘仁文:《提倡“立体刑法学”》,载《法商研究》2003年第3期。

是在坚持刑法的前提下，注重实现刑法最佳社会效益。也就是，在刑事科学系统论思想中，不能不要刑法，且仍需把它放在中心位置，在坚持刑法公正的前提下，注重各刑事科学的协调和合作，以实现刑法最佳社会效益。如此理念，实际上是刑法公正和效益价值的反映和要求，因为对于现实来说，刑法不应当是"盲目的"，而必须是"公正合理的"和"符合实际的"，[①]通过刑法和刑法运行内外协调，即刑法内部结构合理（横向协调）与刑法运行前后制约（纵向协调），实现刑法最佳社会效益。[②]

（二）刑事科学系统目标需量刑个别化践行

以上刑事科学系统理念，具体映射到量刑问题上，也就是量刑做到公正有效。显然，量刑不仅要关注刑法规范视阈的问题，而且还要关注犯罪学、行刑学、刑事诉讼法学等任务。关注量刑问题，实际上是整个刑事科学系统的共同任务。其中，实体刑法和刑事诉讼程序侧重于关注量刑公正，社会防卫上的犯罪学和行刑学侧重于关注量刑效果。然而，刑事科学系统表现在量刑上的如此共同任务，不可能通过划一性的量刑即量刑一般化来实现，因为社会防卫上的犯罪学和行刑学所侧重关注的量刑效果，是无法"一刀切"的，必须"具体情况具体分析"，必须同犯罪人的具体情况相结合即量刑个别化。事实上，近代刑罚个别化的产生，最主要的就是源于犯罪学，即由于统计学的发现和应用，使刑事近代学派试图把法律从纯粹抽象的条条框框中剥离出来，而使法律面对活生生的犯罪学意义上的现实需要，这样，以人身危险性为根据的刑罚个别化问题就应运而生。[③]

二、并合主义的量刑立场

（一）现代化的量刑以并合主义为基本立场

所谓量刑基本立场，实际上是指量刑观的基本立场，是指量刑

---

① 参见［德］托马斯·魏根特：《论刑法与时代精神》，樊文译，载陈兴良主编：《刑事法评论》（第19卷），北京大学出版社2007年版，第283页。

② 参见储槐植：《建立刑事一体化思想》，载《中外法学》1989年第1期。

③ Raymond Saleilles, *The Individualization of Punishment*, translated from the second French edition by Rachel Szold Jastrow, Patterson Smith, 1968, Chapter 1.

坚持以什么为根据才被认为是正当的。在理论上，尚没有关于这个问题的专门阐述。但从传统理论所理解的——量刑就是刑罚的裁量来看，传统理论关于刑罚目的的正当性根据问题，也可理解为关于量刑的基本立场问题。至于刑罚目的到底是报应还是预防，抑或二者的折中，这也是传统刑法学中争论极为激烈的一个问题。从刑罚目的观的发展史来看，不同学派的基本立场是不同的。几千年来，有关刑罚目的的理论，大致经历了报应主义、预防主义和相对报应主义三大类型的发展历程。在这个发展历程中，刑罚观念从绝对主义走向相对主义，从单一强调刑罚的残酷报应到强调刑罚的效果，从而使刑罚目的的正当性理论表现为理性的并合主义。具体而言，旧派主张报应刑论，坚持以犯罪行为的危害程度为根据，从而体现刑罚报应的正义性的量刑基本立场（其基本表现为量刑公正）；新派主张目的刑论，坚持以犯罪人的人身危险程度为根据，从而体现刑罚目的的正当性和有效性的量刑基本立场（其基本表现为量刑有效）；现代大陆法系刑法主张并合主义，坚持兼以犯罪行为的危害程度与犯罪人的人身危险程度为根据，从而体现报应的正义性及目的的正当性和有效性的量刑基本立场（其基本表现为量刑公正有效）。例如，《德国刑法典》第 46 条、《日本刑事诉讼法》第 248 条、《瑞士刑法》第 63 条、《奥地利刑法典》第 32 条等，都是这种量刑基本立场的体现。在我国，现行《刑法》第 5 条关于罪刑相适应原则的规定，因蕴涵刑罚的轻重以犯罪行为的社会危害性及犯罪人的人身危险性为根据，而表明我国的量刑基本立场也是并合主义，[①]也即我国的量刑基本立场兼顾量刑公正和量刑效果。以上并合主义的量刑基本立场，在现代刑法学上基本已形成共识。从现代刑法学来看，量刑的基本立场确实应当是综合的，以应对复杂的社会问题和犯罪现象。质言之，现代化的量刑，既要考量对报应需求的满足，也要兼顾预防犯罪的需求，同时也要最大限度地承担起将犯罪人从社

---

① 参见张明楷：《刑法的基本立场》，商务印书馆 2019 年版，第 517 ~ 518 页。

会边缘(甚至之外)挽救回来的道德责任。① 如此基本立场,不仅是刑法现代化的具体要求和体现,而且也是哲学上一般与特殊、共性与个性的辩证关系原理的要求和体现。这意味着,量刑既关注基于报应的一般社会正义和基于效果的一般预防,也重视基于有效改造犯罪人和有利于犯罪者重归社会的特殊预防,是一种理性的做法。正如张明楷教授所言:“一旦具体到量刑根据以及刑罚制度的取舍问题上来,就会发现报应刑论与目的刑论各自都有利弊,并合主义则可以使二者优势互补、弊害互克。”②确实,目的刑论有时导致刑罚过重,报应刑论正好给刑罚划定了上限,使刑罚不得超出报应的范围;但从预防角度而言报应刑论导致不需要判处刑罚时也必须科处刑罚,目的刑论正好解决了这一问题——如果没有预防犯罪的效果或者从预防犯罪的角度而言不需要判处刑罚,就不应当判处刑罚——这为免除刑罚处罚找到了根据。从哲学上一般与特殊、共性与个性的辩证关系原理来看,并合主义的合理性基于如下机理:它既针对个人恣意来保护社会利益,又针对国家恣意来保障个人权利,即同时保护了个人权利和社会利益;它既使刑罚的免除受到报应的牵制,又使刑罚的适用受到预防目的的制约,而合理地调节了刑罚积极主义与刑罚消极主义;它既可防止为了追求报应而科处不必要的刑罚,又可防止为了追求预防目的而出现畸轻畸重的刑罚,而使刑罚的适用与犯罪行为的社会危害程度与犯罪人的人身危险程度相适应,使罪刑均衡与刑罚个别化原则统一起来;它可以在整体上使刑罚既不会过于严厉也不会过于轻缓,既可以防止片面惩罚的做法也可以防止教育万能的现象,从而使刑罚程度整体适当。③

(二)并合主义量刑立场需量刑个别化践行

以上并合主义量刑基本立场,在实践中要求量刑个别化去践行。具体表现在,报应和预防分别需同犯罪行为的社会危害性和犯

① 参见虞平:《量刑与刑的量化——兼论“电脑量刑”》,载《法学家》2007年第2期。

② 张明楷:《刑法学》(第6版),法律出版社2021年版,第671页。

③ 参见张明楷:《刑法学》(第3版),法律出版社2007年版,第394~395页。

罪人的人身危险性相适应。首先是要求量定的刑事责任与犯罪行为的社会危害性相适应。这是人们公平正义意识的要求,表现为报应的正义性要求。但该要求并不意味着这个层次上的量刑都是划一性的。具体而言,犯罪行为的社会危害性评定因素大体可分为两类:一是犯罪性质因素;二是量刑情节因素。对于前者,是指具有犯罪构成要件意义的要素,也即决定犯罪(包括罪与非罪、此罪与彼罪、重罪与轻罪、一罪与数罪等)成立与否的要素,这是制刑时设定和量刑时选定法定刑(量刑基准)的决定要素。对于这种要素,就量刑而言,是量刑一般化的表现,一般不允许量刑个别化。对于后者,是指不具有犯罪构成要件的意义,但同犯罪构成要件有密切联系,并反映这些要件情状和社会危害性程度大小的各种事实情况。这些事实情况在量刑中表现为相应的量刑情节,从而决定处断刑、宣告刑乃至执行刑、免刑的作出。就"具体问题具体分析"和宣告刑的作出过程而言,这个层次上的量刑只能是量刑个别化。例如,在某个犯罪高发期实施的犯罪、在公共汽车上实施的抢劫犯罪,因加剧了人们的不安全感而表现出更大的社会危害性。在这些情况下,就不能作出与非犯罪高发期、与在一般场所实施的犯罪一样的量刑。以上并合主义量刑基本立场,其次还要求量定的刑事责任与犯罪人的人身危险性相适应。这是社会防卫的要求,表现为预防犯罪的合理性目的的要求。也就是,量定的刑事责任与犯罪行为的社会危害性相适应,只是符合了报应的正义性要求,还不等于符合了预防犯罪的合理性目的的要求。预防犯罪的合理性目的要求需要量定的刑事责任与犯罪人的人身危险性相适应,也就是量刑必然是个别化的。因此,一方面,刑事责任需在与犯罪行为的社会危害性相适应的范围内量定,这是量刑一般化和量刑个别化的综合反映;另一方面,它又需要在预防犯罪的必要限度内量定,这是量刑个别化的表现。预防犯罪的目的包括一般预防与特殊预防,前者是指预防一般人实施犯罪,后者是指预防犯罪人重新犯罪。现代刑法理论表明,一般预防的实现,在很大程度上要借助于特殊预防来实现,也即因公正客观地予以特殊预防从而达到一般预防的目的。这就要求,量刑时不应过于重视一般预防的需要而使刑事责任的量定超出犯罪的社会危害程度和犯罪人的人身危险程度。也就是，量刑个别化不是没有限度的，它应当在量刑一般化之内作出，并使量刑结果与犯罪的社会危害程度和犯罪人的人身危险程度相适应。

三、双重预防的刑罚目的

在现代化刑法上，刑罚不是量刑时用以实现刑事责任的唯一方式。从这个意义上说，量刑并非仅是为了实现刑罚的目的。但从实质上看，无论是对犯罪者判处刑罚处罚还是非刑罚处罚，量刑的意图实际上无非也是报应和预防犯罪。因此，与以上并合主义的量刑基本立场相一致，作为预防犯罪的刑罚目的，也不应仅为一般预防或特殊预防，而应是一般预防和特殊预防的有机统一，即“双重预防”。这个“双重预防”的刑罚目的，既要求量刑依法进行，以实现量刑的法律效果和体现量刑正义，又要求量刑不能“一刀切”，而应当与犯罪行为的社会危害性和犯罪人的人身危险性相适应，以实现量刑的社会效果和体现量刑的实质公正。申言之，这个“双重预防”刑罚目的的实现，既需要量刑一般化也需要量刑个别化，需要二者的有机统一。

（一）量刑个别化是实现特殊预防的基本方式

一般而言，所谓刑罚的特殊预防，又称个别预防，是指通过对犯罪分子适用刑罚，惩罚改造犯罪分子，预防他们重新犯罪。也就是，除了对极少数罪行特别严重的犯罪分子需适用死刑，对其他犯罪分子主要是利用刑罚的剥夺、惩罚和教育改造功能，限制或剥夺其再犯罪能力，使其认罪服法、悔过自新、重新做人。这表明，刑罚的特殊预防的对象只能是因实施犯罪而受到刑罚处罚的犯罪人（已然的犯罪人）。①显然，刑罚的特殊预防是必要而又重要的。虽然从刑罚特殊预防的地位来看，它只是重新犯罪的预防中的一个环节和内容，②其作用极

---

①　参见樊凤林主编：《刑罚通论》，中国政法大学出版社 1994 年版，第 95 页；高铭暄、马克昌主编：《刑法学》（第 8 版），北京大学出版社、高等教育出版社 2019 年版，第 220 页；张明楷：《刑法学》（第 6 版），法律出版社 2021 年版，第 671 页。

②　重新犯罪的预防，是一项既需要刑事立法、刑事司法（定罪量刑）、刑事执法的共同作用，又需要整个社会环境乃至政治、经济、文化等发展和提高的综合性工作。

其有限,不可期望过高,不能替代其他环节和内容的作用;但这个特殊预防也必不可少,因为任何犯罪行为都表明行为人具有敌视、蔑视、漠视或忽视法益的危险意向,预示着犯罪人再次危害社会的现实可能性,需要特殊预防。具体就故意犯罪人而言,他们往往通过犯罪得到了物质上、生理上、精神上的某种满足;如果不对之进行特殊预防,他们就可能为了获得某种满足而再次犯罪。就过失犯罪而言,他们常常因为懈怠注意义务而放松对自己行为的慎重要求,如果不对之进行特殊预防,他们也可能再次犯罪。①

以上的刑罚特殊预防,需要以量刑个别化为实现方式和步骤。表现在:为了实现刑罚的特殊预防,就必须实行罪刑相适应;而要实现罪刑相适应,就必须实现量刑个别化。也就是,只有根据犯罪人的再犯可能性大小,结合其他主客观因素,确定对犯罪人的具体刑罚,才能实现刑罚特殊预防的目的和效果。因此,只有通过量刑个别化,既以量刑统一化为指导,又以社会危害性和人身危险性的具体情况为根据,做到罪刑相适应,才能真正使犯罪人不能犯罪、不敢犯罪乃至不愿犯罪。当然,虽然刑罚的特殊预防(个别预防)以量刑个别化为实现方式,但量刑个别化与刑罚的个别预防又是不能等同的。刑罚个别预防以刑罚适用为起点,通过刑罚适用实现防控犯罪分子重新犯罪的目的;而量刑个别化以量刑为起点,通过根据犯罪行为的社会危害性和犯罪人的人身危险性适用相应的刑事责任(刑罚处罚与非刑罚处罚),以实现量刑的实质公正和现实有效的目的。因此,二者是不同视角的问题。

在现代刑法学上,量刑既要考量对报应需求的满足,又要兼顾预防犯罪的需求,已是共识。但对于量刑要不要以行为人的人身危险性,也即犯罪者犯罪过程以外的个人情况(如人格、平时表现等)作为量刑的根据,或如何作为量刑的根据问题,理论上又似乎没有形成共识,甚至有学者明确地、决然地向学界发出否定以人身危险性为根据的刑罚个别化的呼吁。②

---

① 参见张明楷:《刑法学》(第2版),法律出版社2003年版,第403页。

② 参见邱兴隆:《刑罚个别化否定论》,载《中国法学》2000年第5期。

事实上，人身危险性并不是游离于刑事责任之外的东西，这取决于定罪根据与量刑根据的不同。定罪和量刑都要对已然行为及其危害进行评价，但它们评价的目的和侧重点是不同的。定罪对其进行评价，是为了对行为进行定性，属于质的分析，为量刑打基础（选定量刑基准）；量刑对其进行评价，是为了对行为进行定量，属于量的分析，为量刑提供根据和理由。从区分定罪和量刑的对象和根据出发，定罪是对犯罪行为及其社会危害性进行定性，因而只能以犯罪行为及其社会危害性为根据，不能以犯罪人的人身危险性为根据，人身危险性不能纳入犯罪评价体系中；犯罪本质中虽然应当包括犯罪故意、过失及作为犯罪构成要件的犯罪目的甚至动机等所反映出来的主观恶性，但不能包括犯罪行为及其结果以外诸如人身危险性等因素。量刑是对犯罪人进行刑事责任追究，因而除了为实现一般预防和社会公正的量刑目的而需对犯罪人进行报应（因其实施了犯罪行为）外，还要实现特殊预防和个案公正的量刑目的而需对犯罪人进行矫正（因其存在人身危险性）。因此，虽然张三与李四实施的相同犯罪行为可能触犯同一罪名，甚至他们实施的相同犯罪行为在手段、强度等情节上也完全相同，但由于他们的年龄、性格、反社会心理、犯罪前后的表现、个人的生活经历等情况的不同，而不应对他们判处同样的刑罚。

（二）量刑个别化是实现一般预防的基本方式

所谓一般预防，是相对于个别预防而言，指预防尚未犯罪的人实施犯罪。刑罚的一般预防，作为一般预防的一个内容和步骤，也是相对于刑罚的个别预防而言的，指通过对犯罪人适用一定的刑罚，而对社会上其他人产生阻止犯罪的作用。理论上认为，刑罚个别化作为个别预防目的论的必然产物，与一般预防目的论互不相容，并以近代的刑事实证学派（如菲利、加罗法洛等）对一般预防持反对或轻视态度，以及以刑事古典学派（如贝卡里亚、边沁、费尔巴哈等）对个别预防持弱视甚至排斥态度为根据，从而得出刑罚个别化“贬低甚至否定刑罚一般预防功能的意义”“忽视乃至无视一般预防作为刑罚目的的必要性和正当性”的结论。[①]

本书认为，以上认识是对包括量刑个别化在内的刑罚个别化的误解。其“误解”不仅表现在没有以发展的视角全面地认识刑罚个别化，而且表现在以近代刑罚个别化理论的缺陷，去批判“缺陷”已经得到完善的现代刑罚个别化理论；[②]同时还表现在其对一般预防对象认识的片面性，以及对一般预防与特殊预防辩证关系的弱视。就一般预防对象而言，刑罚一般预防的对象，只是具有犯罪危险倾向的人，包括危险分子、不稳定分子和具有私人复仇倾向的被害人及其家属等；而其他社会成员也即守法公民，[③]不是刑罚一般预防的对象，而是国家预防犯罪必须依靠的力量。[④] 理论上以教育、鉴别、知法、懂法也是一般预防的内容为由，[⑤]或者以刑法是以一般人为对象的规范为由，[⑥]认为守法公民也是刑罚一般预防的对象的观点，值得商榷。因为，虽然从理论上看，一般预防有消极的一般预防论（威慑预防论）和积极的一般预防论（规范预防论）之分，[⑦]但因刑罚只是一种具有消极作用的制裁，而非彬彬有礼、举止端庄的手段，[⑧]因而在实质上，刑罚的一般预防只能是消极的一般预防。对于守法公民来说，他们之所以成为“守法公民”，并非由于刑罚的威慑力也即有犯罪倾向而不敢去犯罪，而是因为他们的刑法规范意识而不愿去犯罪。菲利也认为，对犯罪原因的深入研究表明，人不犯某一罪行，是因为有完全不同的原因，而不是畏惧刑罚，这些强有力的基本原

---

① 邱兴隆：《刑罚个别化否定论》，载《中国法学》2000 年第 5 期。

② 参见翟中东：《刑罚个别化的蕴涵：从发展角度所做的考察——兼与邱兴隆教授商榷》，载《中国法学》2001 年第 2 期。

③ 以上一种对象以外的广大公民，实际上就是守法公民。

④ 参见高铭暄、马克昌主编：《刑法学》，北京大学出版社、高等教育出版社 2000 年版，第 235 页。

⑤ 参见樊凤林主编：《刑罚通论》，中国政法大学出版社 1994 年版，第 101 ~ 103 页。

⑥ 参见张明楷：《刑法学》（第 2 版），法律出版社 2003 年版，第 405 页。

⑦ 前者旨在使一般人不敢犯罪，后者旨在使一般人不愿犯罪，并唤醒和强化国民对法的忠诚、对法秩序的存在力和贯彻力的信赖。参见张明楷：《刑法学》（第 2 版），法律出版社 2003 年版，第 405 页。

⑧ 参见张明楷：《刑法学》（第 2 版），法律出版社 2003 年版，第 405 页。

因并非立法者的威吓所具备的。[①] 因刑罚的威慑力而不敢去犯罪的所谓守法者,不是纯正意义上的"守法公民",仍属于有危险倾向者;对于守法者,无论是现在还是将来,都无法(也不能)启动刑罚权,不可能为刑罚(一般)预防的对象。虽然刑法是以一般人为对象的规范,但这并不等于刑法的任何内容都须以一般人为规范对象;对于刑罚规范,虽然其法制教育、强化规范意识等功能以一般人为规范对象,但其威慑功能就只能是以具有犯罪危险倾向者为规范对象。显然,刑罚作为"规范"与作为"惩罚手段"的对象是不同的。前者兼有指导、惩罚、安抚、教育、鉴别等功能,更多的是一种可遵守的健康规则,可遍及任何人;后者具有惩罚功能,更多的是一种事后的补救措施,只能针对已然或未然的犯罪者。那种把守法公民也作为刑罚的一般预防对象的观点,是过分相信刑罚效力的表现。

就刑罚的一般预防与特殊预防的辩证关系而言,这个关系,从属于哲学上的一般与个别、共性与个性、普遍与特殊的辩证关系,是哲学上的一般与个别的辩证关系在刑罚预防问题上的具体表现。因此,这个关系并不是相互排斥,而是对立统一的。具体而言,刑罚的个别预防需以刑罚的一般预防为基础,需受刑罚的一般预防所约束。也即对具体犯罪的惩处及其严厉程度,一方面需以警戒、威慑、教育有危险倾向的人和实现一般公正为限;另一方面从警戒、威慑、教育有危险倾向的人和实现一般公正来看,可以不对具体犯罪进行刑事处罚或处以较轻的刑事处罚。刑罚的一般预防不能脱离刑罚的个别预防而存在,需通过刑罚的个别预防体现出来,也即通过对具体犯罪的惩罚来警戒、威慑、教育有危险倾向的人远离犯罪等。刑罚的个别预防与刑罚的一般预防的区分是相对的,在一定条件下,刑罚的个别预防与刑罚的一般预防可相互转化,如在一定范围内是刑罚的一般预防,而在另一范围内又是刑罚的个别预防,反之亦然。因此,理论上把个别预防与一般预防的关系理解为相互对立和排斥的关系,是弱视辩证法的表现。而且,所有以此误解为根据而主张的观点和展开的论述,在原则上都是片面的。同时,以刑事

---

① 参见[意]菲利:《实证派犯罪学》,郭建安译,商务印书馆 2016 年版,第 156 页。

近代学派和刑事古典学派的论点来批判发展了的刑罚个别化理论,也是不当的。如前所述,刑罚个别化从以社会危害性为根据,发展到以人身危险性为根据,再发展到兼以社会危害性和人身危险性为根据,本就是一个从一个片面到另一个片面再到全面的过程。这就意味着,近代刑罚个别化与现代刑罚个别化已不是一个话语环境下的理论,不能拿近代刑罚个别化理论所存在的问题,去否定问题已经得到解决的现代刑罚个别化理论。

综上,作为刑罚个别化理论在量刑问题上的具体体现的量刑个别化,与刑罚一般预防的关系也不是相互排斥的,而是辩证统一的。一方面,量刑个别化需以刑罚的一般预防为基础,并受刑罚一般预防所约束,表现在对具体犯罪的量刑,需以实现一般公正和对有危险倾向的人进行警戒、威慑、教育为限;另一方面,量刑个别化也可具体表现在,基于实现一般公正和对有危险倾向的人进行警戒、威慑、教育,而不对具体犯罪进行刑事处罚或仅处以较轻的刑事处罚。因此,刑罚的一般预防不能脱离量刑个别化而存在。在很多情况下,刑罚的一般预防往往需要量刑个别化体现出来的特殊预防来加以实现。对具体犯罪的量刑和惩罚,"因刑罚是个别施行的,刑罚的宽严适当,就会取得人们的信服,这样也就自然地达到了一般预防的目的",[①]可使社会上一般人感到对犯罪人处罚的公平,而收到一般预防的效果。[②]

四、理性的司法能动主义

(一)量刑自由裁量之必须使量刑走向能动

所谓自由裁量权(discretion),根据国外学者的解释,是指酌情作出决定的权力,并且这种决定在当时情况下应是正义、公正、正确、公平和合理的;[③]是指官员所拥有的基于自己的判断而行事

① [日]木村龟二主编:《刑法学词典》,顾肖荣等译,上海翻译出版公司 1991 年版,第 412 页。

② 参见曾庆敏主编:《法学大辞典》,上海辞书出版社 1998 年版,第 432 页。

③ 参见[英]戴维·M. 沃克:《牛津法律大词典》,北京社会与发展研究所译,光明日报出版社 1988 年版,第 261 页。

的权力；[1]是指公务人员根据授权法的规定，在特定的环境下根据自己的判断和良心执行公务，不受任何他人干涉或控制的权力或权利；[2]等等。据此，自由裁量权，在本质上，是一种酌情作出决定的权力。在这里，"酌情"并不意味着这种权力的行使"可有可无"，而是"具体问题具体分析"和"具体情况具体对待"；"权力"并非仅是法官自由裁量权（judicial discretion）。只有法律"授予法官以权力或责任，使其在某种情况下可以行使自由裁量权"时，这个自由裁量权才叫法官自由裁量权。除了法官自由裁量权，还有行政主体的自由裁量权，也即行政主体及其职员（简称行政主体）根据法律规范（主要是法律，此外还有法规、规章甚至宪法）所设定的范围、限度乃至标准或者原则，按照自己的理解作出判断和处置的方式、方法、形态或权力[3]。从以上外国理论关于自由裁量权的界定来看，自由裁量权与法官自由裁量权是加以区分的；[4]而在我国理论上，大多是把自由裁量权等同于法官的自由裁量权，[5]这无论是有意还是无意，也无论是已知还是不知，都是没有正确、准确地理解和界定自由裁量权和法官自由裁量权。法官自由裁量权又有刑事上的法官自由裁量权、民事上的法官自由裁量权与行政上的法官自由裁量权之分。所谓刑事上的自由裁量权则，是指"法官在刑事审判过程中在认定事实、采纳证据和定罪量刑时所拥有的具有相对灵活性的判断权"。[6]

自由裁量权的立法设置源于许多原因。在英美法系国家的学

---

① 参见［美］彼得·G. 伦斯特洛姆：《美国法律辞典》，贺卫方等译，中国政法大学出版社 1998 年版，第 157 页。

② 参见薛波：《元照英美法词典》，法律出版社 2003 年版，第 420 页。

③ 参见杨建顺：《行政裁量的运作及其监督》，载《法学研究》2004 年第 1 期。

④ 参见［英］戴维·M. 沃克：《牛津法律大词典》，北京社会与发展研究所译，光明日报出版社 1988 年版，第 261 页。

⑤ 参见柴发邦主编：《诉讼法学大辞典》，四川人民出版社 1989 年版，第 326 页；孙国华主编：《中华法学大辞典》（法理学卷），中国检察出版社 1997 年版，第 542 页；陈兴良主编：《刑事司法研究》，中国方正出版社 2000 年版，第 443 页；张素莲：《论法官的自由裁量权——侧重从刑事审判的角度》，中国人民公安大学出版社 2004 年版，第 5 ~ 6 页；等等。

⑥ 最高人民法院刑事审判第一庭、第二庭编：《刑事审判参考》2001 年第 11 辑，法律出版社 2001 年版。

者看来,自由裁量权主要源于如下三个原因:[①]其一,实在法必须是一般性的。认为没有任何法律(包括刑法典的条文),可以预期各种具体情况,这就决定了必须设置自由裁量权,以决定针对具体事实情形的判断适用怎样的法律。其二,法律确定了范围广泛的禁令。这些法律或禁令往往过于庞杂,以至于难以完全实施,有时还会相互冲突或竞合,这就必须行使自由裁量权以确定哪种规定优先适用,而且,在不存在法律规定的情况下,也可能需要自由裁量权的行使。其三,实质正义的追求。在刑事程序中,行使职权者为了追求正义(实质),需要有自由裁量权以在刑事程序运作中发挥个人价值的实质性作用。

其实,自由裁量权是在一定程度上补救法律漏洞和瑕疵的需要。在当今,"没有一部法律是没有漏洞的",[②]这个事实已为人们所普遍承认。希望法律自身完备且没有漏洞和瑕疵,只是人们的一个美好愿望,是不现实的。希望"无论遇到多么复杂的情况都能在庞大的法典中像查字典一样检索到现成的解决方案"和"法官的作用就像机器,就如同自动售货机投入硬币就能出来商品一样,将案情与法条投入法官的大脑就能产生判决结果",这是绝对主义的思想方法。在我国,立法和司法状况也决定了量刑必须有自由裁量权。有论者认为,"尽管在罪刑法定的建构中,刑法典会存在过于僵硬的缺陷,但这种缺陷是可以通过能动的司法活动在一定程度上弥补的"。[③] 虽然这种说法并不完全符合我国立法的实际,[④]但我国罪刑法定原则的实质化也确实需要司法活动的能动化与之相适应。虽然我国有庞大的具有中国特色的司法解释,但这些解释规则本身也存在不确定问题,本身也需要解释。而且,"徒法不足以自行"。

---

① 参见[美]彼得·G.伦斯特洛姆:《美国法律辞典》,贺卫方等译,中国政法大学出版社1998年版,第157~158页。

② [英]冯·哈耶克:《法律、立法与自由》,邓正来等译,中国大百科全书出版社2000年版,第183页。

③ 陈兴良:《刑法的价值构造》,中国人民大学出版社2017年版,第464页。

④ 因为现行《刑法》关于犯罪定义的但书规定(第13条)、免除处罚规定(第37条)和酌定减轻处罚规定(第63条第2款)等,实际上已使我国的罪刑法定原则表现为相对的实质主义。

法只有在适用中才能对社会生活产生作用；离开了法的适用，法只是一种纯粹的语言条文形态，是一种没有生命的“死法”。法的适用正是完成从“死法”向“活法”的转变。① 司法不仅仅是法律关系的论证，更需要法律关系的诠释；司法过程不是简单地把抽象的法律规范应用于具体个案，而是一个从抽象上升到理性具体（又称理性真理）的过程。量刑，虽是一种更严格的法的适用活动和过程，但也要完成从“死法”向“活法”的转变。从实质上来看，自由裁量是法官操作法律的过程，只要有法官操作法律，就应当有自由裁量。因此，在这个意义上说，“自由裁量是和司法活动与生俱来的”。②

司法的历史发展也表明，量刑不能没有自由裁量权。在近现代刑法发展中，刑事古典学派主张严格的规则主义，否定法官的自由裁量权。该学派认为：“当一部法典业已厘定，就应逐字遵守，法官唯一的使命就是判定公民的行为是否符合成文法律”；“刑事法官根本没有解释刑事法律的权力，因为他们不是立法者”；一个作出终极判决的司法官员，“他的判决是对具体事实作出单纯的肯定或否定”。③ 法官只能宣告被告犯了某一罪行，而对罪行的处罚，从当时制定的各种法律中可以看到；按法律的规定宣布刑罚，法官只要用眼睛一看就够了。④ 主张立法者“试图对各种特殊而细微的实情开列出各种具体的、实际的解决办法，它的最终目的，是想有效地为法官提供一个完整的办案依据，以便使法官在审理任何案件时都能得心应手地引经据典”。⑤ 然而，现实表明，这些都只是一些不切实际的美妙设想而已，在本质上都只是“启蒙大师们用纯粹理性的热情

---

① 参见陈兴良：《刑法的人性基础》，中国人民大学出版社 2017 年版，第 522 ~ 523 页。

② 参见陈兴良：《刑法的人性基础》，中国人民大学出版社 2017 年版，第 508 ~ 514 页。

③ 参见［意］贝卡里亚：《论犯罪与刑罚》，黄风译，中国大百科出版社 1993 年版，第 9 ~ 13 页。

④ 参见［法］孟德斯鸠：《论法的精神》（上），张雁深译，商务印书馆 1961 年版，第 76 ~ 77 页。

⑤ ［英］梅里曼：《大陆法系》，顾培东等译，西南政法学院 1983 年编印，第 42 页。

所设想的那种形式的罪刑法定原则,不可能在现实中找到实现的基础”。[①] 否则,“无论从立法来看,还是从司法来看,犯罪分子不再是具体的人,而是法官可以在其背上贴刑法条文的标本。如果在其背上贴的不是第 407 条而是第 404 条,上诉法院则反对再进行任何数目的更改”。[②] 确实,“在刑法中,要将法令适用到个案中去必须从心理学角度把某个抽象的条例适用于活生生的人,刑事法官不能将自己与环境和社会生活割裂开来,成为一个在一定程度上有些机械性质的法律工具,每个刑事判决对人的灵活鉴定都取决于行为、行为人和对其作用的社会情况等,而不取决于成文法”。[③] 并且,绝对确定之刑罚也只有逐步让位于任意处罚范围不断扩大的新的刑罚时,法官的量刑才具有意义。[④]

正是因为量刑需要自由裁量权,于是出现了司法能动主义(judi-cial activism)。司法能动主义的基本特点是,法官更多地把自己看作是社会工程师而不是单纯适用规则的法官,而那些旨在建造社会工程的判决,有时候表现为对立法和行政权力的侵犯。[⑤] 司法能动主义是相对于司法克制主义(judicial restraint)而言的。所谓司法克制主义,是指法官在处理案件时,须以法律规范和原则为依据,而不要考虑个案的事实、法律原则、案件的社会影响、道德、伦理、政策等因素;所谓司法能动主义,是指法官在处理案件时,除了考虑法律规范,还要考虑个案的事实、法律原则、案件的社会影响、道德、伦理、政策等因素,在综合平衡的基础上作出最后的决定。[⑥] 司法克制主义是法律形式主义者所坚持的立场,主张法官处理案件,只是将

---

① 陈忠林:《刑法散得集》,法律出版社 2003 年版,第 163 页。

② [意]菲利:《实证派犯罪学》,郭建安译,中国人民公安大学出版社 2004 年版,第 175 ~ 176 页。

③ [意]菲利:《犯罪社会学》,郭建安译,中国人民公安大学出版社 2004 年版,第 244 页。

④ 参见[德]弗兰茨·冯·李斯特:《李斯特德国刑法教科书》,徐久生译,北京大学出版社 2021 年版,第 373 页。

⑤ 参见信春鹰:《中国是否需要司法能动主义》,载《人民法院报》2002 年 10 月 18 日,B01 版。

⑥ 参见周汉华:《论建立独立、开放与能动的司法制度》,载《法学研究》1999 年第 5 期。

事先存在的法律,通过形式逻辑的方式运用于个案并作出判决的过程;司法能动主义是现实主义者所坚持的立场,主张法官处理案件,并非仅仅将现实存在的法律通过形式逻辑的方式运用于个案而作出判决,还应考虑法律规范以外的个案的事实、法律原则、案件的社会影响、道德、伦理、政策等因素,并在综合平衡的基础上作出最后决定。实际上,无论是法律形式主义者所坚持的司法克制主义,还是现实主义者所坚持的司法能动主义,“很显然都各具有优点和缺点”。仅坚持任何一种立场,都会被看成是“极端主义者”。①

因此,司法克制主义与司法能动主义应当走向折中,而表现为“温和的司法能动主义”。所谓温和(moderate)的司法能动主义,与传统的“温和”司法审查不同,②是指司法权力的行使不是任意的。如果能把“司法能动”理解为“主要表现为法官行使自由裁量权和解释法律的活动”③的话,则温和的司法能动主义也就主要表现为:一方面允许法官充分行使自由裁量权,另一方面又要求法官行使自由裁量权和解释法律须按相应的规范进行。“规范”即“标准、法式,或模范、典范”④和“约定俗成或明文规定的标准”。⑤ 规范量刑自由裁量权的行使,并不是“限制”即“挤压”量刑所必需的自由裁量权,而是按约定俗成或明文规定的量刑法律依据、事实根据标准及自由裁量权的固有属性,使“量刑自由裁量权”合于量刑规律的运行。依据实质性的罪刑法定原则和量刑实质及规律,量刑自由裁量权的固有属性表现在,它的行使需以案件事实及相应法律规定(包括刑法的基本原则及内化于相关规定中的刑事政策、刑法的时代精神等)为根据。实践中所谓量刑“以事实为根据、以法律为准绳”,并“量刑说理”以使量刑公开、透明,就意味着量刑自由裁量权的行使不是“任意的”,而是必须受到案件事实和法律的限制。这

---

① 参见[美]克里斯托弗·沃尔夫:《司法能动主义》,黄金荣译,中国政法大学出版社2004年版,第196~204页。

② 参见[美]克里斯托弗·沃尔夫:《司法能动主义》,黄金荣译,中国政法大学出版社2004年版,第197页。

③ 周少华:《刑法理性与规范技术》,中国法制出版社2007年版,第352页。

④ 《辞海》(缩印本),上海辞书出版社2000年版,第1743页。

⑤ 《现代汉语词典》,商务印书馆2005年版,第513页。

个限制，并不是（也不能是）由于“法官素质参差不齐”或“鼓励法官在量刑的过程当中能够深入地研究法律或者去探寻可能影响量刑的各种情节”，[①]而是由于量刑自由裁量权自身所固有的属性。这就决定了，温和的司法能动主义及其规范量刑自由裁量权的行使，在本质上，“不是像巴士底狱大钟那样的单一具体的机械实物，而是一套能生产出标准产品并更易被人接受的非人格化程序和机制”。[②] 一方面表现为，规范量刑自由裁量权的行使并不是直接根据案件事实给出一个估堆式的量刑结论，量刑结论的作出需建立在一定的量化参考值基础上；另一方面表现为，量刑结论也不能是由各种量化指标直接产出的自动产品，它需综合量刑目标对各种硬性量化指标进行价值取向。因此，温和的司法能动主义，就法官的自由裁量权和法律解释权的行使而言，实际上是从绝对的克制（严格规则主义）与绝对的能动（任意的自由裁量主义）的“极端”中，走向二者相互“取长补短”的“折中”主义，是现代法律理性的产物和表现。事实上，对于司法能动主义的辩论，“不可能被还原成为一个‘非此即彼’的问题，即不是赞成司法能动主义就是反对它”。[③] 历史和现实均表明，在量刑与自由裁量权的关系上，一方面，量刑没有自由裁量权不行，那种因存在量刑不公而挤压自由裁量权的做法，在本质上是一种专制主义的做法，[④]没有自由裁量权并不是真正的量刑，那种仅以法律规范和原则为依据，而不要考虑个案的事实、法律原则、案件的社会影响、道德、伦理、政策等因素的所谓司法克制主义，不仅违背了量刑规律，而且还导致量刑的实质不公；[⑤]另一方面，自由裁量权没有限制，也即主张绝对司法能动主义，也是不行

---

① 周光权：《量刑规范化：可行性与难题》，载《法律适用》2004 年第 4 期。

② 胡水君：《惩罚技术与现代社会——贝卡里亚〈论犯罪与刑罚〉的现代意义》，载《社会学研究》2007 年第 3 期。

③ ［美］克里斯托弗·沃尔夫：《司法能动主义》，黄金荣译，中国政法大学出版社 2004 年版，第 196 页。

④ 所谓专制主义，孟德斯鸠把它比喻为，“路易斯安纳的野蛮人要果子的时候，便把树从根底砍倒，采摘果实”。参见［法］孟德斯鸠：《论法的精神》（上册），张雁深译，商务印书馆 1959 年版，第 69 页。

⑤ 佘某林案、被虐妇女杀夫被处死刑案，都是其中的典型例证。

的。从现实来看,在法官素质参差不齐的情况下,法院对法官自由裁量权的控制确实有必要,但并不能由此限制过多,因为量刑要考虑的因素是综合性的,而且也应该鼓励法官在量刑的过程当中能够深入地研究法律或者去探寻可能影响量刑的各种情节。如果幅度太小,容易带来法官本身的一种机械选择的弊端,对法官进一步探寻可能影响量刑情节的因素是不利的。①

在量刑中,温和(理性)的司法能动主义,不仅是存在的,而且是必要的。从实践来看,不坚持温和的司法能动主义,就势必带来司法专横。所谓司法专横,即指法官将个人意志凌驾于法律之上,滥用司法权力、任意背离事实、刻意曲解法条、肆意枉法裁判的行为。显然,司法专横下的司法能动主义,不是理性的司法能动主义,其结果必然带来司法腐败。因此,实行温和的司法能动主义,不仅是保证量刑公正的需要,而且也是防范司法专横和司法腐败的需要。在司法实践中,温和的司法能动主义在量刑中表现为与实质的罪刑法定和罪刑相适应等原则的一致性。这一点,将在后文关于量刑个别化与这些刑法基本原则的关系中,进行进一步说明。

(二)理性的司法能动需量刑个别化来表现

在一定意义上说,法官的自由裁量权是量刑的“血液”。没有法官自由裁量权的所谓量刑,要么不是真正的量刑,要么是“僵尸”一具。而量刑作为把一般规则适用于具体个案的司法能动活动,本就是量刑一般化与量刑个别化的有机统一。从量刑个别化与量刑一般化的辩证关系来看,没有建立在法官自由裁量权基础上的司法能动活动,要实现量刑个别化,是不可能的;然而,建立在司法能动和法官自由裁量权基础上的量刑个别化,不可能是没有边界的。一方面,它需要受罪刑法定原则的约束,必须以罪刑法定原则为边界。如前所述,罪刑法定原则既为量刑个别化提供了一道不可逾越的、对刑事被告人不利的法律规范,也为量刑个别化提供了一个对刑事被告人有利的法律指导,致使量刑个别化的裁判,无论是对刑事被告人的处罚还是不处罚或者从宽处罚,都在刑事法律的框架内进

① 参见周光权:《量刑规范化:可行性与难题》,载《法律适用》2004年第4期。

行。另一方面,它需要受罪刑相适应原则的约束,以罪刑相适应原则的根据为根据。如前所述,现代的罪刑相适应原则,应既以行为的社会危害性又以行为人的人身危险性为根据。其中,虽然犯罪的认定(定罪)只以行为及其社会危害性为根据,但对犯罪法律后果的处理(量刑)需既考虑行为的社会危害程度又考虑行为人的人身危险性程度。因此,相对于量刑而言,罪刑相适应原则要求量刑个别化既要以行为的社会危害性为根据,又要以行为人的人身危险性为根据。这样说来,一方面量刑个别化需要法官自由裁量权及其司法能动主义,另一方面法官自由裁量权及其司法能动主义又必须有边界和现实根据,这与温和的司法能动主义中的"温和",即受罪刑法定原则和罪刑相适应原则的约束相一致。

以上情况表明,就量刑而言,温和的司法能动主义及其量刑自由裁量权的法律设置,在一定意义上就是为了实现量刑个别化。既然"没有任何法律可以得到如此精确的限定,以致避免了任何解释问题;同时没有任何法律能够得到如此精确的限定,以致明确地包含了一切可能出现的情况",①则在把抽象的法律规范运用到具体个案的量刑个别化活动中,就不可避免地存在法官解释问题;纵使有统一的抽象性司法解释,但这种解释因不可能精确到不需要解释的程度而同样需要法官自由裁量的行使及其解释。因此,就以上意义而言,一方面,温和的司法能动主义与量刑个别化具有内在的一致性;另一方面,量刑个别化也是温和的司法能动主义在量刑问题上的要求和体现。

第三节　量刑个别化的哲学根基

在一定意义上说,"哲学是科学的科学"。哲学,作为理论化、系统化的世界观和观察、分析、处理各种问题的方法论,从包括自然

---

①　[美]密尔顿·弗里德曼:《弗里德曼文萃》,高榕等译,北京经济学院出版社1991年版,第558页。

界、人类社会和人类思维在内的整个世界一切领域的一般规律的知识的高度,对各具体科学提供正确的理论思维和研究方法。从发展史来看,现代辩证的唯物主义哲学之所以能成为哲学发展的最高形态,是因为它坚持用联系的、发展的观点看问题,从而克服了形而上学用“孤立、静止、片面”的观点看问题的不足,并避免陷入“不可知”论的唯心主义泥潭。从运行规律来看,现代辩证的唯物主义哲学所揭示的对立统一、质量互变、否定之否定等基本规律中,对立统一规律,也即矛盾规律,是唯物辩证法的实质和核心,是我们观察和分析问题的根本方法。[①] 从学科性质来看,量刑无疑是一门具体科学,它也需要接受哲学特别是现代辩证唯物主义哲学的指导,并运用其世界观和方法论来分析和解决其中的问题。[②]

一、一般与个别的辩证关系原理

(一)量刑应当遵循一般与个别的辩证关系原理

首先,量刑是一般与个别的有机统一。哲学原理表明,包括量刑在内的任何事物都是矛盾的普遍性与特殊性(共性与个性、一般与个别)的对立统一。所谓矛盾的普遍性是普遍存在的矛盾,是矛盾的共性、一般,是矛盾存在的绝对性和无条件性;所谓矛盾的特殊性是矛盾的特殊表现,是矛盾的个性、个别,是矛盾存在的相对性和有条件性,表现为,作为个别的事物,都是在一定条件下存在的,都是依一定的时间、地点、条件为转移的。在相互关系上,矛盾的特殊性和普遍性既相互区别,又相互联结、不可分割:一般包含于个别之中,无个别即无一般;个别中一定包含一般,个别一定与一般相联系而存在。[③]

矛盾普遍性与特殊性的以上辩证关系,也就是共性与个性、一

---

① 参见赵光武、芮盛楷编:《辩证唯物主义历史唯物主义》,北京大学出版社 1992 年版,第 110 页。

② 鉴于此,笔者认为,理论上有学者主张在刑法学中去哲学化,是一种割裂相关学科间相互关系的想法和做法。

③ 参见彭万春主编:《辩证唯物主义和历史唯物主义》,北京师范大学出版社 1985 年版,第 148 页。

般与个别的辩证关系。如此辩证关系原理表明，量刑也是量刑一般化与量刑个别化的辩证统一。其中，所谓量刑的一般化，在内容上实际上是抽象个案的共同方面；所谓量刑的个别化，是既有现象又有本质，既有普遍性又有特殊性的，包括一般化东西（法律规范）和案件乃至犯罪人情况等具体要素的综合统一体。显然，这个统一体的内容不能完全地包括在一般化之中，因为"任何一般都是个别的（一部分，或一方面，或本质）。任何一般只是大致地包括一切个别事物。任何个别都不能完全地包括在一般之中"。①

同时，以上原理决定了，我们在处理量刑的一般化与个别化关系问题时，既不能以一般代替个别，也不能只重视个别不重视一般。从这个意义上讲，无论是以一般代替个别，还是以个别代替一般，都是错误的。它们的关系，既不是平行并列的关系，也不同于总和与部分的关系，也不是多数与少数的关系，而是矛盾的对立统一关系。

其次，量刑的一般性与个别性是相对的。由于事物范围的广大性和发展的无限性，矛盾的普遍性和特殊性随着时间、地点、条件的变化而相互转化；量刑的一般与个别的关系也是如此。从空间范围来看，某个量刑问题如某个地区的量刑不均状况，在该地区范围内是普遍性的东西（一般），到了全省或全国范围内就可能成了特殊性的东西（个别）；反之亦然。从时间范围来看，最初是较小范围的特殊问题，随着事物的发展，成为较大范围的普遍性问题，以后随着该问题日趋解决，又成为较小范围内的特殊性问题。

量刑的一般性与个别化的以上相对性原理，为我们对一般性法律规则（如量刑指南）的确定和"量刑统一"的范围、"同案同判"的可行性范围等的确定，提供了哲学根据。也就是，相对于一定范围的量刑问题是特殊性的问题，相对于另一范围来说，则是普遍性的问题；从而使在一定范围内，量刑问题的普遍性与特殊性的区别是确定的、绝对的，超出这一范围，它们间的区别就是不确定的、相对的，即可以相互转化。因此，我们对于量刑问题个别与一般的确定，

① ［苏联］列宁：《谈谈辩证法问题》，载《列宁选集》（第2卷），人民出版社1972年版，第713页。

必须明确范围，而不能“一刀切”。

（二）一般与个别关系原理对量刑的方法论意义

其一，为我们正确认识量刑问题提供了科学的指导。一般与个别的对立统一关系原理告诉我们，任何事物都是一般与个别的统一体。“麻雀虽小，五脏俱全”。要认识事物的一般，并不一定要“解剖所有的麻雀”，只需要“解剖几只麻雀”就可以取得正确的认识。因为，一般就存在于个别之中。因此，我们要寻找某个量刑问题的规律性，一方面无须研究其中的每一个个体，只需针对必要数量的具有代表性的个体样本，即必要数量的“五脏俱全”的个体样本来研究即可；另一方面选择必要数量的“五脏俱全”的个体样本，也至关重要。仅从某一个地区或仅从国外的情况来研究我国的量刑问题，都不是必要数量的“五脏俱全”的样本研究，都是违背以上原理的。

其二，为我们全面地认识量刑问题提供了科学的指导。一般与个别的对立统一关系原理还告诉我们，认识了事物的一般并不等于全面地认识了事物。全面地认识事物需要我们既要把握事物的一般，也要掌握事物的个别。任何只见一般或个别的做法都是错误的。若片面地强调一般忽视个别，则难免陷入把一般的东西绝对化的教条主义和孤立静止地看问题的形而上学的机械论，形成“一刀切”，不能“对症下药”和“因材施教”等。在我国革命战争时期所犯的“左”倾错误，就是忽视我国的特殊性，照搬国外的模式，从而使革命受挫。在我国当前的量刑改革中，若只强调一般即量刑统一化而忽视量刑个别化，则也是这种“左”倾错误的表现，也因违背量刑规律而必然导致失败；若片面地强调量刑个别化而忽视量刑一般化，则难免“只见树木不见森林”，出现狭隘的经验主义，割裂不同案件、不同法官、不同法院、不同地区间的量刑联系，使量刑不能实现统一和协调，出现违背量刑规律的量刑偏差。

其三，为我们提供科学的量刑工作方法。一般与个别的辩证关系原理要求，在处理包括量刑问题在内的任何事务的时候，都要“具体问题具体分析”。“具体问题具体分析”是马克思主义的活的灵魂，是马克思主义的最本质的东西。它要求我们在矛盾的普遍性原理的指导下，去具体分析矛盾的特殊性，从而达到对具体事物的正确认识，并找到解决问题的正确方法。对具体事物作具体分析，这是认识世界和改造世界的唯一科学的方法。它要求我们，分析和解决问题，必须一切从实际出发，坚持具体问题具体分析，坚持“对症下药”“量体裁衣”“一把钥匙开一把锁”，区别不同情况找到相应的具体解决办法。如果忽视了个别中包含的一般，则必然只强调区别而抹杀联系和转化，从而表现为孤立、静止地看问题，就陷入了形而上学；如果片面地强调一般而弱视个别，试图使一般脱离个别而存在，则无异于承认一般是头脑里固有的，或天上掉下来的，就导致了唯心论，因为，主观唯心主义讲的“主观精神”和客观唯心主义讲的“客观精神”都是这样的一般。要做到具体问题具体分析：一是坚持矛盾观点；二是具体分析矛盾的特殊性（对不同事物的矛盾作具体分析；对同一事物的不同阶段的特点作具体分析；对同一矛盾的不同方面作具体分析）；三是在运动中把握规律；四是发挥主观能动性（表现为法官自由裁量权）；五是做到主客观具体的历史的统一。

以上原理，有利于我们正确处理量刑一般化与量刑个别化、定罪与量刑，以及一般预防与特殊预防等基础关系。就前者而言，量刑应当是在量刑一般化指导下实行个案具体对待。也就是，在量刑一般化原理、规则、方法等的指导下，具体根据反映犯罪行为的社会危害性和犯罪人的人身危险性及其他方面的事实，对犯罪分子作出既有法律效果又有社会效果的刑事责任处理结果。因此，就以上意义而言，量刑个别化是唯物辩证法关于一般与个别辩证关系原理在量刑问题上的具体体现和应用。其中，量刑一般化意味着在实践中对于任何人都适用同样的法律规范，而不是因人而异或者因事而异。但这只是在量刑基准层面上，而不是对具体量刑结果的要求；具体量刑结果应是在这个一般化的量刑基准上，具体与犯罪行为的社会危害性和犯罪人的人身危险性等相适应。这样，量刑既具有相同或相近案件的共性（一般），又具有各个个案的个性（个别），是共性与个性、一般与个别的统一。

就后者而言，量刑的前提是正确定罪，但正确定罪只能揭示同种犯罪的一般,凡是构成该种犯罪的,不论实施犯罪的主客观因素有何差别,也不论行为人的个人情况有何不同,都应在相同的法定刑范围内或基础上追究刑事责任。然而,案件情况千差万别,不仅不同的人在实施某个犯罪的过程中各有自己不同的情况,而且行为人在罪前或罪后也有不同的表现。这些不同的情况或表现,反映了不同的社会危害性与人身危险性,这就要求量刑不能一概而论,而必须个案具体分析。申言之,量刑一般化与个别化是对立统一的,建立在量刑一般化上的"同案同判",只能是对量刑基准的要求;对量刑结果来说,只能是量刑一般化下的量刑个别化,即量刑结果与个案的社会危害性与人身危险性相适应。

同时,以上原理还有利于我们正确处理一般预防与特殊预防的关系。该原理表明,一方面量刑应追求一般预防与特殊预防的统一;另一方面在这个统一体中,一般预防是抽象的和间接的,特殊预防是具体的和直接的。也就是,在具体量刑中,一般预防往往需要表现为特殊预防的形式,往往需要借助于特殊预防去实现,即这就是所谓的,一般只是个别的一般、共性只是个性的共性。因此,就这个意义而言,如果作为量刑法律根据的法律规则(立法)更多地考虑一般预防,则对于具体量刑(司法)来说,需更多地关注特殊预防问题。

二、内因与外因的辩证关系原理

(一)量刑应当遵循内因与外因的辩证关系原理

唯物辩证法认为,事物的发展是内因和外因共同作用的结果。其中,内因是事物变化发展的根据,外因是事物变化发展的条件,外因通过内因而起作用。这一原理在方法论上要求我们在观察事物、分析问题时,既要看到内因,又要看到外因,坚持内外因相结合。任何只注重内因或外因的思想观点都是片面的、极端的,都是错误的。

量刑作为动态地落实犯罪人刑事责任的活动,其运行也应遵循内因与外因相统一的原理,并表现为主客观的统一。基于以上内外因辩证关系的原理,主客观相统一并非就是国外责任主义理论关于主观主义和客观主义的折中,而是客观行为表现与支配其施行的主观心理状态的有机统一。具体表现在：犯罪不仅表明了犯罪行为人给社会造成的客观实际的危害，同时也集中体现了犯罪人的主观恶性；犯罪行为都是犯罪人主观意志和主观恶性的外在表现，同时也是我们认定犯罪人主观恶性有无及其大小的客观根据；犯罪行为性质严重，情节恶劣，说明犯罪行为人的主观恶性大，反之说明犯罪行为人的主观恶性小。这样，犯罪人的主观恶性实际包含于犯罪行为之中，对犯罪行为予以惩罚，本身就意味着对具有社会危害性的人进行惩罚，[①]从而表现出，行为的客观危害与行为人的主观恶性在客观表现与主观方面的有机统一。就量刑而言，其具体表现为：在已然之罪上的客观危害行为与罪中主观恶性的统一，是行为人承担刑事责任的主要根据，也是确定量刑基准的根据；在未然之罪上的行为人罪前和罪后的主观危险性（罪外行为所表现出来的主观恶性）与平常、罪后的各种个人表现（客观的）的统一，是调节量刑基准并作出处断刑、宣告刑、执行刑乃至免刑裁量的根据。

实际上，即便是责任主义理论的主观主义和客观主义，也可以从内外因辩证关系原理那里得到解释。在刑事古典学派那里，建立在意志自由论基础上的个人责任论，实际上就是对行为的社会危害性表现与行为实施过程中的主观心理状态（故意或过失）的抽象概括。在刑事实证学派那里，虽然把刑法的关注点从行为转移到了行为人，并创造了人身危险性概念，但这个概念的创立并不是否定行为的社会危害性的存在，而相反，这恰恰是为了尊重并区分行为的社会危害性。根据刑事实证学派的观点，社会危害性是已然的，而人身危险性则是未然的；刑罚处罚应当与未然之罪相适应而不应与已然之罪相适应。如果说刑事古典学派主张的刑罚处罚仅与已然之罪相适应（报应）是一种极端化表现的话，则刑事实证学派主张的刑罚处罚仅与未然之罪相适应（预防）显然又是另一种极端化的表现。当然，这个极端的出现，与他们对刑事责任的认识有关。刑事古典学派认为，人人都有平等的自由意志，危害行为与结果的有无与大小，完全与行为人的主观恶性相一致，只要查明了行为人的

---

① 参见马克昌主编：《刑罚通论》，武汉大学出版社 1999 年版，第 510 页。

危害行为及其结果就等于查明了行为人的主观恶性，所以在定罪量刑时无须对行为人的主观方面再作判断与考量；同时，他们还认为，法律不能规制人的内在思想，只有道德才可规制人的思想，所以也就没有必要对行为人的主观方面进行考察。[①] 正是有这样的思想基础，刑事古典学派必然走向客观主义和报应主义。作为批驳刑事古典学派而建构起来的刑事实证学派，对刑事古典学派的意志自由论予以彻底的否定，他们从生物学或社会学的角度寻找犯罪人的犯罪原因，认为每一犯罪行为都是基于遗传、体态或自然、环境、社会等人身危险因素决定的。在这样的思想基础上，仅把犯罪人的人身危险性作为量刑的根据也就成为必然。但这个"人身危险性"也不是纯主观方面的东西，而同样是主观方面的主观恶性与客观存在的不良表现的有机统一。在现代刑法那里，现代刑法关于以犯罪行为的社会危害性和犯罪人的人身危险性为量刑的根据，从而使量刑从极端走向理性。其中，无论是行为的社会危害性，还是行为人的人身危险性，也都是客观表现与主观方面的有机结合。

（二）内外因辩证关系原理对量刑的方法论意义

以上原理表明，对于是否实施危害社会的犯罪行为，任何正常人都完全有选择的自由；实施或不实施犯罪行为，都是通过人的意志的积极作用，通过相对自由意志的选择和支配来实现的。行为人在具有相对自由的意志支配下，选择实施危害社会的犯罪行为，就不仅在客观上危害了社会，而且在主观上也具有了犯罪的故意或过失的心理态度。国家之所以选择对这种在具有相对自由的意志支配下的行为追究刑事责任，不仅是为了对其进行报应和惩罚，以实现相应的社会正义和一般预防目的，而且还试图引导犯罪人和一般公民进行正确的意志选择，不要选择实施危害社会的行为。[②] 因此，作为刑事责任评价根据的危害社会的行为，既包括客观情况，也包

---

① 参见聂立泽：《主客观相统一原则的生成与内涵》，载《现代法学》2003 年第 1 期。

② 参见高铭暄、马克昌主编：《刑法学》（第 8 版），北京大学出版社、高等教育出版社 2019 年版，第 106 页。

括主观情况；既是主客观情况的统一，也是客观危害与主观恶性的统一。同样，行为人的人身危险性也是主观和客观的统一。

具体而言，虽然行为人的人身危险性也即行为人的再犯可能性是针对未然之罪的，但是该人身危险性本身的有无及其大小也是已然的，也是主观危险性（罪外主观恶性）与未然犯罪行为的既有不良表现的有机统一。将行为人的人身危险性纳入刑事责任评价体系，并非因为它是纯主观的东西，而是因为它是主观恶性支配下的有碍教育改造的现实表现。这样说来，无论是行为的社会危害性，还是行为人的人身危险性，它们都是主客观的统一。当然，社会危害性与人身危险性，在主客观方面相统一上的内容和评价目标是不同的。表现在，就社会危害性而言，它是已然犯罪行为的客观危害表现与主观恶性（罪中）的统一，其评价目标是对犯罪行为进行定性以确定量刑基准；就人身危险性而言，它是已然犯罪行为和未然犯罪行为的既有不良表现与主观恶性（罪外）的统一，其评价目标是对犯罪人的行为和人格进行综合量定以确定处断刑、宣告刑、执行刑乃至免刑。

三、质、量、度的辩证关系原理

（一）量刑应当遵循质、量、度的辩证关系原理

辩证唯物主义认为，任何客观存在的事物都是质和量的统一。所谓质，就是事物内部固有的规定性，就是一事物区别于其他事物的特性；所谓量，就是指一定质的事物的规模、程度、水平以及运动速度的大小、高低、多少等；所谓质和量的统一，就是事物既有一定的质，也有一定的量，没有一定的质和量的事物是根本不存在的。然而，质和量不仅是统一的，也是对立的，而且在一定条件下可相互转化。因此，在实践中，不仅要认识和把握事物的质和量，而且还要善于掌握事物的度。所谓度，就是事物的界限，事物的质和量的统一，是事物能够保持某种特定的质和量的界限。在这个界限之内，事物量的变化，并不影响它的质的存在；而超出了它的界限，事物原来的那个质就要发生根本变化，成为另一事物。[①] 例如，“乐极生

---

① 参见孔阶平：《学习唯物辩证法的基本范畴》，人民出版社1978年版，第9～21页。

悲”“物极必反”等。这就要求我们,在实践中,善于根据质和量的关系,把握最佳适度,即“分寸”。所谓最佳适度,就是事物发展过程中的一般的度中,最有利于保持事物的稳定性、最有利于事物的生长和发展,或最有利于发挥事物的作用等,同质相统一的一定量的界限。[①] 所谓“过犹不及”,就是不注意“分寸”,没有把握最佳适度,使好事变成了坏事,使真理变成了谬误。显然,量刑,特别是量刑个别化,也应当遵循质、量和度的以上辩证关系原理。

(二)质、量、度的辩证关系原理对量刑的方法论意义

其一,它可帮助我们正确处理法官的自由裁量权和罪刑法定的关系。就自由裁量权而言,依照事实和法律,在法律许可的通常范围内作出罪刑相适应的量刑,是罪刑法定的质的规定下关于量的规定的表现;而罪刑法定所设定的不可逾越的“边界”,就是量刑的质的规定的表现。而这里“量”的规定与质的“边界”,到底确定为“何”才算合适,是法官自由裁量权和罪刑法定的“度”之所在。在量刑中,把握了这个“度”,不仅保证了法官自由裁量权的充分行使,而且也维护了罪刑法定原则的有效贯彻;否则,有违这个“度”的量刑,不是违法,就是畸轻畸重。

其二,可以帮助我们认识刑事责任的评价根据。从刑事责任与犯罪的关系来看,虽然刑事责任是基于犯罪行为而产生,但刑事责任的轻重程度,不完全取决于已然的犯罪行为。[②] 因为:决定刑事责任存在或不存在,有或没有的根本原因和内在根据,只能是犯罪构成或实施犯罪行为,不可能是别的什么东西,这是刑事责任的评价根据的质的表现和要求;刑事责任的存在与否问题的解决,并不意味着刑事追诉和审判活动的结束,还要解决刑事责任的程度大小问题,此时不仅要考虑犯罪构成事实本身所体现的社会危害程度,而且还要考虑犯罪构成以外的其他事实即犯罪行为以外的因素,主要是犯罪人的一贯表现和犯罪后的态度对刑事责任的程度产生的影

---

① 参见吴秉元等:《思想方法与工作方法》,中国社会科学出版社 1984 年版,第 164～165页。

② 参见何秉松主编:《刑法教程》,中国法制出版社 1993 年版,第 373 页。

响,这是刑事责任的评价根据的量的表现和要求。刑事责任的评价根据就是以上质和量的完整统一。①

其三,它可帮助我们正确理解量刑的事实根据。所谓量刑的事实根据,就是量刑据以依据的客观事实,主要表现为犯罪行为的社会危害性因素和犯罪人的人身危险性因素。这些因素,都是质和量的统一。其中,就社会危害性而言,关于犯罪行为社会危害性的有无,是犯罪行为社会危害性的质的规定的表现;关于犯罪行为社会危害性的大小,是犯罪行为社会危害性的量的规定的表现。相对于犯罪来说,犯罪行为社会危害性的质的规定,一般决定了犯罪的成立与否;而犯罪行为社会危害性的量的规定,在一定质的范围内一般只影响量刑,但若超过一定的度,也即在犯罪概念采用定性兼定量的情况下,行为的社会危害性达到一定的"量",就会发生质变,而成为决定罪与非罪、重罪与轻罪的因素。就人身危险性而言,虽然它不是决定犯罪成立与否的因素,但它在量刑上也是质和量的统一。具体而言,人身危险性的性质方面是其质的表现,如累犯、再犯等是从重处罚的质的规定,自首、坦白、立功、悔过等是从宽处罚的质的规定;人身危险性的大小是其量的规定,影响刑事责任量定的轻重。

其四,可帮助法官作出适当的量刑,并有利于罪犯的教育改造。根据犯罪心理学的原理,恰当的刑罚,能够使犯罪者获得心理平衡;在执行刑罚中,能够以正常人的心理状态,理性地面对量刑判决和接受教育改造。刑罚畸重,犯罪人难以接受,产生强烈的反感、抵触情绪,教育改造难以正常进行;刑罚畸轻,则犯罪人思想上触动不大,视法律如儿戏,没有感受到刑罚的震慑力,难以防止将来再次以身试法。② 而质、量、度的辩证关系原理可在一定程度上帮助法官处理好量刑轻重适度的关系,从而有利于罪犯的教育改造。

---

① 参见高铭暄主编:《刑法学原理》(第 1 卷),中国人民大学出版社 1993 年版,第 425 页。

② 参见樊凤林主编:《刑罚通论》,中国政法大学出版社 1994 年版,第 97 ~ 98 页。

四、形式与辩证的逻辑思维规律

（一）量刑应当遵循形式与辩证的逻辑思维规律

思维规律，也即逻辑规律或逻辑思维的规律，[①]是反映思维本质特征，在思维领域普遍起制约作用的规律，包括形式逻辑规律与辩证逻辑规律。量刑作为“治病救人”[②]的思维活动，自然也需遵循这些规律。

1. 量刑需要形式逻辑思维

所谓形式逻辑，是在撇开思维具体内容的条件下，以思维的形式结构[③]为表现形式，主要基于概念外延[④]的逻辑思维形式，是逻辑规律的第一种表现形式，是思维发展的低级阶段（知性思维阶段，这种思维为人和动物在不同程度上所共有）。[⑤] 在发展史上，形式逻辑有传统形式逻辑（普通形式逻辑）和现代形式逻辑（数理逻辑）之分。其中，所谓的现代形式逻辑（又称数理逻辑或数据逻辑、符号逻辑，下同），在本质上只不过是一种形式化程度越来越高，越来越严密、精确和抽象的逻辑形式。[⑥] 因形式逻辑是以固定范畴（“常量”的逻辑范畴）建立起来的逻辑形式，不分析思维形态（概念、判断、推理）的根据和条件，而把它们看成既成的东西，其主要任务是对问题进行说明或解剖，因而其作用在于保证思维的确定性、无矛盾性和循序渐进性。[⑦] 无论是何种思维，确定的思维内容都是进行正确思维的基本前提。不堪设想，对事物所做的分析可以是游移不定、

---

① 参见彭漪涟：《逻辑规律论》，上海三联书店 1994 年版，第 2 页。

② 刑事法官的定罪量刑与医生的“治病救人”在作用机理上非常近似。其中，刑事法官对犯罪行为的定罪，近似于医生对病情的诊断；刑事法官对犯罪人的量刑，近似于医生给病人开处方。

③ 主要是概念的外延和二维式的判断、形式化的推理（如演绎方法及公理化方法、形式化方法等）。

④ 在辩证逻辑中，在研究概念和其他思维形式的时候，虽然也涉及概念的外延，但成为辩证逻辑的研究基础的，却是概念的内涵。

⑤ 参见吕国欣、侯成亚：《科学思维的工具》，四川大学出版社 1991 年版，第 29 ~ 30 页。

⑥ 参见彭漪涟：《逻辑规律论》，上海三联书店 1994 年版，第 36 ~ 37 页。

⑦ 参见关老健主编：《普通形式逻辑》，中山大学出版社 2002 年版，第 1 ~ 2 页。

自相矛盾和模糊不清的。这意味着,在任何思维中,都必须遵循形式逻辑的思维规律;违反这个思维规律,无论是抽象思维还是具体思维,都会出现逻辑错误。既存在抽象思维也存在具体思维的量刑思维,必须以保证思维的确定性为前提,必须首先遵守形式逻辑的思维规律。因此,在量刑思维中,首先需要的就是形式逻辑思维。

2. 量刑也需要辩证逻辑思维

所谓辩证逻辑,主要是以辩证思维的形式①为表现形式的、主要基于概念内涵的②逻辑思维形式,是逻辑规律的第二种表现形式,是思维发展的较高阶段(理性思维阶段,这种思维仅为较高发展水平的人所具有)。③ 因辩证逻辑是以流动范畴("变量"的逻辑范畴)建立起来的逻辑形式,其任务在于使形式逻辑所考察的固定的、表面的、形式的联系,运动起来,深化起来,并从认识论的角度加以说明,因而其作用在于根据矛盾的普遍性和特殊性原理,灵活、能动、对立统一地(具体问题具体分析)把握对象的具体真理(理性具体)。④在科学技术高度发达的今天,把现代科学技术应用到复杂思维活动中固然必要,但因它是严格的形式化规则推理,而仍只是"简单的证明工具",⑤无法践行实质化的罪刑法定原则,只能作为整体思维的一部分。这就决定了:无论是传统形式逻辑(普通形式逻辑)还是现代形式逻辑(数理逻辑),它们在量刑思维中的表现,都只能是使量刑为"刑之量化",而不是"刑之裁量",都只是量刑推理的"简单

---

① 即在辩证思维过程中具体运用概念(不仅是概念的内涵,而是概念的辩证本性,即包括对立面的统一,是变化发展的)、判断(具体真理化的)和推理(分析与综合相结合、从抽象上升到具体)。

② 在形式逻辑中,虽然也涉及概念的内涵,但成为形式逻辑理论的基础的东西,却是关于概念外延的研究。参见吕国欣、侯成亚:《科学思维的工具》,四川大学出版社1991年版,第29页。

③ 参见吕国欣、侯成亚:《科学思维的工具》,四川大学出版社1991年版,第29页。

④ 参见彭漪涟:《逻辑规律论》,上海三联书店1994年版,第36~37、60~61页。

⑤ 纵然是现代人工智能,因其仍是以数理逻辑而不是辩证思维为基础,而仍只是"简单的证明工具"。

的证明工具”，以提高量刑工作效率和使量刑精确化、智能化；①同时，无法取代复杂的量刑活动所需要的辩证逻辑思维。否则，这样的量刑，只能是形式化与机械化罪刑法定原则的工具和表现，其结果，不仅有违当代实质化的罪刑法定原则，而且与实质化的罪刑相适应原则和刑法面前人人平等原则也不一致。同时，因辩证逻辑可对复杂系统结构作出协调而完备的逻辑分析和逻辑表达，是认识和改造世界的科学方法，能够体现和践行实质性罪刑法定原则的要求，是“刑之裁量”活动的高级思维方法。表现为，量刑思维活动，就是把抽象的法律规范与具体的案情事实相结合，并上升到相对合理合法的理性具体（量刑裁判）的过程。这个过程，既不是抽象法律在个案中的简单再现，也不是法律规范与个案的机械拼凑，而是将个案的各种情节与抽象法律规则的所有相关规定相结合，包括内化于法律中的社会危害性、人身危险性、刑法的人性关怀、人权保障，乃至犯罪学上的社会稳定、行刑学上的犯罪改造等案件事实因素、法律规范因素和刑事政策因素的综合运用。

3. 量刑需要形式逻辑思维与辩证逻辑思维的有机结合

形式逻辑与辩证逻辑的不同并非意味着它们互相排斥，相反，它们的内在关系决定了同一过程中的量刑思维是形式逻辑思维与辩证逻辑思维的综合运用，即在同一思维过程中，各自发挥着不同而又互补的特殊作用。② 首先，在人的统一思维过程中，既需形式逻辑所具有的知性思维，又要辩证逻辑所具有的理性思维。其中，知性思维是理性思维的必经环节，理性思维必须以知性思维为基础和前提；而知性思维又必须发展到理性思维，二者相互依赖、相互促进，以共同保证思维的正确性、透彻性和逻辑性。其次，虽然形式逻辑规律是关于保证思维确定性、无矛盾性和循序渐进性的规律，但遵循辩证逻辑规律并不否定确定的、无矛盾的、循序渐进的必要性。

---

① 这个“智能化”仍只是现代人工智能的表现，在本质上仍只是现代形式逻辑（数理逻辑）的表现形式，而不是辩证思维的表现；这个“精确化”，也只是形式逻辑对量刑的作用，且这个作用只能限制在形式逻辑的推导上，而不能替代整个量刑思维。

② 参见潘宇鹏：《辩证逻辑与科学方法论》，西安交通大学出版社 1987 年版，第 38 ~ 39页。

因为事物虽然是变化、发展的，但并不是瞬息万变、不可捉摸的，而是相对稳定的，因而反映事物运动变化的辩证思维，也必须遵循形式逻辑规律的逻辑要求；同时，形式逻辑可以帮助辩证逻辑，使论证更加彻底。最后，形式逻辑规律作为现成思维形式的规律，在一切正确的思维形式结构中必然起作用。它所形成的思维结构的正确性，固然不是获得正确结论的充分条件，但是其必要条件。因而，即使是在主要遵循辩证逻辑规律以获得有关对象的正确结论的思维活动和思维过程中，遵循形式逻辑规律，同样是不可或缺的必要条件。综上，形式逻辑和辩证逻辑的关系，实际上是一种互补的关系，它们分别体现了同一逻辑思维过程中两个互相依赖和互相交织的方面：在保持思想同一的基础上，把握对象的差别和变化（运动和发展）；在保持思想不自相矛盾的基础上，把握对象的客观矛盾，并在反映和把握对象矛盾及其运动、发展的过程中保持思想的确定，即保持思想同一和不自相矛盾，从而既保持思想的确定性，又保持其灵活性。[①] 形式逻辑与辩证逻辑的如此关系决定了，在同一量刑过程中需兼采形式逻辑和辩证逻辑的思维方法。一方面，虽然在形式上量刑结论是以辩证逻辑方法作出的，但这需以形式逻辑方法形成的思维形式结构，如以作为"常量"的相关法律规定、量刑基准以及其他概念、判断、推理的思维形态为基础和前提，并为辩证逻辑思维方法形成的量刑结论提供一些规则上的藩篱；另一方面，形式逻辑方法所提供的"常量"，只是辩证逻辑方法作出量刑结论的必要条件，量刑结论的作出，需综合与案情事实相关的各种事实和法律政策因素，而具体个案具体分析。综上，量刑不是形式逻辑上的简单解说，而是形式逻辑与辩证逻辑的有机统一下的复杂论证。在这个论证过程中，形式逻辑要求量刑具有统一的法律根据如量刑基准，以实现通常所说的"同罪同罚""同案同判""量刑统一"；而辩证逻辑要求量刑具有个别化的量刑裁判，以做到实质上的罪刑法定、罪刑相适应和刑法面前人人平等。

理论和实践中认为，在量刑中，法官必须"眼光首先往返流转于

① 参见彭漪涟：《逻辑规律论》，上海三联书店 1994 年版，第 75 ~ 77 页。

案情事实与有关规范文本之间，其次流转于——借前述过程而被缩小范围的——案情事实与相关的规范之间，再次裁判者就可以形成适当的规范，最后个案裁判者的眼光往返于透过规范方案及规范领域而研拟出来的法规范一级（个别化之后的）案情事实之间”。[①] 在这里，虽然把量刑界定为一个“过程”是正确的，但其体现出的量刑思维是不完整的，也即只描述了形式逻辑上的思维结构，而没有描述量刑过程实际上是一个辩证逻辑上的量刑个别化过程。具体而言，在以上描述中，量刑被分成两个阶段：第一阶段（“首先”、“其次”和“再次”）是根据本案案件事实抽象出本案适用的法律规范，属于形式逻辑上从具体到抽象的法律形成过程；第二阶段（“最后”）是把该法律规范与本案案情事实相结合，并作出量刑裁判，属于形式逻辑上从抽象到具体的法律运用过程。在这两个阶段中，第一阶段显然不存在针对个案进行具体分析的量刑辩证思辨，第二阶段也缺乏对各种案情的事实因素、所有法律规范因素和其他相关变量进行辩证思辨的综合运用过程。因此，以上关于量刑过程的揭示并不全面，关于量刑实质的认识并不深入。

其实，我国立法关于量刑的一般原则，即“以事实为根据、以法律为准绳”（在本质上只是对量刑事实根据和法律根据的规定和要求），也不能仅从形式逻辑上予以理解，而是形式逻辑与辩证逻辑的有机统一。表现在：这里的“事实”和“法律”，都只是一般化的指导性标准，是实现罪刑均衡、量刑均衡的一般尺度，不是绝对性和具体化的量刑根据；量刑的具体根据应是犯罪及其社会危害性基础上的人身危险性等的综合体。同时，这个原则的法律表述也意味着“法律”只是“准绳”，即基准，具体量刑结论的作出还需“以事实为根据”；并且依据事实是第一位的（强调罪刑相适应），参照法律只是第二位的（强调在法律的框架内量刑）。把罪刑相适应放在量刑的第一位，意味着量刑实质公正的价值追求；把依法量刑放在第二位，并不是弱视罪刑法定原则，而是强调罪刑法定原则的实质性，即作

---

① ［德］卡尔·拉伦茨：《法学方法论》，陈爱娥译，商务印书馆2003年版，第13～14页。

为量刑根据的法律规定，一方面只是防止侵犯人权的藩篱，[①]另一方面其适用的法律不是形式上的，必须结合个案的各种事实。

（二）形式与辩证的逻辑思维规律对量刑的方法论意义

其一，它正确揭示了量刑的基本运行规律。随着刑法理论研究的深入和刑法立法、司法的发展，整个刑法立法及其适用已从绝对走向相对，从形式走向实质，从极端走向理性，并表现在：刑法公正并非只是形式公正，而是形式上的一般公正与实质上的个别公正的有机统一；罪刑法定也并非只是形式上遵循某个立法规定，而是需结合《刑法》总则和分则的所有相关规定乃至刑罚目的、任务、精神、刑事政策等作出实质性的解读和予以遵循。如此等等之刑法现代化表现，意味着量刑并不是简单地把抽象的法律规范应用于具体个案的自动化过程，[②]而是针对个案使抽象的法律规范与具体的案情事实相结合，并上升到理性的量刑判决（理性具体）的动态过程。在这个过程中，既需针对抽象个罪预设的法律规范（量刑基准及其他相关法律规范），以实现量刑的罪刑法定与平等，又要针对具体个案提取的关于犯罪行为的社会危害性、犯罪人的人身危险性及其他方面的量刑情节（法定情节和酌定情节），以实现量刑的罪刑相适应，并需运用法官的理性、良知、知识、技术等，以及形式逻辑（技术）与辩证逻辑（智慧）的充分论证，最终形成理性的量刑判决。这是量刑的基本运行规律所在。

其二，它正确揭示了量刑的认识方法。如前所述，量刑是从抽象上升到理性具体（理性的量刑判决）的过程，但这个过程并非自然形成，需要分析和综合并将抽象概念与特定对象相结合才能真正实现。所谓分析，是在思维活动和认识过程中，把复杂事物分解为

---

① 保护人民和保障人权是刑法而不是罪刑法定原则的“双重机能”，罪刑法定原则的机能只能是保障人权。因保障人权针对的是具体、实在、个别的“个人”，不是概念化、抽象化、意识形态化的“人民”，而保障人权也不包括保护人民。参见周少华：《刑法理性与规范技术》，中国法制出版社 2007 年版，第 260 页。

② 那种希望“无论遇到多么复杂的情况都能在庞大的法典中像查字典一样检索到现成的解决方案”和“法官的作用就像机器，就如同自动售货机投入硬币就能出来商品一样，将案情与法条投入法官的大脑就能产生判决结果”，就是把量刑视为自动化的过程，是一种绝对主义的思想方法。

简单要素（部分、方面、因素、特性、关系等）再分别加以研究的一种逻辑方法，其主要目的在于透过现象把握事物的本质，主要表现在，既要揭示对象的个别化属性，又要揭示对象的共同属性。因此，分析的思维方法，在本质上就是辩证法中的具体问题具体分析的方法。分析的思维方法通常表现为定性分析和定量分析两种基本形式。实际上，量刑既需要定量分析也需要定性分析的方法。所谓定量分析，是为了确定客观对象各个要素之间的数量关系的分析方法，着重于解决“有多少”的问题；这种分析方法，是解决量刑情节轻重大小及与之相适应的处罚程度的基本方法。所谓定性分析，是为了确定客观对象是否具有某种性质的分析方法，着重于解决“有没有”“是不是”等问题；这种分析方法，是解决某个事实能否作为量刑情节的基本方法，是量刑情节轻重大小等定量分析的基础和前提。量刑不仅需要分析的方法，还需要综合的方法。所谓综合，是同分析相对的一种思维方法，是人们在思维活动和认识过程中，将对象的各简单要素（部分、方面、因素、特性、关系等）联结起来，形成对客观对象的统一整体的认识的一种逻辑方法，其目的主要在于揭示事物在分割状态下不曾出现的特征和克服分析方法给人们眼光造成的局限。这样，综合方法实际上是一种全面综合衡量的价值判断方法。该方法特别有利于克服或避免只注重个别量刑情节而弱视其他量刑情节的片面思想和工作方法。例如，对于激情犯罪的量刑，就既要考虑激情因素，又要考虑其他因素，绝对不能仅因激情因素而左右全案的量刑。又如，对于一般自首情节，虽然它是法定量刑情节，但只是“可以从轻、减轻处罚”的可以型量刑情节，在具体个案中，并非需绝对从轻或减轻处罚，是否绝对影响全案量刑，还需要综合考虑本案社会危害性和人身危险性所表现出的全案量刑情节。这意味着，综合的方法不是将任意一些要素拼凑起来或把对象要素简单地捏合在一起的“综合”，而是按照各要素的内部关系从总体上进行把握；也不是从对象外部现象的联结上来认识事物，而是更深刻地抓住事物的本质。例如，对犯罪人量刑，不是简单地、机械地针对犯罪行为及其社会危害性要素作出，而是综合犯罪人的主客观因素乃至预防犯罪人再次危害社会和重返社会等要素作出。

综合的思维方法通常表现为存优、浓缩和化合三种基本形式。其中，存优就是将各种因素进行比较分析、去伪存真、去粗存精，然后将“真”“精”等优势因素综合起来；浓缩与化合本是化学名词，在此表示思维活动中将各种因素进行浓缩和化合形成新的概念、范畴、理论。[①] 就量刑而言，量刑中的“综合”，也应当具有“浓缩”与“化合”的基本形式，但这里将案件的各种量刑因素及其相应法律规范进行“浓缩”与“化合”，并不是形成新的概念、范畴、理论，而是形成相对理性的量刑结果（判决）。

其三，它深刻地揭示了量刑结果的个体性。黑格尔认为，“具体真理”包含普遍性、特殊性和个体性三个环节。其中，所谓普遍性，就是概念在它自己所表现的多样性或特殊性中仍然保持“自我同一性”，即“不同中之同”；所谓特殊性，就是概念所表现出来的多样性，是“概念的规定性”，即“普遍者的特有的内在环节”；所谓个体性，就是普遍性和特殊性的统一，这意味着，一方面，普遍性和特殊性是个体性的生成环节；另一方面，个体性本身就是被建立的全体概念。[②] 这样说来，所谓理性具体（具体真理），实际上是分析和综合相统一的产物，是在具体分析矛盾的普遍性和特殊性及其辩证关系的基础上的综合，是矛盾的普遍性和特殊性相统一的集中体现，是抽象与具体对象的特点在思维中结合的产物。黑格尔认为，在现实中，只有把握真理的具体性，才能把握真正的真理。他认为，“如果真理是抽象的，则它就是不真的。……哲学是最敌视抽象的，它引导我们回复到具体”；[③]“真理既是具体的……必是联系的谐和的统一体”。[④] 黑格尔关于具体真理的以上道理表明，量刑结果作为法律意义上的相对具体真理，并不是具有普遍性的东西，而是普遍性的法律规范与特殊性的案件事实有机统一后所形成的个体。因

---

① 参见潘宇鹏：《辩证逻辑与科学方法论》，西安交通大学出版社 1987 年版，第 252～264 页。

② 参见张世英：《论黑格尔的逻辑学》，上海人民出版社 1981 年版，第 103～106 页。

③ ［德］黑格尔：《哲学史讲演录》（第 1 卷），贺麟、王太庆译，商务印书馆 1959 年版，第 29 页。

④ ［德］黑格尔：《小逻辑》，贺麟译，商务印书馆 1980 年版，第 67 页。

此,量刑结果作为法律意义上的理性真理,必须是量刑个别化所形成的结论,而不是量刑一般化本身的产物。这同时意味着,所谓的"同案同判""同罪同罚""量刑统一",不能是要求"同案""同罪"等的量刑结果也相同或相类似,[①]否则,就是一种违背抽象与具体辩证关系原理的不当观念和工作方法。

---

① "同案同判""同罪同罚""量刑统一",只能是对量刑基准的要求,而不是对量刑结果的要求。恕后详述。

第五章　量刑个别化之相关解析

量刑个别化作为量刑的本体，是在定罪基础上，把相关法律规范与具体犯罪的各种事实相结合，并在一定刑事政策、量刑原则的指导下，依一定方法形成与反映犯罪行为的社会危害性和犯罪人的人身危险性等方面事实相适应的量刑结果的情形，是量刑规律运行的客观表现和必然要求。由此，量刑是否为量刑个别化这个“本体”，虽然直接取决于量刑的事实根据，即犯罪行为的社会危害性和犯罪人的人身危险性等，但也同刑事政策、量刑原则和量刑方法这些相关基本问题息息相关。

第一节　“刑事政策”的量刑个别化解析

从刑事政策的发展史来看，实际上，刑事政策与量刑个别化（刑罚个别化）的关系极为密切。虽然理论上关于“刑罚个别化（社会防卫手段个别化、社会反映个别化）首先就是作为一项刑事政策命题提出来的”的观点①尚缺乏深入考证，但确实自李斯

---

① 张琳：《刑罚个别化研究》，中国政法大学 2001 年博士学位论文，第 111 页。

特复兴刑事政策以来,刑事政策就始终以预防犯罪、个别化矫治犯罪等为中心,并以追求定罪量刑的社会效果为主要目标。就量刑而言,如此“中心”和“目标”的追求,显然无法依靠“量刑统一化”“同案同判”“同罪同罚”去实现,只能依靠与反映犯罪行为的社会危害性和犯罪人的人身危险性等方面的事实相适应的量刑个别化去践行。由此观察,理论上主张那些针对案件特殊情况的、最能体现量刑个别化的酌定量刑情节,需在刑事政策的指导下提取和适用,[①]或断言有效的刑事政策必须是针对犯罪人特点的个别化政策,是对犯罪人或犯罪危险人的个别化对策,[②]是十分正确的。

一、刑事政策的含义、种类与作用

对于何谓刑事政策(包括其概念、对象、内涵与外延等)还有基本的争论,[③]甚至自德国学者费尔巴哈于 1803 年提出该概念以来,就一直没有定论。[④] 在理论上,对刑事政策的理解,大致有广义、狭义和最狭义三种观点。广义说认为,刑事政策是国家以预防及压制犯罪为目的的所有一切手段或者方法。这种意义上的刑事政策,实际上就是刑事综合治理政策,就是将犯罪纳入整个国家治理体系中予以体系化有机考量的治理策略。李斯特所称“最好的社会政策就是最好的刑事政策”,就是从这个意义上来说的。狭义说认为,刑事政策是国家以预防及压制犯罪为目的,以刑事法或者刑事司法为手段,而提出的犯罪防止对策。这种意义上的界定,仅把刑事政策限于直接以防止犯罪为主要目的的国家强制措施,并不包括各种有关

① 参见高铭暄:《宽严相济刑事政策与酌定量刑情节的适用》,载《法学杂志》2007 年第 1 期。

② 参见张甘妹:《刑事政策学》,台北,三民书局 1979 年版,第 12 页。

③ 参见黄京平:《宽严相济刑事政策的时代含义及实现方式》,载《法学杂志》2006 年第 4 期。

④ 参见林纪东:《刑事政策学》,台北,正中书局 1963 年版,第 4 页;储槐植:《刑事一体化与关系刑法论》,北京大学出版社 1997 年版,第 294 页;陈兴良:《刑事政策视野中的刑罚结构调整》,载《法学研究》1998 年第 5 期;刘东根:《两极化——我国刑事政策的选择》,载《中国刑事法杂志》2002 年第 6 期;李健:《和谐社会语境下两极化刑事政策之构建》,载万鄂湘主编:《公正司法与构建和谐社会》,人民法院出版社 2006 年版,第 236 ~ 245 页。

犯罪的社会政策，[1]其调整对象包括刑事实体法、刑事程序法和刑事执行法等刑事法域，实际上是把刑事政策限定为刑事法律政策。最狭义说认为，刑事政策仅指刑法规范体系内的法律政策，其范围主要是刑法防止犯罪的功能方面。[2] 这种意义上的界定，仅把刑事政策限于刑法规范体系之内，也只是把刑事政策限定为刑事法律政策。本书赞成狭义说，这也是理论上绝大多数人的观点。[3]

依发生作用的领域不同，以上狭义的刑事政策有基本刑事政策与具体刑事政策之分。所谓基本刑事政策，是指国家或执政党针对整个犯罪态势制定并长期坚持的，对全部刑事立法、司法和执法都具有基本指导作用的方针和策略。我国历史上的“惩办与宽大相结合”的刑事政策和当今的“宽严相济”的刑事政策，就属于这种基本刑事政策。所谓具体刑事政策，是指国家或执政党针对特定犯罪态势制定并在特定时期施行的，只对刑事立法、司法或执法具有指导作用的方针和策略。有人认为，“指导刑法立法的刑事政策是基本刑事政策；影响刑法司法的刑事政策是具体刑事政策”。显然，这种观点是片面的。虽然具体刑事政策很少出现在刑事立法领域，但基本刑事政策的作用领域，并不限于刑事立法领域，它在刑事司法和执法领域，都发挥着全局性的指导作用。

在当前世界各国，刑事政策的发展呈现明显两极化的趋势，也就是所谓的“轻轻重重”。我国宽严相济的刑事政策，是这种“轻轻重重”两极化刑事政策与中国实际相结合的产物和表现。所谓“轻轻”，是指宽松的刑事政策，即对轻微犯等主观恶性不重的犯罪，处罚更轻；所谓“重重”，是指严厉的刑事政策，即对严重犯罪更多地、更长地适用监禁刑。[4] 我国当前的宽严相济刑事政策，既与“轻轻重重”刑事政策有两极化的共性，但又有中国特色的个性，力求既有

---

① 参见许福生：《刑事法讲义》，法律出版社 2001 年版，第 3 页。

② 参见苏俊雄：《刑法总论 I》，台北，台湾大学法学院图书部 1995 年版，第 96 页。

③ 参见刘东根：《两极化——我国刑事政策的选择》，载《中国刑事法杂志》2002 年第 6 期。

④ 参见陈兴良：《刑事政策视野中的刑罚结构调整》，载《法学研究》1998 年第 5 期。

力打击和震慑犯罪、维护法制的严肃性,又要尽可能减少社会对抗,化消极因素为积极因素。据资料显示,在我国有人将某区域近5年内被判处3年以下有期徒刑,分别被监禁或适用缓刑的罪犯作比较,结果发现两种刑罚执行方式下,罪犯的改造效果有着根本的不同:被监禁者刑满释放后的重新犯罪率为两位数;而被适用缓刑、纳入社区矫治者的重新犯罪率接近于零。① 重新犯罪率的如此巨大差异,客观地表明了量刑应当体现"轻轻重重"的策略。从价值功能上看,"轻轻重重"的策略也确实具有防范重新犯罪的机理。因为,对于能宽则宽者,往往在内心对法院、对国家、对社会怀有感激之心,并珍惜改过自新的机会,特别是,这些被适用缓刑者在客观上没有与社会隔离,不存在重返社会不被社会接受等困难或障碍。这一点,实际上在国外早就被研究证实。②

所谓宽严相济的刑事政策,就是针对轻重不同的犯罪和犯罪行为人,分别采取宽、严不同处罚措施的、具有中国特色的两极化刑事政策。这一刑事政策,包括"宽"和"严"两个方面。其中,"宽"是其基本方面,意味着对犯罪情节轻微或具有从轻、减轻、免除处罚情节的,依法从宽处罚;对严重的刑事犯罪,如果具有自首、立功等从宽处罚情节的,也应当依法从宽处罚。对此,理论上通常概括为如下四种情形:一是该轻而轻,即对于犯较为轻微犯罪的,给予较轻的刑事处罚;二是该重而轻,即对于犯较重犯罪,但行为人有坦白、自首或立功等法定或酌定情节的,判处相对较轻之刑;三是非犯罪化,即对于所犯罪行社会危害较小的,不以犯罪论处;四是非刑罚化,即宣告行为人有罪,但不给予刑罚处罚,而只单纯宣告有罪或者给予非刑罚处罚。在"宽"的基础上,对于惯犯、累犯以及没有从宽处罚情节的严重刑事犯罪,应当依法严惩。所谓"严",在司法层面上是指在现行法律框架下,给予较重的刑事处罚。综上,宽严相济刑事政策的核心在于对不同犯罪"区别对待",但这并非简单地区别处理,

---

① 参见黄祥青:《刍议量刑的一般规则》,载《政治与法律》2004年第6期。

② William L. Armstrong, Sam Nunn, *Alternatives to Incarceration: the Sentencing Improvement Act*, in Patrick B. Mc Guigan and Jon S. Pascale, Crime and Punishment in Modern America, University Press of America, 1986.

需"宽"与"严"相辅相成。[①] 也即要在宽严之间保持一定的协调关系,既不宽大无边或严厉过苛,也不时宽时严、宽严失当,只有宽严协调,才能实现政通人和的效果。正如"两高"报告指出:"宽不是要法外施恩,严也不是要无限加重,而是要严格依刑法、刑事诉讼法及相关刑事法律,根据具体的案件情况来惩罚犯罪,做到宽严相济、罚当其罪。"

以上宽严相济的刑事政策,是在科学判断犯罪态势与社会发展关系的基础上,对我国过去惩办与宽大相结合政策所作的发展。虽然它们在表述方式、侧重基点、司法倾向、关注重点以及提出背景等方面有着本质的不同,但它们仍是继承与发展的关系。其中,在表述方式上,在"惩办与宽大相结合"中,"惩办"在前,"宽大"在后,惩办是基础,宽大是惩办的必要调节或补充,而在宽严相济政策中,"宽"是基础和前提;在侧重基点上,"惩办与宽大相结合"的重点在"惩办"上,"宽严相济"的重点在"宽"上;在司法倾向上,"惩办与宽大相结合"倾向的是犯罪化、重刑化和监禁刑化,而"宽严相济"倾向的是非犯罪化、轻刑化和非监禁化;在关注对象上,"惩办与宽大相结合"针对的只是少数犯罪,如未成年人犯罪等,其适用范围相对较为狭隘,而"宽严相济"针对的则是相当数量的犯罪,其适用的犯罪类型不但包括重罪而且包括轻罪,其适用的对象也不限于从前有限的未成年人犯罪等,还包括社会转型时期利益调整下经济弱势群体犯罪等;在提出背景及关注重点上,"惩办与宽大相结合"是基于在相当长的一段时期内治安环境恶化的现实,希望通过贯彻这一政策来改善治安状况,其关注重点有一定的片面性与偏颇性,而"宽严相济"是对刑法工具论的扬弃,其目的不仅在于要通过贯彻这一政策来维持社会治安,还要保持社会的稳定与良性运行,有利于和谐社会的构建,为社会发展进步提供保障。[②] 因此,宽严相济的刑事政策并不是对惩办与宽大相结合政策的简单"改头换面",而是对后

---

① "济",与其解释为"救""救济",不如解释为相辅相成。

② 参见黄京平:《宽严相济刑事政策的时代含义及实现方式》,载《法学杂志》2006年第4期。

者的承继与发展。

宽严相济的刑事政策是我们党和国家长期与犯罪进行有效斗争的经验总结,是正确立法和司法的重要指针。但作为政策,也有应受法律约束的一面。在刑事政策与罪刑法定也即刑法的关系上,我们一方面坚持"刑事政策是刑法的灵魂",无论是刑事立法还是刑事司法,也无论是刑事立法的理解还是刑事司法的适用,都需要刑事政策的正确指导。没有刑事政策指导的立法和司法,就只能是盲目和"死"的立法和司法。另一方面坚持"刑事政策只能在刑法的框架内发挥作用",刑事政策一旦为国家或执政党作出,也就只能在法律框架下发生其指导作用。刑事政策与刑法的关系,在本质上是一种相互约束、有机结合、相互补充的依存关系。这一点,已被有关机关认识和坚持。如在2006年12月28日最高人民检察院《关于在检察工作中贯彻宽严相济刑事司法政策的若干意见》中就强调,"贯彻宽严相济的刑事司法政策,必须坚持罪刑法定、罪刑相适应、法律面前人人平等原则,实现政策指导与严格执法的有机统一,宽要有节,严要有度,宽和严都必须严格依照法律,在法律范围内进行,做到宽严合法,于法有据"。正是因为刑事政策与刑事立法及司法的如此关系,世界各国在推进法制现代化中,也都越来越重视刑事政策的作用。就量刑而言,量刑政策作为刑事政策在量刑问题上的具体要求和体现,也应受到充分重视。

有学者担心,"在法治环境没有完全形成的今日,如倡导刑事政策于刑法的灵魂地位,我们很担心刑事政策会因为具有强烈的应世性和政治性色彩,一旦出现某种严重异己的犯罪态势就异常渴求社会的规则有序,从而丧却理性和平日温情脉脉的面孔,爆发出情绪性的甚至是歇斯底里的盲动。此时的刑事政策就往往凌驾于刑法之上,刑法的人权保护与公平正义的精神遭到了蔑视和抛弃,最终导致对刑事政策自身的诘难和危机"。[①] 本书认为,从罪刑法定原则与宽严相济刑事政策的深层关系来说,这种担心是多余的。一方

① 董文蕙:《也论刑事政策与刑法的关系——对"刑事政策是刑法的灵魂"论的质疑》,载《云南大学学报》2004年第1期。

面,主张刑事政策是刑法(不仅仅是刑法,还有其他刑事法)的灵魂,并不意味着刑事政策可以在刑法之外发挥作用;即使是依刑事政策进行的减轻甚至免除刑事处罚,也必须是在罪刑法定原则指导下进行,也是刑事政策在刑法之内发挥作用。这一点,即使是倡导目的刑和主张社会防卫的李斯特先生也不否认,并指出,“刑法是刑事政策不可逾越的樊篱”。[①] 另一方面,“法律不可能告诉政法部门在特定时期犯罪的态势及其打击重点以及具体的行动方案,政法部门如何有效地使用其有限的人力、财力、物力等资源打击犯罪、预防犯罪、控制犯罪”,[②]政法机关的工作人员要能够创造性地“用足”“用活”法律,就必须通过国家基本刑事政策或特定时期的具体刑事政策去理解、把握和适用。也即,“在司法实践中,司法人员应当充分认识到刑事政策与刑事法律之间的互补、互动关系,充分利用刑事政策来理解法律”。[③]

二、刑事政策的量刑个别化解析

这里的刑事政策,特指宽严相济的刑事政策。如前所述,量刑个别化是审判机关在量刑时,根据犯罪人所犯罪行的社会危害程度和犯罪人的人身危险性大小等,在相应的法定刑范围内或以该法定刑为基础,判处适当的刑罚或刑期。据此,量刑个别化实际上是“宽严相济”这个我国当前基本刑事政策在量刑环节上的集中体现。

其一,量刑个别化与宽严相济刑事政策的核心相一致。如前所述,宽严相济刑事政策以区别对待和相辅相成为核心,也即对“宽”与“严”区别对待和相“济”(相辅相成)。而如何区别对待和相辅相成,不是空穴来风,而是建立在一定的法律和事实根据之上,即刑罚

---

① [日]庄子邦雄:《刑罚制度的基础理论》,康树华译,载《国外法学》1979年第4期。

② 曲新久、张国鑫:《如何科学认识刑事政策》,载《人民法院报》2003年6月1日,B01版。

③ 黄伟明:《刑事政策与刑事立法关系的动态分析》,载《法学论坛》2003年第3期。

的轻重与犯罪行为的社会危害性程度和犯罪分子应承担的刑事责任大小相适应。

其二,二者的终极目标一致。宽严相济刑事政策,作为指导我国刑事立法、司法和执法的基本刑事政策,自然要求在对犯罪人量刑时,一方面,依法量刑,追求量刑的法律效果;另一方面,依社会防卫量刑,追求量刑的社会效果,并实现量刑的法律效果与社会效果的有机统一。质言之,如此二效果的统一,既是宽严相济刑事政策的终极目标,也是量刑及其个别化的终极目标之一。

其三,二者适用的目标一致。宽严相济刑事政策既包括严厉的一面也包括宽大的一面。就其严厉而言,无非是对严重犯罪更多地、更长期地适用监禁刑,适用的犯罪对象主要是恐怖犯罪、毒品犯罪、有组织的犯罪及严重的经济犯罪,强调重罪重罚,利用刑罚的惩罚作用和隔离作用维护社会秩序;就其宽大而言,也无非是对偶犯、过失犯、从犯,以及具有自首、立功情节等主观恶性不大的犯罪和青少年、残疾人等特殊人群犯罪,采取以轻刑化为主和有利于使犯罪人更好地回归社会的刑事处理。① 实际上,量刑个别化所追求的"个别化",也是针对具有不同社会危害性和人身危险性的对象,具体给予"严厉"或"宽大"处理。

其四,二者的功用一致。宽严相济刑事政策是对刑法工具论的扬弃,其目的不仅在于通过贯彻这一政策来维持社会治安,而且还要保持社会的稳定与良性运行,有利于和谐社会的构建,为社会发展进步提供保障;②而量刑个别化所追求的量刑在实质上的公正和在社会防卫上的有效,也已表明要使刑法不为工具,要使量刑的一般预防和特殊预防有效果,在一定意义上,也就是宽严相济刑事政策所追求的"保持社会的稳定与良性运行,有利于和谐社会的构建,为社会发展进步提供保障"。

---

① 参见李健:《和谐社会语境下两极化刑事政策之构建》,载万鄂湘主编:《公正司法与构建和谐社会》,人民法院出版社 2006 年版,第 236 ~ 245 页。

② 参见黄京平:《宽严相济刑事政策的时代含义及实现方式》,载《法学杂志》2006 年第 4 期。

综上,量刑个别化与宽严相济刑事政策在核心、目标和功用等的一致性表明,量刑个别化实际上就是宽严相济刑事政策在量刑问题上的具体要求和实现。在量刑个别化实践中,宽严相济刑事政策起码会发生如下几个方面的指导作用:

一是为量刑个别化提供根据。为什么要根据犯罪行为的社会危害性和犯罪行为人的人身危险性量刑,并实现量刑个别化,而不仅仅是量刑一般化?原因固然很多,如这是实现刑罚目的的一般预防和特殊预防的需要等,但刑事政策方面的原因应是主要的。就宽严相济的刑事政策而言,其在量刑中的作用主要表现在对量刑根据的评价和影响上,即对如何理解和认定社会危害性、人身危险性及其程度,仅有针对一般对象的、静止的、死的一般规则是不行的,必须有刑事政策的指导并结合常理、常情和常识,才能作出合理、合情、合目的的理解和认定。因此,就以上意义而言,没有刑事政策的指导,要实现量刑个别化是不可能的。

二是为量刑个别化提供进路。对于量刑个别化如何推进,因刑法只是提供静态的一般规则,还需要在动态的刑事政策具体指导下予以具体施行。从宽严相济的刑事政策来看,在量刑中采用宽严不同的报应和预防措施,本就是变化发展着的犯罪态势的反映和体现。在严重的犯罪态势下,因严重犯罪态势下的犯罪人往往表现出更大的社会危害性和人身危险性,而需要使用相对较大的刑罚量,以打击犯罪和消除民众的心理恐慌;在平缓的犯罪态势下,因犯罪只是一种常态的社会现象,而应用"轻缓化"的量刑去应对犯罪行为的社会危害性和犯罪人的人身危险性。

三是为量刑个别化提供理念。宽严相济的刑事政策,在本质上就是针对不同犯罪、不同犯罪人区别对待。只有区别对待,才能达到宽严相济的目的;没有区别对待,就没有宽严相济的存在。所谓区别对待,实际上就是,该宽则宽,该严则严,宽严适度,宽严有据。如此策略理念,实际上就是量刑个别化的理念。

第二节　“量刑原则”的量刑个别化解析

一、量刑原则的含义、种类与作用

所谓量刑原则,是指承办案件的审判人员在量刑时所应遵循的基本准则。它主导着整个量刑活动,制约着量刑的方式,影响着审判人员对量刑的主观倾向,规制着量刑的发展方向,是量刑得以正确进行的总体指导和基本保障。因此,量刑原则在功能上,与其说是在具体指导量刑活动,不如说是在主导量刑方向和弥补量刑具体规定的漏洞及不足。量刑时遇到立法的明确性不足或适用某个规定明显不合理的情况下,就应当从量刑原则上寻求解决问题的方向甚至方案。例如,广东许某恶意取款案(详见后文介绍),在“盗窃金融机构,数额特别巨大”,而在“无期徒刑或者死刑”的法定刑内,判处无期徒刑这个法定最低刑仍明显不合理即罪责刑明显不相适应时,就应当根据罪刑相适应原则,适用《刑法》总则关于免除刑事处罚(第37条)或酌定减轻处罚(第63条第2款)等规定,酌定免除处罚或酌定减轻处罚,以实现量刑合法与量刑合理的统一。

对于我国《刑法》中有哪些量刑原则,理论上有不同的观点。其中有代表性的主要包括如下四种:

一是两原则说。主张我国量刑原则有两项,具体又有四种提法:以犯罪事实为根据原则和以刑事法律为准绳原则,①罪刑相适应原则和刑罚个别化原则,②量刑的公正性原则和量刑的合理性原则,③责刑相适应原则和依法量刑原则。④

---

①　参见肖扬主编:《中国新刑法学》,中国人民公安大学出版社1997年版,第242页。

②　参见赵廷光主编:《中国刑法原理》,武汉大学出版社1992年版,第561页。

③　参见苏惠渔、张国全、史建三:《量刑与电脑——量刑公正合理应用论》,百家出版社1989年版,第24页。

④　参见胡学相:《论我国刑法中量刑原则的重构》,载《法学评论》2005年第1期。

二是三原则说。主张我国量刑原则有三项,具体也有四种提法:刑罚相适应原则、刑罚个别化原则和刑罚法定原则;[①]罪刑均衡原则、刑罚个别化原则和依法量刑原则;[②]刑责相适应原则、刑罚个别化原则和依照刑事法律政策量刑原则;[③]责刑等质原则、裁量依法原则和个别评价原则(也叫裁量个别化原则)。[④]

三是四原则说。主张量刑原则有四项,具体又有两种提法:以犯罪事实为根据的实事求是原则,以刑事法律为准绳的社会主义法制原则,要贯彻罪责自负、反对株连的原则和执行刑事法律中定罪量刑的平等原则;[⑤]有罪应罚的原则、论罪量刑的原则、刑罚个别化原则和依法量刑的原则。[⑥]

四是三层次原则说。主张量刑原则有三个层次,也即把量刑原则分为刑法的基本原则、量刑的一般原则和量刑的具体原则三个层级。[⑦]

在以上观点中,本书赞同三层次原则说。其他观点,都具有显而易见的不合理性。如二原则说中的以犯罪事实为根据原则和以刑事法律为准绳原则,虽然是我国刑法理论上的通说,但存在诸多问题。从《刑法》第 61 条关于“对于犯罪分子决定刑罚的时候,应当根据犯罪的事实、犯罪的性质、情节和对于社会的危害程度,依照本法的有关规定判处”的规定来看,这个关于我国量刑原则的具体规定,确实是根据我国司法机关多年来的量刑经验制定出来的,而“以犯罪事实为依据,以刑事法律为准绳”,就是这一规定的简练概括。但理论上以此为我国量刑的一般原则,会存在因不是专属于量刑活动而为量刑一般原则的逻辑障碍(恕后详述)。同时,刑法的基本原则作为指导整个刑法立法和司法的全局性指导原则,肯定也

---

① 参见周振想:《刑罚适用论》,法律出版社 1990 年版,第 160 页。

② 参见樊凤林主编:《刑罚通论》,中国政法大学出版社 1994 年版,第 283 页。

③ 参见马克昌主编:《刑罚通论》,武汉大学出版社 2001 年版,第 264 页。

④ 参见李晓明:《有关量刑问题的理论思考》,载《法学杂志》2000 年第 3 期。

⑤ 参见高格主编:《刑法教程》,吉林大学出版社 1987 年版,第 184 ~ 189 页。

⑥ 参见赵炳寿主编:《刑法基本理论问题研究》,四川大学出版社 1992 年版,第 270 页。

⑦ 参见高格:《定罪与量刑》,中国方正出版社 1999 年版,第 184 ~ 191 页。

是量刑的指导原则，也指导着量刑活动，如上述许某案重审所作出的合理性量刑，就是罪刑相适应原则发挥作用的结果。而且，专属某个量刑活动如限制加重原则、吸收原则、并科原则等，自然也是量刑的原则，只不过它们不是指导整个量刑活动，而只是指导某个量刑活动的具体原则。这样，能够指导量刑活动的原则，应当具有基本原则、一般原则和具体原则三个层级。另外，对于量刑个别化（刑罚个别化），因是量刑的本体，而不只是一项量刑原则；量刑的公正性、合理性，只是量刑的基本理念和目标追求，不可能具体作为量刑原则使用；责刑相适应原则、罪刑均衡原则和依法量刑原则，只是刑法基本原则在量刑上的具体化，而且既缺少量刑平等所需要的刑法面前人人平等原则，也缺少刑法基本原则替代不了的量刑一般原则和量刑具体原则；依照刑事法律政策量刑原则，本身就混淆了法律与政策的关系（后文详述）。

有论者认为，作为量刑的原则，必须具有专门性，即这些原则必须是专门用于指导量刑活动的，而不是与制刑、定罪或行刑活动所共有的，不是普遍适用于所有刑事司法活动的一般原则；必须具有针对性的观点，即量刑原则一定是指导量刑的。[①] 在这里，认为量刑需有针对性的观点，显然是对的，但认为量刑原则只能是量刑专有的观点，则值得商榷。本书并不否认，作为专门指导全体量刑活动的一般原则和指导某个具体量刑活动的具体原则，具有量刑的专属性；但若认为所有指导量刑活动的原则，都具有专属性，则不仅在逻辑上存在问题，而且也会带来量刑不适法、不适当的问题。如上所述，普遍适用于所有刑事司法活动的刑法基本原则，如罪刑法定、罪刑相适应、刑法面前人人平等原则，肯定对整个量刑活动都具有指导作用。因此，作为指导量刑的量刑原则，并非都为量刑专有。

综上，量刑原则作为指导和主导整个量刑的基本准则，不仅包括刑法的基本原则，而且应有专属量刑活动的一般原则和具体原则。对于刑法基本原则与量刑一般原则的层级关系，将在“量刑一般原则的量刑个别化解析”中，加以阐述。

---

① 参见胡学相：《论我国刑法中量刑原则的重构》，载《法学评论》2005 年第 1 期。

二、刑法基本原则的量刑个别化解析

刑法的基本原则是贯穿于全部刑法规范,指导和制约整个刑法适用活动的原则。这意味着,一方面,实体性量刑活动作为刑法适用活动的一个部分,也应遵循刑法的基本原则;另一方面,刑法的基本原则也是量刑的基本原则。从当前理论和实践来看,“个别化”似乎是与刑法基本原则(如罪刑法定原则、罪刑相适应原则和刑法面前人人平等原则)相冲突的一个概念。可事实并非如此。基于刑法基本原则的内容,“个别化”实际上是实质性刑法基本原则的应有之义和表现形式。

(一)罪刑法定原则的量刑个别化解析

1. 罪刑法定原则在量刑个别化中的指导地位不容动摇

罪刑法定原则,即“法无明文规定不为罪,法无明文规定不处罚”,作为刑法的基本原则,具有限制机能,它不允许法官的权力超出成文法的规定。虽然法官享有自由裁量权是他们维护公平正义的合理需要,但法官的自由裁量权必须在成文法规定的范围内行使。既不能超越或违反成文法的规定,也不能与成文法的规定相冲突。在罪刑法定原则的发展历程中,虽然经历了由早期绝对规则主义到现代相对规则主义的发展变化,但其作为刑法灵魂的地位,始终无法动摇。对此,即使是主张主观主义的李斯特也坦言:“刑法典是犯罪人的大宪章……它既然是同犯罪人达成一项文字保证,对他们的惩罚只是当具备法定条件时才在法律规定的限度内实施。‘法无明文规定不为罪,法无明文规定不处罚’,这两句话是一道屏障,保护公民免受国家权威,多数人的权利、利益的侵害。”[①]由此,李斯特的高徒、德国著名法学家拉德布鲁赫进一步指出:“刑法不仅要面对犯罪人保护国家,也要面对检察官保护市民,成为公民反对司法专横和错误的大宪章。”[②]

---

① [日]庄子邦雄:《刑罚制度的基础理论》,康树华译,载《国外法学》1979 年第 4 期。

② [德]拉德布鲁赫:《法学导论》,米健译,中国大百科全书出版社 1997 年版,第 96 页。

罪刑法定由绝对向相对的演进,实质上就是坚持罪刑法定原则作为刑法灵魂性基本原则的表现。早期的绝对罪刑法定原则,以严格的规则主义为特征,绝对排斥法官的自由裁量权、绝对禁止或排斥类推适用、绝对排斥习惯法的适用、绝对禁止不定期刑并实行绝对确定的法定刑、禁止适用事后法等极端化做法,使法官毫无自由裁量的余地,变成一台仅将犯罪事实与刑法条文对号入座的机器。随着19世纪末20世纪初期以后国家干预主义学说取代自由放任主义学说而在社会经济生活中发挥主导作用,个人本位的观念逐渐被社会本位的观念所取代,但罪刑法定主义并没有被抛弃,而是从绝对走向相对,也即让罪刑法定具有一定的灵活性。表现为:从完全禁止司法裁量到允许有限制的司法裁量,从完全否定类推到允许有利于被告人的类推,从完全禁止事后法到允许轻法溯及既往,从采用绝对确定的法定刑到采用相对确定的法定刑。罪刑法定原则的以上变化,正如我国学者所指出的,“该原则所蕴涵的保障人权、限制司法权的价值追求和根基非但没有被丝毫动摇,反而更加突出和彰显,更加生机勃勃”。①

针对绝对罪刑法定的弊端,特别是该理论不但没有使犯罪率下降,反而使其呈直线上升趋势,刑事实证学派的个别学者(如日本学者牧野英一)提出了松弛、批判甚至取消罪刑法定的主张。② 可这只不过是罪刑法定二百多年发展史上短暂的一段插曲而已,③不可能(也不能)真正实现。又针对在当今世界个别国家刑法中保留类推制度的情况,有论者由此断言“罪刑法定事实上正在衰亡甚至名存实亡”,④这也是不真实的。事实上,世界上除极个别国家仍保留类推制度外,类推制度在世界各国刑法中已荡然无存;无论是大陆法系还是英美法系国家,罪刑法定原则已深入人心,废止类推,实行

---

① 武玉红:《试论罪刑法定原则的“中国特色”》,载《政治与法律》2002年第2期。

② 参见陈兴良:《刑法的价值构造》,中国人民大学出版社2017年版,第433页。

③ 参见付立庆:《善待罪刑法定——以我国刑法第三条之检讨为切入点》,载《法学评论》2005年第3期。

④ 侯国云:《市场经济下罪刑法定与刑事类推的价值取向》,载《法学研究》1995年第3期。

罪刑法定,实乃世界刑法之通例和发展之大趋势。[1] 20 世纪上半叶,罪刑法定原则受到法西斯主义的破坏,但这个法治被颠覆、人权被蹂躏的惨痛历史教训,使人们更加清醒地发现,罪刑法定对防范国家刑罚权的滥用和对保障国民权利不受侵害,具有不可替代的价值。也正因如此,第二次世界大战以后,罪刑法定主义又重新得以发扬光大,并且进一步派生出了刑罚法规不明确即无效,以及实体正当等新的要求,实现了罪刑法定从追求形式合理性到追求实质合理性、从形式的罪刑法定向实质的罪刑法定的超越。[2]

因此,在当今社会,所有的刑事司法活动,无论是定罪还是量刑(包括量刑个别化),都必须一如既往地遵守罪刑法定原则。虽然我们反对机械地适用法律,也反对过分强调公正的流动性和易变性,但在司法中弱视罪刑法定及法规的严肃性和稳定性,也会导致社会失衡,因为,这样一来,人们便失去了自由行动的尺度。不可否认,在我国的刑事司法实务中,还存在着有意无意曲解法律、忽视法律乃至无视法律的错误观念及做法,以致有法不依、执法不严、违法不究、究不依法的现象较为普遍。[3] 这意味着,在我国司法上,严格按照罪刑法定原则的要求,坚持严格执法的观念、强化依法定罪判刑的法治意识,至关重要。

2. 量刑个别化是实质性罪刑法定原则在量刑上的当然之义和表现形式

我国学者认为,"法官应当是保守的,但是这也绝不意味着法官是一个只会照本宣科的人。赋予法官在法律的范围内基于自己的专业知识和社会经验而自由行使裁量权对社会而言终归是有益的。在刑事司法领域中,罪刑法定是永远不可动摇的原则,

---

① 参见高铭暄主编:《刑法专论》(上编),高等教育出版社 2002 年版,第 93 ~ 94 页。

② 参见付立庆:《善待罪刑法定——以我国刑法第三条之检讨为切入点》,载《法学评论》2005 年第 3 期。

③ 参见高铭暄主编:《刑法专论》(上编),高等教育出版社 2002 年版,第 99 ~ 100 页。

但是它也绝不是一种桎梏,将司法者禁锢在冰冷的法律条文内亦步亦趋。只要有利于保障公民的权利与自由,有利于维护社会的整体利益和秩序,就不能拒绝在法律原则和精神容许的框架内进行罪与刑方面的变革尝试"。[1] 应当说,这一论断是精辟的。它不仅从刑事司法视角科学地描述了罪刑法定原则的实质性,而且恰当地揭示了实质性罪刑法定原则与刑事司法的内在关系;而量刑个别化就是实质性罪刑法定原则与量刑的这种内在关系的表现形式。

首先,罪刑法定原则的内核使其具有实质性,并在量刑上表现为量刑个别化。在刑法现代化发展中,虽然罪刑法定原则已经从保障人权的单一功能发展为惩罚犯罪和保障人权的双重功能,但无论怎么发展,"保障人权"始终是其基本内核所在。基于罪刑法定原则的基本理论渊源,罪刑法定原则被理解为国家与国民在刑事领域的社会契约。在这个契约中,其主体双方的力量是不对等的:一方是有组织的整体,是强者;另一方是独立的个体,是弱者。在当今文明时代,强者体恤弱者是政治文明、精神文明的应有之义。[2] 在法治社会,法的立法设置,本是为了增强作为契约主体的国民对抗作为契约主体的国家的"实力",而不是相反。正如我国学者韩忠谟先生所揭示的那样:"无论'法'在历史发展上的真相究竟怎样,就它本身的机能来说,总以济弱锄强,维持秩序为主要任务,这种济弱锄强的作用,就是对于实力的一种克制,在任何法律秩序中,如果听凭强有力者任意妄为,使弱者屈服于实力之下,受其宰割,那么秩序势必瓦解,陷入强凌弱众暴寡的混争之局。"[3]因此,在这个特别的契约中,必须突出"人权保障"的主体和核心地位。为突出"人权保障"的主体和核心地位,一方面,罪刑法定原则需以"不伤及无辜,不重罚轻(罚)者"为底线,司法官的活动不能跨越这条底线;另一方面,"不伤及无辜,不重罚轻(罚)者"的底线并不排斥"有利于

① 沈海平:《罪刑法定不是机械的》,载《人民检察》2007 年第 9 期。

② 参见储槐植:《现在的罪刑法定》,载《人民检察》2007 年第 11 期。

③ 韩忠谟:《法学绪论》,中国政法大学出版社 2002 年版,第 72 页。

被告”。[①] 正如有学者所认为的,“罪刑法定限制的是超越法律的犯罪化、重刑化,但它并不反对非犯罪化、轻刑化”。[②] 有利于被告原则在功能上甚至可以作为罪刑法定原则获得法律效果和社会效果双优的必要补充。在有利于被告的立法缺位时,在法律效果和社会效果同时需要的情况下,适当的“没有法律明文规定”的有利于被告的“创造性做法”,实与罪刑法定原则关于人权保障的精神实质相契合,并填补了罪刑法定原则的不足。对此,我国学者马克昌教授等也指出:“由于罪刑法定主义从一开始就是基于尊重人权的意旨而确定下来的,所以必须从实质上保障人权(实质的人权保障的原则)。这就要求超越形式的法律主义的要求而实现刑罚法规内容的正当。”[③]确实,“如果不考虑刑法实体的正当性,实际上就等于抽掉了罪刑法定原则的灵魂而使其变成纯粹的形式,而纯粹形式意义上的罪刑法定与人权保障之间并没有必然的联系”。[④] 因此,综合罪刑法定原则所承担的历史使命和兼顾量刑个别化等的需要,以避免损害量刑公正有效之终极目的,“一般来讲,所判刑罚的上限不应超过犯罪人根据其罪行轻重所应得的惩罚,下限不应低于保护社会免受犯罪人再侵害的需要”。[⑤]

其次,罪刑法定原则的立法规定,使其具有实质性,并在量刑上表现为量刑个别化。从立法来看,罪刑法定原则从最初的绝对主义发展为现在的相对主义,从反对类推、缓刑、假释、保安处分、轻法溯及既往到同意接受这些制度,就已表明,罪刑法定原则允许在其框架下施行包括量刑个别化在内的刑罚个别化。同时,出于人权保障和有利于被告的立法价值取向,针对犯罪行为的社会危害性与行为人的人身危险性以量刑个别化,并对社会危害性不大且人身危险性

---

① 罪刑法定原则之所以要禁止适用习惯法、禁止法外施刑和不定期刑、禁止适用类推和扩大解释、禁止刑法溯及既往,就是因为适用习惯法等不利于保障人权,不利于被告;相反,现代相对的罪刑法定原则表明,有利于被告的法外施恩、扩大解释、刑法溯及既往等,在一定范围内还是被允许的。

② 沈海平:《罪刑法定不是机械的》,载《人民检察》2007 年第 9 期。

③ 马克昌等:《刑法学全书》,上海科学技术文献出版社 1993 年版,第 605 页。

④ 周少华:《刑法理性与规范技术》,中国法制出版社 2007 年版,第 253 页。

⑤ 储槐植:《美国刑法》,北京大学出版社 2005 年版,第 254 页。

小者适用轻于法定最低刑甚至作出非刑罚处理,也并非偏离法律规定,并非突破和动摇罪刑法定原则;相反,这些立法规定,恰恰就是罪刑法定原则的实质性体现。从我国刑法立法来看,刑法设置关于犯罪定义的但书规定、关于免除刑罚处罚的非刑罚处置措施、关于酌定减轻处罚的规定等,就是让司法修正、变更刑法立法上的形式性规定。虽然《刑法》第3条明确规定"法律明文规定为犯罪行为的,依照法律定罪处刑;法律没有明文规定为犯罪行为的,不得定罪处刑",但其第13条关于"情节显著轻微危害不大的,不认为是犯罪"的规定,使得即使符合刑法关于犯罪行为的规定,也并非"依照法律定罪";其第37条关于"对于犯罪情节轻微不需要判处刑罚的,可以免予刑事处罚,但是可以根据案件的不同情况,予以训诫或者责令具结悔过……"的规定,以及第63条第2款关于"犯罪分子虽然不具有本法规定的减轻处罚情节,但是根据案件的特殊情况,经最高人民法院核准,也可以在法定刑以下判处刑罚"的规定,使得即使符合刑法关于犯罪行为及其法定刑等的规定,也并非"依照法律处刑"。综合以上几个方面的规定,我国的罪刑法定原则在司法上的表现,不是形式上的,而是实质上的。这个实质上的罪刑法定原则,既为量刑个别化的实现留下了空间,也是量刑个别化成为其量刑上的当然之义和表现形式。

不过,遗憾的是,在当前实践和理论上,以上非刑罚的处理方法并没有得到应有的重视。正如有学者指出:"在我国,无论是立法者、司法者还是学界人士,对运用非刑罚措施教育改造犯罪人方面的功用,认识上还非常不足。在应对犯罪的措施上,第一反应还是刑罚,人们并非考虑——更未主动去探讨——在刑罚之外还有什么更经济、效果更好的措施。现行刑法虽有非刑罚措施的设置,但基本上不敷大用。"①如此评价,虽有言过其实之嫌,但在一定程度上揭示了非刑罚处理方法在我国没有得到应有重视的现状。从司法实践来看,我国的司法实践确实很少适用这些非刑罚的处理方法,以至于在个别法院为获取量刑的法律效果与社会效果而适用这些

① 沈海平:《罪刑法定不是机械的》,载《人民检察》2007年第9期。

刑事责任实现方式时，还遭遇“合法性”的质疑；①在理论上，虽然对非刑罚处理方法已有一些探讨，但作为最能影响法官法律意识形成的教科书，对非刑法处理方法，大都只是附带性的简单介绍，没有列入重要、重点教学内容。也正基于此，刑罚个别化（量刑个别化）受到质疑甚至被否定，也就是情理之中的事了。

3. 罪刑法定原则在量刑个别化中的表现

首先，罪刑法定原则在量刑个别化中表现为以量刑一般化为基础和前提。如前所述，量刑个别化主要是量刑结果与反映犯罪行为的社会危害性和犯罪人的人身危险性等方面的事实相适应。然而，这个“相适应”，必须在刑法框架下才能实现，否则，不仅会打破法规的严肃性和稳定性，还会因失去了自由行动的尺度而导致社会失衡。因此，量刑个别化必须遵循罪刑法定原则，必须在统一的法律框架下以一定规则进行，也就是首先实现量刑一般化。所谓量刑一般化，主要是强调在司法层面上，“同案”“同罪”应适用统一的法律规范，如具体法定刑、量刑原则等，以实现“同判”“同罚”。从罪刑法定的经典表述（“法无明文规定不为罪、法无明文规定不处罚”）来看，就量刑而言，“法无明文规定不处罚”就是要求量刑不仅要有法的明文规定，而且对于“同案”“同罪”，还要适用相同的法律进行“同判”“同罚”。正是就以上意义而言，量刑一般化的实现，是实现量刑个别化的前提和基础。

其次，罪刑法定原则在量刑个别化中还表现在它要求量刑一般化所体现的法律规范，适用于具体个案、具体个人。具体而言，罪刑法定原则要求量刑必须依法进行，并不简单地意味着量刑只能是划一性的，量刑必须“一刀切”；相反，它所要求的依法量刑就是要把刑法的相关规定，通过法官的自由裁量权和主观能动性，运用到具体个案和个人中去。这不仅是因为“徒法不足以自行”，而且因为任何成文立法所固有的抽象性（针对一般人、一般事）、概括性（没有也不可能穷尽一切具体问题与细节）和相对性（如相对确定的法定刑、各种法定量刑情节等）决定了，罪刑法定原则的终极目的和要

① 例如，判处粗心烧山的老汉“种树”，判处无须判刑者的社区服务令，等等。

求不是让法律固守在抽象性、概括性和相对性的文本上，而是使具有抽象性、概括性和相对性的法律规则应用到具体个案、具体个人，并作出罪刑相适应的量刑结论，从而使罪刑法定原则下的这个量刑结论表现为量刑个别化。

最后，罪刑法定原则在量刑个别化中还表现为，虽然该原则禁止对犯罪人不利的量刑，但它并不禁止对犯罪人有利的量刑。从罪刑法定的经典表述来看，罪刑法定原则在实质上虽然禁止对刑事被告人[①]不利的法无明文规定的“入罪”及从重处罚，但并不禁止对刑事被告人有利的法无明文规定的“出罪”及从宽处罚。因此，当刑法没有明文规定时，可以作出有利于被告人的量刑，而不得作出不利于被告人的量刑；当刑法的规定在适用中发生冲突时，应当优先考虑有利于被告人的量刑，而不得优先考虑不利于被告人的量刑；当刑法的规定模棱两可，以致量刑时似乎既可作出重的选择也可作出轻的选择时，只能作出轻的选择，而不得作出重的选择。[②] 如此表现是罪刑法定原则的人权保障精神及其所体现的刑法谦抑、有利于被告精神的要求。正因为如此，罪刑法定原则才从形式合理性走向了实质合理性，才从形式上的罪刑法定走向了实质上的罪刑法定，并在生存危机中获得了生机和活力。

在我国实践中，针对日趋严重的青少年犯罪问题，怎样加强对青少年犯罪的教育、挽救工作，如何探索一条改革和创新青少年犯罪的审理方式，有些地方法院依据有关法律及审判实践，大胆提出“少年刑事公诉案件暂缓判决的意见”，即尝试对符合一定条件的少年犯先定罪名，暂不判处刑罚，设置适当的考察期限，考察期满后再结合其悔罪表现予以判决。例如，山东历下区人民法院从 2000 年 4 月 1 日起，根据其制定的《济南市历下区人民法院少年刑事公诉案件暂缓判决的意见(试行)》规定，对不满 18 岁、判刑 3 年以下或拘役且认罪态度较好的初犯，先定罪名，暂不判处刑罚，而是给予

---

① 应作广义的理解，不仅包括审判阶段的被告人，而且应包括侦查和审查起诉阶段的犯罪嫌疑人，也包括定罪后的犯罪人，下同。

② 参见邱兴隆：《有利被告论探究——以实体刑法为视角》，载《中国法学》2004 年第 6 期。

适当的考察期限，然后根据其悔罪表现再予以判决；对确有明显悔改、立功表现的可依法从轻、减轻处罚。① 广东省高级人民法院也于2004年4月根据法律和有关司法解释，制定了《关于加强未成年人刑事审判工作的指导意见》，该意见规定："对于应判处3年以下有期徒刑或拘役、符合一定条件的未成年被告人，可以试行暂缓判决，即先以决定书确定其所犯罪名，但暂不判处刑罚，给予3～6个月的考察期，让其接受有关社会组织的帮教，被告人每月向法院报告一次学习、工作情况，考察期结束后，再结合其悔罪表现进行判决"，下发全省法院执行。对于如此探索，在上海、重庆等地也都早有实践，并取得了良好的社会效果。

对于以上实践探索，理论上有论者提出了批判，认为："任何探索和创新都必须建立在现有法律框架的基础上，不能无限制突破，无约束创新"；这种"先定罪名，暂不判刑，视其定罪后表现，再决定应适用的刑罚"的做法，"不符合我国刑法及刑事诉讼法的相关规定"；"完全没有法律依据，它或许是刑罚个别化实践的一则好例，却因违背罪刑法定原则而成为恶例"。②

本书不同意以上批判。如前所述，随着刑法现代化的发展，罪刑法定原则实现了从形式合理性到实质合理性、从形式上的罪刑法定到实质上的罪刑法定的超越。我国现行《刑法》第13条、第37条、第63条第2款关于犯罪定义的但书、免除刑罚处罚、酌定减轻处罚等的规定，表明我国的罪刑法定原则也是实质性的。这意味着"先定罪名，暂不判刑，视其定罪后表现，再决定应适用的刑罚"的做法，并没有违背刑法的任何规定；相反，这是遵守实质化的罪刑法定原则的表现，并符合量刑个别化的要求。

综上所述，一方面，量刑个别化需体现社会一般公正，需以行为的社会危害性作为量刑的基本标准，而无论是体现社会一般公正还是根据行为的社会危害性进行报应，都必须遵循罪刑法定原则，必

---

① 参见许莉、牛文祥、康鹏：《先定罪名暂不判刑，济南一法院给少年犯留考察期》，载《成都商报》2000年4月8日，第5版。

② 张琳：《刑罚个别化研究》，中国政法大学2001年博士学位论文，第113～114页。

须在罪刑法定原则的框架下使得犯罪行为的社会危害性与刑法规定的罪与刑相适应,不能超越刑法关于罪与刑的规定,这实际上是罪刑法定原则对量刑个别化在体现社会危害性上的边界所在;另一方面,量刑个别化又需体现个别公正和社会效果,需以行为人的人身危险性及社会防卫效果等作为量刑的重要调节标准,既不能以人身危险性大为由超越罪刑法定原则的边界而加重对犯罪人的处罚,又要与有利于被告和从宽处罚的罪刑法定精神相吻合。就这个意义而言,量刑个别化与罪刑法定原则,不仅不相矛盾,而且还表现为有机统一。因此,理论上认为,“审判机关在量刑时,应当根据犯罪人所犯罪行的社会危害程度和犯罪人的人身危险性大小,在相应的法定刑范围内或以该法定刑为基础,判处适当的刑罚或者刑期”,[①]实际上就是量刑个别化与罪刑法定原则的以上关系的科学概括。

(二)罪刑适应原则的量刑个别化解析

1.“罪刑均衡”“罪刑相当”称谓质疑

在当前理论上,似乎都把“罪刑均衡”与“罪刑相适应”理解成同义语。如认为:“回顾有关讨论便不难发现,罪刑均衡有各种称谓,如‘罪刑相适应’‘罪刑相称’‘罪刑相当’等”;[②]“罪刑相当原则,或称罪刑均衡原则、罪刑相适应原则”。[③] 实际上,这些理解值得商榷。

“罪刑均衡”“罪刑相当”的称谓,不仅不能等同于“罪刑相适应”,而且其本身也不适当。就罪刑均衡而言,“均衡”即“平衡”,是指事物稳定和有序发展的状态,是矛盾暂时的相对的统一或协调,与不均衡相辅相成,相互转化。平衡有动态平衡和静态平衡之分。所谓动态平衡,是指物质系统在微观粒子不断运动和变化情况下的宏观平衡,强调相对方面的势均力敌;所谓静态平衡,是一种相对静止状态下的平衡,强调相对方面势均力敌下的静止状态。因此,无

① 马克昌主编:《刑罚通论》,武汉大学出版社 1999 年版,第 271 页。

② 白建军:《罪刑均衡实证研究》,法律出版社 2004 年版,第 1 页。

③ 马克昌:《论我国刑法的基本原则》,载《中央检察官管理学院学报》1997 年第 4 期;何秉松:《试论新刑法的罪刑相当原则》(上),载《政法论坛》1997 年第 5 期。

论是动态平衡还是静态平衡，“均衡”实际上只是某事物发展中的各种力量的相当，强调的是事物纵向发展或横向相关的协调和一致性，具有明显的宏观性，如国民经济的均衡发展。由此推之，罪刑均衡强调的是“罪”或“刑”中相反因素的势均力敌，而不是“罪”与“刑”间的相当，更不是它们间的势均力敌。显然，这不仅与我国刑法关于罪刑相适应原则的规定不相符合，也是对刑事古典学派关于刑罚的轻重与犯罪行为的社会危害性相适应的原初观点（make the punishment fit the crime）的曲解。因此，“罪刑均衡”的称谓是一个名不副实的、应当否弃的称谓。同样，“罪刑相当”因“相当”即“相等”而同样名不副实，同样应当被否弃。

从以上称谓的具体内容来看，其准确的称谓应是“罪刑相适应”（make the punishment fit the crime and the criminal）。适应，本是生物在生存竞争中适合环境条件而形成一定形状的现象，例如，仙人掌的性状适应在沙漠中生长，强调的“适应”意即“适合”（客观条件或需要），强调的是事物间的相吻合性，而并非一致性，具有明显的微观性，如适应环境。据此，“罪刑均衡”“罪刑相当”的称谓，强调的并不是罪与刑之间的关系，不是罪与刑之间的吻合性，而是罪的均衡性和刑的均衡性，也即在某个时段内对某类行为的定性是否具有一致性，对具有类似性质和情节的罪的量刑是否具有一致性；而罪刑相适应，强调的是罪与刑之间的关系，强调的是对某个犯罪人的量刑是否与他所实施的犯罪行为的社会危害性及其人身危险性相吻合。同时，“罪刑相适应”并不是类似行为的定罪与量刑的一致（相当、均衡），甚至不是“罪与刑的基本相称”，①而只要求“罪”与“刑”“相适应”。从现实来看，只要量刑是建立在犯罪行为的社会危害性和犯罪人的人身危险性等方面的事实基础上，就是“罪”与“刑”“相适应”。因此，“罪刑相适应”与“罪刑均衡”、“罪刑相当”不是同义语。从罪刑相适应原则的起源和内容来看，“罪刑均衡”“罪刑相当”并不是一个规范的法学术语。事实上，我国刑法也只规定了罪刑（罪责刑）相适应原则，而没有规定和要求“罪刑均

---

①　曲新久：《试论刑罚个别化原则》，载《法学研究》1987 年第 5 期。

衡”“罪刑相当”。

2. 量刑个别化是罪刑相适应原则的实质要求

对于量刑个别化（刑罚个别化）与罪刑相适应的关系，在理论上主要有以下两种观点：

一是并行说。具体又有主次说与同等说之分。前者认为，法院适用刑罚时应考虑两方面的因素：一方面是已然犯罪行为的社会危害性大小即轻重如何，为此量刑应坚持罪刑相适应原则；另一方面是犯罪人再犯的可能性大小，以便刑罚的轻重与之相适应，为此量刑应坚持个别化原则。在两原则的关系上，罪刑相适应原则是首要原则，量刑个别化原则是第二位的原则。① 后者认为，刑罚个别化既不从属于罪刑相适应原则，也不是罪刑相适应的例外，而是独立于罪刑相适应的刑法基本原则。②

二是包容说。该说认为，所谓罪刑相适应原则就是以刑法与犯罪性质、犯罪情节和犯罪人的人身危险性相适应为内容的原则。③ 它和刑罚个别化并不矛盾，罪刑相适应已经考虑了每个案件的社会危害、情节、性质和罪犯主观人身危险性的大小、行为人的罪过形式、目的动机等情况，它本身已包含刑罚个别化，它是在个别化基础上的罪刑相适应；同时，刑罚个别化也不是毫无边际的个别化，而是要遵循罪刑相适应的一般原则和基本指导，是相对的刑罚个别化，刑罚个别化也正是为了做到真正的罪刑相适应。④ 对罪刑均衡原则不能拘泥于“重罪重判、轻罪轻判”的解释，因为这样一来，在犯罪论中强调罪刑均衡，主张刑罚以已然犯罪为转移；在刑罚论中强调刑罚目的，主张刑罚以未然犯罪为转移，这就使现行刑法体系出现了一个难以解决的矛盾。为此，罪刑均衡应当包括刑罚个别化的内容，只有这样，才能使罪刑均衡原则与刑罚目的相统一。⑤

---

① 参见周振想：《刑罚适用论》，法律出版社1990年版，第159～199页。

② 参见曲新久：《刑法的精神与范畴》，中国政法大学出版社2000年版，第476页。

③ 参见张明楷：《刑法学》（第6版），法律出版社2021年版，第714页。

④ 参见陈正云：《也谈罪刑相适应与中国刑法观念的更新》，载《法学》1991年第8期。

⑤ 参见陈兴良：《刑法适用总论》（上卷），中国人民大学出版社2006年版，第53～54页。

本书赞同“包容说”。基于现代理性的刑罚个别化理论，量刑个别化就是实质的罪刑相适应原则在量刑问题上的要求和体现。在当前理论上，有论者既反对“并行说”，又反对“包容说”，认为它们均未合理而有效地解决罪刑相适应与刑罚个别化之间的矛盾，都可能导致对犯罪人的惩罚不公正，都是不合理的。对于“并行说”，因量刑既与犯罪的轻重相适应，又与犯罪人的人身危险性相适应，意味着量刑可在犯罪的轻重之外以人身危险性为根据，而可能导致以人身危险性大为由加重对犯罪人的处罚，以至于宣告刑重于犯罪而失之公正；对于“包容说”，因把刑罚个别化解释成罪刑相适应的内容，必然导致在罪刑相适应的名义下以个别化决定刑罚的适用与执行，而可能以罪刑相适应之名行个别化之实，最终导致在罪刑相适应的公正性的掩饰下不公正地按个别化的要求决定刑罚。① 本书认为，如此批判是不成立的。综观以上“并行说”和“包容说”，其中所言的刑罚个别化均为现代理性的刑罚个别化。这种刑罚个别化，如前所述，是从仅以人身危险性为根据的近代极端刑罚个别化发展而来，它兼以犯罪行为的社会危害性和犯罪人的人身危险性为根据。但以上批判者的批判，无论是其所称的刑罚个别化还是其所攻击的刑罚个别化，都是仅以人身危险性为根据的近代极端刑罚个别化，与“并行说”和“包容说”中所指的现代理性的刑罚个别化，不在一个话语平台上，因而必然会得出片面的批判结论。

量刑个别化为罪刑相适应原则在量刑问题上的实质要求和表现，意味着审判机关在量刑时，应当根据犯罪人所犯罪行的社会危害程度和犯罪人的人身危险性大小及其他相关事实，在相应的法定刑范围内或以该法定刑为基础，判处适当的刑罚、刑期甚至免除刑罚处罚。又根据刑法的主客观相一致原则，在罪刑相适应原则的适用中，与“刑”相适应的“罪”和“责”，并非仅指犯罪行为的社会危害性本身，还应包括犯罪人的年龄、性格、体质、反社会心理、犯罪前后的表现和个人的生活经历等人身危险性情况，这些情况在一定程度上彰显了犯罪者的主观恶性，也应当包含于“罪”“责”之中。因此，

---

① 参见邱兴隆：《刑罚个别化否定论》，载《中国法学》2000 年第 5 期。

虽然张三与李四实施了相同的犯罪行为而可能构成同一罪名，甚至他们实施的相同犯罪行为在手段、强度等情节上也完全相同，但由于他们的年龄、性格、体质、反社会心理、犯罪前后的表现和个人的生活经历等情况的不同，而不应对他们判处同样的刑罚。

（三）刑法平等原则的量刑个别化解析

我国《刑法》第4条规定："对任何人犯罪，在适用法律上一律平等。不允许任何人有超越法律的特权。"这是宪法确定的法治原则在刑法中的具体体现。据此，司法机关对任何人犯罪，不分民族、种族、职业、性别、宗教信仰、教育程度、财产状况、职位高低和功劳大小，都应依法追究刑事责任，一律平等地适用刑法，不允许有任何超越法律的特权，不允许在适用刑法时采取不同标准，违法地轻判或重判。诚然，平等是法律本身的内在要求。就静态的法而言，法不是针对个别人而是针对一般人设计的；法律所设想的适用对象不是特定事件，而是一般事件；法律不是一次适用便作废，而是反复适用。这就是法的普遍性表现。这个表现决定了在适用法律时必须平等。

从形式上看，适用法律应当"对类似的事件作出相同的裁判"；然而，从实质上看，这并不是真正的公平，至多只是"呆板的公平"，而"呆板的公平其实是最大的不公平"。就量刑而言，实质意义上的公平，并不是追求"对类似的事件作出相同的裁判"，而是针对类似的案件作出与犯罪行为的社会危害性和犯罪人的人身危险性等相适应的个别化量刑。

从本质功能上看，法律不能使人人平等，法律能够做到的只是使人们在法律面前人人平等。这意味着，在量刑上，所谓的适用刑法平等，只是所有的犯罪者在刑法面前平等，并不是所有的犯罪人（包括实施了类似犯罪行为的）适用刑法的结果（量刑结果）相同，因为人与人是不相同的，人们不能将法律面前人人平等理解成一视同仁、人人相等。犯罪者在刑法面前平等，主要表现在相同犯罪行为的定性相同，并由此带来量刑基准即适用的法定刑幅度相同。至于最终带来的法律后果是否相同，这取决于全案的各个要素即各种量刑情节是否相同。这种既建立在相同的量刑基准上，又建立在个别化的量刑情节上的量刑,就是量刑个别化。这种个别化的量刑才是真正的、实质意义上的“在刑法面前人人平等”。毕竟,犯罪者的身份和人格不同,可导致犯罪者在人身危险性上的差别,进而决定了量刑结果上的差别。这种差别,正如萨莱耶所指出的,因所有的人都可获得而仍符合刑法面前人人平等原则。①

在实践中,有观点认为,对不同地籍的犯罪者判处不同的刑罚,违背了刑法面前人人平等原则。如有学者对北京市朝阳区检察院1999年度公诉案件的量刑进行了统计与分析,结果发现对于非北京籍的犯罪人受到的处罚比北京籍犯罪人要重一些,而且非北京籍罪犯很少适用缓刑和管制,因此就得出结论:“这种因犯罪人户籍所在地差异所发生的量刑差别,至少反映出北京籍人犯和非北京籍人犯量刑的不平衡。”②本书不同意这种认识。量刑是一种综合平衡的活动,不仅要考虑犯罪中的因素,而且还要考虑犯罪外的因素;不仅要考虑对犯罪人的报应,而且还要考虑对犯罪人的预防。这意味着对具有不同人身危险性的犯罪人处以不同形式的刑事责任,是量刑的应有之义。也就是说,对于北京籍罪犯,因判处缓刑和管制可实现有效监管,可控制人身危险性的增长,或者说,这种“地利”本身就是人身危险性相对较小的一种表现;而对于非北京籍罪犯,为了便于追诉而在审前更多地需要关押,这就既因为刑期折抵的不良表现而拉动了实刑、重刑等的适用,③又因为对已决犯判处缓刑或管制不便监管,或说对非北京籍罪犯因判处缓刑或管制可能带来人身危险性的增长,而一般不宜适用。正是基于以上对人身危险性的考虑,审判人员才作出了不同地籍者间的不同量刑。如此不同的量刑,也是刑法面前人人平等和量刑个别化的表现。当然,实践中,也不排除有借“量刑个别化”之名去破坏刑法面前人人平等原则的现象,但这不是量刑个别化破坏了刑法面前人人平等原则,而是非量

---

① Raymond Saleilles, *The Individualization of Punishment*, translated from the second French edition by Rachel Szold Jastrow, Patterson Smith, 1968, Chapter 3.

② 参见阮齐林:《中国刑法上的量刑制度与实务》,法律出版社2003年版,第208～209页。

③ 参见石经海:《我国刑期折抵制度之检讨》,法律出版社2008年版,第73页。

刑个别化或异化的量刑个别化破坏了刑法面前人人平等原则。

三、量刑一般原则的量刑个别化解析

(一)量刑一般原则的界定

原则,意即说话或行事所依据的法则或标准。从功能上看,量刑原则是主导量刑的方向和弥补量刑具体规定的漏洞和不足的总体性指导法则或标准。刑法的基本原则贯穿于全部刑法规范,指导和制约整个刑罚适用活动,也是量刑的基本原则。除此之外,实体方面的量刑活动只是刑法适用活动的一个部分,具有自己的特点,还需有自己的一般原则和具体原则。理论上通说认为,我国《刑法》第 61 条关于“对于犯罪分子决定刑罚的时候,应当根据犯罪的事实,犯罪的性质、情节和对于社会的危害程度,依照本法的有关规定判处”的规定,也即“以犯罪事实为根据,以刑事法律为准绳”,是我国量刑的一般原则。

然而,从逻辑上看,把“以犯罪事实为根据,以刑事法律为准绳”视为量刑的一般原则,是有问题的。显然,“以案件事实为根据,以刑事法律为准绳”不是专属于量刑活动,不是仅指导量刑活动,而是定罪和量刑活动所共有的刑事司法性原则。基于定罪与量刑有不同的事实根据和法律根据,定罪和量刑应当有不同的专属本领域的一般原则。就定罪而言,定罪以反映犯罪行为社会危害性的事实为根据,并以犯罪成立(包括犯罪构成要件、犯罪定义、效力范围、时效等)所需要的法律为准绳,因而定罪的一般原则应是“以犯罪事实为根据,以定罪法律为准绳”;就量刑而言,量刑以反映犯罪行为社会危害性和犯罪人人身危险性等方面的事实为根据,并以从法定刑到处断刑到宣告刑(包括某些情况下的免刑)到执行刑的司法变型所需要的法律为准绳,因而量刑的一般原则应当是“以量刑事实为根据,以量刑法律为准绳”。[①]

以上量刑的一般原则,并非罪刑法定原则在量刑问题上的具体

---

① 由于如此原则实际上是关于量刑事实根据和量刑法律根据的基本准则,因此,这个量刑一般原则实际上只是关于量刑事实根据和法律根据适用方面的一般原则。

化,而是刑法三大基本原则在量刑上的进一步延伸。有论者认为,我国量刑原则有两项,即责刑相适应原则和依法量刑原则,它们分别是作为我国刑法基本原则的罪刑相适应原则和罪刑法定原则,在量刑问题上的具体化。① 本书不同意这种观点。首先,刑法的基本原则虽然也指导量刑,但它们不是专属于量刑活动,不能降格为量刑的一般原则。其次,量刑所需“法律”并非罪刑法定原则一个原则的要求和体现,而是三个基本原则共同的要求和体现。易言之,只有同时满足三个基本原则的要求,且建立在个案量刑根据上的“法律”,其量刑才算是“以量刑法律为准绳”。由此,在司法上,与立法上的“法”不同的是,量刑上的“法”是针对具体量刑事实并同时满足刑法三大基本原则要求的“活法”。就这个意义而言,“以量刑法律为准绳”并非仅是罪刑法定原则在量刑上的体现,而是刑法三大基本原则延伸出来和同时指导下的下一层级的量刑一般原则。

(二)以量刑事实为根据原则的量刑个别化解析

以上量刑一般原则,在成文法国家的刑法中都作了明确的规定。在德国,1975 年《刑法典》第 46 条第 1 项规定:“刑罚对犯罪人未来社会生活的可期待发生的影响,并应斟酌之。”该条第 2 项规定:“法院丁量刑时,应权衡于　切对犯罪人有利及不利的情况,尤应注意下列各事项:犯罪人的动机与目的,由行为所表露的心情及行为时所具意念,违反义务的程度,实行的种类及犯罪的可归类的结果,犯罪人的生活经历,其人身的经济关系,以及其犯罪的态度,尤其补偿损害之努力。”其现行刑法也作了同样的规定。在意大利,1968 年《刑法》第 132 条在规定了“法官量刑之权限”之后,进而规定法官依前条自由裁量时,应斟酌下列各款情状:行为之性质、种类、方法、对象、时间、地点及一切状况,被害人所受损害或危险之轻重,故意或过失之程度。法官应斟酌下列有关行为人犯罪倾向:犯罪之动机及行为之性格,刑事及裁判上之前科及行为人犯罪前之行为及生活状况,犯罪时或犯罪后之态度,行为个人家庭或社会关系。其现行《刑法》第 133 条也规定,法官在斟酌犯罪行为情状的同时,

① 参见胡学相:《论我国刑法中量刑原则的重构》,载《法学评论》2005 年第 1 期。

要斟酌犯罪人的下列个人情况:“犯罪的动机及行为人的性格;刑事及裁判上的前科及行为人犯罪前的行为及生活状况;犯罪时或犯罪后的态度;行为人个人、家庭或社会关系。”在日本,1974 年的《刑法修改草案》第 48 条第 1 项规定,“刑罚必须对应于犯人的责任加以量定”;第 2 项规定,“在适用刑罚时,必须考虑犯人的年龄、性格、经历和环境、犯罪的动机、方法、结果及对社会的影响,犯罪后犯人的态度及其他情况,必须以有利于犯罪的抑制和犯人的改恶从善及更生为目的”。在苏联及俄罗斯,早在 1919 年发布的《苏俄刑法指导原则》关于量刑的一般原则是:对于犯罪人决定刑罚方法的时候,法院应鉴别犯罪人本人和他所实施的犯罪行为对共同生活的危害程度和危害性质(属性)。为了这一目的,法院除了研究实施犯罪行为的全部环境以外,首先,应判明犯罪人的个人情况在其罪行和动机里已经暴露出来的程度,以及根据其生活方式和过去情况所能判明其个人情况的程度。其次,应当确定行为本身在当地时间和地点等条件下,对于社会安全所侵害的程度。

以上各国法律关于量刑一般原则的规定,一方面意味着,“无论刑法对刑罚适用的原则是否予以明确规定,也无论刑法采用何种形式规定……刑罚适用原则的内容,不外乎两方面:一是适用刑罚时必须依据犯罪行为的损害程度,危害结果;二是适用刑罚时必须考虑犯罪人的个人情况”,[①]即原则上量刑兼以犯罪行为的社会危害性和犯罪人的人身危险性为根据。另一方面意味着,这个量刑的一般原则实际上体现了量刑个别化作为量刑本体的要求。

理论上有论者认为,我国《刑法》第 61 条规定的量刑一般原则,要求量刑根据“犯罪的事实、犯罪的性质、情节和对于社会的危害程度”,是要求量刑以犯罪事实为根据。[②] 显然,这种观点值得商榷。从 1979 年《刑法》关于量刑的一般原则的规定来看,1979 年《刑法》仅保留了“应当根据犯罪的事实、犯罪的性质、情节和对于社会的危害程度”这个关于犯罪行为的社会危害性规定,而舍弃第 33 稿中

① 参见周振想:《刑罚适用论》,法律出版社 1990 年版,第 149 页。

② 参见张明楷:《刑法学》(第 6 版),法律出版社 2021 年版,第 721 页。

“参照犯罪分子的个人情况、认罪的老实程度和对犯罪的悔改态度”这个关于犯罪人人身危险性的规定，确实意味着立法者有意把反映犯罪人人身危险性方面的事实排除在量刑根据之外。但无论是从实质解释、合理性解释还是当前理论上的通说，量刑的事实根据均不应只是犯罪事实即反映犯罪行为社会危害性方面的事实（犯罪的事实、犯罪的性质、犯罪的情节和对于社会的危害程度），还应包括反映犯罪人人身危险性方面的事实（作为量刑情节的案外事实，如犯罪人罪前和罪后的表现等），甚至还应包括其他事实，例如，反映刑法人道主义的对怀孕的妇女不适用死刑，反映刑法人性关怀的对未成年人、老年人的从宽处罚，反映刑法人权保障的刑期折抵，反映量刑方法的数罪并罚，[①]反映量刑交易的立功、坦白等。这样，理论上把量刑的事实根据限定为“案件事实”，即“具体刑事案件中能够表明犯罪行为的社会危害性和犯罪人的人身危险性的主客观事实情况”，[②]也是不全面的。

作为根据的量刑事实，即反映犯罪行为社会危害性和犯罪人人身危险性等方面的客观事实，需转换为法律事实，即各种的量刑情节和量刑制度。前者如各种法定或酌定的从轻、从重、减轻、免除情节，后者如刑期折抵、刑罚易科、缓刑、减刑、假释，才能作为量刑的根据。量刑的事实根据之所以在量刑时需转换为量刑情节和量刑制度这种法律形式，一方面，是罪刑法定原则的要求和表现（酌定情节也是法律授权的）；另一方面，在现实中与犯罪行为和犯罪人及其他相关事实太多、太杂，显然并非都能作为量刑的根据，只有那些能够说明量刑情节是法定或酌定的从轻、从重、减轻或免除的情节，以及只有那些已被立法规定为各种量刑制度的事实，才能真正作为量刑的根据。量刑的事实根据之所以只表现为各种量刑情节和量刑制度，是因为那些不能转换为各种法定或酌定的从轻、从重、减轻、免除情节和不是法定的各种量刑制度的基本必要事实，已作为定罪

① “数行为”适用数罪并罚，并非因为“并罚”的“数行为”比“不并罚”的“数行为”的社会危害性或人身危险性大，而主要是量刑规则的如何设置。

② 高铭暄、马克昌主编：《刑法学》，北京大学出版社、高等教育出版社 2007 年版，第 274 页。

的根据对量刑发挥了作用即已成为间接确定量刑基准的根据。

在实践中，量刑的以上事实根据如何适用，往往需要以量刑法律为准绳原则的配合适用，才能作出合理的评价和取舍。这些评价和取舍，实际上使得量刑既建立在量刑一般化的基础上，又使量刑在实质上表现为个别化。

（三）以量刑法律为准绳原则的量刑个别化解析

我国《刑法》第61条规定："对于犯罪分子决定刑罚的时候，应当根据犯罪的事实、犯罪的性质、情节和对于社会的危害程度，依照本法的有关规定判处。"如此规定，同时又可理解为是对量刑的法律要求。"以量刑事实为根据，以量刑法律为准绳"，如此两方面的问题在立法上的排列顺序意味着，量刑法律是针对量刑事实而言的，是由量刑事实决定和对应的具体化、个别化的法律，而不是立法或其他抽象层面上的抽象化、一般化的法律。因此，就这个意义而言，"以量刑法律为准绳"，实际上是一种个案具体对待、具体问题具体分析的个别化要求和表现。在刑事司法上，所谓量刑一般化、"同罪同罚"、"同案同判"等，都只是相对的，都只是相对于"同罪""同案"所适用的相同法律规范，而不是这些法律规范适用所带来的结果；量刑法律规范适用所带来的结果，因其量刑事实的个别化而也会随之个别化。

"以量刑法律为准绳"中的"法律"，不是形式上的而是实质上的。如前所述，虽然《刑法》第3条明确规定"法律明文规定为犯罪行为的，依照法律定罪处刑；法律没有明文规定为犯罪行为的，不得定罪处刑"，但其第37条关于"对于犯罪情节轻微不需要判处刑罚的，可以免予刑事处罚，但是可以根据案件的不同情况，予以训诫或者责令具结悔过……"的规定，以及第63条第2款关于"犯罪分子虽然不具有本法规定的减轻处罚情节，但是根据案件的特殊情况，经最高人民法院核准，也可以在法定刑以下判处刑罚"的规定，使得即使符合刑法关于犯罪行为及其法定刑等规定，也并非"依照法律处刑"。根据罪刑相适应原则，依据个案的量刑事实和以上《刑法》第37条的规定免予刑罚处罚，或者依据个案的量刑事实和以上《刑法》第63条第2款的规定酌定减轻处罚，应把"以量刑法律为准绳"

中的“法律”作实质上的理解和适用。这种理解和适用，也是量刑个别化的要求和表现。

“以量刑法律为准绳”中“法律”的实质性，具体通过刑事政策、刑罚谦抑等予以贯彻落实。就刑事政策而言，基于政策和法律的相互关系，这个“法律”的实质性，在一定程度上需依刑事政策去实现。在政策和法律的司法关系上，政策需在法的框架内发挥作用，法的具体理解（由“死法”变为适应现实需要的“活法”，需要以现实反映的政策为根据）需要政策的指导；法只是为政策发挥作用设定一条边界，在这个边界内，政策是法的灵魂，是基本理念指导下的理念，是基本理念的具体体现和贯彻。刑事政策作为政策中的一种，其同刑事法律间也具有以上相互关系。“法律”之所以需以“政策”为其实质性的实现工具，是因为“法律绝非一成不变的，相反地，正如天空和海面因风浪而起变化一样，法律也因情况和时运而变化”，[①]以及政策本就是对变化着的“情况和时运”的即时反映。既然“情况和时运”是现实的和客观的，则反映“情况和时运”的政策也就是应然的。就刑事法领域而言，以上“情况和时运”不仅包括社会治安形势，而且也包括时代特征，如刑罚轻缓化、轻刑化、非刑罚化等。

同时，刑罚谦抑也是深入理解和适用“以量刑法律为准绳”中“法律”的关键。所谓刑罚谦抑，是指量刑在可以不用刑罚时就尽可能不用刑罚处罚的方式，在可以适用轻刑、缓期就能实现刑罚目的时，就尽可能不用重刑、实刑，以节省刑罚资源并取得最佳预防犯罪的效果。正如贝卡里亚所指出的：“刑罚的规模应该同本国的状态相适应。在刚刚摆脱野蛮状态的国家里，刑罚给予那些僵硬心灵的印象应该比较强烈和易感。为了打倒一头狂暴地扑向枪弹的狮子，必须使用闪击。但是，随着人的心灵在社会状态中柔化和感觉能力的增长，如果想保持客观与感受之间的稳定关系，就应该降低

---

① ［德］黑格尔：《法哲学原理》，范扬、张企泰译，商务印书馆1961年版，第7页。

刑罚的强度。”[1]如此刑罚谦抑[2]是刑法谦抑原则的具体体现和要求。刑法的谦抑性表现为刑法的有限性、刑法的迫不得已性和刑法的宽容性,[3]意味着对于某种危害社会的行为,国家只有在运用民事的、行政的等法律手段和措施仍不足以抗制时,才能运用刑法的方法,亦即通过刑事立法将其规定为犯罪,处以一定的刑罚。因此,从这个意义上说,刑法谦抑在很大程度上就体现为刑罚谦抑。综上,以上刑罚谦抑精神,在本质上无非是宽严相济刑事政策所体现的时代精神的要求,是宽严相济刑事政策的“宽”的要求和体现,也是实现量刑个别化的关键。

第三节　“量刑方法”的量刑个别化解析

一、量刑方法的含义、种类与作用

“工欲善其事,必先利其器。”司法人员要能够量刑和善于量刑,必须先熟练地掌握必要的量刑方法。对于什么是量刑方法,在我国理论上主要有四种有代表性的观点:一是“步骤、程序、手段、模式说”。认为量刑的方法“是审判人员依法对犯罪分子裁量决定刑罚的步骤、程序、手段、模式的总和”。[4] 二是“手段、方法、步骤说”。认为量刑方法“是审判人员裁判刑罚时所使用的手段、方法、步骤的总和”。[5] 三是“方法和技术说”。认为“我国的量刑方法,是指在我国《刑法》规定的量刑模式下,为实现量刑目的和任务而采取的对

---

① [意]贝卡里亚:《论犯罪与刑罚》,黄风译,中国大百科全书出版社1993年版,第44页。

② 对此,有论者称为“量刑谦抑原则”。(参见梁剑:《如何处理法条与逻辑之间的冲突》,载《人民法院报》2005年9月5日,B04版。)这是不准确的,因为量刑谦抑强调的是量刑或不量刑问题,而刑罚谦抑强调的是在量刑时给不给刑罚处罚的问题。

③ 参见王明星:《刑法谦抑精神研究》,中国人民公安大学出版社2005年版,第61页。

④ 高格:《定罪与量刑》,中国方正出版社1999年版,第245页。

⑤ 张明楷:《刑法学》(第6版),法律出版社2021年版,第756页。

犯罪分子落实刑事责任的具体操作方法和技术”。[①] 四是“手段说”。认为量刑的方法“是指法官依法对犯罪分子裁量刑罚时所借助的手段”。[②]

以上观点,因都在一定意义上揭示了量刑方法的内涵而都有一定道理。量刑方法应有广义和狭义之分。在狭义上,量刑方法确实只是一种手段。这种手段不同于司法体制范畴的宏观的量刑模式,具有微观性和技术性的特点;[③]但从方法的本义(“关于解决思想、说话、行动等问题的门路、程序等”)上看,量刑方法又确实不应只限于“手段”,那些能够依法对犯罪分子进行刑罚裁量的步骤、程序、手段、模式等,都应属于这个“解决量刑问题的门路、程序”。因此,从广泛意义来看,“步骤、程序、手段、模式说”和“手段、方法、步骤说”又不无道理。当然,“术业有专攻”,量刑作为一门技术,应侧重于其作为一种“手段”的特点;其他方面的“方法”,还是应当分门别类、各归其主,分别归入量刑程序(量刑的步骤和程序)或司法体制(量刑的模式)。就这个意义而言,有论者批判“步骤、程序、手段、模式说”将量刑模式与量刑方法混为一谈,[④]也是有道理的。

从现代刑法和量刑的内涵来看,量刑方法并不只是对刑罚裁量的方法,还应当包括对非刑罚处罚方式的裁量方法。因此,就这个意义而言,量刑方法应当是审判人员依法对犯罪人的刑事责任大小及其承担方式进行裁量的手段。这个“手段”不仅具有技术性,是量刑原则、量刑政策、量刑理念、量刑情节等的综合运用,而且具有个别性,是在“同案同判”的量刑基准下的具体问题具体分析。其中,“技术性”是形式表现,是操作层面上的特性;“个别性”是实质内容,是价值层面所反映出来的特性。从法学方法论上考察,法学方法有广义和狭义之分。从广义上看,法学方法包括法学建构的方法、法学研究的方法和法律适用的方法;从狭义上看,法学方法是法

① 马克昌主编:《刑罚通论》,武汉大学出版社1999年版,第296~297页。

② 陈兴良:《刑法哲学》,中国人民大学出版社2017年版,第795页。

③ 参见陈兴良:《刑法哲学》,中国人民大学出版社2017年版,第795页。

④ 参见马克昌主编:《刑罚通论》,武汉大学出版社1999年版,第296页;陈兴良:《刑法哲学》,中国政法大学出版社2004年版,第664页。

律适用方法，主要包括法条理论、案件事实的形成及其法律判断、法律的解释、法官从事法的续造等。[①] 就量刑而言，量刑方法应属于狭义法学方法上的法律适用方法。但这种狭义的量刑方法不能仅理解为其任务就是“找法”，而应理解为对案件事实的法律评价和对量刑情节的综合运用等的综合活动。因此，虽然量刑方法在宏观上具有共同的基本要求，但在微观上应具有个别性，这也是量刑个别化的表现。

在我国，量刑方法大体有传统量刑方法和现代量刑方法之分。其中，前者即经验量刑法，是法官首先审理案件、掌握案情，在法定刑的范围内，参照司法实践的经验，大致地估量出对该案应判的刑罚，接着再考虑案件中存在的加重、从重、减轻、从轻等各种量刑情节，最后综合地估量出应当执行的刑罚并加以宣告的一种量刑方法。后者主要有层次分析法、数学模型法、定量分析法和电脑量刑法等。所谓层次分析法，又称为多层次加权分析决策法，是系统工程中对非定量事件做定量分析的一种简便方法，也是对人们的主观判断作客观描述的有效手段；所谓数学模型法，是建立量刑的法律系统模型，以使量刑数学化的一种量刑方法；所谓定量分析法，是指人民法院在刑事审判实践中，依照我国刑法的规定在对罪犯进行量刑时，以系统思想为指导，对犯罪事实情节和法定刑幅度做定量分析，使犯罪事实情节和法定刑幅度通过定量分析进行较为科学、准确的决策分析，使所确定的宣告刑达到最佳期望值的一种量刑方法，具体又包括加权平均测评法、指数确定法和积分量化法；所谓电脑量刑法（电子计算机的量刑方法），是根据审判人员提供的案情事实，运用系统存储的法律和有关知识进行推理判断，而为审判人员审理刑事案件提供所谓准确定罪量刑与最佳量刑方案的量刑方法。[②]

---

① 参见[德]卡尔·拉伦茨：《法学方法论》，陈爱娥译，商务印书馆2003年版，第132页以下。

② 参见陈兴良：《罪刑均衡的中国命运》，载《中央政法管理干部学院学报》1996年第6期。

二、经验量刑法的量刑个别化评析

我国当前的量刑，一般采用传统的经验量刑法。有论者认为，当前之所以仍采用这种量刑方法，主要是因为，受司法人员素质和物质条件的制约，采用数学等科学方法并需要大量物质投入的现代量刑方法，尚不具备全面推行的条件。[①] 对此，有论者持不同看法，认为：这种量刑方法在目前乃至相当长时间内是一种基本的量刑方法，主要是因为其简便易行，具有一定的可行性，只要审判人员对案情掌握得全面，所参照的经验适当，裁量刑罚时的心态、情绪与情感正常，一般不会出现偏差。[②] 应当说，后者更有道理。正如美国法官霍姆斯的名言所称："法律的生命从来不是逻辑，而是经验。"[③]应当说，"经验"在量刑中具有不可替代的地位。不过，本书认为，霍姆斯的这个名言只说对了一半，也就是法律的生命不只是"经验"，而且也需要"逻辑"。只不过这个"逻辑"，不只是形式主义上的形式逻辑，而且还包括实质主义上的辩证逻辑。只有这样，法律的适用才会因符合思维的逻辑规律而获得"生命"。量刑作为法律适用的基本活动，自然也需遵循思维的逻辑规律才能获得"生命"。

传统经验量刑法因其蕴涵了以上逻辑机理而使量刑获得"生命"。主要表现在："在法定刑范围内"及其他法律规定，实际上是形式逻辑对量刑基准的要求和表现；"审理案件，掌握案情""参照司法实践经验""考虑各种法定的从重处罚、从轻、减轻和免除处罚的情节""考虑其他影响刑罚轻重的非法定情节""综合地"等，实际上是辩证逻辑的要求和表现。这个量刑过程意味着，在量刑方法上，量刑结论的作出，不仅要有法定刑、量刑情节、量刑制度等形式逻辑思维要素，而且还要辩证地综合犯罪行为的社会危害性和犯罪人的人身危险性，以及刑法人道（如对怀孕的妇女不适用死刑）、人性关怀（如对未成年人的从宽）和人权保障（如刑期折抵）等具体情

---

① 参见陈兴良：《罪刑均衡的中国命运》，载《中央政法管理干部学院学报》1996年第6期。

② 参见张明楷：《刑法学（上）》（第6版），法律出版社2021年版，第756页。

③ 沈宗灵：《现代西方法理学》，北京大学出版社1992年版，第310页。

况进行具体对待。因此,传统经验量刑法兼有形式逻辑和辩证逻辑的思维机理,大体体现和符合了量刑的逻辑思维规律。也正因如此,这种量刑方法不可能被彻底否弃。因此,理论上关于"新的量刑方法仍然以传统的量刑方法为基础"的判断①是正确的。

当然,这种量刑方法在逻辑机理上也有其重大不足,主要还停留在传统形式逻辑的技术手段上,没有把现代形式逻辑(数理逻辑)的现代科技手段融入其中。这显然与刑法现代化不相适应。同时,审判人员在其中享有的"充分的自由裁量权",使得法官主观臆断的机会很大,并给环境因素干涉量刑提供了借口,从而导致量刑权滥用,以及由此导致的非理性的量刑偏差等。正因为此,经验量刑法的合理性受到理论上的攻击,并一度面临被"取代"的生存危机。然而,这个"取代"是建立在"在我国现有法官素质下,与其追求不可实现的量刑实质公正(个案公正),还不如退而求其次地以严格规则主义追求可实现的量刑形式公正"(同案同判)的逻辑前提下。显然,这种逻辑不仅违背量刑规律,而且还使我们的刑法从现代理性的相对主义退回到近代早期极端的绝对主义。

然而,并不能因以上问题而否弃经验量刑法。基于量刑运行规律和刑法现代化,对待经验量刑法的理性做法应当是"改良",即一方面保留经验量刑法的机理,另一方面吸收其他量刑方法探索中被证明行之有效的技术手段。例如,把电脑量刑法的电脑及其现代科学技术吸收进来,作为需计算和材料处理工作的技术工具;把层次量刑法的决策学原理吸收进来,作为综合评估和作出量刑结果的思维工具;把定量分析法中的系统论、控制论和信息论的理论成果吸收进来,作为量刑的综合分析的理论工具;把哲学中的共性与个性关系原理吸收进来,作为基本的方法论工具等。并通过建立完善的程序制度,克服影响它良性运行的外部因素,如摒弃重刑主义观念,排除不必要的人情因素干扰,综合考虑案件的所有量刑情节,不以量刑不适当的判决作为参考依据,在正常心态、情绪、情感状态下裁

① 参见张明楷:《刑法学》(第6版),法律出版社2021年版,第756页。

量刑罚等。[①] 如此等等之做法，虽然在实质上是对几乎所有既有量刑方法的扬弃和整合，但因整合后的量刑方法的机理仍是经验量刑法的机理，而这种量刑方法在根本性质上仍属于经验量刑法。采用如此改良后的经验量刑法进行量刑，量刑一般不会出现非理性的偏差。

以上理论探讨表明，经验量刑法深深地蕴涵了量刑个别化的方法论原理。这一点可从其包含的量刑步骤中得以彰显。按照张明楷教授的概括，经验量刑法通常包括如下三个步骤：首先，审理案件、掌握案情，在法定刑范围内参照司法实践经验，大致地估量出对犯罪人应处的刑罚；其次，考虑各种法定的从重处罚、从轻、减轻和免除处罚的情节，并考虑其他影响刑罚轻重的非法定情节；最后，综合地估量出对犯罪人判处的刑罚。[②] 虽然以上概括并不完全符合经验量刑法的司法实际，但由此观察，也能发现经验量刑法所蕴涵的如下量刑个别化原理。

首先，它是按量刑规律所要求的量刑个别化运行。从量刑运行规律来看，量刑是一种从抽象规则上升到理性具体（量刑结论）的活动。这个活动在本质上就是量刑的个别化。在司法上，这个个别化的量刑活动一般按如下步骤展开：第一，是“审理案件、掌握案情”及定罪和选定量刑基准（相应的具体法定刑）；第二，是在选定的具体法定刑范围内，根据反映犯罪行为社会危害性和犯罪人人身危险性等方面的事实及其转化的量刑情节、量刑制度，结合所有相关法律规定乃至常理、常情、常识，参照司法实践经验，分别作出处断刑、宣告刑、免刑、执行刑的裁量。显然，经验量刑法在大体上是按量刑的如此运行规律运行的。

其次，它符合哲学上的具体问题具体分析的方法论原理。具体问题具体分析是唯物辩证法的实质和灵魂，对各种活动都具有普遍性的指导意义。如前所述，量刑个别化之所以是量刑的本体，在很大程度上是因为它蕴涵了具体问题具体分析的方法论原理。而经

---

① 参见张明楷：《刑法学》（第6版），法律出版社2021年版，第756页。

② 参见张明楷：《刑法学》（第6版），法律出版社2021年版，第757页。

验量刑法在逻辑机理上与具体问题具体分析的方法论原理相一致。也就是说,经验量刑法不是简单地“估量”出量刑结论,而是具体综合同案件有关的各种因素具体分析出量刑结论。

最后,它符合一般与个别相结合的辩证关系原理。如前所述,量刑个别化之所以是量刑的本体,还因为它蕴涵了一般与个别相结合的辩证关系原理。而经验量刑法与一般与个别相结合的辩证关系原理相契合。从形式上看,所有的新的量刑方法也都符合一般与个别相结合的辩证关系原理,也能在一定程度上贯彻落实量刑个别化的一般与个别相结合的辩证关系原理,但因经验量刑法需审判人员享有必要和充分的量刑自由裁量权而更契合这个“辩证关系原理”。对于所谓的现代量刑方法,如定量分析法、电脑量刑法,虽然在某些方面具有人脑无法比拟的“精密”性,但同时也具有“疏漏”性,不可能真正把量刑建立在与案件相关的各种情节及常理、常情、常识的基础上,是一种机械的、追求形式公正的量刑方法。经验量刑方法虽然缺乏现代量刑法所谓的精密或科学标准,但一方面它可以汲取现代科技手段使该精密的方面实现“精密”,另一方面它可用“经验”把与案件相关的各种直观和非直观的量刑情节较为全面地纳入量刑之中,使量刑建立在全面、客观、实质公正的基础上。

三、现代量刑法的量刑个别化评析

基于传统经验量刑方法的不足及“量刑不公”等严重问题的存在,理论和实践创造了层次分析法、数学模型法、定量分析法和电脑量刑法等所谓“现代量刑方法”。[①] 确实,仅从其利用的科学技术来看,这些现代科技手段的使用,应是量刑方法的现代革命。在现代科学发展上,许多新发现都带来科学技术及其应用对象的革命。例如,弗兰西斯·培根发明的科学实验催生了近代科学;牛顿对归纳法与演绎法的结合,实现了科学史上的第一次大综合;康德的“三批判理论”,推动了德国古典哲学;马克思对腐朽的普鲁士制度和资本

① 参见陈兴良:《罪刑均衡的中国命运》,载《中央政法管理干部学院学报》1996 年第 6 期。

主义现实的批判，创立了科学社会主义；叔本华对黑格尔绝对理性的背离，滋生了现代人本主义；海德格尔对久被遗忘的本原性存在和在世之人的追寻，产生了迄今仍如日中天的存在主义。[①] 然而，从现实来看，在量刑方法中使用了现代科技手段，不仅没有带来量刑方法的现代化革命，而且还在实践中"水土不服"。这正如计算机的"先进程序"必须与其"系统"兼容，才能有效地发挥其作用一样，量刑方法中的现代科技手段，必须与该量刑方法的逻辑思维规律"兼容"，才能有效地发挥其作用，才能使该量刑方法成为合理的量刑方法。综观以上各所谓现代量刑方法，实际上都因只体现现代形式逻辑（数理逻辑）机理不体现辩证逻辑机理，而均与量刑的逻辑思维规律不相"兼容"，均不是合理的、能得到有效应用的量刑方法。

从理论上对各所谓现代量刑方法的界定来看，[②]所谓层次分析法（多层次加权分析决策法），无非就是基于系统论而对非定量事件做定量分析和对人们的主观判断作客观描述的方法；所谓数学模型法，无非就是基于量刑的法律系统模型而使量刑数学化的量刑方法；所谓量刑的定量分析法（具体又可分为加权平均测评法、指数确定法和积分量化法），无非就是基于系统论而对犯罪事实情节和法定刑幅度做定量分析的量刑方法；所谓电脑量刑法（电子计算机的量刑方法），无非就是运用计算机系统存储的法律和有关知识进行推理判断的量刑方法。这些量刑方法，虽然都运用了现代系统论、控制论和信息论等理论成果，但因这些理论成果也都只是以现代形式逻辑（数理逻辑）为逻辑机理，都不是形式逻辑与辩证逻辑机理的有机统一。[③] 纵然是使用"现代人工智能"的所谓电脑量刑，在本质上也只不过是计算机的逻辑运算。虽然随着计算机的发展，计算机语言已由第一代的"机器语言"，发展到第五代的"智能性语言"，乃至当今模拟神经网络和利用光学数据库的第六代超级计算机，但

---

① 参见张之沧：《理论创新的关键在思维方式》，载《新华文摘》2005 年第 21 期。

② 参见陈兴良：《罪刑均衡的中国命运》，载《中央政法管理干部学院学报》1996 年第 6 期。

③ 参见王雨田主编：《控制论、信息论、系统科学与哲学》，中国人民大学出版社 1988 年版。

无论它们怎么发展,在本质上都只不过是形式逻辑机理上从低级往高级发展罢了。就第五代“智能性语言”计算机而言,它也只不过是在抽象问题求解、数据逻辑等方面更贴近人类思维的形式逻辑上的描述工具。① 如此基础上的逻辑运算,也只是“一种用字母和符号代替文字来推论事物从而得到逻辑结论的方法”,在本质上是“用数学形式来表现形式逻辑的推论关系”。② 就第六代“神经网络”计算机而言,虽然它“可以模拟人脑的异步计算,其异步性可以自组织而无须通常的编程”,但这在本质上也只不过是模拟人脑且具有超级计算能力的更高级的形式逻辑上的描述工具。③

然而,如前所述,量刑并不是一个简单的算术或数学问题,并不是简单的推理和证明,而是形式逻辑与辩证逻辑相衔接下的理性思维活动。它既需要实现一定的法律功能,也需要达到一定的社会效果;数学上的加减乘除不能解决量刑所涵盖的复杂的社会矛盾。④ 那种以贝卡里亚关于“刑罚运用的相关问题应当用几何学的精确度来解释”及以马克思关于“一种科学只有在成功地运用数学时,才算达到了真正完善的地步”的观点,⑤来论证电脑量刑或数学量刑的科学性和合理性,其论证本身就值得商榷。对于贝卡里亚的以上观点,本身就是绝对罪刑法定主义的表现,早就为刑法理论和实践所扬弃和发展。对于马克思的以上观点,一方面,不能认为马克思是把“数学”视为科学获得成功的充分条件,正如康德所言,“在任何特定的理论中,只有其中包含数学的部分才是真正的科学”。至少,在数学有精确数学与模糊数学之分的情况下,这里的“数学”或

---

① 参见闫红漫主编:《计算机文化基础》,东华大学出版社 2003 年版,第 12 ~ 13 页。

② 参见惠益民主编:《计算机信息处理基础》,北京航空航天大学出版社 1993 年版,第 49 页。

③ 参见[美]斯华龄:《电脑人脑化:神经网络——第六代计算机》,北京大学出版社 1993 年版,第 116 ~ 124 页。

④ 犯罪人的人身危险性因素,如犯罪人的自然条件、平时表现、犯罪后的态度、犯罪的原因,就属于这个“复杂的社会矛盾”的因素之一,在量刑时不能“一刀切”地要求必须考虑或不考虑,而应依“治病救人”的需要酌情决定。

⑤ 参见赵廷光:《论量刑原则与量刑公正》,载《法学家》2007 年第 2 期;赵廷光:《论量刑精确制导》,载《现代法学》2008 年第 4 期。

许只是模糊数学。[①] 另一方面,也不能因此认为这里的“科学”就是包括法学在内的所有“科学”。纵观数学发展史,数学化的“科学”实际上都只是处理抽象对象的自然科学和蕴涵自然科学因素的社会科学(如经济学、立法层面上的法学等)。[②] 对于只处理具体对象的纯真的社会科学或需要具体问题具体分析的社会科学(如司法层面上的法学),不应在“科学数学化”之列。因为数学的本原只是处理抽象对象,[③]只是形式逻辑的思维表现,无法辩证地具体问题具体分析。正如庞德所批判的那样,“一般法学家误认法学为一个专用逻辑方法的科学,他们以为裁判案件只要以现成的法律为大前提,以当前事实为小前提,我们就能演绎出一个一定不易的结论。这样看来法律就可比一台磨米粉的机器,只要将米粒从一边不断地灌进去,那米粉就会从另一边磨出来了;司法者就是司法的工人,毫无创造的机会”。[④] 显然,庞德在这里所批判的“逻辑方法”,只是形式逻辑方法,而不包括辩证逻辑方法。这个“批判”也表明,只有形式逻辑没有辩证逻辑的“量刑”,只能是形式化的“刑之量化”,而不是辩证思维下的“刑之裁量”。也正如我国学者批判电脑量刑时所指出的那样:“电脑量刑论实际上是传统绝对罪刑法定主义在现代的‘复活’,是对法官的自由裁量权及意志独立的不当削夺。事实上,丰富的社会情状和有限的理性概括能力之间的矛盾决定了电脑程序无法尽览所有表征社会危害性的情节,而对于体现人身危险性的情节,电脑更是无能为力。因此,试图将所有可能影响量刑的情节、因素参数化、模式化,在技术上是不可行的。”[⑤]显然,这个批判是正确的。电脑,无论多么智能化,都只是机器。机器的最大特点是缺乏人性。而量刑,作为“治病救人”的活动,需要深深的人性关怀。对于所谓电脑量刑,纵然其软件中蕴涵了“专家审判人员的经验”,

① 龚祥瑞、李克强:《法律工作的计算机化》,载《法学杂志》1983 年第 3 期。

② 参见[美]M. 克莱因《数学:确定性的丧失》,李宏魁译,湖南科学技术出版社 2004 年版,第 42 ~ 61 页。

③ 参见[美]M. 克莱因《数学:确定性的丧失》,李宏魁译,湖南科学技术出版社 2004 年版,第 11 页。

④ 参见[美]庞德:《机械化的法理学》,载《哈佛法律评论》1908 年第 2 期。

⑤ 万毅:《量刑正义的程序之维》,载《华东政法学院学报》2006 年第 5 期。

但这个“经验”犹如已成文的法律规则一样，在预存于电脑软件中之后，就不是“具体问题具体分析”和量刑个别化所需要的现场经验，不具有应对和灵活处理个案丰富情状的意义，仍只是形式逻辑思维中所使用的因素，难以理性地关怀量刑应当关怀的人性。

因此，各所谓现代量刑方法不仅没有“使得量刑彻底从经验作业方法中解脱出来”，①没有实现量刑的精确化和自动化，而且也不是“创新性量刑理论与操作方法的最佳表现形式”，②甚至连“搭建起了一个规范的审判平台，可以避免因个人因素造成的量刑不平衡，还可大大减少‘人情案’发生的可能”，③也难以真正做到。因为所谓的电脑量刑并非贯穿于“生产”（量刑情节的选取）和“销售”（量刑结果的作出）的全过程，它阻断不了在量刑情节选取中的“关系网”和“人情化”。一个量刑情节是否认定或如何认定，主要由承办案件的法官决定，“关系网”和“人情化”可能在这个过程中介入。④ 在山东某区人民法院，所谓“自电脑量刑实施以来，刑庭审判的 100 余起案件无一出现上诉和抗诉。而在此前，每年 400 多起案件中会有 20 起以上受到质疑”，并不是一个可信的对比。因为“自电脑量刑实施以来，刑庭审判的 100 余起案件无一出现上诉和抗诉”，一方面这不排除是通过上下级法院间事先沟通、做当事人或公诉人的工作等而得到的“效果”；另一方面在很大程度上是刻板的量刑软件使上诉、抗诉变得无意义，而当事人或检察机关放弃上诉或抗诉。⑤ 正如有学者指出：“既然电脑软件已经预定唯一正确的答案，那么通过法庭沟通活动寻求更好解答的意义就几乎不存在

---

① 陈兴良：《罪刑均衡的中国命运》，载《中央政法管理干部学院学报》1996 年第 6 期。

② 赵廷光：《论“电脑量刑”的基本原理》，载《湖北警官学院学报》2007 年第 2 期。

③ 高一飞、陈海平：《“从技术到制度”：我国量刑程序改革述论》，载《政法论丛》2006 年第 6 期。

④ 电脑量刑的支持者认为，电脑量刑技术本身的无感情特征可以将法官从各种难以自拔的“关系网”中“解救”出来，避免“人情化”对公正量刑的巨大消极影响；实行电脑量刑，按程序操作，也为法官公正办案提供了正当性借口：现在都是电脑量刑，我想帮你也没有办法。

⑤ 真是这样，则既虚化了立法上的诉讼程序设置，又在实质上剥夺了当事人的上诉权和公诉人的抗诉权，进而会使量刑变得更加不公正。

了，判决理由也成为某种可有可无的附属物，甚至上诉制度都会逐步形骸化。”①

不仅如此，仅具有形式逻辑机理的现代量刑方法，还挤压了量刑所需之自由裁量权，而使量刑无法遵循辩证逻辑的思维规律。仍以电脑量刑为例，电脑量刑支持者认为，电脑量刑追求的是整体公正，类似案件类似处理，是一种类似的公正，也是一种不应突破的公正底线。虽然自由裁量权能使法官根据各种情况，有针对地量刑，实现个案公正，但这是一种比整体公正更高标准的公正。在法官素质尚不高的情况下，与其说法官滥用自由裁量权而使裁判结果突破司法公正的底线和造成同罪不同刑，还不如用电脑量刑来得公正。②这种认识，代表了当前电脑量刑支持者们的共识。但相对于刑法现代化和量刑运行规律来说，其显然是不合理的。本来，法官在行使裁量权之际容易出现判断失当、恣肆化、腐败等问题，应当通过完善程序制度等③使量刑规范化，而不是采取措施挤压自由裁量权的行使。花费巨资开发几乎划一的电脑软件，无论就其目的还是其实效而言，实际上是对量刑规范化的异化，因为“电脑量刑所体现的规范化，势必在强调一视同仁的普遍性规范适用之余忽视地方性知识、上下文脉络以及具体情境，而这些字里行间的‘意义之网’对于社会影响较复杂的、容易引起争议的法律判断是非常重要的。在一定程度上不妨认为，不可言说的默示知识就标示出了法律专家系统的疆界或者局限之所在。也就是说，电脑软件只可以在有限的范围内取代法官的酌情判断、适当限制主观判断的任意性，而不必彻底否定审判主体的自由裁量权”。④ 也正是基于如此道理，早在20多年前就有论者指出：司法的本质决定了诸如此类的思辨和整合化作业不仅无法排除，甚至还有必要在社会日益复杂化、动态化及价值观

---

① 季卫东：《电脑量刑辩证观》，载《政法论坛》2007年第1期。

② 参见李富成：《对“电脑量刑”贬褒的文化思考》，载东方法眼，http://www.dffy.com/2004-10-4。

③ 如设置量刑程序、改善法官任命制度、资格要件、解释技术、法学教育，以及加强依法独立审判和相应的问责机制等。

④ 季卫东：《电脑量刑辩证观》，载《政法论坛》2007年第1期。

越来越多元化的背景下有所加强。[①]

另外,有人把“电脑量刑”类同于量刑指南,并由此论证“电脑量刑”作为量刑方法的合理性。事实上“电脑量刑”与量刑指南是根本不同的。从美国《联邦量刑指南》来看,其性质更接近一种关于如何行使裁量权的权威性技术手册(其功能不是限制自由裁量权的行使,而是规范自由裁量权的行使)。一方面,把联邦法院内部过去存在的关于制裁幅度的非正式“行情”,以及暧昧的判断指标在可能的范围内作出明文规定(给出量刑一般化的根据),以有利于标准化、程式化的“制裁”计算及电子计算机处理;另一方面,《联邦量刑指南》还为司法的精密化和弹性化设立了很多政策性调整的尺度(如对企业犯罪进行制裁的加重或减轻的各种要件),特别是,这个司法技术操作规则具有明显的道德指向、人权理念及政策思维方式(量刑个别化的具体指导)。[②] 这意味着,美国《联邦量刑指南》本身不是一个思维过程。它的使用,不仅没有替代量刑的辩证逻辑活动,而且也没有替代量刑的形式逻辑活动。它的功用,不是直接作出一个可供参考的量刑结论,而是提供一个相对规范的量刑基准和保障量刑活动合理运行的程序制度保障。如此功能,与其说是限制法官自由裁量权的行使,不如说是在规范法官自由裁量权的行使。在我国,最高人民法院关于确定量刑幅度和计算赔偿额的具体标准的司法解释,以及一些法院近年来模仿和试行的量刑指南规则等,均因与以上美国《联邦量刑指南》具有相类似的性质特点,也与所谓电脑量刑的功用根本不同。

当然,纵然所谓电脑量刑只符合形式逻辑而不符合辩证逻辑的机理,也不等于电脑在量刑中就没有任何作用。现代社会是计算机的社会,包括量刑在内的任何复杂工作、学习和生活都离不开电脑,因此,在量刑中使用电脑是一个无法回避的事实和趋势。形式逻辑和辩证逻辑的相互关系也决定了,在现代社会也应当利用电脑量刑等所谓现代量刑方法的形式逻辑机理为量刑服务。一方面,允许法

① 参见龚祥瑞、李克强:《法律工作的计算机化》,载《法学杂志》1983 年第 3 期。

② 参见季卫东:《电脑量刑辩证观》,载《政法论坛》2007 年第 1 期。

官“自由”地对量刑情节进行判断和对所处的刑罚进行选择；另一方面，这些判断和选择必须说明理由，从而使电脑技术的使用和自由裁量权的行使都建立在“理性”的基础上。这种把计算机等现代科学技术融入经验量刑法逻辑机理的做法，虽然还有很多需要进一步研究的方面，但因它是量刑的思维规律（形式逻辑规律与辩证逻辑规律）和量刑个别化的具体实践，而必定是现代量刑方法的发展方向。

第六章　量刑个别化之运行解构

在刑法现代化下,量刑个别化为量刑之本体。量刑个别化之运行即刑法现代化下的量刑运行。这种意义上的量刑,相对于绝对规则主义下的量刑而言,自然要求更高。这不仅因为自由裁量权的必要存在而可能招来司法腐败,而且还因量刑公正有效目标的终极追求而必须树立司法权威。在这里,仅就量刑个别化为量刑本体所要求的程序设置、程式构架、论证说理等运行基础及量刑基准、量刑根据、量刑制度等运行根据、各种处罚配置等运行流程予以解析与构建。

第一节　量刑个别化的运行基础

一、需设置科学合理的量刑程序

基于控辩审的量刑程式,量刑个别化的有效运行,需要设置科学合理的量刑程序。在这个程式与程序中,需保证基于求刑权的量刑建议的合理提出、基于辩护权的量刑辩护的充分行使、基于审判权的量刑裁决的公正作出。

(一)设置独立量刑程序的必要性

从理论上看,量刑的运行需设置独立的量刑程序。这是因为:

第一,这是彰显量刑实质公正的必要。如果说量刑的形式公正是利用其“看得见的公正”来塑造量刑公信力的话,则量刑的实质公正对量刑公信力的塑造,同样须采用类似方式,即通过公开透明的方式使量刑结果为当事人及民众所了解。从理论上看,量刑公开透明的方式多种多样,但设置和践行独立的量刑程序,是使量刑公开透明的基本和必要方式。在我国,从过去的情况来看,应当说我们法官的量刑在总体上是公正的,但由于量刑程序的缺失,而使这个公正没有被“看见”,并引起当事人、社会公众、新闻媒体、专家学者等的“不理解”和不良反响。从司法实践来看,众多的上诉、申诉及“舆论杀人”、媒体干预司法等问题和现象,以及由此严重影响的量刑公信力问题,在很大程度上不是由于“同案异判”,而是由于缺少独立的量刑程序,使当事人、民众、媒体等对量刑公正缺乏了解而产生猜疑。

第二,这是由程序理性决定的。新程序主义认为,程序的基础是过程和互动关系,其实质是反思理性。[①] 确实,从本义上看,刑事程序是指司法机关在追究刑事责任时所遵循的方法、手段及其他规制。程序是相对于实体结果而言的,但程序合成物也包括实体的内容;程序在使实体内容兼备实质正义和形式正义上获得理性内涵。我国也有学者认为,“程序的重视程度,标志着一个国家的法治文明程度。刑事法,关系到公民的生杀予夺,更需加以严格的程序限制”。[②] 因此,为了使量刑获得一个理性的内涵,必须有关于量刑的独立程序。

第三,这是由程序对实体的优先地位决定的。从程序与实体的关系来看,程序的价值主要在于确认和实现实体权利;没有程序为

---

① 参见季卫东:《法治秩序的建构》,中国政法大学出版社 1999 年版,第 76 页。

② 陈兴良:《刑法理念导读》,中国检察出版社 2020 年版,第 50 页。

所主张的权利举证,该权利就会变得毫无意义。[1] 程序对实体的这个地位,理论上有论者概括为如下三个方面:一是程序先行。即一定实体问题的处理必须在程序框架内进行,无程序则无实体之处理。这好比没有铁轨就不能有飞驰的列车,否则列车就会颠覆。二是程序优越。即在实体正义与程序正义相抵触时,应选择程序正义。因为程序是法的内在生命,只有程序才能最大限度地保证实体正义,从而实现法律的公正价值。三是程序对实体的否定。即违反程序将导致实体(无论是否正义)无效的法律后果。[2] 如此三个方面意味着,在司法上,程序对实体具有优先地位。程序的这个优先地位决定了要获得正确和合理的量刑结果,首先就应确立独立的量刑程序。

从立法上看,虽然我国刑法专门规定了量刑的根据及其原则、制度,但在刑事诉讼法中却没有规定专门的量刑程序。从现实来看,庭审的法庭调查和辩论重点主要围绕犯罪能否成立、构成何种犯罪而展开,而量刑则因其独立程序的缺失,使控辩双方难以真正介入量刑环节,量刑环节进入"黑箱"操作中,进而引起对量刑实质公正等的猜疑并造成对量刑公信力的损害。这一点已引起我国最高人民法院的重视,并在其《人民法院第二个五年改革纲要》中,提出了"健全和完善相对独立的量刑程序"的目标任务。

(二)量刑个别化对程序的依赖性

如前所述,量刑规范化的"规范",与其说是要通过量刑情节的数量化来限制量刑裁量权,不如说是要设置完备的程序制度保障量刑裁量权规范地行使。基于量刑的本质及其个别化本体特性,法官必须享有充分必要的量刑裁量权。只有法官享有必要而又充分的自由裁量权,才可能保证量刑个别化理念目标的实现。从一定意义上说,法官在法律框架下,根据自己深厚的专业知识、优良的职业素养、丰富的办案经验和科学的量刑方法所作出的量刑结果,都是合

---

① 参见[日]谷口安平:《程序的正义与诉讼》,王亚新、刘荣军译,中国政法大学出版社1996年版,第64页。

② 参见陈兴良:《刑法理念导读》,中国检察出版社2020年版,第49页。

理的，都应当得到尊重和维护。这是“法官”和“量刑”的实质含义所在。在当今量刑不公较为严重与普遍的社会现实下，我们与其花费大量的人力、财力、物力，去发明创造那些不符合量刑运行规律的所谓的量刑规则和量刑方法，以解决眼前那些尚不具有“法官”和“量刑”素养的“治标”问题，还不如把这些人力、财力、物力投入到对这些法官专业水平培训和业务素质提高上，以长远解决“法官”和“量刑”素养的“治本”问题。综观我国当前的人力、财力、物力状况和法学教育现状，完全有能力完成这个“培训”和“提高”的任务。同时，也可通过严格的“优胜劣汰”制度，从那些专业理论过硬、实践训练有素、个人品行良好的高层次高校毕业生和执业律师中选拔人才，对量刑法官进行“新陈代谢”。

然而，以上各种做法，都只是践行量刑个别化对量刑主体的要求。该要求无论做得如何彻底，也不能替代量刑个别化对量刑程序的依赖。因为对于量刑个别化所需要的自由裁量权，若没有独立的量刑程序予以规范的话，将是“一匹脱缰的野马”，必定因失控而滥用。在我国，有学者从大陆法系国家如日本学者主张的“审判二分论”上，也看到了量刑程序对刑罚个别化的意义，认为庭审机制不严格划分定罪程序与量刑程序往往容易导致两个后果：一是量刑情节影响定罪，如在定罪前出示被告人的前科，可能给法官造成先入为主的印象；二是使量刑问题得不到应有的重视，无法实现刑罚个别化，为了实现刑罚个别化，就要重视量刑程序。① 在这里，虽然论者是从刑罚个别化视角阐述独立量刑程序的重要性，但这在一定意义上强调了量刑个别化对独立量刑程序的依赖性。

二、需基于求刑权提起量刑建议

量刑建议是推行量刑规范化和认罪认罚从宽制度改革中的关键环节，是处理此类案件的“最为重要的司法意见”。② 综观量刑建

① 参见万毅：《量刑正义的程序之维》，载《华东政法学院学报》2006 年第 5 期；陈兴良：《刑法理念导读》，法律出版社 2003 年版，第 45～46 页。

② 参见胡云腾：《正确把握认罪认罚从宽　保证严格公正高效司法》，载《人民法院报》2019 年 10 月 24 日，第 5 版。

议制度的探索和实践，虽然在一定程度上取得了最大化地保障认罪认罚从宽制度的价值实现等重要成就，[①]但也遇到了提出方式与精准化等方面的争议困惑。针对这些争议与困惑，2019年10月，最高人民法院、最高人民检察院、公安部、国家安全部和司法部印发《关于适用认罪认罚从宽制度的指导意见》（高检发〔2019〕13号）作了诸多共识性的规定，使这些争议与困惑在很大程度上得到缓解。但因这些规定仍存在实体性根据等方面的不足而仍未得到广泛认同或说问题并未得到有效解决。

（一）量刑建议的提出方式及其争议

量刑建议，又称"求刑""量刑请求"，依提出主体及其权属不同，有狭义与广义之分。狭义的量刑建议是指"检察机关对被告人应当判处的具体刑罚向法院提出的意见"，[②]是"人民检察院对提起公诉的被告人，依法就其适用的刑罚种类、幅度及执行方式等向人民法院提出的建议"，[③]是公权力行使的要求和体现，是否提出和如何提出，并非检察机关的自选动作，取决于立法如何规定，并须按立法的具体规定执行。若立法规定"应当提出"，则意味着检察机关必须对所涉案件提出量刑建议；若立法规定"一般应当提出"，则检察机关原则上须对所涉案件提出量刑建议，但也可以根据案件的具体情况例外地不提出。广义的量刑建议，除了检察机关提出的以外，还包括被害人、辩护人提出的情形，[④]因此这种量刑建议有公权力与私权利之分。在提出主体为检察机关等公权力代表时，须在法定案件范围和权限内提出量刑建议；在提出主体为被害人、辩护人等私权利代表时，是否提出和如何提出量刑建议由权利主体决定，可以提出也可以放弃。综观域内外关于量刑建议的立法和实践，常

① 参见陈国庆：《量刑建议的若干问题》，载《中国刑事法杂志》2019年第5期。

② 参见李和仁：《量刑建议：摸索中的理论与实践——量刑建议制度研讨会综述》，载《人民检察》2001年第11期；赵力敏、陈建军：《检察官的量刑建议和量刑方法》，载《人民检察》1998年第4期。

③ 最高人民检察院公诉厅：《人民检察院开展量刑建议工作的指导意见（试行）》第1条，2010年2月13日发布。

④ 参见仇晓敏：《量刑公正之程序路径》，中国人民公安大学出版社2010年版，第82页。

规意义上的量刑建议,是狭义上的。在我国当前立法上,采用的是针对认罪认罚案件的“应当提出”方式。[①] 这意味着,检察机关必须对所有认罪认罚案件提出量刑建议;对其他案件提出量刑建议,并不是检察机关的职权职责。

由检察机关提出量刑建议,是绝大多数国家的通常做法。据不完全考证,在法治较为发达的国家,除了英国基于英美法系传统不允许提出量刑建议外,[②]都有由检察机关提出量刑建议的立法规定或实践做法。据资料显示,在美国,为了更好地发挥检察官在量刑程序中的作用,改变传统的英美法系不允许提出量刑建议的做法,允许检察官在量刑程序中提出量刑建议。如美国《律师协会刑事司法准则》在其3-6.1(b)规定,“在由法官决定量刑的场合下,检察官的职责是出庭,并提出公正的量刑建议”。[③] 在大陆法系国家,由检察官在刑事诉讼过程中提出量刑建议,是习惯或者法定的做法。如在德国,检察官通常在起诉书、庭审辩论和刑事处罚令程序中分别提出概括性的、公诉意见性的和公诉性申请的量刑建议。[④] 在日本,检察官一般是在庭审的最后辩论阶段以论告和求刑的形式提出

---

① 即“犯罪嫌疑人认罪认罚的,人民检察院应当就主刑、附加刑、是否适用缓刑等提出量刑建议”。见我国2018年修订的《刑事诉讼法》第176条第2款。

② 在传统的英美法系中,检察官在量刑程序中被定位为负有客观义务的中立者,一般不就量刑问题向法庭提出建议。量刑被认为是法官的专有权力,起诉人被排除在判刑过程之外。虽然后来美国、加拿大、澳大利亚等国家都允许检察官提出量刑建议,但在英国至今仍是例外。这是因为,在英国定罪后的量刑程序,包括辩诉交易制度中的量刑程序,被定性为法院对犯罪人的量刑听证程序,不具有定罪阶段及其程序的对抗特征,不允许检察官提出量刑建议。正如英国J. R. 斯宾塞所言,“大陆法系国家那样起诉人建议判决或要求特定判决的原则,对我们普通法系来说遭到完全的反对”。参见[英]J. R. 斯宾塞:《我们需要起诉人对判决的上诉吗?》,载《(英国)刑事法评论》1987年第11期。

③ 参见汪贻飞:《量刑义务:检察官客观义务之核心》,载《刑事法评论》2010年第1期。

④ 参见《德国刑事诉讼法典》,李昌珂译,中国政法大学出版社1995年版,第88页;陈岚:《量刑建议制度研究》,武汉大学出版社2009年版,第73~74页;[德]托马斯·魏根特:《德国刑事诉讼程序》,岳礼玲、温小洁译,中国政法大学出版社2004年版,第137页;杨诚、单民主编:《中外刑事公诉制度》,法律出版社2000年版,第200页;《德国刑事诉讼法典》,李昌珂译,中国政法大学出版社1995年版,第153页。详见本文第四部分关于量刑建议提出时间部分的梳理。

量刑建议。[①] 在我国,对量刑建议制度的最早立法是2018年修订的《刑事诉讼法》。其中,针对"犯罪嫌疑人认罪认罚"的案件,要求"人民检察院应当就主刑、附加刑、是否适用缓刑等提出量刑建议"(第176条第2款)。在此之前的20世纪末,一些基层检察机关就有基于监督法院量刑的量刑建议探索,如北京市东城区人民检察院于1999年8月开始试行了"公诉人当庭发表量刑意见"的做法。[②] 之后,在量刑规范化改革阶段被广泛使用,并逐渐发展为量刑规范化和认罪认罚从宽制度的必要环节。但这都只是检察机关在刑事诉讼中的"自选动作",并以量刑规范化和认罪认罚从宽制度改革的授权作为该公权力行使的根据。

综观量刑建议的理论与实践,检察机关提出量刑建议的方式,通常有抽象与具体两种基本形式。所谓抽象的量刑建议,是公诉人仅要求法院给予适当的量刑裁决,对量刑所涉及的具体刑罚种类和刑度不作具体表示的建议提出方式。如仅要求法院"从重处罚"、"从轻处罚"或"严惩"、"重罚"等。这种量刑建议形式,并非严格或有实际意义的量刑建议形式,至多只表明检察机关对量刑的一种态度,其所谓的"量刑建议",也只是一种"事实状态"。[③] 所谓具体的量刑建议,是公诉人须对被告人(犯罪人)所判处的刑罚种类和幅度作具体表示的建议方式。我国量刑规范化改革以来,就一直采用这种量刑建议形式。如2010年"两高三部"《关于规范量刑程序若

---

① 参见杨诚、单民主编:《中外刑事公诉制度》,法律出版社2000年版,第232页;[日]松尾浩也:《日本刑事诉讼法》(上卷),丁相顺译,中国人民大学出版社2005年版,第288页。

② 如参见李和仁:《量刑建议:摸索中的理论与实践——量刑建议制度研讨会综述》,载《人民检察》2001年第11期;赵力敏、陈建军:《检察官的量刑建议和量刑方法》,载《人民检察》1998年第4期;龚培华、张少林:《论检察机关的量刑请求权》,载《中国刑事法杂志》2001年第4期。

③ 在我国量刑规范化改革前和早期的探索中,从现有资料来看,尚未明确所采取的量刑建议形式,但既然是明确要求提出"量刑建议(意见)",那不可能是这种概括的量刑建议,而应是具体的量刑建议。如2007年最高人民法院应用法学研究所借鉴外国做法起草的《量刑程序指南(初稿)》第7条中,提出,"检察机关在提起公诉时,可以提出量刑建议"。虽然其中没有对具体如何提出作进一步的要求,但从文件背景来看,应是具体的量刑建议。参见熊选国主编:《〈人民法院量刑指导意见〉与"两高三部"〈关于规范量刑程序若干问题的意见〉理解与适用》,法律出版社2010年版,第11、527页。

干问题的意见》规定，“量刑建议书中一般应当载明人民检察院建议对被告人处以刑罚的种类、刑罚幅度、刑罚执行方式及其理由和依据”；[①]我国2018年《刑事诉讼法》第176条第2款规定，“犯罪嫌疑人认罪认罚的，人民检察院应当就主刑、附加刑、是否适用缓刑等提出量刑建议”。[②] 这种建议方式，具体又有幅度刑量刑建议与确定刑量刑建议之分。所谓幅度刑量刑建议，即量刑建议以“幅度”的方式提出，是检察机关建议审判机关在法定刑幅度内的一个相对较小幅度内作出量刑裁判结论。如建议在有期徒刑3～4年幅度内确定量刑结果。所谓确定刑量刑建议，即量刑建议以“点”的方式提出，是检察机关建议审判机关按某个具体确定的刑种、刑期及执行方式作出裁判结论。如建议判处犯罪人有期徒刑6个月，建议判处犯罪人拘役3个月，建议判处犯罪人罚金10万元，建议判处犯罪人缓刑等。

然而，对于量刑建议究竟应当是确定刑还是幅度刑，在我国的认罪认罚从宽制度探索的理论与实践中，有很大争议。概括起来大体有如下三个突出特点：

1. 学界主流观点采取确定刑量刑建议

综观量刑建议的理论探讨，这主要是程序法学者的主流观点，认为“检察机关宜提出‘确定刑’的量刑建议”。[③] 主要理由大体有如下三个方面：其一，量刑建议只有确定一个具体刑期，才是真正意义上的量刑建议，才能实现量刑建议的参考和监督作用，才能不会损害检察机关的权威性和法律的严肃性，才不会违背建立量刑建议制度的初衷，才不会束缚检察机关的做法而不利于推广和深化量刑建议制度，否则如此制度就是多此一举。[④] 其二，确定刑量刑建议不仅因“最终仍由审判阶段确认与裁定”而“与人民法院的审判权并

---

① 见2010年最高人民法院、最高人民检察院、公安部、国家安全部和司法部《关于规范量刑程序若干问题的意见》(法发[2010]35号)第3条第3款。

② 见2018年《刑事诉讼法》第176条第2款。

③ 参见樊崇义：《关于认罪认罚中量刑建议的几个问题》，载《检察日报》2019年7月15日，第2版。

④ 参见潘申明、周静：《论量刑建议的运行机制》，载《华东政法大学学报》2009年第5期。

不实质冲突”，而且意味着“控辩双方围绕量刑问题，展开了实质性的平等协商，最终达成了一致的意见”。[①] 其三，基于所理解的认罪认罚案件办案核心任务的“量刑协商”，确定刑量刑建议可以“增强量刑协商过程及其结果的稳定性、权威性与延续性，进一步固化具结书的签署效力”，可以“更好地激活认罪认罚从宽制度的‘激励机制’，鼓励自愿认罪认罚”，可以“进一步发挥该项制度的积极意义，实现繁简分流”，可以“防止事后因量刑问题引发上诉、抗诉以及程序回转等问题”，可以“实现‘同案同判、类案类判’的效果，继而做到量刑标准的统一性，避免量刑不公正等问题”。[②]

综观学界关于量刑建议提出方式的以上理由，其理论的基点和讨论的焦点，主要在于量刑建议之检察主体的权威性、量刑合意性和程序价值性，并未将量刑建议放在整个刑事司法的一体化视角，特别是审判主体等的司法权威性、量刑的实体公正性和量刑建议的实体根据要求，并未纳入量刑建议制度构建的考量因素中。

2. 法检两机关在认罪认罚从宽制度施行前的主张大体相反

据资料显示，检察机关自始主张采取“点”的建议方式。主要表现在：其一，在量刑建议探索之初，检察机关就主张确定刑建议。如早在量刑规范化改革试点时期，在2009年5月于宁波召开的“量刑建议庭审观摩暨公诉改革问题研讨会”上，检察机关就对量刑建议究竟是一个“点”还是“幅度”展开了热烈的讨论。虽然这个时期是法院在主导量刑规范化改革和主张“以幅度刑建议为主、以确定刑建议为辅”的量刑建议方式，[③]但与会的全国16个省市的绝大多

① 参见樊崇义：《关于认罪认罚中量刑建议的几个问题》，载《检察日报》2019年7月15日，第2版。

② 参见樊崇义：《关于认罪认罚中量刑建议的几个问题》，载《检察日报》2019年7月15日，第2版。

③ 这个时期检察机关出台的相关规范文件也配合了法院的主张。如2010年2月13日，最高人民检察院公诉厅出台的《人民检察院开展量刑建议工作的指导意见（试行）》第5条规定，“建议判处有期徒刑的，一般应当提出一个相对明确的量刑幅度”，“根据案件具体情况，如确有必要，也可以提出确定刑期的建议”。2012年11月22日，最高人民检察院出台的《刑事诉讼规则（试行）》（已废止）（检发释字〔2012〕2号）第399条明确规定，“建议判处有期徒刑、管制、拘役的，可以具有一定的幅度，也可以提出具体确定的建议。”

数公诉处长都主张是一个“点”。主要理由是，量刑建议的提出初衷是协助法官量刑，在我国刑法中的法定刑都是幅度刑，检察机关提出量刑建议就是帮助法官在法定的幅度中寻找一个适合于案件、适合于被告人的“点”。[①] 其二，在检察机关主导的认罪认罚从宽制度试点中，推行“以确定刑为主、以幅度刑为辅”的建议方式。具体是，随着认罪认罚从宽制度及其相关的速裁程序等的探索和试点推行，在量刑建议被作为这些制度施行的基本和关键环节中，检察机关主张量刑建议为一个“点”的要求更加强烈。其认为，从现实来看，检察机关采用幅度刑量刑建议方式，不利于认罪认罚从宽制度的推行。主要表现在，被告方往往以幅度刑的“较低点”作为应受刑罚处罚的心理预期，在法院以幅度刑的“较高点”(特别是幅度较大且顶格量刑时)作出裁判时，被告方就会根据“上诉不加刑”原则提出上诉，从而违背认罪认罚从宽制度推行的初衷和浪费检察机关在前期按认罪认罚从宽制度程序所做的努力，甚至引发无谓的上诉，浪费司法资源；相反，量刑建议越具体，被告方与公诉机关协商的动力就越大，达成“合意”的可能性也越大，认罪认罚从宽制度的推行效果就会越好。[②]

与以上检察机关的观点与认识不同，法院自始主张量刑建议应当是一个“幅度”。如 2009 年 4 月，最高人民法院量刑规范化改革项目组起草的《量刑程序指导意见(试行)》要求：“量刑意见应当具有一定幅度，并应当有相应证据和理由”。[③] 2010 年最高人民法院主导的“两高三部”《关于规范量刑程序若干问题的意见》也明确提出“量刑建议一般应当具有一定的幅度”。[④] 在司法实践中，从相关统计数据来看，也确实施行的是“以幅度刑建议为主、以确定刑建议

---

① 参见潘申明：《论量刑建议模式的选择》，载《华东政法大学学报》2013 年第 6 期。

② 陈国庆：《刑事诉讼法修改与刑事检察工作的新发展》，载《国家检察官学院学报》2019 年第 1 期。

③ 《人民法院量刑程序指导意见(试行)》(2009 年修订)(法〔2009〕151 号)，第 3 条第 2 款。

④ 《关于规范量刑程序若干问题的意见(试行)》(法发〔2010〕35 号)，第 3 条第 1 款。

为辅”的提出方式。据资料显示，在我国2016年至今的认罪认罚从宽制度试点中，确定刑和幅度刑的量刑建议分别占比29.4%和70.6%。[①] 法院主张量刑建议应当为幅度刑的理由，概括起来，大体有如下四个方面：其一，这是量刑规律的体现和要求。认为“量刑活动是法官的量刑选择活动而不是推理判断活动，量刑权是一种裁量权，而不是判断权”；[②]量刑建议若为确定的“点”，在理论上是违背量刑规律的。[③] 其二，幅度刑建议能够适应定罪量刑事实情节的复杂性。由于成文法具有不周延性和滞后性，而现实生活中的犯罪事实千奇百态，从罪责刑相适应的角度出发，只有充分体现刑罚个别化才能罚当其罪。[④] 其三，幅度刑建议为审判阶段量刑事实的变化提供了空间。由于证据的可变性和不确定性，法院据以定罪量刑的事实可能会在不同的诉讼阶段存在不同的变化。概括性量刑建议存在一定的量刑幅度，为在幅度内变化的定罪、量刑事实提供了一定空间。[⑤] 其四，幅度刑建议为被告人在庭审中认罪态度好转留下了有利空间。如果检察机关量刑建议为一个相对明确的量刑幅度，并告知被告人当庭认罪态度是合议庭量刑时要考虑的重要因素，不少被告人可能会减少对抗性，认罪态度会相对较好，以期获得法庭

---

① 2019年1月至5月，全国检察机关提出确定刑量刑建议占比27%，量刑建议法院采纳率为51.75%；1月至6月，全国检察机关提出确定刑量刑建议占比28%，量刑建议法院采纳率为58%；1月至9月，全国检察机关提出确定刑量刑建议占比33.5%，量刑建议法院采纳率81.6%。参见陈国庆：《量刑建议的若干问题》，载《中国刑事法杂志》2019年第5期；高艺宁：《最高检：认罪认罚从宽制度适用率逐步提升　宽严相济刑事政策充分体现》，载央广网2019年10月24日，https://baijiahao.baidu.com/s?id=1648267571117850034&wfr=spider&for=pc。

② 参见肖波：《量刑建议权与刑罚裁量权关系之澄清——一个刑事诉权角度的检视》，载《法律适用》2011年第1期。

③ 胡云腾主编：《认罪认罚从宽制度的理解与适用》，人民法院出版社2018年版，第283页。

④ 参见胡云腾：《正确把握认罪认罚从宽　保证严格公正高效司法》，载《人民法院报》2019年10月24日，第5版。

⑤ 参见刘占勇：《认罪认罚从宽制度中量刑建议问题研究》，载《中国检察官》2017年第11期；朱孝清：《论量刑建议》，载《中国法学》2010年第3期；陈瑞华：《论量刑建议》，载《政法论坛》2011年第2期；孙长永：《认罪认罚案件“量刑从宽”若干问题探讨》，载《法律适用》2019年第13期。

好感,谋求一个相对较轻的量刑。①

综观法检两机关关于量刑建议提出方式主张的各自理由,应当说都有各自的道理,但也基本上都是站在各自主体视角进行的探索和制作的相应规范文件。一方面,检察机关以确定刑建议为主的量刑建议主张,与程序法学者的主流观点基本一致,基本上是从检察主体、量刑合意和程序价值视角展开的;另一方面,法院以幅度刑建议为主的量刑建议主张,因基本上是从审判主体和审判权的运行特点展开的,同样忽视了从整个刑事司法的一体化视角,特别是量刑的实体公正性和量刑建议的实体根据要求,从而使法院的量刑建议主张也得不到广泛认同。

3. 法检两机关在认罪认罚从宽制度施行后形成折中的"共识性意见"

随着量刑建议制度的推进与法检协作的深入,特别是在检察机关主导认罪认罚从宽制度探索与统一规范构建后,"以确定刑建议为主、以幅度刑建议为辅"的量刑建议方式,逐步成为"两高三部"的"共识性意见"。具体表现在"两高三部"于2019年10月11日出台的《关于适用认罪认罚从宽制度的指导意见》(高检发〔2019〕13号)的第33条,即"犯罪嫌疑人认罪认罚的,人民检察院应当就主刑、附加刑、是否适用缓刑等提出量刑建议""办理认罪认罚案件,人民检察院一般应当提出确定刑量刑建议""对新类型、不常见犯罪案件,量刑情节复杂的重罪案件等,也可以提出幅度刑量刑建议"。至此,我国实践中的量刑建议方式,已发生了从探索早期的"幅度刑"式,到量刑规范化改革时期的"以幅度刑建议为主、以确定刑建议为辅"式,再到认罪认罚从宽制度施行时期的"以确定刑建议为主、以幅度刑建议为辅"式的两次转型。如此转型,既是量刑规范化改革与认罪认罚从宽制度改革对量刑建议的不同要求与体现,也是检察机关主导认罪认罚从宽制度的制度构建与运行方式的

---

① 参见潘申明:《论量刑建议的模式选择》,载《华东政法大学学报》2013年第6期;卞建林、陶加培:《认罪认罚从宽制度中的量刑建议》,载《国家检察官学院学报》2020年第1期。

结果。

(二)量刑建议精准化所面临的挑战

然而,“以确定刑建议为主、以幅度刑建议为辅”的“共识性意见”,并非乐观性的结果,实际上这将面临诸多挑战。一方面,这种建议方式给检察机关“赋予了更重要的职责”,同时也“提出了更高的要求”;另一方面,如此“共识性意见”并不意味着,前述关于确定刑与幅度刑建议的争议症结已经消逝。这些“挑战”,就量刑建议精准化而言,具体表现在如下三个方面:

一是采纳对接上的精准化挑战。综观量刑建议的实践,因量刑建议的精准化不足而必定导致法院是否“照单全收”左右为难。一方面,因当前量刑建议尚做不到精准化,若法院对其“照单全收”,则法院不仅是所谓的“盖章先生”,而且更主要的是,这会让量刑失去坚守量刑公正、防范冤假错案的底线,给刑事裁判留下极大的风险漏洞。另一方面,若法院对此不“照单全收”,则法院的裁判就成了阻碍认罪认罚从宽制度有效推行的障碍,并同时会将当事人不满的矛盾揽到自己身上,引发当事人对刑事裁判的不认同。虽然提出量刑建议确实只是检察机关行使建议权和求刑权,不是“检察机关代为行使法院裁判权”,立法对法院采纳量刑建议的要求也只是“一般应当”而不是“照单全收”,①但是对于量刑建议精准化不足,无论是法院基于量刑实体公正而给出相对较低的采纳率,还是法院基于认罪认罚从宽制度共识而给出相对较高的采纳率,对认罪认罚从宽制度和量刑公正都是一个极大的伤害。这个“伤害”,既破坏了认罪认罚从宽制度设置的初衷和量刑实体公正的底线,也与国家治理能力现代化的目标和要求背道而驰。

二是检察机关业务要求上的挑战。按我国的刑事诉讼规则,检察机关以前从事的检察(公诉)业务,主要是完成定罪指控方面的事实认定、证据梳理与法律对接等以定罪评价为主的诉讼业务。这个业务,基本上属于逻辑层面上的检察权、判断权视野的相对单一

---

① 参见胡云腾:《正确把握认罪认罚从宽　保证严格公正高效司法》,载《人民法院报》2019年10月24日,第5版。

的实务工作。可就是这方面业务,因涉及大量的证据整理、事实提炼和法律运用事项,而使得公诉人员本就是刑事诉讼活动中“最为繁忙的人”。在量刑纳入庭审程序,特别是量刑建议制度作为检察业务最为重要的环节并施行“以确定刑建议为主”的要求后,对于公诉人员来说,不仅是业务量的成倍增加,而且更是因为以确定刑建议为主的量刑建议工作,通常需要“量刑程序”作为证据实质审查的平台,以及需要具有中立身份以居中衡平案内外各量刑事实和法律因素,并据此作出符合刑法目的和功能的刑事责任实现方式评价的量刑裁量权,才能有效完成的工作。显然,如此工作,要求公诉人员在公诉阶段去实现,既不符合刑罚权的运行规律,也在客观上缺少法律和证据支撑。因此,以确定刑建议为主的量刑建议方式,不是将部分审判权“让渡”给了检察机关,[①]而是法院关于量刑审判的大部分业务“拷贝”[②]给了检察机关;公诉人不适合在起诉阶段做这样的工作,并不是简单的“经验”要求与“缺乏丰富的操作经验可供支撑”,[③]而是需要他们同时完成从单向指控者向中立裁判者的角色转换与裁判等能力的提升。

三是量刑建议实体根据上的挑战。量刑建议的实体根据就是量刑的实体根据。根据《刑法》第 61 条关于量刑根据的规定,即“对于犯罪分子决定刑罚的时候,应当根据犯罪的事实、犯罪的性质、情节和对于社会的危害程度,依照本法的有关规定判处”,量刑的实体根据包括量刑的事实根据和量刑的刑法根据。这个事实根据,是案件所涉的所有事实,包括反映犯罪行为社会危害性和犯罪人人身危险性等方面的事实,并在量刑中形成相应的法定和酌定量刑情节,以及在相应的刑法根据评价下,实现《刑法》第 5 条关于罪刑相适应原则的要求,即“刑罚的轻重,应当与犯罪分子所犯罪行和

---

① 审判权的存在,不仅是有宪法的赋予,更是刑罚权运行规律和刑事诉讼结构原理决定了它不可能真正被“让渡”。

② 之所以说是“拷贝”而不是“转移”,是因为这些工作法院在审判阶段还是要做的,除非法院只做形式审查和“照单全收”。

③ 参见胡云腾:《正确把握认罪认罚从宽　保证严格公正高效司法》,载《人民法院报》2019 年 10 月 24 日,第 5 版。

承担的刑事责任相适应”。可是，在刑事诉讼运行中，这些量刑事实，根据《刑事诉讼法》第50条第3款关于证据审查的要求，即“证据必须经过查证属实，才能作为定案的根据”，使得用以证明这些量刑事实的“证据”，一方面因尚没有经过庭审的查证属实而不具有刑事诉讼法要求的证明量刑事实的证据品格，另一方面因这个“证据”是不是《刑法》第61条要求的所有量刑事实和量刑证据，也是一个重大疑问。如侦查机关是否收集了那些反映犯罪嫌疑人、被告人、犯罪人平时表现好或不好等酌定量刑情节方面的证据？案件是否存在当事人“假想轻罪”“假想重罪”“假想有罪”等法律和事实认识错误甚至“顶包”错案的情形？诸如此类问题，并不是一个“以确定刑建议为主”的量刑建议共识性意见就能解决的，需要检察机关和法院共同基于审判中心主义、量刑实体公正，并从有效推进认罪认罚从宽制度立场出发，分工负责，相互配合，各自履行好量刑建议精准化中应尽的职权职责。

（三）量刑建议精准化的实体性根据

量刑建议是对“量刑”的建议。量刑建议精准化的实现、问题解决与挑战应对，都有赖于与“量刑”的实体公正及其相应的实体性根据相吻合。在量刑实体公正及其相应实体性根据上，如果“量刑建议”与“量刑”为两张皮，甚至相差甚远，那么，不仅谈不上量刑建议精准化，而且不可能也不应当有高的量刑建议采纳率。因此，量刑建议精准化的实体性根据，首先是对量刑实体公正的追求，其次是贯彻实体公正的相应量刑实体性根据。

1. 量刑建议精准化需以量刑实体公正为价值基础

既然公正性是刑法的首要价值，[①]那么追求量刑实体公正自始是我国量刑建议制度探索的首要目标。纵观我国量刑建议制度的探索与实践，一些基层检察机关于20世纪末进行量刑建议试点和探索的初衷，就是为了应对一些地方法院量刑畸轻畸重的“量刑不

---

① 参见陈兴良：《刑法的价值构造》，中国人民大学出版社2017年版，第226页。

公”现象。[①] 正是这个意义上的探索与定位,量刑建议被认为“是检察机关固有的求刑权的延续和细化,是检察机关完善监督形式的一个重要途径”,[②]它的适用,是为了“有利于合理控制法官的自由裁量权,防止量刑畸轻畸重现象的发生”。[③]

我国量刑建议制度的以上价值追求,与域外量刑建议制度的主旨价值追求,很是不同。在域外,无论是美国等推行的“辩诉交易”制度,还是德国等推行的“协商程序”,都主要不是为了实体上的量刑公正,而是为了程序上的提升诉讼效率。在这样的价值取向下,以何种方式提出量刑建议,以及提出什么实体内容的量刑建议,是检察官的权力,法官通常基于对辩诉交易制度的尊重而对检察官提出的量刑建议“照单全收”,并且90%左右的案件都可以通过这种方式处理。[④] 这种意义上的量刑建议,并不要求必须建立在案件的量刑事实和证据基础上,并不必须贯彻罪刑相适应原则。检察官提出什么内容和方式的量刑建议,是他们的权力。只要建议在程序上不违法且属于被告人的真实意思表示,法官就无权干涉和否决。这种量刑建议,在实质上是刑罚权从公权力向私权利的转化与刑法的民法化,[⑤]使这些行为的入刑价值和刑法的本身价值在很大程度上丧失。

---

① 参见李和仁:《量刑建议:摸索中的理论与实践——量刑建议制度研讨会综述》,载《人民检察》2001年第11期;赵力敏、陈建军:《检察官的量刑建议和量刑方法》,载《人民检察》1998年第4期;龚培华、张少林:《论检察机关的量刑请求权》,载《中国刑事法杂志》2001年第4期。

② 参见林峰:《量刑建议可行性探讨》,载《人民检察》2001年第6期。

③ 参见龚培华、张少林:《论检察机关的量刑请求权》,载《中国刑事法杂志》2001年第4期。

④ 参见曹振海、宋敏:《量刑建议制度应当缓行》,载《国家检察官学院学报》2002年第4期。

⑤ 笔者赞同刑法和刑罚立法和司法要具有恢复性处遇理念,但并不赞同域外那种脱离实体公正的所谓“刑罚权私权化”和“刑法民法化”追求。毕竟,刑法是刑法,民法是民法,将危害行为予以入刑的立法目的并不是实现民法目标,否则,还不如不将该行为入刑,而直接作为民事行为处理更显得直截了当。其实,基于罪刑相适应的报应与预防实体公正价值观,是近现代刑法发展进化的产物和体现。“刑罚权私权化”和“刑法民法化”的理想化追求,既不切合国家治理体系和治理能力现代化的实际,也不符合刑法的并合主义发展进化规律。

不过，随着量刑建议制度的发展，兼顾“实体上的量刑公正”与“程序上的诉讼效率”，应是域内外量刑建议制度的发展倾向。例如，在美国，程序上的提升诉讼效率的量刑建议目标，已在实践中受到检察官的批评，并且有检察机关要求办事处的检察人员按“公正惩罚”和“处罚均衡”原则作出建议，否则就要书面说明理由。[①] 这表明，美国的量刑建议制度，具有从只是取向于程序上的提升诉讼效率到兼顾实体上的量刑公正的倾向。不过，如此倾向，并不意味着域外量刑建议制度就会改变“程序上的提升诉讼效率”的主旨价值追求。在我国，无论是2003年开始探索实践的量刑规范化制度，还是2016年开始试点实践的认罪认罚从宽制度，因都要求建立在“以事实为根据，以法律为准绳”的基础上，并具体通过实体上从宽和程序上从简，追求“实体上量刑公正”的同时，兼顾“程序上提升诉讼效率”的价值目标。这一点，在2019年10月11日出台的《关于适用认罪认罚从宽制度的指导意见》上，有着明确体现。如在该意见的引言中，就明确指出，提出量刑建议，是为了“有效惩治犯罪、强化人权司法保障、提升诉讼效率、化解社会矛盾、减少社会对抗、促进社会和谐”，是为了“正确实施刑事诉讼法新规定，精准适用认罪认罚从宽制度，确保严格公正司法，推动国家治理体系和治理能力现代化”。[②] 据此，量刑建议不仅是“现代国家治理和法治国家建设的重要体现”、“促进量刑公正的强劲推动力”、“认罪认罚从宽制度的基础”和“凝聚控辩合意的重要载体”，[③]而且要“提升诉讼效率”。不过，从其中关于对量刑建议的提出方式、采纳和调整原则等内容的规定与做法来看，这其中的核心和关键，还是实体上的量刑实体公正追求。无论是提出上强调“提出量刑建议，应当说明理由和依据”和根据各种量刑情节以及犯罪的事实、性质等，还是采纳上

---

① 参见龙宗智、赵华、赖秋蓉：《析公诉文书制作中的几个问题》，载《人民检察》2000年第8期。

② 参见最高人民法院、最高人民检察院、公安部、国家安全部和司法部：《〈关于适用认罪认罚从宽制度的指导意见〉的通知》（高检发〔2019〕13号），2019年10月11日印发。

③ 参见陈国庆：《量刑建议的若干问题》，载《中国刑事法杂志》2019年第5期。

的“量刑建议适当”之前提，以及提出和采纳原则上“贯彻宽严相济刑事政策”、“坚持罪责刑相适应原则”和坚持“以事实为根据，以法律为准绳”全面收集、固定、审查和认定证据的证据裁判原则要求，[①]无不都是实体上的要求。

以量刑实体公正为我国量刑建议制度的首要价值追求，是由我国“实事求是”的思想路线决定的。实事求是是毛泽东思想的精髓，是中国特色社会主义理论的哲学基础，是坚持辩证唯物主义、历史唯物主义，反对唯心主义、形而上学的思想体现和必然要求。基于以上实事求是的思想路线，我国在刑事司法工作中，坚持贯彻宽严相济的刑事政策，要求“必须坚持严格依法办案，切实贯彻落实罪刑法定原则、罪刑相适应原则和法律面前人人平等原则，依照法律规定准确定罪量刑。从宽和从严都必须依照法律规定进行，做到宽严有据，罚当其罪”。[②] 如此思想路线和刑事政策，决定了我国的量刑建议制度与域外的相关制度相比，“一开始就是在不同的目标指引下前进的”。[③]

量刑建议制度的中国式价值取向决定了，我国量刑建议制度的各运行制度构建，都需以量刑的实体公正为基础。一方面，我们不能简单、盲目地借鉴甚至移植域外的量刑建议做法；另一方面，我国量刑建议在提出的实体根据、内容和方式上，必须贯彻罪刑相适应原则，保证量刑的实体公正得以实现。只有这样，量刑建议在实体公正追求上才能与量刑保持一致，才能保障量刑建议精准化有了实现的基础和前提。

2. 量刑建议精准化需以量刑实体根据为实现根据

量刑建议精准化的以上实体公正追求，该如何实现？根据《刑法》的有关规定，应是将量刑建议的生成根植于《刑法》关于量刑的

---

① 参见2019年10月11日最高人民法院、最高人民检察院、公安部、国家安全部和司法部《关于适用认罪认罚从宽制度指导意见》（高检发〔2019〕13号），第33条、第40条、第41条。

② 参见最高人民法院《关于贯彻宽严相济刑事政策的若干意见》（法发〔2010〕9号），第3条。

③ 参见曹振海、宋敏：《量刑建议制度应当缓行》，载《国家检察官学院学报》2002年第4期。

全部事实根据和法律根据上。综观《刑法》的相关规定,关于量刑实体公正的总体性规定,主要是《刑法》第5条关于罪刑相适应原则和第61条关于量刑事实根据和法律根据的规定。

首先,《刑法》第5条关于罪刑相适应原则的规定是刑法对量刑实体公正的基本要求。据《刑法》第5条的规定,即"刑罚的轻重,应当与犯罪分子所犯罪行和承担的刑事责任相适应",量刑实体公正的体现和实现,不仅要对犯罪人的量刑建立在犯罪的社会危害性、犯罪人的人身危险性及其他事实的基础上,而且量刑的轻重要与这些事实(量刑情节)相适应,超出这些事实(量刑情节)的量刑就是量刑不正义。具体体现在司法上,如此量刑实体公正要求,就是"人民法院对犯罪人裁量、决定刑罚时要做到依法进行、罚当其罪、罪刑相称、公平裁判、不偏不倚"。①

其次,《刑法》第61条关于量刑实体根据的规定是落实罪刑相适应原则的具体标准。《刑法》第5条关于罪刑相适应原则的规定,只是刑法关于量刑实体公正的基本原则的要求,需要《刑法》第61条有关量刑实体根据的规定予以贯彻落实。《刑法》第61条规定:"对于犯罪分子决定刑罚的时候,应当根据犯罪的事实、犯罪的性质、情节和对于社会的危害程度,依照本法的有关规定判处。"如此规定,与其说是关于量刑一般原则的规定,不如说是关于量刑实体根据的规定。这个规定,包括量刑的事实根据和量刑的法律根据两方面。其中,这里的"量刑事实根据",是关于量刑所要依据的所有事实方面,既包括反映犯罪行为的社会危害性程度方面的事实(犯罪的事实、犯罪的性质、犯罪的情节和对于社会的危害程度),也包括反映犯罪人的人身危险性有无和大小方面的事实(作为量刑情节的案外事实,如犯罪人的罪前和罪后表现等),甚至还包括其他事实。例如,反映刑法人道主义精神的对怀孕的妇女不适用死刑的"审判的时候怀孕",反映刑法人性关怀精神的对未成年人、老年人的从宽处罚的"犯罪的时候不满18周岁""审判的时候已满75周

---

① 参见沈德咏:《论量刑公正》,载中国政法大学刑事法律研究中心、英国大使馆文化教育处主编:《中英量刑问题比较研究》,中国政法大学出版社2001年版,第1~28页。

岁”，反映刑法人权保障精神的应予刑期折抵的“先行羁押”，[①]自首、坦白、立功等从宽处罚情节中属于量刑交易方面的“犯罪以后自动投案，如实供述自己的罪行”“如实供述自己罪行”“揭发他人犯罪行为”“提供重要线索”。[②] 这里的“量刑法律根据”，即以上刑法规定要求的“以量刑法律为准绳”，它不是刑法中的某个规定，而是刑法中所有与某个案件量刑事实相关的法律规定。既包括《刑法》分则关于某个个罪的具体法定刑规定，又包括《刑法》总则关于罪刑法定、罪刑相适应等基本原则及第37条关于免予刑罚处罚、给予非刑罚处罚的规定，第62条关于法定从轻、从重的规定，第63条关于法定或酌定减轻处罚的规定，等等。

需要特别提出的是，以上作为量刑实体根据的“事实”和“法律”，不是彼此孤立的。它们前后衔接、相互依存、有机统一，共同作为有机整体成为量刑的实体根据。主要表现在：

其一，刑法关于“以量刑事实为根据，以量刑法律为准绳”的这个规定，在立法上的排列顺序有着特定意义。一方面，“事实”在前，是基础和前提。这意味着，量刑证据的收集及其审查与证明、量刑权的行使和结论的作出，都是围绕“量刑事实”而展开的。离开“量刑事实”的所有量刑活动，既是空谈，也是违反刑法规定的。另一方面，“法律”在后，是规制和规范。这意味着，“量刑事实”如何进入到量刑评价中来，以及对量刑结果如何发挥与发挥多大作用，都需要按刑法的各相应规定来，不可离开刑法规定提出任何对“量刑”的建议和作出对“量刑”的结论。

其二，“量刑事实”必须要通过“量刑法律”的对接评价，并转化为“量刑情节”，才能作为量刑的根据。作为量刑根据的量刑事实，即反映犯罪社会危害性和犯罪人人身危险性等方面的客观事实，在刑法相应规定与其对接之前，只是游离于刑法和罪刑法定原则之外的“事实”，还无法进入量刑的评价中来。只有与刑法中相应规定

---

① 根据《刑法》第41条、第44条、第47条的规定，判决执行以前先行羁押的，羁押1日折抵管制2日、折抵拘役和有期徒刑的刑期1日。根据《刑事诉讼法》《监察法》《行政处罚法》等的规定，这里的“先行羁押”，通常包括刑事拘留、逮捕、留置、行政拘留等。

② 参见石经海：《量刑个别化的基本原理》，法律出版社2010年版，第25页。

对接为相应“量刑情节”后，才能用来对犯罪人进行应负多大刑事责任的评价。其中，这里的“量刑情节”，既包括那些刑法对某个特定事实的具体内容（如“已满14周岁不满18周岁的人犯罪”）和功能（如“应当从轻或者减轻处罚”）有明确规定（《刑法》第17条第4款）的法定量刑情节，也包括那些刑法对某个特定事实的具体内容（如“被害人有过错”“认罪态度较好”“积极赔偿被害人损失”）和功能（如从轻、从重、减轻、免除处罚）没有明确规定，但依《刑法》相应原则和制度性规定所确定的酌定量刑情节。这些原则和制度性规定，通常包括《刑法》第61条关于所有反映犯罪行为社会危害性和犯罪人人身危险性方面的事实都应当影响量刑和作为量刑根据的要求，以及《刑法》第5条关于罪刑相适应原则的规定，第37条关于免予刑罚处罚、给予非刑罚处罚的规定，第62条关于法定从轻、从重的规定，第63条关于法定或酌定减轻处罚的规定等。在这里，量刑事实之所以要对接刑法规定转换为法定或酌定量刑情节，才能作为量刑的事实根据，这既是坚守罪刑法定原则的要求和体现，以防止不该影响量刑的东西影响了量刑（如非案件危害体现的舆论），保证量刑事实规范、有序和有效地影响量刑，也意味着，量刑事实和量刑情节其实也都是与刑法相应规定对接后的结果，在实践中需要客观、全面地收集所有证据予以证明。

其三，以上关于量刑的“事实”和“法律”，是一个有机整体，有机结合后成为量刑的实体根据。既然“量刑事实”只有与刑法中的相应规定对接并转化为量刑情节后，以及“量刑法律”只有基于相应“量刑事实”并对其进行对接和将其转化为量刑情节后，才能作为量刑的根据，那么，量刑的“事实”和“法律”在量刑中不是孤立、单独、各自发挥作用的，而是在刑法各基本原则、目的、任务的统率下，在国家治理理念（如“三个效果的统一”）及其刑事政策（如“宽严相济刑事政策”）的指导下，基于案件的具体量刑事实，对刑法各相应具体规定进行体系性、辩证性、战略性的理解与适用。[①] 其中，

① 参加石经海、金舟：《“三个效果的统一”有赖于科学的法律适用》，载《人民法院报》2019年12月26日，第6版。

刑法关于“刑罚的轻重，应当与犯罪分子所犯罪行和承担的刑事责任相适应”[①]的罪刑相适应原则规定和要求，既是考察和实现量刑实体公正的基础、前提和总标准，又要求公正的量刑必须建立在所有量刑事实与法律规定的基础上。同时意味着，同一危害社会的行为，因犯罪人的年龄、反社会心理、犯罪前后的表现和个人的生活经历及其反映的主观恶性不同，其量刑结果并不一定要相同。[②]

量刑的以上实体根据，自然也是量刑建议的实体根据。对此，域外的量刑建议制度早就有这方面的探索和实践。如在美国，为了提高量刑建议质量，许多检察官办事处制定了指导助理检察官提出量刑建议的规则，要求办事处的检察人员按照所谓“公正惩罚”原则，建议的刑罚应与罪行严重性及被告人的犯罪历史相当，而且要注意案件之间的大致平衡，[③]也即要求量刑建议的刑罚需与犯罪行为的社会危害性和犯罪人的人身危险性相适应，并保持罪刑均衡。又如，在法、意、德三国，量刑建议得到采纳的前提是其具有合法性和适当性。一方面，要求建议遵循量刑的实体法规定和从宽量刑的规则，不能离开法律规定和规则从宽处理；另一方面，要求建议建立在具体案情，特别是犯罪动机、犯罪后果、被告人品质、补救行为等因素基础上，实现罚当其罪。[④] 在我国，也有实务人员呼吁：“法官量刑时，必须查清一切与量刑有关的事实和情节，将每一个量刑情节都纳入量刑考虑的范围，只有这样才能实现量刑公正；同时，对于统一司法行为，提高司法公信力和权威具有重大的现实意义。”[⑤]这些均在一定意义上表明了，量刑实体根据在量刑建议制度构建中的地位和作用。从现实来看，确实只有重视和践行这个“地位”和“作用”，适用所有的量刑事实和适用所有的相应量刑法律，才可能实现

---

① 我国现行《刑法》第5条。

② 参见李永升主编：《刑法总论》，法律出版社2016年版，第312页。

③ 参见龙宗智、赵华、赖秋蓉：《析公诉文书制作中的几个问题》，载《人民检察》2000年第8期。

④ 参见施鹏鹏：《借鉴域外经验推动量刑建议精准化》，载《检察日报》2019年6月10日，第3版。

⑤ 唐亚南：《刑事审判中对量刑情节裁量的规范完善》，载《贵州民族大学学报（哲学社会科学版）》2015年第4期。

量刑建议的精准化。

(四)量刑建议精准化的实现路径

受“重定罪轻量刑”和传统片面量刑公正观的影响,量刑实体公正及其罪刑相适应原则要求,在实践中其实是缺少相应的落实措施与路径的。虽然2019年10月11日印发的“两高三部”《关于适用认罪认罚从宽制度的指导意见》,已注意到这个问题,并特地将“坚持罪责刑相适应原则”作为适用认罪认罚从宽制度的“基本原则”,并做了详细要求。[①] 可综观本意见第33条关于量刑建议的提出要求中,并没有配置相应可落地的对接路径与措施,从而使本意见对罪刑相适应原则要求在很大程度上落空。基于公正量刑的以上理论与实践,这个具体实现路径,应至少包括如下三个方面:

1.全面收集和审查所有的量刑证据

从司法实践来看,量刑建议精准化的实现,就是基于案件所有的量刑事实和量刑法律,全面收集和审查量刑证据。或者说,量刑精准化的实现及其量刑建议采纳率的提升,在很大程度上有赖于量刑证据的收集与审查是否客观和全面。

在量刑建议制度比较成熟的国家,要求收集和审查量刑证据以证明量刑事实,有较为成熟的要求和做法。据理论上的考证,在美国,量刑建议制度在辩诉交易程序中的作用发挥,在很大程度上是“由于证据开示以及辩护制度的保障”;[②]在法、意、德三国,为了证明量刑建议的合法性和适当性,检察机关应当提供相应的证据证明从宽量刑的理由,从而要求检察机关与被告人达成的量刑合意,建立在相应的证据及其所证明的量刑事实上。[③]

---

① 即“办理认罪认罚案件,既要考虑体现认罪认罚从宽,又要考虑其所犯罪行的轻重、应负刑事责任和人身危险性的大小,依照法律规定提出量刑建议,准确裁量刑罚,确保罚当其罪,避免罪刑失衡。特别是对于共同犯罪案件,主犯认罪认罚,从犯不认罪认罚的,人民法院、人民检察院应当注意两者之间的量刑平衡,防止因量刑失当严重偏离一般的司法认知”。

② 参见曹振海、宋敏:《量刑建议制度应当缓行》,载《国家检察官学院学报》2002年第4期。

③ 参见施鹏鹏:《借鉴域外经验推动量刑建议精准化》,载《检察日报》2019年6月10日,第3版。

在我国，从既有实践来看，在这个方面的做法和要求还是比较滞后的。对此，在量刑建议制度探索之初，就曾有论者以“我们国家刑事审判中没有建立证据开示制度”为由而主张“量刑建议制度应当缓行”。[①] 确实，量刑建议制度的推行有赖于完全充分证据的支持。也正因如此，有实务工作者呼吁量刑建议应重点关注“建议的信息来源问题”，认为量刑建议的信息来源渠道，应包括侦查机关应加强对量刑信息的调查取证、检察机关应强化对量刑信息的调查取证、被追诉人及其辩护律师提出的量刑意见、社会调查报告制度等。[②] 这一方面是感知到了单方面收集证据所存在的不完整性固有缺陷，需要多渠道才能较为全面地收集量刑建议的生成信息（证据），另一方面也实际上已意识到当前量刑建议的生成信息（证据）的不充分问题。

从我国刑法的相应实体规定与原理来看，这里需要全面收集与审查的量刑证据，就是能够证明所有量刑事实及其全部量刑情节的证据。这些证据，大体包括如下三种情况：一是证明案件社会危害性而说明刑事责任大小量刑情节的证据。具体可分为：反映案件社会危害性而说明刑事责任大的法定量刑情节的；反映案件社会危害性而说明刑事责任大的酌定量刑情节的；反映案件社会危害性而说明刑事责任小的法定量刑情节的；反映案件社会危害性而说明刑事责任小的酌定量刑情节的。二是证明案件人身危险性而说明刑事责任大小量刑情节的证据。具体有：反映犯罪人人身危险性而说明刑事责任大的法定量刑情节的；反映犯罪人人身危险性而说明刑事责任大的酌定量刑情节的；反映犯罪人人身危险性而说明刑事责任小的法定量刑情节的；反映犯罪人人身危险性而说明刑事责任小的酌定量刑情节的；既反映犯罪行为社会危害性又反映犯罪人人身危险性说明刑事责任小的法定量刑情节的；既反映犯罪行为社会危害性又反映犯罪人人身危险性说明刑事责任小的酌定量刑情节的；既

---

① 参见曹振海、宋敏：《量刑建议制度应当缓行》，载《国家检察官学院学报》2002年第4期。

② 参见顾玫帆：《认罪认罚从宽案件量刑建议应关注三个问题》，载《检察日报》2019年3月4日，第3版。

反映犯罪人人身危险性又基于立法关于提高办案效率等精神而使量刑从宽的法定量刑情节的。三是全面收集和审查关于案件其他事实而使量刑从宽量刑情节的证据。从立法和司法实践来看,具体有:反映刑法的人道主义和人性关怀(也兼有部分人身危险性因素)而量刑从宽的法定情节的;反映刑法的人权保障而量刑从宽的法定情节的;反映刑法关于提高办案效率的功利需要而量刑从宽的法定情节的;既反映人身危险性又基于办案效率而使量刑从宽的酌定情节的;反映民意的。①

2. 分阶段分别提出预建议与正式建议

基于定罪量刑关系原理及当前量刑建议制度构建上的“悖论”,量刑建议制度应当尊重量刑证据及其所证明的量刑事实在刑事诉讼过程中的运行特点与意义,分为预建议和正式建议,并分别在起诉阶段和审判阶段随送达公诉书和发表公诉意见时一并提出。

(1)在起诉阶段随送达起诉书一并提出量刑预建议

在量刑规范化的探索中,检察机关提出量刑建议的做法,一度受到一些法官的抵制。认为定罪与量刑都是法官的权力,都应由法官统一行使,公诉人行使量刑建议权,是从根本上侵犯了法官的量刑权。如此看法,在现实中也确实有它的现实基础。主要是既有量刑建议的提出和做法,也确实给法官的量刑带来很多困扰。如因量刑建议受其基于的量刑事实和量刑举证的局限,其轻重并不能精确化地与审判中认定的量刑事实和量刑证据相一致,从而往往让法官很是为难:若量刑的判决结果轻于量刑建议,则会引起检察机关的抗诉和被害方的不满;若量刑的判决结果重于量刑建议,则会引起被告方的不满和上诉甚至上访,带来对刑事裁判的公众不认同。

本书认为,量刑建议的以上问题,并不能成为完全否定量刑建议存在和提出的理由。基于刑罚权的运行模式和刑事诉讼模式,量刑建议制度的存在不仅必要而且是重要。就刑罚权的运行模式而言,量刑建议制度只不过是量刑建议权(求刑权②)的体现和要求,

① 这些方面的证据在刑法立法上的具体情形,请参阅后文关于量刑情节的阐述。

② 刑罚权的权能表现为制刑权、求刑权、量刑权和行刑权。

是刑罚权运行的基本要求和表现。就刑事诉讼模式而言，量刑建议制度的设置机理，是为保证量刑实质公正的实现和使量刑过程公开透明，让量刑结果被动、中立地建立在作为控诉的量刑建议与作为辩护的量刑答辩的基础上。在这个模式中，量刑建议只不过是启动量刑程序，为量刑答辩和量刑裁决提供“对抗靶子”和“居中裁决平台”，是控方（公诉人、刑事被害人、自诉人等）参与量刑活动的身份象征和活动内容。这不仅有利于控辩双方了解量刑的过程及所依据的事实和法律，而且有利于犯罪人认罪伏法，有利于被害人服判息诉，使量刑公正以公开的方式表现出来。因此，从这个意义上来说，量刑建议制度是保证量刑自由裁量权的合理行使和量刑结果公正合理的基础和前提。这同时意味着量刑建议在本质上只是建议而不是量刑本身，它的提出旨在为量刑答辩提供“对抗靶子”、为量刑裁决提供“居中裁判平台”，从而使量刑所依据的事实更加清楚，所适用的法律更加准确，所运行的过程更加公开、透明，并使量刑有了可说理的内容，而不可侵犯法院的独立审判权。如今，随着全国量刑规范化改革的深入推进和最高人民法院《人民法院量刑指导意见〈试行〉》、“两高三部”《认罪认罚从宽指导意见》的出台，量刑建议制度在我国已经不是要不要适用，而是如何更好地适用的问题。

不过，若量刑建议需等到在定罪后的量刑程序中提出，则对于控辩双方来说，也确实都存在一些障碍。主要表现在：若是在定罪后不即时启动量刑程序，则会把庭审时间拖得很长，影响诉讼效率；[①]若是在定罪后即时启动量刑程序，则对于控告方来说，因业务经验不足而提出的建议，往往不具有可行性或合理性，而对于辩护方来说，可能因事先缺乏准备，而使量刑答辩流于形式。

基于以上情况，本著主张：一方面，应当在审查起诉阶段提出量刑建议，以满足量刑建议对量刑程序启动和为量刑答辩提供“对抗靶子”的功能，有利于被告方进行答辩准备和实现控辩平衡；但另一

---

① 在英美法系国家，因大量的案件都以辩诉交易方式解决，真正进入量刑程序的案件往往既是少数，又是“大案要案”，因而定罪程序与量刑程序分别在不同时段进行，也不会给审判机关带来太大的负担。在我国，若是定罪程序与量刑程序在不同时段进行，则会因进入量刑程序的案件太多而让审判机关和公诉机关不堪重负。

方面,这个阶段提出的量刑建议,不可能是建立在已经庭审质证的全部量刑证据所证明的全部量刑事实的东西,只能是建立在检察机关自己审查和认为可以证明所求刑的事实的建议。这个“建议”,因其所依托的事实、证据和功能的局限性,而不妨称之为“预建议”。这个层面上的“量刑建议”,不能也不应当对量刑产生实质性影响。

(2)在审判阶段随发表公诉意见一并提出量刑正式建议

虽然在审查起诉阶段提出的量刑建议,不可企求对法院量刑产生实质性影响,不可能真正满足认罪认罚从宽制度等对量刑建议制度的价值追求,但并不等于在诉讼中,检察机关就不可以和提不出能满足以上价值追求的量刑建议。基于量刑证据及其所证明的量刑事实在刑事诉讼过程中的运行特点与意义,完全可以在审判阶段随发表公诉意见一并提出正式的量刑建议。

在这个阶段提出正式的量刑建议,其合理性至少表现在如下两个方面:其一,它建立在了量刑实体根据的基础上。在审判阶段随发表公诉意见一并提出量刑正式建议,意味着案件经历了量刑程序及其量刑证据的“法庭调查”和“查证属实”,并有了控辩双方的举证和质证,案件在原则上有了全部量刑事实和量刑证据。在这个时候提出正式的量刑建议,既可以符合《刑事诉讼法》关于“证据必须经过查证属实,才能作为定案的根据”①“定罪量刑的事实都有证据证明”②和“法庭审理过程中,对与定罪、量刑有关的事实、证据都应当进行调查、辩论”的规定,以及《刑法》第 61 条关于“(全部)量刑事实为根据”的量刑事实根据要求,也可以让检察机关有效行使量刑公正的审判监督职能。其二,可以让量刑建议的对象是犯罪人而不是犯罪嫌疑人、刑事被告人。因为这个时候提出的正式量刑建议,应当是已经可以确定和认定为犯罪的基础和前提下,从而符合了定罪和量刑关系原理。

在审判阶段随发表公诉意见一并提出量刑正式建议,也是量刑建议制度比较成熟国家的常规做法。如在德国,检察官通常在起诉

① 参见我国现行《刑事诉讼法》第 50 条第 2 款。
② 参见我国现行《刑事诉讼法》第 55 条第 2 款第 1 项。

书、庭审辩论中分别提出概括的量刑建议和正式的量刑建议。其中,在提起诉讼时,在起诉书中必须"写明被诉人、对他指控的行为、实施行为的时间和地点、犯罪行为的法定特征和适用的处罚规定"。[①] 这里的"处罚规定"尽管通常以刑法条文形式表现出来,但是其中包含着检察官的概括的量刑建议。[②] 在庭审辩论阶段,作为判决作出基础的口头辩论[③]的事项之一的检察官公诉发言中,就有对量刑的建议,[④]即正式的量刑建议。[⑤] 在日本,《日本刑事诉讼法》第256条规定了起诉书只需列明被告人的姓名或其他足以特定为被告人的事项、公诉事实和罪名三项内容,而在关于罪名的记载事项中也只要记载要适用的处罚条文,并不需要提出具体的量刑建议。[⑥] 日本检察官一般是在庭审的最后辩论阶段以论告和求刑的形式提出量刑建议。所谓论告就是在法庭证据调查终结后,检察官就本案事实及适用法律问题,总结性地陈述控方的意见;[⑦]所谓求刑就是检察官对被告人应该宣判的刑罚种类、程度等阐述具体的意见。[⑧] 在这个阶段和背景下提出的量刑建议,一般都会得到法官采纳,并因具有精确化的特点和特质而必然带来90%以上的高采纳率。[⑨]

---

① 参见《德国刑事诉讼法典》,李昌珂译,中国政法大学出版社1995年版,第88页。

② 参见陈岚:《量刑建议制度研究》,武汉大学出版社2009年版,第73~74页。

③ 参见[德]托马斯·魏根特:《德国刑事诉讼程序》,岳礼玲、温小洁译,中国政法大学出版社2004年版,第137页。

④ 参见杨诚、单民主编:《中外刑事公诉制度》,法律出版社2000年版,第200页。

⑤ 当然,在只适用于轻微刑事犯罪的刑事处罚令程序中,《德国刑事诉讼法》第407条第1款中就规定,"检察院要在根据侦查结果认为无审判必要时提出这个申请。申请应当写明要求判处的法律处分",即直接提出正式的量刑建议。参见《德国刑事诉讼法典》,李昌珂译,中国政法大学出版社1995年版,第153页。

⑥ 参见《日本刑事诉讼法典》,宋英辉译,中国政法大学出版社2000年版,第256页。

⑦ 所谓论告是指法庭证据调查终结后,检察官必须就本案事实及适用法律问题,总结性地陈述控方的意见,其内容主要包括事实论告和法律论告两方面,分别就犯罪与否的事实依照已取得并质证的证据,阐明检察官的立场与意见,以及在阐明事实意见的基础上,依据刑事法律的具体规定,提出关于如何适用法律制裁或处理被告人的看法或观点。参见杨诚、单民主编:《中外刑事公诉制度》,法律出版社2000年版,第232页。

⑧ 参见[日]松尾浩也:《日本刑事诉讼法》(上卷),丁相顺译,中国人民大学出版社2005年版,第288页。

⑨ 参见殷俊、郑承华:《西方国家量刑建议制度的实践研究》,载《法学论丛》2006年第1期。

在我国，若采取将正式的量刑建议安排在审判阶段提出的建议方式，至少可以在很大程度上解决量刑建议在立法上和司法实践中的相关困惑问题。一方面，在立法上，将量刑建议仅放在公诉阶段随起诉书一并提出，必然存在现行《刑事诉讼法》第 201 条规定的"可能影响公正审判的情形"等"除外情形"，[①]并据此只能要求人民法院依法作出判决时"一般应当采纳"。另一方面，在司法上，对于具体如何采纳"一般采纳"，虽然"两高三部"《关于规范量刑程序若干问题的意见》形成了较为明确的共识性意见，但关于"对于事实清楚，证据确实、充分，指控的罪名准确，量刑建议适当的，人民法院应当采纳"的要求，因违背了定罪与量刑相互关系原理及其缺少全部量刑事实和量刑证据与查证属实等要求，而在客观上对稍微复杂点的案件来说，是无法做到真正"量刑建议适当"和要求"人民法院应当采纳"的。可将正式量刑建议安排在审判阶段随发表公诉意见一并提出，因符合了定罪与量刑相互关系原理、是在定罪基础上，因有了全部量刑事实和量刑证据并经查证属实，而不仅可能使以上"困惑"得以解决，而且还可以在实践中大大减少以上"例外情形"，实现量刑建议精准化，提高量刑建议采纳率，真正实现量刑建议制度对认罪认罚从宽制度的支撑作用，以及认罪认罚从宽制度所追求的制度效果。

3. 起诉和审判中分别以"幅""点"提出

既然"以确定刑为主、以幅度刑为辅"的量刑建议方式，会给检察机关带来人力、精力和实力以及量刑实体根据上的挑战，那么量刑建议到底是采用"幅"还是"点"的幅度刑或确定刑建议方式，就不可一概而论。基于定罪量刑关系原理，既然量刑建议在提出的时间阶段上可以通过分为公诉阶段和审判阶段的预建议与正式建议方式，以解决相应争议与困境问题，那么量刑建议在"幅""点"选择上，也同样可以采用这种方式解决。具体是，根据量刑证据和量刑事实在刑事诉讼过程中的运行特点与意义，根据案件的繁简及其量

---

① 具体是："(一)被告人的行为不构成犯罪或者不应当追究其刑事责任的；(二)被告人违背意愿认罪认罚的；(三)被告人否认指控的犯罪事实的；(四)起诉指控的罪名与审理认定的罪名不一致的；(五)其他可能影响公正审判的情形"。

刑事实、量刑证据情况，选择相应的“幅”“点”提出方式。其中，对适用非速裁程序案件，在起诉阶段的预建议中，只提“幅”式建议，仅就被告人可能适用的主刑、附加刑、非刑罚处理方法及缓刑等执行方式提出“幅”的幅度刑量刑建议；在审判阶段（发表公诉意见时）的正式建议中，就犯罪人具体适用的刑事责任实现方式即对犯罪人所应判处的刑罚与非刑罚处理方法及其期限、执行方式等，其提出的“点”的确定刑量刑建议。对于适用速裁程序的案件，因案件的案情和证据相对比较简单，在确保收集和审查了全部量刑事实和量刑证据的前提和基础上，可以直接提出“点”的确定刑量刑建议。其中，对建议因所掌握、审查、认定的量刑证据充分、客观、全面不足，没有达到量刑对罪刑相适应的事实和证据要求，而没有为法院采纳的，就如犯罪指控未被法院采纳而要承担的诉讼后果一样，应由控诉方承担相应“建议不力”的诉讼后果。

不允许在公诉阶段提出确定刑建议，实际上是量刑建议制度较为成熟国家的例行做法。例如，在南斯拉夫，据《刑事诉讼法》第430条规定，检察官在公诉发言中，应“就被告人的刑事责任，应适用的刑法条文以及关于量刑时应考虑的从轻和从重处罚的情节，提出自己的建议和解释，起诉人不能提出关于刑罚轻重的具体建议，但可以建议法院判处警告处分和缓刑。”在奥地利，《刑事诉讼法》第255条明确规定：“原告人不应就法定刑标准之内的具体量刑提出请求”。在俄罗斯，虽然《刑事诉讼法典》第248条明确规定：“检察官在法庭上支持公诉……应向法庭提出自己关于对受审人适用刑事法律和刑罚的意见”，但因检察官对具体量刑幅度的公正性难以形成真正的内心确信而在很多情况下都不会明确表示确定的刑罚。[①] 在美国，陪审团的审判分为定罪和量刑两个步骤，在陪审团裁决有罪后，法庭还要作关于量刑酌定因素的听证，其中，90%的检察官认为他们有权对轻罪与重罪的量刑提出建议。[②] 显然，如前所述，

---

① 参见[苏联]阿列克谢耶夫、玛卡罗娃：《法庭演说艺术》，徐晓晴译，重庆出版社1988年版，第84、139页。

② 参见[美]约翰·杰科比：《美国检察官研究》，美国马萨诸塞州希思公司1980年版，第124页。

基于定罪量刑关系原理以及量刑事实、量刑证据在这个阶段的运行特点的,如此做法是科学合理的。

至于“幅”式量刑建议具体如何确定,需要根据刑法关于具体个罪法定刑的规定而具体情况具体对待,不能简单通用最高人民法院推行的各版本关于“基准刑”“量刑起点”的规定做法。虽然法院主导的“量刑规范化”改革,经过十几年的发展推进取得了“将量刑纳入庭审程序、全面提取和适用量刑情节、真正改变‘轻量刑’观念”等革命性成就,但毋庸讳言也存在“实体规则的设置违背刑法基本原理、理论依据的借鉴存在致命误区、意见规则的适用与法典法律适用相冲突、程序规则的设置不能与实体法对接”等僵局性问题。[①] 因此,在量刑建议精准化的追求与具体确定中,既不能再简单地按“量刑指导意见”关于“基准刑”“量刑起点”的规则设置提出量刑建议,也不能直接按根据以上机理开发的智能化智慧化量刑建议辅助系统提出量刑建议。需基于定罪与量刑关系和刑法典条文的内在法律关系,使量刑建议所遵循的量刑规范化及其量刑基准规则设置,具有科学合理性。其中,主要是使具体法定刑的“量刑起始标准”地位得以回归,并匡正在具体法定刑内人为细分“量刑起点”的割裂刑法规范内在关系、违背量刑本质规律(刑之裁量)做法,确保个案量刑所涉全部法律规范得以体系化适用,使得量刑本质规律所需要的量刑裁量权得以充分保障,以实现量刑的实体公正与程序公正的有机统一,使国家治理体系和治理能力现代化在量刑上得以贯彻和体现。

三、需基于辩护权作出量刑答辩

量刑答辩是量刑建议的孪生物。只要有量刑建议,就应当有量刑答辩。就这个意义而言,量刑答辩既是控辩审量刑程式的基本组成部分,也是确保量刑公平公正的基本保障。所以,重视量刑答辩在量刑程序中的地位和作用,是实现量刑目标和践行量刑个别化的

---

① 参见石经海、严海杰:《中国量刑规范化之十年检讨与展望》,载《法律科学》2015年第4期。

价值追求的重要环节。

所谓量刑答辩，是指辩护方针对量刑建议所作出的量刑辩护意见，包括已被定罪的犯罪人的自我量刑答辩和辩护人的委托答辩。理论上认为，实行量刑答辩制度，其目的是让被告人有合理的时间和机会准备量刑意见，通过自己的陈述答辩影响量刑。① 从形式上看，这种观点有其合理性，因为量刑建议提出后，应当给辩护方留出必要的准备时间，以能从事实和法律等方面进行有效的量刑辩护。但若把量刑建议与量刑答辩作为一项常规性量刑程序制度，则在开庭前做量刑答辩方面的准备应是辩护方的常规性工作，而并非在量刑建议提出后须绝对留给辩护方的答辩准备时间。特别是，对于委托辩护的案件，基于辩护人的职责，只要案件可能进入量刑程序，都应在开庭前做好相应的量刑答辩准备。当然，若把量刑建议分为“量刑预建议”与“量刑建议”两部分的话，则量刑答辩也应分为“量刑预答辩”与“量刑答辩”两部分，用以提出量刑情节、应对量刑控告等。

四、需基于量刑权进行量刑裁决

在量刑建议与量刑答辩的基础上，审判人员应当作出居中的量刑裁决。所谓量刑裁决，是在量刑建议与量刑答辩的基础上，也即在充分听取控辩双方的量刑意见的基础上，以定罪所确定的具体法定刑为量刑基准，根据案件的量刑事实和相关法律，作出量刑结论的审判活动。在庭审中，控辩双方对被告人应适用的量刑幅度、量刑起点、量刑情节等，进行充分辩论，经过控辩双方的量刑辩论，在双方意见基本达到一种平衡的状态下，审判人员往往就可据此作出相应的量刑判决。

从量刑实践来看，做好充分的量刑说理，是实现量刑目标和践行量刑个别化价值追求的关键。基于我国量刑说理实践的突出问题，我国审判机关已把加强量刑论证说理作为我国法院改革的目标

---

①　参见陈增宝、李安：《量刑应当具有独立的专门程序》，载《法律适用》2005 年第 12 期。

之一。最高人民法院早在1999年发布的《人民法院五年改革纲要》第13条中就明确规定，“加快裁判文书的改革步伐，提高裁判文书的质量。改革的重点是加强对质证中有争议证据的分析、认证，增强判决的说理性；通过裁判文书，不仅记录裁判过程，而且公开裁判理由，使裁判文书成为向社会公众展示司法公正形象的载体，进行法制教育的生动教材”。[①] 虽然这个裁判文书改革目标并没有明示是量刑论证说理改革，但从刑事裁判文书中的核心内容即定罪和量刑来看，刑事裁判文书的论证说理改革当然包括了量刑论证说理的改革。

然而，从我国当前的情况来看，刑事裁判文书不论证、不说理或论证说理不充分的现象十分突出。根据理论上一些论者的概括，这个现象主要表现在如下几个方面：

其一，用套话代替论证说理。如河北某基层法院网站公布的判决书中写道：“本院认为，被告人董×同他人以非法占有他人财物为目的，殴打他人并当场劫取财物，其行为构成抢劫罪，公诉机关指控的基本事实清楚、主要证据充分，罪名成立，应予支持。被告人董×辩称的没有殴打被害人、请求从轻处罚的辩护意见本院予以采纳。”判决中，关于从宽量刑的事实根据是什么，在整个判决书中没有任何体现。因此，这样的判决仍是没有说理或空洞说理的判决。

其二，用空话代替论证说理。例如，河北某基层法院网站公布的判决书中写道：“虽然被告人冯×能主动到公安机关投案，但不能认定其系如实供述犯罪事实，对其自首的辩解意见本院不予支持。”其中，辩护人关于自首的辩护意见非常详细具体，而法院就用一句空话代替了说理。又如，河南省某中级人民法院网站公布的关于余×犯强奸罪的判决书中写道：“辩护人的上述辩护意见，均与庭审查明的事实不符，不予采信。”对于辩护意见具体与庭审查明的什么事实不符，没有说明，更没有分析。因此，这个被作为“范本”（前几年上网的判决书往往是经过挑选的）的判决书，对于辩护意见的采信

---

① 参见1999年10月20日最高人民法院关于印发《人民法院五年改革纲要》的通知（法发〔1999〕28号）。

与否,同样是用空话代替论证说理。再如,深圳某区法院网站公布关于骗取出境证件罪的判决书中写道:“被告人××、刘×作为××公司职员参与犯罪,起辅助和次要作用,均是从犯,依法可从轻处罚。”从理论上看,公司职员参与犯罪并不一定是“起辅助和次要作用”的从犯,还需列举和分析他们在共同犯罪中所起的作用,才能得出是“起辅助和次要作用”和“从犯”的结论。因此,该判决书虽然在其他方面很完善,但在这个问题上同样是空话。

其三,用法条代替论证说理,如河南省某基层人民法院网站公布的判决书中写道:“李×的行为不符合《最高人民法院关于处理自首和立功具体应用法律若干问题的解释》的规定,不能认定为有立功表现。”综观整个判决书,对于为何李×的行为不符合《最高人民法院关于处理自首和立功具体应用法律若干问题的解释》的规定,没有任何分析。因此,这个判决书也只是用空洞的法条代替论证说理。

其四,用堆砌事实、罗列证据的方法代替论证说理。如河南省某基层人民法院在公示的判决书中写道:“本院认为……鉴于被告人张×认罪态度较好,具有自首情节,赃款已主动全部退出。根据《中华人民共和国刑法》……之规定,判决如下:……”在这里,被告人张×的“认罪态度较好,具有自首情节,赃款已主动全部退出”,本是要说明从宽量刑的,但没作任何这方面的说明和分析,只是以堆砌事实代替论证说理。

以上量刑说理所存在的问题,实际上在我国中级、基层人民法院中普遍存在。如此现象,起码会带来如下几个方面的弊害:

其一,不利于理性地认识“同案异判”。如前所述,当前理论上和实践中对“同案异判”问题的认识大都是不理性的。如认为“同罪异罚,即实施同等严重的犯罪人在处刑上大相径庭,有如釜底抽薪,完全背离了作为刑罚社会基础的公正观念,使刑罚难以为人们所尊重”。[①] 实际上,“同案异判”并非都是不理性的。虽然有部分“同案异判”确实很是荒唐,但基于量刑个别化的“同案异判”应是

① 邱兴隆等:《刑罚学》,群众出版社1988年版,第255页。

量刑实质公正和理性的表现。从现实来看，所谓“同案异判”的诸多负面效应，在很多情况下并非因为“同案异判”，而是因为量刑论证不充分、说理不透彻或论证说理不能令人信服所致。因此，对量刑进行充分的论证说理，既是实现量刑实质公正和理性的需要，也是建立量刑公信力的需要。

其二，不利于有效地解决司法与媒体的冲突。应当说，媒体对推动司法公正具有不可替代的作用。不可否认，“一切肮脏的事情都是在‘暗箱作业’中完成的，追求正义的法律程序必然是公开的、透明的”；[①]“没有公开则无所谓正义”。[②] 媒体利用其强大的“公开”方式，使司法暴露于“阳光”之下，迫使司法在一定程度上从不公正走向公正，或从大体公正走向公正。而且，司法与媒体在政治责任和社会责任上是一致的，在加强、促进和保证社会公平正义上，双方应是积极合作、良性互动的。这样说来，司法与媒体并不应发生冲突。然而，从现实来看，司法与媒体常常是发生冲突的。主要表现在媒体干预司法，甚至出现“媒体杀人”现象。从表面上看，这是由于“一些非主流媒体对司法活动的报道，有时显得不够谨慎。一些不适当的报道和评论，经互联网广泛传播和放大”，从而破坏公正审判、损害司法形象和司法权威。[③] 但就量刑而言，实际上主要是量刑论证不充分、说理不透彻或论证说理不能令人信服所致。因此，通过加强量刑的充分论证说理，进一步加强和改进司法新闻宣传工作，注意尊重和遵守新闻工作的规律和特点，积极主动地依法公开必要的信息，以实现司法审判工作与媒体报道工作的良性互动，[④]是解决司法与媒体冲突的基本路径。

其三，不利于形成法官职业群体。从现实来看，判决书的论证说理使裁判书无懈可击，令人折服，使当事人知道自己胜在哪里，败

---

① 王利明：《司法改革研究》，法律出版社 2001 年版，第 52 页。

② ［美］伯尔曼：《法律与宗教》，商务印书馆 2017 年版，第 24 页。

③ 参见袁祥：《最高法院院长肖扬要求司法和媒体良性互动》，载《光明日报》2006 年 9 月 13 日，第 4 版。

④ 参见袁祥：《最高法院院长肖扬要求司法和媒体良性互动》，载《光明日报》2006 年 9 月 13 日，第 4 版。

在何处,知道法官为什么这么判而不那样判,不仅起到了宣传法律、教育公民自觉守法的作用,而且在一定程度上减少了法官在审判中的不公正行为,有效地防止司法腐败,确保裁判书真正成为向社会公众展示法院文明和公正司法形象的载体。① 而相反,“如果法官无须在其判决结果与案件事实之间建立合理的说明与论证过程,非但不能有效地提高法官的审判水平,增强其裁判文书的制作能力,反而会使判决成为掩盖其专断行为的合法载体,进而滋生枉法裁判和司法腐败”。② 这样说来,量刑论证说理制度不仅可以使量刑判决建立在事实、法律及其知识理性的基础上,而且还有利于法官群体法律思维的连续和稳定,从而有利于法官职业群体的形成。

基于以上量刑论证说理不足的弊害,在大陆法系的许多国家都明文规定了量刑论证说理制度。例如,在德国,法庭必须将定罪与量刑写成书面判决,由审判长在公开的法庭上宣读;宣布量刑后,审判长进行口头解释,当法官结束口头解释后,审判才结束,判决中的量刑才成为终局;在公开的法庭上宣布判决后的5个星期之内,法庭必须将定罪和量刑的理由作书面解释;书面解释必须涵盖判决的所有方面,包括对证据的总体评价。③ 在法国,1994年《法国刑法典》第132-19条明确规定:“轻罪案件,法院仅在特别说明选择该刑罚之理由后,始得宣判无缓期之监禁刑。”

对于量刑个别化,不仅因其为量刑本体而当然需要论证说理,而且还因为其“个别化”的特点而必须论证说理。显然,量刑个别化是一柄“双刃剑”,用之适当有利于量刑实质公正和量刑效果的实现,并由此提高司法公信力;用之不当则不利于量刑实质公正和量刑效果的实现,并由此损坏司法公信力。从量刑个别化的特点来看,量刑公信力的有无和大小,不在于量刑个别化所带来的“同案异判”,而在于践行量刑个别化的裁判能否把“同案异判”的理由论证述说清楚,并让当事人和公众理解和接受判决结果。同时,量刑个

① 参见田成有:《法社会学视野中的法官造法》,载《现代法学》2003年第3期。

② 龙宗智:《刑事判决书应加强说理》,载《现代法学》1998年第2期。

③ 参见[德]托马斯·魏根特:《德国刑事诉讼程序》,中国政法大学出版社2004年版,第134页。

别化并非意味着有法不依，而相反，它崇尚严格依法办事，只不过这个“依法办事”是理性和实质上的。这样说来，量刑的充分论证说理是作出适法、适当量刑判决的基本保障。

综观当前量刑不论证、不说理的现象及其特点，量刑不论证、不说理的原因主要表现在如下四个方面：

其一，量刑理论研究的薄弱。这不仅表现在量刑说理本身研究的不足，如量刑应如何说理，其说理根据、说理模式等是什么，在理论上均缺乏深入研究，而且还表现在理论上对量刑基础理论研究的不足，如量刑与定罪的内在关系、量刑基准的确定、量刑情节的使用、量刑制度的适用、合理量刑程序的选取等理论研究薄弱，必然导致量刑说理实践的理论指导不足。

其二，量刑主体素质的问题。这主要是作为量刑主体的部分审判人员，不仅在刑法及其理论方面的基础知识薄弱，而且在写作技巧上也显得不够，最终只能以套话、空话代替论证说理。

其三，“重定罪轻量刑”观念的影响。在刑事审判中，“重定罪轻量刑”的不良观念始终居于支配地位，认为刑事案件只要事实清楚、证据确凿、定罪准确，量刑轻一点、重一点没有关系。[①] 在这种观念的指导下，审判人员既然对量刑的轻重都无所谓，则对量刑说理论证也就更不放在心上了。

其四，独立量刑程序的缺失。这是当前量刑不论证、不说理的最主要原因。应当说，在当今中国，绝大部分审判人员的主体素质还是好的。之所以量刑不说理，主要是诉讼模式中缺乏量刑说理的客观条件，如独立的量刑程序。从现实来看，在存在独立量刑程序的情况下，应当说量刑说理是水到渠成的事。这是因为，在量刑时及在量刑判决中，审判人员通过梳理和列举控辩双方的量刑证据、量刑事实、量刑建议和量刑答辩意见，并就此作出采纳与否的评析，就是一个理由非常充实的量刑说理。

因此，如何做好量刑论证说理，是量刑规范化改革和推进认罪

---

① 参见刘家琛：《对当前我国刑罚适用的几点思考》，载《人民司法》2002 年第 7 期。

认罚从宽制度改革的重要组成部分。目前,我国一审普通程序的刑事判决书,一般由"经审理查明……"和"本院认为……"两部分组成。在前一部分,通常列明法院认定的各种犯罪事实、证据等;在后一部分,通常是建立在前一部分基础上的"说理"。然而,从现实来看,这个有限的"说理",往往主要是定罪部分的说理,量刑部分的说理即使兼顾也是寥寥数语或用空话、套话等代替论证说理。事实上,要改变这种现象并不困难,因为把这些套话、空话、法条和堆砌事实等改成对量刑过程按一定逻辑思路进行记载、描述和分析就已是较为充分的论证说理了。

理论上,有论者主张,改变当前"将体现犯罪构成和量刑情节的证据并合在'经审理查明……'这一部分进行展示"等的现状,将现行判决书的"经审理查明……"和"本院认为"两个部分细分为两个表述层次:第一层次首先展示经审理查明的涉及犯罪构成的证据,并随即明示证据取舍的论证过程,以及是否构成犯罪、构成何罪的论证过程;第二层次则首先展示体现量刑情节的证据(前提是第一层次已经证明构成犯罪),并随即论证证据如何取舍、是否具备从宽或从严情节,尤其要对最终何以判处某种具体的刑罚(包括附加刑)及刑度作出特别论证。譬如,在3年以上7年以下有期徒刑幅度内何以判处4年而非其他选择。① 应当说,这种说理模式能很好地切合定罪与量刑分属彼此衔接的量刑司法环节的关系特点,是独立量刑程序在裁判文书中的体现。具体而言,应论证好以下几种情形的理由:在可选择主刑或附加刑的情况下,要着重阐述选择主刑还是附加刑的理由;在法律条文有多个可供选择的刑种时,要着重阐述所选择刑种的理由;在具有一定幅度的刑种中,应着重阐述最终所确定的罪量的理由;在适用缓刑的案件中,应着重阐述适用缓刑的理由;在数罪并罚中,既要阐述针对个罪所作出的宣告刑的理由,又要阐述最终作出的执行刑的理由。通过对上述量刑理由的论证,使当事人、关注案件的人及社会各界,从法律、法理的层面明白

---

① 参见万毅:《量刑正义的程序之维》,载《华东政法学院学报》2006年第5期。

相似的案件量刑为何有差异，不同的案件为何最终量刑结果一样。[①]本书认为，这一判决书结构的"微调"及其具体设计，应是必要而重要的，它们不仅在形式上有利于判决书量刑说理的展开，而且也在很大程度上弥补了当前量刑程序空缺的不足。虽然因没有量刑程序而无法在判决书中对量刑过程进行记载，但如此格式使得法官在判决书中必须罗列量刑的事实、证据和法律，并分析量刑从宽或从严的理由。

当然，在量刑程序设置和完善之后，在判决书中应当完整地记载量刑过程，特别是量刑个别化的证据、事实、法律、法理及论证过程。其中，对于反映"同案异判"的事实是什么，认定这些事实的证据何在，为何要依据这些事实和证据作出"同案异判"等，都应在判决书中明确而又充分地陈述。这一方面，是使犯罪人认罪服法和接受教育改造的必要；另一方面，也是明确对犯罪人教育改造目标的必要，以利于行刑机关对犯罪人施行改造，利于公众明白何以作出如此判决，利于刑罚一般预防功能的实现。从当前量刑规范化探索中把量刑纳入庭审程序的情况来看，以上量刑说理论证将是水到渠成的事。

第二节　量刑个别化的运行根据

一、是以量刑的根据为运行根据

这里的量刑个别化运行根据，就是通常的量刑根据。从理论上看，基于定罪与量刑的对象不同，量刑根据与定罪根据并不相同；又基于量刑即刑事责任的评价，量刑根据又应当等同于刑事责任的评价根据。同时，因"根据"并非只有事实根据还有法律根据，因而量刑根据又有量刑的法律根据与量刑的事实根据之分。其中，前者是

---

① 参见曾娇艳、黄书建：《试论刑事裁判文书的量刑说理制度》，载《法治研究》2007年第9期。

个案所涉所有相关法律的综合运用，包括《刑法》分则与《刑法》总则的所有相关规定及其与个案相对应的司法规则（如量刑基准）；后者是个案客观事实依据刑法及其解释规定所转化的法律事实，包括量刑情节和量刑制度。从司法上看，量刑的这些法律根据和事实根据是决定量刑是否公平公正，以及能否使量刑一般化与量刑个别化相统一的关键。

（一）量刑根据与定罪根据

“根据”，从本义上看，是指把某种事物作为结论的前提或语言行动的基础。由此，“根据”是其中的“某种事物”，而依“某种事物”得出的“结论”或采取的“语言行动”，不是“根据”本身，而是“根据”的产物。据此，在严格意义上，“根据”实际上有两方面含义：一是把“根据”（某种事物）作为结论的前提。在这个意义上，所谓量刑根据是指作为结论的前提的“某种事物”，是作出量刑结论所赖以依据的各种事实，如反映犯罪行为社会危害性方面的事实、反映犯罪人人身危险性方面的事实。二是把“根据”（某种事物）作为语言、行动的基础。在这个意义上，所谓量刑根据是指量刑活动的基础的“某种事物”，是量刑所赖以参考的标准。

由于量刑与定罪的对象不同，因而量刑根据也不同于定罪根据。从对象上看，定罪的对象是刑事被告人，而量刑的对象是犯罪人。虽然“在同一刑事诉讼中，犯罪嫌疑人和被告人实质上指的是同一个人，只是在不同诉讼阶段的称谓不同而已”，[①]但在立法和司法上区分刑事被告人与犯罪嫌疑人和犯罪人，既意味着犯罪者在同一刑事诉讼中的不同诉讼阶段所享有的诉讼权利和所履行的诉讼义务不同，又意味着这是一种“淘沙”过程与结果。显然，是犯罪嫌疑人并非就是刑事被告人，更不一定就是犯罪人。对于定罪来说，其对象既不是犯罪嫌疑人也不是犯罪人，只有被起诉进入定罪审判程序的人即刑事被告人，才能成为定罪的对象；已经是犯罪人就意味着定罪程序结束，仅是量刑的对象。虽然定罪后必量刑，但它们

---

①　陈光中、徐静村主编：《刑事诉讼法学》，中国政法大学出版社 2002 年版，第 58 页。

在对象范围上并非等同的。既然刑事被告人可能被定为有罪也可能被定为无罪,则刑事被告人就并非都是犯罪人;只有那些被认定为有罪的刑事被告人,才是犯罪人。这样,量刑的对象范围,实际上小于定罪的对象范围。

量刑对象与定罪对象的以上不同,在一定程度上决定了量刑根据与定罪根据的不同。其中,定罪是指法院依据刑事法律确认某一行为是否构成犯罪、构成什么犯罪及重罪还是轻罪(是构成某个犯罪的基本犯,还是加重犯或减轻犯)的一种刑事司法活动。[①] 因而定罪只是对犯罪行为性质的认定,而不是对行为人性质的认定,只能以案中能够说明犯罪行为性质的因素(表现为犯罪构成要件的事实和法律)为根据。由此决定了定罪的刑事实体法律根据是关于犯罪的各项法律规定,包括犯罪概念的规定、犯罪构成的各项规定、追诉时效、刑法效力等;定罪的事实根据是案件中反映犯罪行为社会危害性方面的事实。在我国的四要件犯罪构成理论体系下,定罪的事实根据具体包括用来综合评价[②]犯罪客体、犯罪客观方面、犯罪主体和犯罪主观方面以及犯罪情节是否显著轻微危害不大等的基本犯罪构成事实。在大陆法系的传统三要件犯罪构成理论体系下,定罪的事实根据具体包括用来综合评价犯罪构成要件的符合性(该当性)、违法性和有责性等的基本犯罪构成事实。理论上有论者认为,犯罪本质具有"二元"性,即犯罪是"行为的社会危害性与行为人的人身危险性的统一";认为"两者都属于犯罪的范畴","人身危险性是与社会危害性既相联系又相区别的并与之并列的犯罪本质特征,只有在这一意义上,才能科学地阐述刑罚根据(包括定罪根据与量刑根据)问题"。[③] 本书不同意这种认识。如此认识,存在两个错误的立论理由:其一,把定罪根据与量刑根据等同。这显然不符合定

① 参见陈兴良:《刑法哲学》,中国人民大学出版社 2017 年版,第 712、742 页。

② 反映犯罪行为的社会危害性的事实,是客观行为与主观恶性的有机统一。运用反映社会危害性的事实对犯罪构成四大要件的评价,并不是相互割裂的孤立评价,而是分别考察与综合反映的整体评价。据此,笔者不同意我国犯罪构成的四大要件是"齐合填充式"的平面关系,而是分别考察和整体反映的立体关系。

③ 参见陈兴良:《刑法哲学》,中国人民大学出版社 2017 年版,第 174 ~ 188 页。

罪根据与量刑根据的实际。其二,把人身危险性作为犯罪的本质特征。这势必把反映人身危险性方面的事实作为认定犯罪的根据。这种把案外因素作为评价行为人是否构成犯罪的根据,背离了定罪是对犯罪行为进行定性的根本。本书认为,定罪的根据,只能是案中的因素,这些因素,按照主客观相一致原则,既包括犯罪行为及其危害结果等客观方面的因素,也包括犯罪的故意、过失及作为构成要件的目的甚至动机等主观恶性因素,它们都是行为社会危害性的体现和评价依据;作为案外的人身危险性因素如平时的表现、犯罪后的悔罪态度等,虽然可影响量刑,但不能影响定罪。对于实施了犯罪行为的人,纵然其人身危险性极小,也至多只能免除刑罚处罚,而不能因人身危险性因素而不定罪。

量刑是在定罪的基础上,根据本案件犯罪行为的社会危害性、犯罪人的人身危险性,以及其他相关事实(如先行羁押),依法确定犯罪人刑事责任的大小,并配置相应刑事责任实现方式的刑事审判活动。因而量刑是对犯罪人的量刑,是试图惩罚和教育改造犯罪人,并试图使他(们)不再危害社会或成为重返社会的新人。由此决定了量刑的刑事实体法律根据是关于刑事责任的各项法律规定,包括刑罚的种类、具体运用刑罚的各项制度及其他相关规定(如量刑基准)。并决定了量刑的事实根据是犯罪行为的社会危害性、犯罪人的人身危险性及其他相关事实。具体表现在如下三个方面:一是决定量刑基准①的基本犯罪构成事实。这实际上是定罪的事实根据所在。之所以如此,源于定罪与量刑的实质关系,即定罪实质上只不过是为量刑选定正确的量刑基准罢了。② 这个方面的事实,其作用主要在报应犯罪行为所造成的社会危害,体现量刑的"同案同判"、"同罪同罚"和"量刑统一"。二是用来调节量刑基准以形成处断刑、宣告刑、免刑和评价量刑情节的事实。这主要是反映犯罪行为的社会危害性程度大小,以及反映犯罪人罪前、罪后乃至平时日

① 详见后文关于量刑基准的阐述。

② 正是基于定罪与量刑的如此关系,反映犯罪行为的社会危害性的事实是定罪的事实根据,同时也是决定量刑基准的事实根据,这并不意味着是重复评价。

常生活环境等人身危险性状况的事实。这个方面的事实,其作用主要在反映犯罪人的人身危险性状况,决定抽象"同案同判""同罪同罚""量刑统一"下的个案量刑的个别化。三是用来调节量刑基准以形成执行刑和评价量刑制度的事实。这主要是反映刑法人权保障、人性关怀和期望或反映教育改造中人身危险性减小的事实。如用来反映刑法人权保障的刑期折抵制度及其先行羁押,用来反映刑法人性关怀的对未成年人和孕妇不适用死刑,用来期望或反映人身危险性减小的缓刑、减刑、假释制度及其相应事实。这个方面的事实,其作用也主要在决定抽象"同案同判""同罪同罚""量刑统一"下的个案量刑的个别化。以上定罪与量刑的不同事实根据意味着,一方面,罪刑相适应下的"刑量"并非等于"罪量";另一方面,刑法现代化下的量刑需以全面的事实为根据,特别是反映犯罪行为的社会危害性方面的事实,主要是实现"同案同判""同罪同罚""量刑统一"的根据,而不能以此为量刑的根据,量刑结果需以案件所具有的所有事实(包括反映犯罪行为的社会危害性、犯罪人的人身危险性等方面的事实)为根据。

理论上认为,根据禁止重复评价原则,定罪根据与量刑根据是不能重复评价的。申言之,某个事实被作为定罪根据进行评价和使用后,就不能再作为量刑根据进行评价和使用了。事实上,这是对禁止重复评价原则的表面化解读。针对同一"事实"分别进行量刑根据与定罪根据的评价,并非重复评价。例如,对于抢劫案中的杀人手段,在定罪中,提取其"暴力手段"的侧面和属性作为定罪根据(定罪情节),以作为抢劫罪成立的要件;在量刑中,提取其"杀人"的侧面和属性作为量刑根据(量刑情节),以给予比采用伤害等暴力手段要重的刑罚量,不应属于重复评价。又如,对于已满 14 周岁不满 16 周岁的未成年人的故意杀人行为,在定罪中,提取其犯罪主体所需的"刑事责任能力"作为定罪根据(定罪情节);在量刑中,提取其"未成年"即"部分刑事责任能力"作为量刑根据(量刑情节),给予从轻或减轻处罚,也不应是重复评价。据此,对同一事实进行不同视角的评价,不仅是可行的,而且是必要的,否则就无法正确和准确地定罪和量刑。之所以如此,主要取决于:其一,定罪与量刑的评价对象和评价目的不同。就评价对象而言,定罪的评价对象是犯罪行为,量刑的评价对象是犯罪人;就评价目的而言,定罪的评价目的在实质上并不是处罚,而只是为落实刑事责任(量刑)提供前提和基础,量刑的评价目的在实质上就是落实刑事责任。因而,从这个意义上说,对同一事实进行定罪评价后又进行量刑评价并不重复。对某个"事实"分别进行定罪根据与量刑根据的评价,实际上是在分别提取该事实的不同侧面和属性,而使同一"事实"的量刑根据评价与定罪根据评价在实质上并不相同。其二,定性评价和定量评价的统一性。也就是说,对行为进行定罪的定性评价,在本质上是为正确和准确地量刑奠定基础,是为量刑选定具体法定刑;定罪的定性评价并没有真正对行为人进行处罚,处罚仍需通过在定罪基础上的量刑来落实。从定罪的实质意义来看,定罪不是为了定罪而定罪,其本身也不是处罚,[①]而是为了确定"有刑事责任",并据此配置相应的刑事责任实现方式;只有通过量刑配置相应的刑事责任实现方式才是处罚。

因此,单纯宣告有罪,若仅从定罪意义上看,也不是处罚,也只有通过量刑而落实其刑事责任实现方式(单纯宣告有罪)时才是处罚。本来,"责由罪生,无罪必无责",刑事责任的有无应建立在定罪的基础上,但因评定刑事责任的有无在本质上是落实刑事责任的基础和前提,而不是量刑(评定刑事责任的大小)(在量刑阶段,实质上只是评定刑事责任的大小,而不评定刑事责任的有无),因而,评定刑事责任的有无实际上已由定罪程序完成,并由此产生刑事责任。这是其一。其二,正是因为定罪本就意味着有刑事责任,因而,单纯宣告有罪也是一种承担刑事责任的方式,表现为:"公开宣布行为人的行为是犯罪行为,就是对所实施的犯罪行为的否定评价和对犯罪人的谴责。这种否定评价与谴责必然对行为人的生活与名誉产生不利反应。"[②]不过,单纯宣告有罪,并不意味着只是关于刑事

① 申言之,其所发挥的预防犯罪的积极作用,实质上也是通过其所带来的刑事责任自动实现的。

② 张明楷:《刑法学》(第6版),法律出版社2021年版,第814页。

责任的有无，事实上，它也是在有刑事责任的前提下关于刑事责任大小的问题。只是相对于其他两种承担刑事责任的方式（刑罚处罚和非刑罚处罚）而言，它所承担的刑事责任更小一些。这种单纯宣告有罪，与其理解为“作为刑罚，只要用判决表示有罪就够了”，①不如理解为“作为刑事责任的承担，只要用判决表示有罪就够了”。

（二）量刑根据与刑事责任的评价根据

在刑法学领域，刑事责任是一个十分重要而极受重视的问题。全部的刑事立法和刑事司法活动，都是围绕解决人的刑事责任问题这个“中心”而展开的。因此，客观确立刑事责任在刑法立法、司法和理论中的地位，对正确认识刑法的性质、完善刑法立法、更新刑事司法观念乃至正确和准确量刑，都有着十分重要的意义。② 这样，对于什么是刑事责任的评价根据，是量刑问题研究中的一个无法回避的问题。

前述关于刑法概念的基本问题（犯罪与刑事责任）的分析表明，在我国，刑事责任是被视为犯罪的法律后果，而不是犯罪的成立条件（有责性）。因此，刑事责任在我国刑法理论中不属于犯罪论而属于刑事责任论的内容。在我国法律体系内，所谓的刑事责任，在本质上只不过是对深藏于具体犯罪中的犯罪根本属性的揭示，是犯罪行为及其社会危害程度与行为人及其人身危险程度的综合反映，是刑事法律根据自己的目标而对以上犯罪进行否定评价的结果。

刑事责任的评价根据是刑事责任理论中一个最重要、最核心的问题。因为刑事责任的存在、性质、范围及如何实现等问题，都完全和直接取决于刑事责任的评价根据。在我国，虽然理论上对刑事责任问题的研究起步较晚，但关于刑事责任的评价根据问题是其中研究最多的一个问题，并形成了诸多不同的观点，如犯罪构成唯一根据说、罪过说、犯罪行为说、行为符合犯罪构成根据说、事实总和根

① ［日］大塚仁：《刑法概说》（总论），冯军译，中国人民大学出版社 2003 年版，第 474 页。

② 参见王晨：《刑事责任的一般理论》，武汉大学出版社 1998 年版，第 113 页。

据说和社会危害性说、社会危害性与人身危险性统一说等。[①] 在如此种种之观点中,最后一种观点似为当前刑事责任理论之通说。据有论者阐述,这种意义上的刑事责任的评价根据表现出以下特征:是犯罪的内容和实质,在实质内容上是严重社会危害性和人身危险性的统一,是质和量的统一,须贯穿于刑事责任的产生、形成、发展和终结的全过程。[②] 本书认为,这种认识虽然其中不乏真知灼见之处,但也起码存在如下两个问题:一是把刑事责任的评价根据等同于犯罪的内容和实质,不仅是不成立的,而且也使自己陷入了其反对的罪刑均衡的泥潭。因为把刑事责任的评价根据等同于犯罪的内容和实质,就意味着"刑量"等于"罪量"。[③] 二是"根据"旨在为理论认识和实践操作提供一个认识工具和操作标准,而以上论者意义上的刑事责任的评价根据,在一定程度上有利于深化理论认识,但并不便于用来评价和落实刑事责任的实践操作。

基于以上认识,刑事责任的评价根据不同于犯罪的评价根据。虽然"责由罪生,有罪才有责",但因它们的评价对象、目的和侧面不同,而"根据"的内容也应不同。就犯罪的认定(定罪)而言,因其适用对象是刑事被告人,而不是犯罪嫌疑人或犯罪人,其评价目的是对行为进行定性即定罪(属于质的分析),[④]为刑事责任的进一步评价打下基础和提供前提。因此,犯罪认定的事实根据只能是行为及其危害性,其法律根据是刑法关于犯罪方面的规定。就刑事责任的评价而言,因刑事责任是犯罪的法律后果,其适用对象是犯罪人而不是犯罪嫌疑人或刑事被告人,其评价目的主要是对行为人的报应和预防进行定量即量刑(属于量的分析),以报应已然之罪和预防未然之罪。因此,刑事责任评价的事实根据,不仅包括行为的社会危害性,而且还应包括行为人的人身危险性,以有利于刑事责任

① 参见王晨:《刑事责任的一般理论》,武汉大学出版社 1998 年版,第 148 ~ 170 页。

② 参见王晨:《刑事责任的一般理论》,武汉大学出版社 1998 年版,第 151 ~ 154 页。

③ 刑事责任的根据与定罪的根据的不同决定了"刑量"并不等于"罪量"。

④ 虽然在定性中有"情节严重"等定量要求,但这个定量要求也是为定性即定罪服务的。

评价目的的实现，且其法律根据也应是刑法关于刑事责任和刑罚、量刑制度等方面的规定。

从量刑就是对刑事责任实现方式的裁量来看，量刑的事实根据应当就是刑事责任的评价根据。主要表现在，量刑的事实根据除了包括反映犯罪行为社会危害性和犯罪人人身危险性（刑事责任大小）的事实外，还包括其他对刑事责任有影响的事实，如为进行量刑交易的立功、需刑期折抵的先行羁押。在理论上，有学者认为，量刑兼以犯罪行为社会危害性和犯罪人人身危险性为标准（根据）的观点，是一种"中国式"的理论，与责任主义的精神实质不相符合，应当把量刑标准（根据）确定为应受谴责性意义上的责任大小，而不是在社会危害性、人身危险性等较为空泛的概念上兜圈子。[①] 本书不同意这种认识。诚然，社会危害性和人身危险性不具有规范性，但只能表明它们不能作为量刑的直接裁量内容，而并不等于它们不可以作为定性分类的门类或名称。这正如故意或过失是对行为人主观心理态度的定性概括一样，社会危害性和人身危险性也是对犯罪行为给社会造成的现实或可能危害及其程度，以及犯罪人的人格状况等的定性概括。而且，责任与社会危害性和人身危险性也并非不相干和互相排斥的东西；而相反，从下文情况来看，这里所谓的"责任"，并非"天外来客"，同样需要反映犯罪行为社会危害性和犯罪人人身危险性等方面的事实来评价和认定。

当前理论上一般认为，刑事责任的评价根据是罪行（犯罪行为及其社会危害性）。实际上，"罪行"难以担当如此重任。虽然一般来说刑事责任作为犯罪的法律后果，其大小与罪行轻重成正比例关系，罪行重则刑事责任大，罪行轻则刑事责任小，但罪行与刑事责任的评价根据的范围并不相同。其中，罪行本身的轻重是由犯罪的主客观事实本身决定的，而刑事责任的大小虽然主要由犯罪的主客观事实决定，但许多案外的表明犯罪人人身危险性程度的事实或情

---

①　参见周光权：《刑法诸问题的新表述》，中国法制出版社1999年版，第362～370页。

节，能够说明刑事责任的大小，却不能说明罪行的轻重；[1]虽然罪行也是主观恶性与客观危害的有机统一，但这不意味着作为罪外因素的人身危险性也应纳入罪行之中，统一以主观恶性的形式作为评价和落实刑事责任的评价根据。事实上，罪外的人身危险性不仅本身也是主客观的统一，而且还是认定未然之罪的根据，与罪中的主观恶性在同“犯罪”的关系上是根本不同的。这样说来，罪行不能包括罪外的人身危险性因素。

然而，罪外的人身危险性并不是游离于刑事责任之外的东西。犯罪是犯罪行为主客观的统一，它不仅表明了犯罪行为人给社会造成的客观实际危害，同时也集中体现了犯罪人的人身危险性。虽然不能反过来把人身危险性因素作为犯罪构成要件用于定罪，但因它反映了刑事责任程度而影响量刑。犯罪行为都是犯罪人相对自由意志的外在表现，也是我们认定犯罪人主观恶性有无及大小的客观根据。犯罪行为性质严重、情节恶劣，说明犯罪行为人的主观恶性大；反之说明犯罪行为人的主观恶性小。又根据刑法的主客观相一致原则，在罪刑相适应原则中，与“刑”相适应的“责”，并非仅指行为的社会危害性本身，还应包括犯罪人的年龄、性格、体质、反社会心理、犯罪前后的表现、个人的生活经历等情况。这些情况实际上是犯罪者人身危险性的重要表现，在一定程度上体现了犯罪者的主观恶性，也应包含于“责”之中。因此，虽然张三与李四实施的相同犯罪行为可能构成同一罪名，甚至他们实施的相同犯罪行为在手段、强度等情节上也完全相同，但由于他们的年龄、性格、体质、反社会心理、犯罪前后的表现、个人的生活经历等情况的不同，而不应对他们判处同样的刑罚。这意味着刑事责任的大小并不等于罪行的大小。

在我国理论上，学者们反对把社会危害性作为量刑的根据（基准），其中的重要理由就是，社会危害性不具有基本的规范质量，更不具有规范性。[2] 本书认为，这正确地揭示了社会危害性的非规范

---

① 参见张明楷：《刑法学》（第 6 版），法律出版社 2021 年版，第 714 页。

② 参见周光权：《刑法诸问题的新表述》，中国法制出版社 1999 年版，第 365 页。

品性,但并不能由此就把它作为否定社会危害性而成为刑事责任评价根据的理由。因为,刑事责任的评价根据并非只包括事实性,其还包括法律性。反映社会危害性的客观事实在司法上作为刑事责任评价根据时,还需转化为法律事实。既然"刑法实行罪刑法定原则,司法机关不能直接根据行为的社会危害性认定犯罪",[①]只有把反映社会危害性的客观事实转化为刑法上的法律事实后,才能作为定罪的根据,那么依罪刑法定原则,也只有把反映犯罪行为社会危害性和犯罪人人身危险性等方面的客观事实转化为刑法上的法律事实后,才能作为量刑的根据。

从刑法的立法和司法来看,作为量刑的根据也即刑事责任评价根据的事实,具体包括以下三种情形:

1. 评定刑事责任有无的事实

这本是定罪的根据。但因定罪在实质上是为量刑选定基本的量刑基准,而在一定意义上,该评定刑事责任有无的根据也是量刑的根据,具体为量刑的起点根据,其具体评价对象是罪行。从立法上看,这个根据主要表现为犯罪构成、犯罪概念、正当行为、追诉时效、刑法的效力范围等。其中,按我国的刑法立法及其基本理论,刑事责任的有无,首先取决于行为人的行为是否具备刑法规定的犯罪构成(包括基本的犯罪构成和修正的犯罪构成)。这是犯罪成立的本体性根据。除此之外,刑事责任的有无还取决于犯罪概念的但书规定、正当行为、追诉时效和刑法的效力范围等。与犯罪构成方面的事实不同的是,这些方面的事实并不是成立犯罪必须具备的要件,而相反,它们均是阻却犯罪成立的正当性根据。

2. 评定刑事责任大小的事实

这实际上是确定重罪和轻罪以及落实刑事责任的法律根据,其具体评价对象是犯罪行为及其社会危害性因素、犯罪人及其人身危险性因素,表现为各种量刑情节。按我国的刑法立法及其基本理论,刑事责任的大小取决于立法关于量刑情节的规定。所谓量刑情节,是指客观存在的、反映犯罪行为的社会危害性和犯罪人的人身

---

① 张明楷:《刑法学》(第3版),法律出版社2007年版,第79页。

危险性，并在法官裁量刑罚时必须予以考虑的、据以决定处刑轻重或免予处罚的各种具体的事实情况，[①]包括罪中情节和罪外情节、法定情节和酌定情节等。其中，这里的罪中情节是指本身不是犯罪构成要素，但与犯罪构成要素相关，并能说明社会危害性大小的罪中事实因素，表现为各种法定的从重、从轻、减轻或免除情节；罪外情节是指犯罪人在罪前与罪后的与犯罪行为有联系的表现，如立功、自首、坦白、悔过、补偿犯罪损失，以及虽然与犯罪行为本身没有联系，但表明犯罪人再犯危险性和改造难易程度的各种因素，如犯罪人的一贯表现即人格、家庭及社会环境、职业状况等，表现为各种法定或酌定的从重、从轻、减轻或免除情节；法定情节是由法律明确规定的客观事实情况；酌定情节是在法律的授权下根据法律和刑事政策的精神确定的客观事实情况。

3. 对刑事责任评价有客观影响的事实

从立法来看，有些事实既不能说明刑事责任的有无，也不能说明刑事责任的大小，但在客观上对刑事责任的承担产生影响。例如，为了保证刑事诉讼活动顺利进行的先行羁押，根据法律规定在某些情况下需进行刑期折抵，进而对拟移交执行的执行刑裁量产生影响。显然，先行羁押既不能说明行为人刑事责任的有无，也不能说明行为人刑事责任的大小，但它在客观上又确实影响了对刑事责任的承担，表现为先行羁押的时间需折抵某些刑事责任实现方式的刑期。这个刑期具体表现为执行刑的刑期。从这个意义上说，先行羁押是执行刑的一种裁量根据。从法律上看，先行羁押之所以能成为量刑的根据，是由于刑法出于人权保障等价值取向而规定的刑期折抵制度。事实上，在立法上，如此既不能说明刑事责任的有无，也不能说明刑事责任的大小，但在客观上对刑事责任有影响的事实，还有很多，如基于适应犯罪者刑事责任承担能力的易刑，基于提高诉讼效率的辩诉交易，基于对一人犯数罪而能够作出罪刑相适应量刑的数罪并罚。对此，将在下文“量刑制度”部分作进一步分析。

---

① 参见蒋明：《量刑情节研究》，中国方正出版社2004年版，第19页。

二、量刑基准让量刑有统一标准

量刑基准,作为量什么刑、量多重刑的起始标准,是量刑统一、"同案同判"和"同罪同罚"的依据和表现。如果说定罪及其相应确定的量刑基准是以反映犯罪行为的社会危害性方面的事实为根据的话,则量刑及其结果除了以反映犯罪行为的社会危害性方面的事实为根据外,还需以反映犯罪人的人身危险性方面的事实为根据。因反映犯罪行为的社会危害性方面的事实,只是既有事实,具有过去性和相对固定性的特质,因而决定了"同案"和"同罪"所适用的包括量刑基准在内的所有法律规定需"相同";又因反映犯罪人的人身危险性方面的事实,既有过去发生的既有事实又有尚未发生的潜在事实,兼有过去性、未来性和相对变动性的特质,因而决定了"同案"和"同罪"的量刑结论并非一定"相同"甚至"相近"。但基于量刑统一化与量刑个别化的内在关系,量刑基准因是量刑统一的要求和表现而为量刑个别化的基础和前提。因此,量刑个别化研究也必须研究量刑基准问题。

(一)量刑基准概念的争论

"量刑基准",是一个在理论上和实践中理解和使用极其混乱的概念。在我国的量刑规范化探索的理论和实践中,早期使用"量刑基准"的概念,后来为了避免概念内涵的解释不清与适用混乱,而改为使用"量刑起点"和"基准刑"两个概念,[①]来表达和实现"量刑基准"的意涵与目标。

对于何为量刑基准,概括起来,大体有如下三种理解:

1."量刑根基"说

即把刑罚的正当化根据视为量刑基准。从各中文翻译的文献来看,德日刑法理论关于"量刑基准"的理解和界定,基本上是在这个意义上。在我国,张明楷教授也持这种观点。认为,在量刑上,刑

---

① 参见熊选国主编:《〈人民法院量刑指导意见〉与"两高三部"〈关于规范量刑程序若干问题的意见〉理解与适用》,法律出版社2010年版,第67页;张向东:《从量刑基准到基准刑:量刑方法的革新》,载《中国刑事法杂志》2011年第3期。

罚一方面必须与罪行的轻重相适应(与行为责任相适应),另一方面必须与犯罪人的人身危险性相适应(考虑预防犯罪的需要);前者是首要的基准,后者是次要的基准。[①] 在这里,所谓首要基准(罪行)和次要基准(犯罪人的人身危险性),实际上都是我们通常所说的量刑根据。这一点,从他对刑法基本立场的阐述中也能得到印证。他认为,在刑法基本立场上,旧派的报应刑论主张以犯罪行为的危害程度为基准的量刑就是正当的;新派的目的刑论主张以犯罪人的性格危险程度为基准的量刑就是正当的;并合主义主张同时以犯罪行为的危害程度与犯罪人的人身危险程度为基准的量刑是正当的;大陆法系国家的量刑基准一般采取并合主义。[②] 在这里,四个所谓的"基准",都只是刑罚的正当化根据即"量刑根基"。考察域外刑法立法及其理论,张明楷教授如此把量刑根基视为量刑基准的观点,源于他对刑法史上"学派之争"的理论梳理,即古典学派与近代学派之争,主要表现在量刑基准到底是犯罪行为的社会危害性还是犯罪人的人身危险性。其中,刑事古典学派主张报应刑论,坚持量刑以犯罪行为的社会危害性为基准;刑事近代学派主张特殊预防论(目的刑论),坚持量刑以犯罪人的人身危险性(犯罪人的责任)为基准。据此,张明楷教授把量刑基准概括为,"量刑首先要以犯罪人的责任为基准,其次要考虑一般预防与特别预防的需要",强调的是,"刑罚的程度应当与犯罪人的责任的程度相适应"。[③]

在这里所具有的疑惑是,以上德日刑法上关于刑罚正当化根据的理论,是否是中文语境下的"量刑基准",值得商榷。从相关实践探索与概念界定来看,它们应是两个相关但又不同的范畴。主要表现在,前者是寻找该刑罚量即量刑基准所应当考虑的因素,包括犯罪行为的社会危害性因素和犯罪人的人身危险性因素,后者是作为量刑起始标准的刑罚量;前者是决定宣告刑等合理与否的根本因

---

① 参见张明楷:《刑法学》(第3版),法律出版社2007年版,第430～431页。

② 参见张明楷:《刑法的基本立场》,中国法制出版社2003年版,第358页。

③ 参见张明楷:《外国刑法纲要》,法律出版社2020年版,第369页。

素,后者是确定宣告刑等的直接参考标准。基于量刑基准与量刑根基的如此关系,及上文关于大陆法系刑法理论有关所谓量刑基准的阐述,以上把"量刑根基"视为"量刑基准"的观点,很可能源于同一词根概念在不同语言间的多个词义所致。易言之,汉语中从大陆法系刑法理论中对译过来的所谓"量刑基准"概念,在大陆法系刑法理论中应为"刑罚的正当性根据",从对译的语境来看,在汉语中不应该翻译成"量刑基准",而应翻译成"刑罚的正当性根据"。正如有学者所言,德日学者对所谓量刑基准"有一个大体一致的认识",即"量刑过程中所依据的原则和应当考虑的因素"。[①] 显然,这里的"量刑基准",只是中文语境下的"刑罚的正当性根据"。其实,张明楷教授在以上同一著作中,也使用了不是"刑罚的正当性根据"视角的量刑"基准"概念,如认为"宣告刑以法定刑为基准"。[②] 显然,这里的量刑"基准",与中文语境下的通常意义是一致的。

不过,对于以上理解,张明楷教授在2015年以来出版的著作中有所变化。认为"量刑基准"这一"源于德国、日本的刑法理论",实际上是"处理刑罚正当化根据的二律背反的理论",也即"在肯定了只能在责任刑的限度内考虑预防目的的前提下,是在责任刑的'点'之下考虑预防目的,还是在责任刑的'幅度'内考虑预防目的",[③]从而将对"量刑基准"的理解,从以前等同于刑罚的正当化根据,变为了处理责任刑与预防刑关系的二律背反理论。在这里,同样值得商榷的是,中文语境下旨在用作量刑起始标准即"测量时的起始标准"的"基准",[④]与处理刑罚正当化根据的二律背反"理论",还应是两回事。

2."量刑原则"说

即量刑基准为量刑所遵循的原则。日本学者曾根威彦教授和我国学者陈兴良教授持这种观点。曾根威彦教授认为,应把量刑基

---

① 参见刘军:《从法定刑到宣告刑之桥梁的构建——以〈人民法院量刑指导意见(试行)〉为蓝本对量刑基准的解读》,载《当代法学》2011年第3期。

② 参见张明楷:《刑法学》(第6版),法律出版社2021年版,第723页。

③ 参见张明楷:《责任刑与预防刑》,北京大学出版社2015年版,第136页;张明楷:《刑法学》(第6版),法律出版社2021年版,第716页。

④ 参见中国社会科学院语言所词典编辑室编:《现代汉语词典》,商务印书馆2019年版,第444页。

准理解为，量刑所应遵循的统一标准即量刑标准，如什么样的事项应当作为考虑的对象，应根据何种原则来进行刑罚的量定。[①] 陈兴良教授认为，“量刑原则，又称为量刑的基准，它主要是解决量刑的时候，什么样的事项应作为考虑的对象，应根据何种原则来进行刑罚的量定等问题”。[②] 对于如此理解，也值得商榷。毕竟，在中文语境下，“基准”与“原则”是两个完全不同的概念，并由此延伸出“量刑基准”与“量刑原则”的不同。例如，量刑原则是宏观或相对宏观的指导性准则，具有抽象性和一般性的特征；量刑基准是微观或相对微观的具体参考标准，具有具体性和个案相对性的特征。由此，“量刑所应遵循的统一标准即量刑标准，如什么样的事项应当作为考虑的对象，应根据何种原则来进行刑罚的量定”，应为量刑原则，而不是量刑基准。以上意义上的界定，与现代刑法立法上关于量刑一般原则（量刑根据视角）的界定完全一致。如我国《刑法》第 61 条关于“对于犯罪分子决定刑罚的时候，应当根据犯罪的事实……”的规定，[③]德国《刑法》第 46 条关于“犯罪人的责任是量刑的基础，且应考虑……”的规定和日本《改正刑法草案》第 48 条规定关于“刑罚应当根据犯罪人的责任量定”“刑罚适用时，应当考虑……”的规定，都是从量刑根据视角规制的量刑一般原则。[④]

3.“量刑方法”说

即量刑基准是在不受任何量刑情节影响下仅依其构成事实所确定的用作量刑起始标准的刑罚量。这是量刑规范化探索以来的一段时期，在理论上和实践中的通说。具体在如下方面又有不同的

① 参见［日］曾根威彦：《量刑基准》，载［日］西原春夫主编：《日本刑事法的形成与特色》，李海东等译，法律出版社、成文堂 1997 年联合出版，第 139～141 页。

② 陈兴良：《刑法适用总论》（下卷），法律出版社 2006 年版，第 259 页。

③ 张明楷教授在其 2021 年版《刑法学》中将该规定称为“量刑根据”（不同于量刑正当化根据）。其实，这是立法从量刑的事实根据和法律根据角度规定量刑一般原则的，就像刑法从“罪刑法定”“罪刑相适应”“适用刑法人人平等”角度规定刑法的基本原则的道理一样。

④ ［德］汉斯·海因里希·耶赛克、托马斯·魏根特：《德国刑法教科书（总论）》，徐久生译，中国法制出版社 2017 年版，第 1166～1167 页。

认识：

其一，这个“起始标准”，是具体法定刑还是司法上在具体法定刑内另外确定的刑罚量？有论者主张这个起始标准就是具体法定刑，如“量刑在没有加重、减轻处罚的时候的从轻、从重就是指按照法定刑的量刑幅度从轻从重，即以法定刑为量刑的基准。量刑在遇到加重或者减轻处罚的时候，先加重减轻后从轻从重，加重和减轻都按法定刑加或按法定刑减，加重减轻以后按处断刑从轻从重，处断刑是根据法定刑来的，所以加重减轻实际上也是以法定刑为基准”“一律判处最高法定刑，不是以法定刑为量刑基准，而是以法定最高刑为基准”。[①] 如此认识，在理论上几乎没有获得赞同。而另一认识即这个“起始标准”是司法上在具体法定刑内另外确定的刑罚量，近年来一直被奉为理论上和实践中的通说。认为“我国刑法所规定的法定刑幅度较宽，因此无论从理论还是实践角度讲，对一个罪犯适用从重处罚、从轻处罚都很难把握，应该确定一定的基础，以便统一掌握，达到最佳量刑效果，这个基础用比较准确的法律术语来表示，可称为量刑基准点”；[②]“量刑基准是刑事裁判制度确立以来经过长期审判实践中的经验蓄积逐渐形成的”，它的寻找，“基本上不是一个立法问题，而是与司法实践和刑法理论研究休戚相关的问题”。[③] 以上两种认识，显然是与立法的体系化规定及立法条文间内在关系相背离的（恕后详述）。

其二，这个“起始标准”，是针对抽象个罪还是具体个罪？当前理论上的主流观点认为是针对抽象个罪。[④] 然而，不与具体个罪对应的刑罚量，能否称为量刑基准（个罪的量刑不是抽象的），是否切合实际和自相矛盾，需要进一步论证。事实上，虽然量刑基准来源于抽象个罪，但其成为对具体个案中具体个罪量刑的参照物时，它

---

① 肖开权：《量刑的基准》，载苏惠渔、［日］西原春夫等：《中日刑事法若干问题——中日刑事法学术讨论会论文集》，上海人民出版社1992年版，第40～41页。

② 苏惠渔、张国全、史建三：《量刑与电脑——量刑公正合理应用论》，百家出版社1989年版，第101页。

③ 周光权：《量刑规范化：可行性与难题》，载《法律适用》2004年第4期。

④ 参见周光权：《量刑基准研究》，载《中国法学》1999年第5期。

就一定是针对具体个罪的。这时的量刑基准，实际上是立法与实践的结合体，这个结合不是由于“抽象个罪”而是由于“具体个罪”，即根据某个具体个案情况所具体确定。

其三，这个“起始标准”，是观念性的还是现实的？当前理论上的主流观点认为是观念性的。[①] 然而，不对应现实个罪的刑罚量，能否称为量刑基准，也同样值得商榷。事实上，因抽象的刑罚量只有与具体个罪相结合时，才能作为具体个罪量刑的起始标准。从这个意义上说，量刑基准对法官来说也不是“想象”或“观念”的，而是现实的。

其四，这个“起始标准”，是一个点还是一个幅度？有论者认为，量刑基准由于受事实和法律的不确定性影响，不可能是一个精确的数值或“点”（法定刑为绝对确定刑的除外），[②]往往也有一个幅度。[③] 有学者反对这种认识，认为量刑基准是指某一犯罪在既遂状态下刑罚自然量的基本标准；此时的刑罚量（基准点）表现为一定的点即精确的数值，而不是一定的幅度。[④] 对于以上分歧，在当前量刑规范化改革实践中的表现也很突出。主要是最高人民法院主张是“幅度”，[⑤]而地方法院主张为“点”。[⑥] 本书认为，量刑基准需要根据刑法立法情况，不能简单地定位为一个“点”或“幅度”。

其五，这个“起始标准”，仅是宣告刑裁量的基准，还是包括处

---

① 参见周光权：《量刑基准研究》，载《中国法学》1999 年第 5 期。

② 参见周光权：《量刑基准研究》，载《中国法学》1999 年第 5 期。

③ 参见顾肖荣、吕继贵主编：《量刑的原理与操作》，上海社会科学出版社 1991 年版，第 47 页。

④ 参见何鹏主编：《现代日本刑法专题研究》，吉林大学出版社 1994 年版，第 175 页。

⑤ 参见最高人民法院《关于常见犯罪的量刑指导意见（试行）》（法发〔2010〕36 号）、《关于常见犯罪的量刑指导意见》（法发〔2017〕7 号，已失效）；最高人民法院、最高人民检察院《关于常见犯罪的量刑指导意见（试行）》（法发〔2021〕21 号）。

⑥ 如据江苏省姜堰市（现为泰州市姜堰区）人民法院《规范量刑指导意见》对量刑基准的界定：“按刑法分则构成规定，对已确定适用一定幅度法定刑的个罪，在排除各种轻重情节的情况下，依其一般既遂状态的基本事实而应判定的刑罚。”（第 11 条），以及据诸如“法定刑仅为两个刑种的，以两个刑种的结合点为量刑基准”（第 12 条）的规定，所谓的量刑基准是“在排除各种轻重情节的情况下，依其一般既遂状态的基本事实而应判定的刑罚”。这个“应判定的刑罚”显然只是“点”而不是“幅度”。参见汤建国主编：《量刑均衡方法》，人民法院出版社 2005 年版，第 14 页。

断刑等裁量在内的所有量刑活动的基准？理论上的通说和实践中的通行做法，均是仅把它视为宣告刑裁量的基准。如理论上认为“量刑之基准，乃是法官认定被告有罪之后，量处‘宣告刑’时所依循之标准”，[①]实践中规定“排除各种法定和酌定的量刑情节，将犯罪事实对照量刑基准和量刑尺度计算的刑期即为个罪的基准刑。基准刑应当在法定刑幅度内确定”。[②] 本书不同意这种认识，主张量刑基准不只是宣告刑裁量的基准，而且也可以是确定处断刑等的裁量基准。从法定刑的司法运行来看，首先应是根据定罪情节对犯罪者的行为进行定性，以确定所犯罪为基本罪还是加重罪或减轻罪，从而找出所对应的具体法定刑即量刑基准；其次根据其免除处罚情节确定其免刑，或根据减轻处罚情节确定其处断刑；再次根据从轻、从重处罚情节确定其宣告刑；最后根据刑期折抵、数罪并罚等制度确定其执行刑。因此，量刑裁量活动不仅是宣告刑裁量活动，还包括处断刑和执行刑的裁量。把量刑基准仅设定为宣告刑裁量的基准，无法解决处断刑等的裁量基准问题。如按有论者的实证研究，将强奸罪的量刑基准定为5～6年，对于案件存在从重或从轻情节的，以5～6年为基础酌情量刑。[③] 如此把量刑基准设定为宣告刑裁量基准的做法，纵然可以解决“从重”或“从轻”情节的适用问题，但对“减轻”情节，就不仅因减轻处罚是在法定刑幅度下处罚而不能适用，而且还会弱化“减轻处罚”的功能意义（在法定刑幅度下处罚），进而出现法律适用错误。

综上，本书赞同把量刑基准界定为，在不受任何量刑情节影响下仅依其构成事实所确定的用作量刑起始标准的刑罚量。但在这里，既反对把量刑基准界定为具体法定刑内另外确定的刑罚量，也反对把量刑基准定位为针对抽象个罪的观念性东西，并反对仅把量

---

① 吴景芳：《刑罚与量刑》，载《法律适用》2004年第2期。

② 江苏省原姜堰市（现为泰州市姜堰区）人民法院《规范量刑指导意见》2009年12月24日修订第4版，第12条。

③ 参见苏惠渔、张国全、史建三：《量刑与电脑——量刑公正合理应用论》，百家出版社1989年版，第101页；周光权：《量刑规范化：可行性与难题》，载《法律适用》2004年第4期。

刑基准定位为具体法定外的一个“点”或“幅度”。

在中文语境下，把量刑基准等同于“量刑根基”或“量刑原则”，至少存在如下三方面的突出问题：

一是话语体系上的混用。据前所述，“量刑根基”说和“量刑原则”说的所谓“量刑基准”界定，其实都来自德日刑法理论。从语言学上看，不同话语体系下的“术语”概念，受“单词”在双语词典中的词义局限和所处“语境”的限制，难以有完全的相通性。在基于各自话语体系的对译中，需表述成各自语境中能够达意的相应术语概念。[①] 其中，往往需要借助各自语境中的相应基础词汇，才能使对译后的概念，在概念表述和意义表达上融入相应话语体系。因“量刑根基”说和“量刑原则”说所谓的“量刑基准”含义，在中文语境中对应的基础词汇分别是“根基”[②]和“原则”[③]，而不是“基准”，即“测量时的起始标准，泛指标准”，[④]因而不可以将它们直译为中文语境下的量刑基准，只能相应翻译或表述为量刑根基和量刑原则。易言之，“量刑根基”说和“量刑原则”说的所谓“量刑基准”，在中文语境中，本就不是“量刑基准”，只是根基性的刑罚正当化根据和准则性的量刑原则。忽视这一点，会带来“量刑基准”在不同话语体系中的语义冲突和在信息传递、人际互动和思维运用等方面的语言交流[⑤]障碍。

二是存在意义上的虚化。也就是，“量刑根基”说和“量刑原则”说的“量刑基准”概念界定，让量刑基准概念失去其存在的实际意义。一方面，既然量刑基准就是量刑根基或量刑原则，那么直接用量刑根基、量刑原则就直观明了，没必要创造和使用“量刑基准”这一概念。另一方面，若一定要将中文语境中的量刑基准等同于德

---

① 有时候需翻译成一句话甚至一段话，才能对应域外语境的术语含义。

② “根基”是指“基础”。参见中国社会科学院语言所词典编辑室编：《现代汉语词典》，商务印书馆2019年版，第604页。

③ “原则”是指“说话或行事所依据的法则或标准”。参见中国社会科学院语言所词典编辑室编：《现代汉语词典》，商务印书馆2019年版，第1611页。

④ 参见中国社会科学院语言所词典编辑室编：《现代汉语词典》，商务印书馆2019年版，第444页。

⑤ 参见叶蜚声、徐通锵：《语言学纲要》，北京大学出版社2010年版，第7～19页。

日语境中的量刑根基或量刑原则,则因其根基性、原则性特质而必定使所谓的量刑基准,在相关制度的构建和运行中,因“不符合法官量刑思维”“不符合量刑过程的具体特点”“在方法论上不具有可操作性”,[①]而不能发挥它在量刑情节适用方法上的功能,不能满足规范化量刑的制度构建需要。正因如此,改革项目组因噎废食地创造了量刑起点、基准刑的新概念。[②]

三是实践指导上的错位。在中文语境下,量刑根基、量刑原则和量刑基准是彼此关联的三个不同概念。它们虽然在公正量刑中都不可或缺,但分别是作为公正量刑的立场性和根基性的正当性根据、一般性和规则性的原则指导、具体性和参照性的起始标准。明晰它们间的如此关系,是正确构建相关制度的基础和前提。否则,就会使它们发生功能错位。一方面,以“根基”“原则”替代“方法”,以使在相关量刑制度构建与运行中,只给根基性、立场性的支撑或原则性、抽象性的指导,不给量刑情节适用的起始标准,难免不让量刑“估堆”。另一方面,因将三者混为一谈,而使方法性的量刑基准缺少指导性的量刑原则和立场性的量刑根基的支撑,从而使量刑基准的寻找、确定和运行变得盲目,必然出现后文所述的在法定刑内寻找量刑基准、在量刑环节确定责任刑和根据犯罪构成事实裁处预防刑等悖论。

可是,在中文语境下,将量刑基准界定为根据具体个罪的犯罪构成事实所确定的用作量刑时起始标准的刑罚量,至少具体如下三个方面的意义:

一是体现了概念的本土性与个别性。本概念的界定,既符合“基准”的“测量时的起始标准”的通常中文含义,能够很好地融入中文话语体系,具有概念的本土性,又可以与中文语境下作为刑罚正当化根据的量刑根基和作为量刑适用指导的量刑原则区别开来,具有概念的个别性。

---

① 参见张向东:《从量刑基准到基准刑:量刑方法的革新》,载《中国刑事法杂志》2011 年第 3 期。

② 参见熊选国主编:《〈人民法院量刑指导意见〉与“两高三部”〈关于规范量刑程序若干问题的意见〉理解与适用》,法律出版社 2010 年版,第 67 页。

二是体现了规范性概念的法律对应性。“量刑基准”作为体现立法规定及其制度构建与适用的规范性概念，应在属概念和种概念上获得罪刑法定原则的支持和刑法相应规定的对应。本概念的如此界定，可以满足这个规范性要求。一方面，在属概念上，所谓的量刑基准为一定的“刑罚量”。它回答了以什么为量刑时的起始标准问题。在我国刑法立法上，这个“刑罚量”，包括刑法分则针对抽象个罪配置的法定刑幅度以及刑法总则规定的相应刑种和刑度。另一方面，在种概念上，它回答了什么样的刑罚量才是量刑时的起始标准问题。本界定要求“根据具体个罪的犯罪构成事实”所确定的刑罚量，才是用作量刑时的起始标准。从后文基于定罪量刑关系原理的分析来看，这个“刑罚量”，实际上就是立法上针对抽象个罪所配置和司法上由具体个罪的定罪所确定的法定刑。这样，本界定在属概念和种概念上都获得了罪刑法定原则所支持的法律对应。

三是体现了概念的争议消解性。这实际上是概念个别性要求的延伸。本界定，可以在很大程度上消解量刑基准确定和运行中的如下争议：其一，可以消解理论上的“点”“幅”分歧。“点”“幅”论者虽有原则性分歧，但他们都以“法定刑幅度较宽”为由在法定刑内寻找某个“点”或“幅度”作为所谓量刑基准。如此界定，因否定了在法定刑内寻找量刑基准的思路与做法，因而也就相应消解了由此产生的分歧与悖论。其二，可以规避实务中的“点”“幅”混乱。在我国量刑改革的前期探索中，既有一些地方法院将量刑基准明确为具体的“点”，[①]也有最高人民法院在各版本《量刑指导意见》中，把量刑起点（量刑基准）确定为“幅度”或“点”。[②] 如此界定，也因否定了在法定刑内寻找量刑基准的思路与做法，而相应规避了由此

① 如江苏省原姜堰市法院《量刑指导意见》就指出“法定刑仅为两个刑种，以两个刑种的结合点为量刑基准”（第12条），认为量刑基准只是“点”而不是“幅度”。参见汤建国主编：《量刑均衡方法》，人民法院出版社2005年版，第14页。

② 如规定，对于“抢劫一次，犯罪情节和后果一般的”，其量刑起点为“3年至5年有期徒刑”；把盗窃犯罪的量刑起点（量刑基准）确定为“点”，如“盗窃数额超过数额较大起点，并达到数额巨大起点的1/3的”，量刑起点为“1年有期徒刑”。

产生的混乱。其三,可以回应理论上的抽象与具体个罪争议。基于如此界定,量刑基准相对于量刑中的法官而言,既不可能是"'想象性'或观念性的东西",[①]也不能是"对应于具体幅度的抽象个罪",[②]而应是在立法上是针对抽象个罪设置、在司法上经具体个罪定罪所相应确定的法定刑幅度。

(二)定罪所选定的具体法定刑当然是个罪的量刑基准

基于定罪与量刑、刑法立法与量刑的关系,根据犯罪构成事实定罪所选定的具体法定刑,当然是具体犯罪量刑的量刑基准。或者说,量刑就是从定罪所确定的量刑基准(具体法定刑)开始的。

基准,本指在测量工作中用作起始尺度的标准。[③] 由此,量刑基准,应是在对某个犯罪人量刑时用作起始尺度的标准。从定罪与量刑的分野来看,这个起算标准,应是定罪确定的法定刑而不是其他。具体而言,定罪(又称定性)是根据已经查清了的犯罪事实,找出应适用的刑罚条款;定罪要定到犯的是哪一条哪一款的罪,要定到所犯的是该条款的前半段还是后半段的罪,也就是要定到该罪名的基本犯或加重犯、减轻犯,以找出相对应和应适用的法定刑。[④] 至此的活动,都只是定罪活动,还不是量刑;只有在找到应适用的法定刑后才能量刑,只有其后的活动才是量刑。因此,定罪与量刑的分野,在于个案个罪法定刑的确定。这个法定刑的确定,既是定罪的终结,也是量刑起算标准即量刑基准的确定。

在理论上,法定刑有抽象与具体之分。所谓抽象法定刑是指立法对某个罪名整体所设置的刑种和刑度,具体可以是一个量刑幅度,也可以是对轻重不同犯罪分别设置的几个量刑幅度;所谓具体法定刑是指立法对某种程度的罪行所设置的量刑幅度,立法可以对一个罪名设置一个或数个具体法定刑,如针对基本犯、加重犯、减轻

---

① 参见周光权:《量刑基准研究》,载《中国法学》1999 年第 5 期。

② 参见林维:《论量刑情节的适用和基准刑的确定》,载《法学家》2010 年第 2 期。

③ 参见中国社会科学院语言所词典编辑室编:《现代汉语词典》,商务印书馆 2019 年版,第 444 页。

④ 参见顾肖荣、吕继贵主编:《量刑的原理与操作》,上海社会科学出版社 1991 年版,第 50 页。

犯分别设置具体法定刑。据此,在司法上所称或所涉及的法定刑,一般都是具体法定刑。这一点,在我国也有司法解释性规范予以明确。例如,1990 年 4 月 27 日最高人民法院研究室《关于如何理解和掌握"在法定刑以下减轻"处罚问题的电话答复》指出:具体犯罪的"法定刑",是指根据被告人所犯罪行的轻重,应当分别适用的刑法(包括全国人大常委会的有关"决定"和"补充规定")规定的不同条款或者相应的量刑幅度。具体来说,如果所犯罪行的刑罚,分别规定有几条或几款时,即以其罪行应当适用的条或款作为"法定刑";如果是同一条文中,有几个量刑幅度时,即以其罪行应当适用的量刑幅度作为"法定刑";如果只有单一的量刑幅度,即以此为"法定刑"。这些具体犯罪适用的"法定刑",是具体法定刑,而不是抽象法定刑。

司法上的具体法定刑,并非刑法典中未对接具体个案的立法规定,而是与具体个案及其具体个罪相对应的量刑起始标准即量刑基准。申言之,立法上的具体法定刑,在司法上与具体个案的具体个罪相对应后,就成为相对特定和具体个罪的量刑基准了。例如,对于强奸犯罪,当其成立为基本犯即没有《刑法》第 236 条第 2 款规定的"特别情节",而是通常的"以暴力、胁迫或者其他手段强奸妇女"或"奸淫不满 14 周岁的幼女"时,其量刑基准即为具体法定刑"3 年以上 10 年以下有期徒刑";当其成立为加重犯即《刑法》第 236 条第 2 款规定的五种"特别情节"时,其量刑基准即为具体法定刑"10 年以上有期徒刑、无期徒刑或者死刑"。

这样说来,基于定罪量刑的以上关系,定罪与其说是抽象地为量刑提供基础和前提,不如说是具体地为量刑选定具体法定刑。只有通过定罪确定具体个案的具体法定刑即选定量刑基准,或者说只有定罪了量刑才有了"基准",才可以根据量刑情节展开后续量刑。具体表现在,对犯罪行为进行刑法上的性质认定,不是认定到罪与非罪、此罪与彼罪就完成本案的定罪,还要根据刑法总分则的规定,对有多个具体法定刑(多个法定刑幅度)的罪名,进行轻罪与重罪的认定(对应着基本犯、加重犯、减轻犯的犯罪形态),才算完成了定罪。这个定罪完成后,就相应确定了该案的具体法定刑。如某个强奸案,定罪为强奸罪的"以暴力、胁迫或者其他手段强奸妇女的"基本犯,相应确定"处3年以上10年以下有期徒刑"这个具体法定刑为其量刑基准;定罪为强奸罪的"强奸妇女、奸淫幼女,有下列情形之一的"加重犯,相应确定"处10年以上有期徒刑、无期徒刑或者死刑"这个具体法定刑为其量刑基准。又如某个故意杀人案,定罪为故意杀人罪的"故意杀人的"基本犯,相应确定"处死刑、无期徒刑或者10年以上有期徒刑"这个具体法定刑为其量刑基准;定罪为故意杀人罪的"(故意杀人)情节较轻的"减轻犯,相应确定"处3年以上10年以下有期徒刑"这个具体法定刑为其量刑基准。

以上情况表明,定罪在目的和功能上,并不是简单地为了定罪而定罪,而是为了给量刑找到具体展开的量刑基准,从而使量刑在法定的"基准"基础上展开。据此,如此量刑基准,才是量刑的"起点",才是符合罪刑法定原则要求和经过定罪程序依法选定的刑罚量。实践中创造的"在相应的法定刑幅度内"由"基本犯罪构成事实"确定的所谓"量刑起点"和由"其他影响犯罪构成的犯罪数额、犯罪次数、犯罪后果等犯罪事实"确定的所谓"基准刑",①都不是量刑起始标准意义上的"量刑基准"界定,都是在法理上违背刑法的基本理论,在实践中让人捉摸不清、难以操作的"伪概念"。

通过定罪将具体法定刑确定为个案的量刑基准,是整个量刑的前提和基础。若离开了这个"前提和基础",则所谓的量刑基准就不可能成为真正的量刑基准。例如,理论上基于既有强奸案件量刑的实证统计,将强奸罪的量刑基准定为5~6年。② 可从实践来看,这个既有有期徒刑判决的"平均值",纵然可以作为强奸犯罪基本犯(处3年以上10年以下有期徒刑)的量刑基准,但不可能作为强奸罪加重犯(处10年以上有期徒刑、无期徒刑或者死刑)的量刑基准。这样,"5~6年"纵然是通过实证统计得来的,但不能笼统地作

① 参见《关于常见犯罪的量刑指导意见(试行)》(法发〔2021〕21号)"二、量刑的基本方法"的"(一)量刑步骤"。

② 参见苏惠渔、张国全、史建三:《量刑与电脑——量刑公正合理应用论》,百家出版社1989年版,第83页;周光权:《量刑规范化:可行性与难题》,载《法律适用》2004年第4期。

为强奸犯罪的量刑基准。在以上意义上,理论上所主张的,“量刑在没有加重、减轻处罚的时候的从轻、从重,就是指按照法定刑的量刑幅度从轻从重,即以法定刑为量刑的基准”“狭义的量刑以法定刑为基准,广义的量刑同样以法定刑为基准。一句话,量刑以法定刑为基准,离开法定刑没法量刑”,[①]是有道理的。

实际上,理论上和实践中所界定的量刑基准,在实质上也是具体个罪定罪所相应确定的具体法定刑。如在理论上,作为我国既有理论上的代表性观点,把量刑基准界定为“对已确定适用一定幅度法定刑的抽象个罪,在不考虑任何量刑情节的情况下仅依其构成事实所应当判处的刑罚量”。[②] 在这里,基于“在不考虑任何量刑情节的情况下仅依其构成事实”,所确定的“刑罚量”,显然就是在定罪活动中依定罪情节相应确定的具体法定刑。因为,按刑法理论,所谓的犯罪构成事实只是用来评价犯罪构成法律规定的定罪事实,虽然同一犯罪事实可以同时具有定罪和量刑的功能和属性,但只要是犯罪构成事实,就基于刑法关于犯罪构成法律规定评价的,只能用于定罪,否则,基于量刑情节制度关于刑事责任大小及其实现方式法律评价的事实,不是叫犯罪构成事实,而是量刑事实。又如在实践中,量刑改革项目组和地方法院曾明确地将基准刑(量刑基准)界定为,“在不考虑各种法定和酌定量刑情节的前提下,根据基本犯罪事实的既遂状态所应判处的刑罚”,[③]是“按刑法分则构成规定,对已确定适用一定幅度法定刑的个罪,在排除各种轻重情节的情况下,依其一般既遂状态的基本事实而应判定的刑罚。”[④]在这里,无论是基于“在不考虑各种法定和酌定量刑情节的前提下,根据基本犯罪事实的既遂状态”,还是基于“在排除各种轻重情节的情况下,依其一般既遂状态的基本事实”,基于前述定罪量刑关系等刑法理论,所应判处的“刑罚”,也都只是定罪所相应确定的具体法定刑。

---

① 肖开权:《量刑的基准》,载苏惠渔、[日]西原春夫等:《中日刑事法若干问题——中日刑事法学术讨论会论文集》,上海人民出版社 1992 年版,第 40~41 页。

② 周光权:《量刑基准研究》,载《中国法学》1999 年第 5 期。

③ 最高人民法院《人民法院量刑指导意见(试行)》(2009 年 4 月修订),已失效。

④ 汤建国主编:《量刑均衡方法》,人民法院出版社 2005 年版,第 14 页。

这是因为，根据刑法立法，定罪的根据只能是犯罪构成事实（定罪情节），量刑的根据只能是反映刑事责任大小的事实（量刑情节）；[①]既然基准刑（量刑基准）是在“不考虑各种法定和酌定量刑情节”“排除各种轻重（量刑）情节”的情况（前提）下确定的，那么其确定根据就不是量刑活动；同时，既然基准刑（量刑基准）是“根据基本犯罪事实的既遂状态”或“依其一般既遂状态的基本事实”，那么就意味着它在客观上就是根据犯罪构成事实（即项目组所称“基本犯罪事实”）通过定罪所认定的刑法分则上的具体罪名形态（基本犯或加重犯或减轻犯）及其所对应的具体法定刑。

不仅如此，刑法立法的相关规定也意味着，量刑基准只是定罪所确定的具体法定刑。例如，按照刑法规定，对于预备犯，可以比照既遂犯从轻、减轻处罚或者免除处罚；对于未遂犯，可以比照既遂犯从轻或者减轻处罚。据此，对于某个预备犯或未遂犯定罪所确定的、刑法分则按既遂状态规定的某个法定刑，就是这个预备犯或未遂犯从宽处罚的量刑基准。[②] 显然，这个量刑基准，不是抽象个罪的法定刑中的某个特定点（量刑基准点），而是具体犯罪定罪所确定的法定刑；法定刑内的某个特定点，无法为减轻处罚在法定刑幅度下和免除处罚只定罪不处刑罚处罚提供裁处“基准”。

对于以上作为量刑起始标准的“量刑基准”，到底应是一个“幅度”还是一个“点”，在实践中并没有绝对划一做法或要求。如在2010年前各版本的《量刑指导意见》中，把故意伤害罪和抢劫罪的量刑基准（量刑起点）确定为“幅度”，而把盗窃罪和毒品犯罪的部分量刑基准（量刑起点）确定为“点”。前者如“犯罪情节一般，故意伤害致一人轻伤的，量刑起点为6个月至1年半有期徒刑”；“抢劫一次，犯罪情节和后果一般的，量刑起点为3年至5年有期徒刑”。后者如“盗窃数额超过数额较大起点，并达到数额巨大起点的1/3的”，量刑起点为1年有期徒刑；盗窃数额达到数额巨大起点的，量

---

① 包括反映犯罪行为社会危害性大小和反映犯罪人人身危险性大小等的事实。

② 参见苏惠渔、张国全、史建三：《量刑与电脑——量刑公正合理应用论》，百家出版社1989年版，第104页。

刑起点为3年有期徒刑；盗窃数额达到数额特别巨大起点的，量刑起点为10年有期徒刑；贩卖“鸦片、氯胺酮、美沙酮1000克”，量刑起点为15年有期徒刑；走私、贩卖、运输、制造鸦片200克的，量刑起点为7年有期徒刑；走私、贩卖、运输、制造鸦片140克的，量刑起点为3年有期徒刑；走私、贩卖、运输、制造鸦片40克的，量刑起点为6个月有期徒刑。[①] 不过，在2010年以后的各版本的《量刑指导意见》中，除极少数情况[②]外，均把各罪的量刑基准（量刑起点）确定为“幅度”。[③]

其实，从我国《刑法》关于具体法定刑的立法设置来看，作为量刑起始标准的量刑基准均是一个幅度。对于相对确定的法定刑，其显然是一个幅度。对于绝对确定的法定刑，从表面上看是一个“点”，但实际上也是一个幅度。据我国当前刑法立法，绝对确定的法定刑，尚只有两个：一是“拐卖妇女、儿童……有下列情形之一……情节特别严重的，处死刑，并处没收财产”（第240条）；二是“暴动越狱或者聚众持械劫狱的首要分子和积极参加的……情节特别严重的，处死刑”（第317条）。如此两个绝对确定的法定刑，因死缓制度的立法设置而实际上仍具有“从判处死刑缓期两年执行到判处死刑立即执行”的“幅度”。

（三）量刑不应在具体法定刑外再有其他层级的“量刑基准”

量刑基准问题，曾是我国量刑规范化改革理论研究和实践探讨中的热点问题，[④]以企解决量刑失衡和公信力低的量刑根本性问

---

① 参见最高人民法院量刑规范化改革项目组编：《〈人民法院量刑指导意见〉与“两高三部”〈关于规范量刑程序若干问题的意见〉理解与适用》，法律出版社2010年版，第547～552页。

② 如走私、贩卖、运输、制造鸦片1000克，海洛因、甲基苯丙胺50克或者其他毒品数量达到数量大起点的，量刑起点为15年有期徒刑。

③ 参见最高人民法院《人民法院量刑指导意见（试行）》（法发〔2010〕36号，已失效）、《关于常见犯罪的量刑指导意见》（法发〔2017〕7号，已失效），最高人民法院、最高人民检察院《关于常见犯罪的量刑指导意见（试行）》（法发〔2021〕21号）。

④ 如《中国法学》先后于1999年第5期和2011年第1期刊发了周光权教授的《量刑基准研究》和周长军教授的《量刑治理的模式之争——兼评量刑的两个指导“意见”》。

题。[1] 基于"量刑基准"的量刑根基和量刑原则视角界定的问题，量刑改革项目组先后创造了"基准刑"和"量刑起点"概念，以替代"量刑基准"概念。基于量刑基准在量刑规范化改革的探索与实践中的重要地位，所创造的"基准刑"，被认为是改革的"标志性词汇""基石概念"[2]"量刑过程的必经步骤""公正量刑的重要保证"，[3]其确定方法妥当与否，"直接影响量刑规范化改革能否取得预期效果"。[4] 然而，以上如此概念的"创造"及其所担当的"量刑基准"角色，事实上是在具体法定刑外另外寻找、确定和运行了两个层级的"量刑基准"，陷入了在寻找、确定和运行量刑基准上的重大误区。基于定罪量刑关系等刑法原理，量刑基准不是在量刑环节根据拆分的犯罪构成事实在法定刑内确定的"点"或"幅度"，而只是根据具体个罪的犯罪构成事实由定罪所确定的法定刑本身。

1. 量刑基准的寻找误区

法定刑幅度"过大"和由此带来量刑裁量权"滥用"，一直最为量刑理论和实践所诟病。由此，在德日催生了"点""幅"量刑基准的理论探究与实践探索，在我国催生了"将量化引入量刑机制"的量刑规范化改革。我国这个改革的"主要内容和亮点"是，在法定刑内寻找（确定）某个"点""幅"作为基准刑（量刑基准），并由此构建"量刑起点→基准刑→宣告刑"的量刑步骤和采用将量刑情节予以量化运算的"定性分析和定量分析相结合"量刑方法。[5] 认为这只不过是把法官量刑时心目中的"基准"提炼出来予以规范化，从而"使量刑步骤得以具体化并具有可操作性""改变了长期以来广

---

① 参见周长军：《量刑治理的模式之争——兼评量刑的两个指导"意见"》，载《中国法学》2011 年第 1 期。

② 参见张向东：《从量刑基准到基准刑：量刑方法的革新》，载《中国刑事法杂志》2011 年第 3 期。

③ 参见陈学勇：《关于量刑基准问题的新思考》，载《人民司法 · 应用》2008 年第 3 期。

④ 参见最高人民法院量刑规范化改革项目组编：《量刑规范化改革——内容与解读》，2009 年内部编印，第 25 ~ 26 页。

⑤ 参见戴长林、陈学勇：《量刑规范化改革与实践》，载《法律适用》2011 年第 9 期。

为人们诟病的'估堆式'量刑法""实现了量刑方法的革新"。[①] 可殊不知,如此"基准刑(量刑基准)"的寻找,存在方向性、目的性和现实性上的误区。

(1)寻找的方向性误区:法定刑幅度过大需要细化

综观世界各国关于法定刑立法的理论与实践,虽然理论和司法上对法定刑幅度"过大"有过在法定刑内确定某个"点""幅"为量刑基准等细化性探究,但始终未见有国家启动立法程序将"宽大"的法定刑幅度缩小到以上细化性的理想状态。如此现实表明,一方面,"较大"甚至"过大"的法定刑幅度,并非没有其存在的必要性;另一方面,司法上试在法定刑幅度内寻找某个特定"点""幅"为量刑基准,可能是找错了地方或找反了方向。

其一,"过窄"法定刑幅度的追求并不是刑法发展的方向。在刑法发展史上,刑事古典学派基于绝对明确的罪刑法定主义,反对司法上解释法律,反对自由裁量权的行使,主张法律越明确越细密越好。其结果,不仅是受到刑事近代学派的否定性批判,[②]而且给据此制定的1791年《法国刑法典》带来立法上的繁琐与适用上的困境。进而不仅是如此机械的立法很快就被1810年拿破仑刑法典所取代,[③]而且是刑罚的正当化根据也从一个极端(古典学派时期的绝对报应主义)走向另一个极端(刑事近代学派时期的极端预防主义),乃至最终走向理性(刑事现代学派时期的并合主义)。由此意味着,细密化的法定刑幅度追求,并不是刑法立法和司法追求的方向。

其二,"宽大"法定刑幅度其实是抽象立法配置适应具体司法量刑的需要。一方面,几乎所有成文法国家的刑法立法都将法定刑

---

① 参见戴长林、陈学勇:《量刑规范化试点中需注意的几个问题》,载《中国审判》2009年第7期;张向东:《从量刑基准到基准刑:量刑方法的革新》,载《中国刑事法杂志》2011年第3期。

② 也正是因为刑事古典学派如此等等观点的致命问题,才有了"矫枉过正"的刑事近代学派和"走向理性"的刑事现代学派。

③ 1791年《法国刑法典》采用贝卡利亚的绝对罪刑法定主义,限制法官自由裁量,规定严格的法定刑。1810年拿破仑颁布的《法国刑法典》,改变了1791年《法国刑法典》的以上绝对化思路,从绝对确定刑改成相对确定刑,法官可以在这一幅度内自由量刑。

的幅度设得较为宽大,而且在新法制定或旧法修订时都未缩小,这不是因为立法机关糊涂,而是因为法定刑幅度在实质上,只是立法上针对抽象个罪罪行和作为量刑时起始标准的责任刑配置。基于责任报应与预防目的的关系,这个配置只有一定的幅度,才能满足千差万别和纷繁复杂的个案预防刑调节裁处的个别化量刑需要,才使案件的所有量刑事实、量刑情节制度、量刑法律、量刑政策,在接受基于法官的知识、素养、经验等的价值评价后,能在法定刑幅度内有合理的"聚焦"空间,才能真正贯彻落实罪刑相适应要求和更好地实现刑罚的目的与功能。因此,立法上的法定刑幅度较为"宽大",并不能成为司法上在法定刑幅度内寻找某个特定"点""幅"为量刑基准的理由。

其三,"宽大"法定刑幅度必需放在与刑法典①体系予以有机整体性适用。"法典"的存在意味着"法"是以系统化、体系化方式存在的,其中的任何一个条文都不能孤立地存在和予以适用,都应作为体系化的整体"法"中的一个有机组成部分而存在和予以适用(发挥其评价功能),对于其的理解和适用,应当"受制于该规范之意义脉络、上下关系、体系地位及其对法律体系的整个脉络之功能"。② 具体就具体个罪量刑的法律适用来说,任何一个量刑法律的适用,都需置于刑法典的有机体系中,根据个案个罪及某个具体量刑情节等具体情况,适用刑法典中的所有相关规定。由此可知,在适用量刑法律的具体规范时,将某一量刑法律规范从刑法系统中抽离出来进行孤立适用,或者仅就部分条文之间的联系进行梳理而没有兼顾其与整个刑法体系内在联系的片面适用,都会导致量刑法律适用的不完整,从而与刑法典体系下的法律适用规则相冲突。事实上,《量刑指导意见》文本本身实质上是构建了一个几乎并列于刑法典或具有刑法典部分性质和功能的"量刑法",甚至在量刑适

---

① 虽然我国没有以"法典"命名的刑法典,但因《中华人民共和国刑法》在内容和编排体系完全符合刑法典的要求,所以理论上和实践中都认为《中华人民共和国刑法》就是我国的刑法典。本著所称刑法典就是特指《中华人民共和国刑法》。

② 参见[德]卡尔·拉伦茨:《法学方法论》,陈爱娥译,商务印书馆 2003 年版,第 316 页。

用实践中演化为平行于《刑法》之外的“副法”。其中,最具代表性的就是各地根据《量刑指导意见》所制定的实施细则。这种原本基于尊重地方司法实际而制定的细则,由于潜在的地方司法适用规则,几乎成为各地适用量刑法律时的唯一准则,使得具体个罪的量刑法律适用,在很大程度上游离于整个刑法典的系统之外。主要表现为,实践中仅就《量刑指导意见》或《量刑指导意见(实施细则)》[①]的条款予以选择和适用,或者仅就《量刑指导意见》、《量刑指导意见(实施细则)》和刑法分则条款予以联合适用,始终未将其置于整个刑法体系之内予以适用和评价的现象,使《量刑指导意见》式的量刑法律适用演变为“盲人摸象”似的众口不一、相互冲突,从而出现法律适用的本末倒置,进而使旨在试图通过《量刑指导意见》文本适用,实现量刑公正的意愿成为空想,这也就是《量刑指导意见》在基础理论上的最大问题。

(2)寻找的目的性误区:防止量刑自由裁量权滥用

毋庸讳言,在法定刑内确定某个“点”“幅”为量刑基准(基准刑/量刑起点)的主要目的,就是防止量刑自由裁量权的滥用。诚然,针对“较大”甚至“过大”的法定刑幅度,理论上和实践中的诘问与共识是,若不在法定刑内确定某个“点”“幅”为量刑基准(基准刑/量刑起点),则如何解决由此带来的滥用自由裁量权问题?其实,如此诘问,是一个忽视罪刑法定原则和量刑自由裁量权的内涵与功能的认知误区。

其一,法定刑幅度纵然“过大”也不应片面变相地适用。基于罪刑法定原则,具体个罪所对应的法定刑幅度,纵然立法设置的幅度“过大”,也因这是“立法”的规定,而应在适用中坚守。不能为了“细化”而将其从具体个罪的刑罚规范体系中切割出来,作为事实

---

① 这里的《量刑指导意见(实施细则)》,是指各高级人民法院根据最高人民法院要求就最高人民法院发布的《人民法院量刑指导意见》或《关于常见犯罪的量刑指导意见》所制定的“实施细则”。如天津市高级人民法院于2014年根据最高人民法院《关于常见犯罪的量刑指导意见》(法发〔2013〕14号)指定的《天津市高级人民法院〈关于常见犯罪的量刑指导意见〉实施细则》(2014年4月14日天津市高级人民法院审判委员会第5次会议讨论通过)。

上适用的“司法法”，去替代法定刑本身作为量刑时的起始标准适用。例如，理论上经实证统计，将强奸罪的量刑基准确定为有期徒刑5～6年。[①] 可这里的悖论是：若其为从重和从轻处罚的起始标准，则它到底是强奸罪基本犯的法定刑“3年以上10年以下有期徒刑”的，还是加重犯的法定刑“10年以上有期徒刑、无期徒刑或死刑”的？若是前者，则将这个基于强奸案判决统计出来的“平均值”，“一刀切”地为所有强奸罪基本犯的量刑基准，必定会给具体个罪带来过重或过轻的量刑结果；若是后者，则不仅因“5～6年”距“10年以上有期徒刑”的要求过远，而必定给具体个罪带来过轻的量刑结果，而且因“10年以上有期徒刑”并不是强奸罪加重犯的完整法定刑幅度而实际上创造了“法外之法”。毕竟，按刑法规定，只有“10年以上有期徒刑、无期徒刑或死刑”才是强奸罪加重犯的法定刑幅度。同时，这个“5～6年”的量刑基准，也无法为减轻、免除处罚量刑情节的适用提供标准。以上等等的悖论意味着，在法定刑内寻找量刑基准的思路和做法是行不通的，需要按刑法立法规定，基于具体个罪定罪所确定的法定刑幅度予以依法量刑。

其二，“过大”法定刑幅度并非当然带来量刑裁量权滥用。基于量刑的基本原理，量刑规范化作为“量刑”的规范化，其目的不是使“量刑”不成为“量刑”，而是在遵循量刑规律的前提下，通过设置和适用完备的程序制度，使量刑作出公正有效及符合刑罚目的的量刑判决。[②] 这意味着，量刑规范化并不是不让“火车(量刑)”跑，而是让“火车(量刑)”沿着轨道(程序制度)跑；其主要任务并不是“限制”甚至“挤压”量刑裁量权的行使，而是要通过设置和适用完备科学的程序制度，让其合法合规行使。而且，量刑裁量权本也不是任意的裁量权，是基于案件的全部事实和对接刑法的全部相应规范，在刑事政策等的指导下，基于法官个人的知识、经验、良知和刑事一

---

① 苏惠渔、张国全、史建三：《量刑与电脑——量刑公正合理应用论》，百家出版社1989年版，第83页。

② 参见石经海：《“量刑规范化”解读》，载《现代法学》2009年第3期。

体化的法治思维，综合作出既合理又合法的量刑判决的权力。[①] 虽然在这过程中，确实有法官心目中的“基准”在发挥作用，但如此“基准”只是相对于具体个罪并综合个案全部量刑情节的“聚焦点”，并非相对于抽象个罪的抽象化、普适性和“一刀切”式的“量刑基准”。由此意味着，一方面，量刑裁量权的行使，虽然确实有“权力过大”“不均衡”“不公正”的嫌疑与风险，但在以上量刑程序制度的规范控制下，通常不会被滥用。而且，在量刑裁量权行使中，就像面试中不要求每位考官对考生打相同甚至相近的分数一样，应当允许和尊重法官在基于事实和法律的量刑裁判中，所作出的有差异量刑。另一方面，不能对量刑裁量权的滥用问题，用因噎废食地以切割法定刑幅度等背离刑法规定和异化量刑的方式去防范，应通过提升法官职业素养和完善量刑程序制度，以使其得到合理合法行使方式去解决。

(3)寻找的现实性误区：域内外早已有相关的探索

以上量刑基准的寻找和确定方式被质疑，不能以美国有量刑指南、德日有“点”“幅”探究和我国早期有电脑辅助量刑探索相抗辩。

其一，借鉴美国量刑指南做法的不现实性。虽然美国作为判例法国家，为了解决量刑差异和自由裁量权滥用问题，探索制定了量刑指南。但这个拥有立法权的量刑委员会[②]所制定的对联邦法官具有约束力的联邦量刑指南，与其说是一个量刑方面的司法规则，不如说是创设了关于 43 个罪行等级及其相应刑罚的“罪刑法”，[③]其要解决的，并不是在成文法法定刑幅度内确定某个“点”“幅”为量刑基准，而是为量刑提供类似于成文法法定刑的量刑时起始标准，与我国量刑规范化实践所寻找的量刑基准，完全不是一个层面的东西。

其二，借鉴德日“点”“幅”探索的不现实性。虽然在德日刑法

---

① 参见石经海：《刑法现代化下的“量刑”解构——量刑规范化的科学基础探究》，载《中国刑事法杂志》2010 年第 3 期。

② 这个“量刑委员会”(Sentencing Commission)是由美国国会于 1984 年通过《量刑改革法案》专门设立，其 9 名成员都是参议院决定后由总统任命，其制定的联邦量刑指南都需要报经国会审核批准后才能实施，并对联邦法官具有约束力。

③ 参见[美]美国量刑委员会编撰：《美国量刑指南》，王世洲等译，北京大学出版社 1995 年版，“序”第 1 页，正文第 44 ~ 65 页。

理论上，确实早就有关于作为量刑前提的“点”“幅”量刑基准理论探究，但这个“处理刑罚正当化根据的二律背反的理论”，[①]在实质上只是，如何在立法上针对抽象个罪的具体犯罪形态（基本犯、加重犯或减轻犯）配置予以责任报应的法定刑，以及在司法上如何基于量刑情节制度裁量作出实现预防目的的量刑裁决。其所探讨和争议的，并不是如何在法定刑内寻找和确定作为量刑时起始标准的量刑基准。也虽然其理论上和实践中也早有寻找和推动细化法定刑幅度的探究，但终究也都是不了了之。因此，德日关于“点”“幅”量刑基准的理论与实践，对我国量刑基准的制度构建和实践运行，都不具有现实的可借鉴性。

其三，以我国早期的量刑量化探索为支撑的不现实性。虽然我国自20世纪80年代和21世纪初就分别有“电脑辅助量刑”和“量刑精确制导”的理论成果，但这些以精确数学为理论基础的量化研究成果，本身就存在对数学与作为“软科学”的社会科学关系的认识误区问题，无法为推行量化量刑的理论支撑。[②] 其诸如“5～6年”的强奸罪量刑基准成果，[③]不仅给量刑带来如前所述的诸多悖论，而且会使由此展开的量刑及其“智慧量刑”“智慧量刑建议”偏离量刑规律方向。

2. 量刑基准的确定误区

量刑基准的如何确定，包括在什么环节和根据什么确定，是决定量刑如何运行以及能否作出公正量刑结论的基础性和前提性问题。综观量刑改革实践，有关量刑基准的争议，在很大程度上源于量刑基准在确定环节和确定根据上的误区。

（1）量刑基准的确定环节误区：在量刑环节确定量刑基准

据《量刑指导意见》，作为量刑基准意义上的量刑起始标准，是

---

① 参见张明楷：《刑法学》（第6版），法律出版社2021年版，第716页。

② 参见石经海、严海杰：《中国量刑规范化改革之十年检讨与展望》，载《法律科学》2015年第4期。

③ 参见苏惠渔、张国全、史建三：《量刑与电脑——量刑公正合理应用论》，百家出版社1989年版，第83页；周光权：《量刑规范化：可行性与难题》，载《法律适用》2004年第4期。

“量刑时”以“定性分析为主，定量分析为辅”的量刑方法，根据“基本犯罪构成事实”所确定的量刑起点和根据“其他影响犯罪构成犯罪事实”所确定的基准刑。[①] 如此要求在量刑环节确定量刑基准的思路和做法，至少存在如下问题：

一是不符合定罪量刑关系原理。从定罪量刑关系原理来看，定罪不是为了定罪而定罪，而是为量刑提供基础和前提。可从刑法的规定来看，这个“基础”“前提”，不是抽象和空洞的，而是有着具体内容的。一方面，定罪不是只要定出“罪名”，而且要定到是基本犯还是加重犯或减轻犯。基于刑法关于犯罪构成的规定及其普通的、加重的或减轻的犯罪构成的划分，其罪名下也相应有基本犯、加重犯或减轻犯之分。[②] 这意味着，定罪不只是定出罪与非罪、此罪与彼罪，而且还要定出轻罪与重罪（基本犯、加重犯、减轻犯）。另一方面，定罪要为量刑相应确定作为起始标准的法定刑幅度。综观刑法规定，立法所配置的法定刑幅度，通常不是针对某个抽象罪名，而是该罪名的基本犯、加重犯或减轻犯。[③] 由此，定罪只有定到相应的基本犯等具体犯罪形态，才能相应确定立法上配置的法定刑幅度，才能为具体个罪量刑提供起始标准，才能使量刑由此开始。例如，对于强奸罪，根据《刑法》第 236 条的规定，有基本犯（“以暴力、胁迫或者其他手段强奸妇女的”）和加重犯（“2 人以上轮奸的”等六个方面）两个具体犯罪形态，分别对应“3 年以上 10 年以下有期徒刑”和“10 年以上有期徒刑……”的法定刑幅度。其具体个罪的定罪，只有定到基本犯或加重犯，才能相应确定“处 3 年以上 10 年以下有期徒刑”或“处 10 年以上有期徒刑……”为量刑时的起始标准（量刑基准）。这也意味着，基于定罪量刑的以上关系，量刑基准的确定

---

① 据 2021 年《量刑指导意见》关于“量刑的基本方法”的规定，“量刑时，应当以定性分析为主，定量分析为辅，依次确定量刑起点、基准刑和宣告刑”。其中，在量刑步骤上，“根据基本犯罪构成事实在相应的法定刑幅度内确定量刑起点”和“根据其他影响犯罪构成的犯罪数额、犯罪次数、犯罪后果等犯罪事实，在量刑起点的基础上增加刑罚量确定基准刑”。

② 刑法立法关于基本犯、加重犯和减轻犯的罪状描述，不是这些犯罪的“升格”或“降格”量刑情节，而是决定这些基本犯、加重犯和减轻犯的部分犯罪构成要件要素。

③ 除非某个罪名没有设置加重犯或减轻犯。

不是在量刑环节而是在定罪环节。[①]

二是不具有并合主义的正当化根据。在现代刑法上,基于贯彻罪刑法定和罪刑相适应等刑法基本原则的需要,刑罚的正当化根据应当坚持以责任报应为基础和以犯罪预防为目的的并合主义。[②] 基于如此正当化根据,量刑也应相应为以责任刑(报应刑)为基础和以预防刑为调节。可这并不意味着,责任刑就是在量刑环节和通过量刑的根据确定的,而相反,其作为实现责任报应和刑法正义的要求和体现,是先在立法上针对罪行(基本犯、加重犯、减轻犯)的责任配置法定刑幅度,再在司法上通过具体个罪的定罪予以相应确定,并用作预防刑裁量调节的基准。这意味着,一方面,在司法上,责任刑与预防刑的裁处是分别在定罪环节和量刑环节并分别由定罪和量刑完成的。其中,前者是后者的基础,后者是在前者的基础上,根据前者评价根据以外的事实根据,包括罪前、罪中和罪后的反映犯罪行为的社会危害性大小和犯罪人人身危险性大小的事实,予以调节裁处的。另一方面,试在量刑环节和在责任刑(法定刑)幅度内寻找和确定某个"点""幅"为量刑基准,是无法获得并合主义的刑罚正当化根据支持的。

(2)量刑基准的确定根据误区:对犯罪构成事实进行拆分

据《量刑指导意见》,作为量刑基准的"量刑起点"和"基准刑",分别是由"基本犯罪构成事实"和"其他影响犯罪构成的犯罪数额、犯罪次数、犯罪后果等犯罪事实"确定的。[③] 其中,所谓"基本犯罪构成事实",是指"刑法条文就某一犯罪的基本形态所规定的犯罪构成(事实)";所谓"其他影响犯罪构成的犯罪事实",是指"具体犯罪行为超过基本犯罪构成事实的加重结果事实",如"犯罪数额、犯罪次数、犯罪后果"等。前者如故意伤害他人致 3 人重伤中的"致 1

---

① 理论上和实践中,都将量刑基准的确定根据认知为"犯罪构成事实"也表明,量刑基准只能是在定罪阶段相应确定。因为,犯罪构成事实只能用于定罪而不能用于量刑,否则就不是犯罪构成事实而是量刑事实。

② 参见石经海:《从极端到理性:刑罚个别化的进化及其当代意义》,载《中外法学》2020 年第 6 期。

③ 参见《关于常见犯罪的量刑指导意见(试行)》(法发〔2021〕21 号)"二、量刑的基本方法"的"(一)量刑步骤"。

人重伤”,[1]是《刑法》第234条关于故意伤害罪的第一档加重犯(处3~10年有期徒刑)的基本犯罪构成事实;后者如其中的“致另2人重伤”,是本档加重犯的其他影响犯罪构成的犯罪事实。[2] 据此,量刑改革实践中分别用作“量刑起点”和“基准刑”确定根据的“基本犯罪构成事实”和“其他影响犯罪构成的犯罪事实”,实际上是对“犯罪构成事实”进行数量拆分形成的。应当说,如此思路与做法,是对禁止重复评价原则和犯罪构成事实的认知误区。

其一,定罪事实与量刑事实的划分并不需要对犯罪构成事实予以数量拆分。诚然,基于罪刑相适应原则,定罪量刑必须禁止对同一事实进行重复评价。然而,这并非就要以对犯罪构成事实进行数量拆分方式来实现。考究刑法立法的相关规定会发现,禁止重复评价所禁止的,其实是两次或两次以上法律评价让犯罪人本当承担的刑事责任增加或减少。若这些评价让犯罪人本应承当的刑事责任没有变化,只是分别基于定罪与量刑评价的需要,则这不是刑法上的重复评价。例如,对于“12岁的甲某故意杀人”的事实,在定罪时提取其“已满12周岁”的故意杀人罪刑事责任年龄的法律属性,作为犯罪主体要件(定罪事实)用于定罪,在量刑时提取其“不满18周岁”的应当从轻或减轻处罚的法律属性(量刑事实)用于量刑。这里的对“12岁的甲某故意杀人”分别进行的定罪和量刑评价,并不属于刑法禁止的重复评价。[3] 这意味着,要避免对同一事实的定罪与量刑重复评价,并不需要采取数量拆分方式,而只要分别基于相应法律规定做不同法律属性评价即可。据此,对于“故意致3人重伤”这个犯罪事实,只要既依《刑法》第234条关于“犯前款罪,致人重伤的”规定,将其评价为故意伤害罪第一档加重犯的“重伤”,作为犯罪客观方面要件用于定罪,又依《刑法》第61条关于量刑根

① 在情节一般,没有达到本罪第二档加重犯(处10年以上有期徒刑、无期徒刑或死刑)犯罪构成要求(“致人死亡或者以特别残忍手段致人重伤造成严重残疾的”)的情形下。

② 参见最高人民法院量刑规范化改革项目组编写:《量刑规范化办案指南》,法律出版社2011年版,第47、49页。

③ 参见石经海:《黑社会性质组织犯罪的重复评价问题研究》,载《现代法学》2014年第6期。

据（一般原则）和第5条关于罪刑相适应原则等规定，将其评价为比"致1人重伤"具有更大社会危害性而作为酌定从重处罚的量刑事实，无需对其予以数量拆分，是完全可以贯彻罪刑相适应原则和依法定罪与量刑的。

其二，犯罪构成事实本身不可能用于量刑评价。综观量刑改革实践，之所以采用对同一犯罪事实在数量上拆分为分别用于确定量刑起点和基准刑的事实，在很大程度上是源于对犯罪构成事实与犯罪事实、犯罪事实与定罪事实和量刑事实间关系的混淆不清。在刑法理论上，犯罪事实有定罪事实与量刑事实之分。其中，凡是用来对接刑法关于犯罪成立要件规定予以定罪评价的事实，都是定罪事实；凡是用来对接刑法关于量刑情节制度规定予以量刑评价的事实，都是量刑事实。虽然如此定罪事实和量刑事实有犯罪事实与非犯罪事实（罪前和罪后形成的）之分，但凡是在犯罪过程中形成和用于评价犯罪行为社会危害性有无或大小的事实，都是犯罪事实，都分别依法用于定罪和量刑。其中的定罪事实就是犯罪构成事实，是用来对接刑法关于犯罪成立要件规定予以定罪评价的，无所谓"基本的"与"其他的"之分；只要是"犯罪构成事实"，就一定是用来定罪的，否则就不是"犯罪构成事实"，而是量刑事实。据此，《量刑指导意见》规定的，用以确定"量刑起点"的所谓"基本犯罪构成事实"，显然不是在量刑环节用以确定所谓"量刑起点"的量刑事实，而是在定罪环节用于定罪的定罪事实；用以确定"基准刑"的所谓"其他影响犯罪构成的犯罪数额、犯罪次数、犯罪后果等犯罪事实"，[①]在不属于某个罪名的基本犯、加重犯或减轻犯成立要件评价对象的情况下，都只是用于量刑和评价其社会危害性大小的量刑事实。

3. 量刑基准的运行误区

据《量刑指导意见》，规范化量刑以"定性分析为主，定量分析

---

① 参见《关于常见犯罪的量刑指导意见（试行）》（法发〔2021〕21号）"二、量刑的基本方法"。

为辅"的基本方法,依次确定"量刑起点""基准刑""宣告刑"。[①] 如此规定,是对量刑基准的量刑情节适用和法定刑的适用运行的基本要求。可如此要求,虽然强调量刑的基本方法"以定性分析为主",但因其量化运算结果实质上限制着量刑结果的作出,而在实质上仍以定量分析为主,并由此带来量刑基准的情节适用和法定刑运行误区。

(1)量刑基准的情节适用误区:不同层级情节放一起量化运算

据《量刑指导意见》,量刑情节有"一般量刑情节"和"特定的量刑情节"之分。[②] 对于前者,根据各个量刑情节的调节比例,采用"同向相加、逆向相减"的方法;对于后者,也根据各个量刑情节的调节比例,采用"部分连乘、部分相加减"的方法,在量刑起点基础上调节所谓的基准刑,甚至还将"被告人犯数罪,同时具有适用于各个罪的立功、累犯等量刑情节的",也"先适用该量刑情节调节个罪的基准刑"和"确定个罪所应判处的刑罚",再通过数罪并罚确定执行的刑罚。[③] 如此方法,实际上是既不区分案件是否为个罪与数罪、是否为基本犯与加重犯、减轻犯,也不问量刑情节是从轻从重处罚的还是减轻、免除处罚的,全部笼统地予以量化和一起量化运算,从而违背了刑法关于量刑情节制度运行和法定刑运行的立法规定,继而出现量化结果为"在法定最高刑以上"加重处罚[④]的悖论局面。[⑤]

其实,在我国的刑法立法上,是对量刑情节制度做了明确的分级规制的。首先是针对"具体个罪"的情节性规制。包括《刑法》第62 条关于法定或酌定从重从轻处罚的情节性规定,要求在作为量

---

① 参见《关于常见犯罪的量刑指导意见(试行)》(法发〔2021〕21 号)"二、量刑的基本方法"。

② 即具有未成年人犯罪、老年人犯罪、限制行为能力的精神病人犯罪、又聋又哑的人或者盲人犯罪,防卫过当、避险过当、犯罪预备、犯罪未遂、犯罪中止,从犯、胁从犯和教唆犯等量刑情节。

③ 参见《关于常见犯罪的量刑指导意见(试行)》(法发〔2021〕21 号)"二、量刑的基本方法"的"(二)调节基准刑的方法"。

④ 参见陈学勇:《确定宣告刑的方法》,载《人民法院报》2011 年 7 月 20 日,第 6 版。

⑤ 1997 年刑法为贯彻罪刑法定原则的人权保障精神,彻底废止了"加重处罚"的量刑情节。也就是,在现行刑法的立法和司法上,绝对不存在加重处罚的量刑情节。

刑基准的法定刑幅度内裁处;[①]《刑法》第 63 条关于法定或酌定减轻处罚情节的运行规定,要求在作为量刑基准的法定刑的下一个[②]或几个[③]量刑幅度内裁处;[④]《刑法》第 37 条关于法定或酌定免除刑罚处罚情节的运行规定,要求不做刑罚裁处,只单纯宣告有罪或仅给非刑罚处罚的裁量。[⑤] 其次是针对"全案情况"的制度性规制。包括《刑法》第 69 条等关于数罪并罚的规定,要求先针对案件个罪分别定罪和宣告裁处的刑罚(宣告刑),再依数罪并罚的原则决定执行的刑罚(执行刑);[⑥]《刑法》第 41 条、第 44 条和第 47 条等关于刑期折抵制度的规定,要求先行羁押 1 日折抵行为人全案判处的管制 2 日和拘役、有期徒刑 1 日;[⑦]《刑法》第 72 条等关于缓刑制度的规定,要求对全案被判处拘役和 3 年以下有期徒刑的犯罪人在一定条件下适用缓刑。[⑧]

以上情况表明,在法定刑的运行过程中,只有从重和从轻处罚量刑情节的适用在同一层级同一阶段,即在同一"法定刑幅度内"。那些基于免除处罚、减轻处罚量刑情节和数罪并罚、刑期折抵、缓刑

---

① 《刑法》第 62 条规定:"犯罪分子具有本法规定的从重处罚、从轻处罚情节的,应当在法定刑的限度以内判处刑罚。"

② 在为法定减轻处罚时。

③ 在为酌定减轻处罚时。

④ 《刑法》第 63 条规定:"犯罪分子具有本法规定的减轻处罚情节的,应当在法定刑以下判处刑罚;本法规定有数个量刑幅度的,应当在法定量刑幅度的下一个量刑幅度内判处刑罚。""犯罪分子虽然不具有本法规定的减轻处罚情节,但是根据案件的特殊情况,经最高人民法院核准,也可以在法定刑以下判处刑罚。"

⑤ 《刑法》第 37 条规定:"对于犯罪情节轻微不需要判处刑罚的,可以免予刑事处罚,但是可以根据案件的不同情况,予以训诫或者责令具结悔过、赔礼道歉、赔偿损失,或者由主管部门予以行政处罚或者行政处分。"

⑥ 《刑法》第 69 条规定:"判决宣告以前一人犯数罪的,除判处死刑和无期徒刑的以外,应当在总和刑期以下、数刑中最高刑期以上,酌情决定执行的刑期,但是……"

⑦ 《刑法》第 41 条规定:"管制的刑期,从判决执行之日起计算;判决执行以前先行羁押的,羁押 1 日折抵刑期 2 日。"第 44 条规定:"拘役的刑期,从判决执行之日起计算;判决执行以前先行羁押的,羁押 1 日折抵刑期 1 日。"第 47 条规定:"有期徒刑的刑期,从判决执行之日起计算;判决执行以前先行羁押的,羁押 1 日折抵刑期 1 日。"

⑧ 《刑法》第 72 条规定:"对于被判处拘役、3 年以下有期徒刑的犯罪分子,同时符合下列条件的,可以宣告缓刑,对其中不满 18 周岁的人、怀孕的妇女和已满 75 周岁的人,应当宣告缓刑:……"

等量刑制度适用与量刑裁处，是分别处于“免刑”“处断刑”“执行刑”量刑阶段和分别针对具体个罪的“不给刑罚处罚”“下一个或几个法定刑内”及基于全案综合考量的层级，并非当然在同一具体个罪的裁处阶段或在同一法定刑内层级的裁处。这意味着，一方面，笼统地将那些具有可以或应当减轻、免除处罚功能的量刑情节与从重、从轻处罚情节一起量化运算和据此作出宣告刑的规范化量刑思路和做法，是违背刑法以上关于从重、从轻、减轻、免除量刑情节的立法规定和设置机理的；[①]另一方面，具体个罪所具有的从重、从轻、减轻、免除处罚等功能量刑情节，不可简单地放在一起笼统适用，而应基于它们在不同法定刑幅度内的立法规定与特点，分级分段依次适用。

(2)量刑基准的法定刑运行误区：“量刑起点→基准刑→宣告刑”

根据《量刑指导意见》，在法定刑的运行上，是先后“在相应的法定刑幅度内”确定量刑起点、“在量刑起点基础上”确定基准刑和“综合考虑全案情况”确定宣告刑。[②] 如此依次确定“量刑起点—基准刑—宣告刑”的量刑步骤，显然与刑法关于法定刑运行的立法规定相背离。

综观我国刑法关于量刑情节制度的以上立法规定，法定刑实际上是按“(个罪)免刑/处断刑→(个罪)宣告刑→(全案)执行刑”的常规流程分段运行裁处的。具体是：在量刑前，先根据具体个罪的犯罪构成事实通过定罪确定法定刑幅度；再在量刑中，在法定刑基础上和在具体个罪存在免除或减轻处罚的量刑情节时，对其作出“免刑”或“处断刑”裁处，从而对具体个罪不给予刑罚处罚或为具体个罪确定下个量刑幅度的法定刑，作为本罪宣告刑裁处的标准；

---

① 对此，传统经验量刑法也同样有被诟病的问题。虽然传统经验量刑法在总体上符合定性分析原理，但因其也是笼统地将从重、从轻、减轻、免除量刑情节笼统地放在同一量刑幅度内，“综合地估量出对犯罪人判处的刑罚”，而被理论与实践所诟病为“估堆”。

② 参见《关于常见犯罪的量刑指导意见(试行)》(法发〔2021〕21号)“二、量刑的基本方法”的“(一)量刑步骤”。

接着在具体个罪存在可以或应当从轻或从重处罚的量刑情节时,对其作出“宣告刑”裁处,即在定罪或处断刑确定的法定刑幅度内,综合本具体个罪各从轻或从重量刑情节宣告本具体个罪所应判处的刑罚种类与刑罚量;最后基于全案的数罪、先行羁押和涉及的其他量刑事实,据刑法的数罪并罚、刑期折抵、缓刑等制度规定,裁处拟移交行刑阶段执行的执行刑。

以上刑法立法关于量刑情节的分级分段适用和法定刑的分级分段运行,其实在理论上也早有一定程度上的阐述。例如,日本刑法学家木村龟二教授早在1981年就指出,刑罚在适用时是针对每个具体案件的情况,按“法定刑→处断刑→宣告刑”的流程分段裁量。[①] 我国台湾地区刑法学家高仰止教授也早在1983年就认为,法定刑通常按“法定刑→处断刑→宣告刑→执行刑”四个阶段先后适用。[②] 我国大陆学者顾肖荣、肖开权也早在1991年就从“量刑的专有名词”角度,阐述了“法定刑”“处断刑”“宣告刑”“执行刑”的适用问题,[③]其中认为,处断刑实际上也是“以法定刑为基准”,因为在案件存在加重或减轻处罚情节时,是“先加重减轻后从轻从重”,它们都是“根据法定刑来的”,都是“按法定刑加或按法定刑减”。[④] 诸如以上的理论阐述,虽然没有完整地揭示法定刑的运行过程或内容(如免刑和刑期折抵等的裁处),但也较为充分地表明了,法定刑按“法定刑→处断刑→宣告刑→执行刑”的流程运行,并非没有理论

---

① 参见[日]木村龟二主编:《刑法学词典》,顾肖荣等译(据日本青林书院新社1981年出版的《体系刑法事典》译出),上海翻译出版公司1991年版,第432页。

② 认为首先为刑罚之分则各本条适用,即所谓“法定刑”。其次为经总则上修正法定刑后之“处断刑”之适用。再次为裁判上之适用,所谓“宣告刑”。如数罪并罚场合,最后定其应执行之刑,即所谓“执行刑”。在这里,所谓处断刑,是在案件本身遇到特殊情况,需要在法定刑以上或以下判处刑罚时,对法定刑加重或减轻后的、作为宣告刑基础的刑度;所谓宣告刑,是指裁判上实际量定宣示之刑罚,是裁判官就特定犯罪,在法定刑或处断刑范围内,量定一定之刑罚而为科处之宣示刑罚的情形;所谓执行刑,“乃数罪并罚中,就各罪之宣告刑,合并而定其应行执行之刑罚也”。参见高仰止:《刑法总则之理论与实用》,台北,五南图书出版股份有限公司1986年第3版,第483页。

③ 参见顾肖荣、吕继贵主编:《量刑的原理与操作》,上海社会科学出版社1991年版,第39~42页。

④ 参见肖开权:《量刑的基准》,载苏惠渔、[日]西原春夫等:《中日刑事法若干问题——中日刑事法学术讨论会论文集》,上海人民出版社1992年版,第40~41页。

基础，只是当前理论与实践对其缺少必要关注而已。

（四）量刑基准的主要功能是使量刑统一化

量刑基准与量刑个别化的关系，主要表现为量刑基准是量刑活动（包括免刑、处断刑、宣告刑、执行刑的裁量）的起点，是量刑工作中用作起始尺度的标准。对于量刑基准（具体法定刑），虽然是由定罪相应确定的，是定罪直接带来的法律后果，属于定罪活动的一部分，但这并不意味着它同量刑个别化没有关系，而相反，因量刑个别化是量刑一般化基础上的个别化，从而决定了量刑基准是量刑个别化的基础和前提，表现和体现着"同案同判"，是量刑统一化的基本表现，并且，量刑经量刑情节的作用①而表现为量刑个别化，就是从量刑基准开始的。

据 2021 年版《量刑指导意见》关于"量刑的基本方法"的规定，"量刑时，应当以定性分析为主，定量分析为辅，依次确定量刑起点、基准刑和宣告刑"。其中，在量刑步骤上，"根据基本犯罪构成事实在相应的法定刑幅度内确定量刑起点"和"根据其他影响犯罪构成的犯罪数额、犯罪次数、犯罪后果等犯罪事实，在量刑起点的基础上增加刑罚量确定基准刑"。这意味着，当前的量刑改革实践是以所谓"量刑起点"为量刑统一标准的。显然，这里的"量刑起点"是难以实现量刑统一化功能的。这是因为，在量刑活动中，根据犯罪构成的具体事实如犯罪数额、犯罪情节、犯罪后果中被选择作为定罪情节的那些事实而确定的刑罚量，同样只具有个别性而不具有统一性。主要表现在，这个被选择的"犯罪事实"，都是相对于具体个罪具有个别性的具体事实。例如，故意伤害犯罪中"故意伤害致 1 人轻伤""故意伤害致 1 人重伤""以特别残忍手段致 1 人重伤，造成 6 级残疾"；对于"故意伤害致 2 人轻伤"中的另 1 人轻伤、"故意伤害致 2 人重伤"中的另 1 人重伤、"以特别残忍手段致 2 人重伤，造成 6 级残疾"中的另 1 人重伤等事实，因没有被选择作为犯罪构成事实中的具体犯罪情节，而就应作为法定或酌定量刑情节，用作调节

① 表现在为对犯罪人进行犯罪行为社会危害性大小和犯罪人人身危险性大小的评价。

量刑基准以形成量刑结果。显然,以上犯罪事实及其对应的犯罪情节,都不是抽象和观念上的,而是具体案件的具体犯罪事实意义上的。据此确定的所谓量刑起点,也只能是针对具体案件的具体情形确定,不具有规范意义上的统一性。这意味着,实践中的所谓量刑起点,纵使其成立,也只是根据个案具体情况确定的个案个性化东西,属于量刑个别化而不是量刑统一化的内容。

以具体法定刑为内容的量刑基准,当然具有实现量刑统一性的功能。具体表现在:其一,这是具体法定刑的性质决定的。一方面,具体法定刑是立法上针对抽象个罪基本犯、加重犯或减轻犯配置的,属于针对犯罪行为进行责任报应的责任刑,是所有本抽象个罪的统一适用标准。另一方面,作为具体个罪量刑基准的具体法定刑,是具体案件的具体犯罪构成事实所具体确定的。换言之,立法上针对抽象个罪配置的具体法定刑,只有经过具体案件的具体个罪定罪,才能相应确定成为本具体个罪量刑的起始标准即量刑基准。其二,这是由具体法定刑的运行特点决定的。在量刑原理上,量刑的过程就是具体法定刑展开的过程,包括免刑/处断刑、宣告刑和执行刑的裁量。在以责任刑为基础和报应刑为补充的并合主义刑罚正当化根据上,如果说定罪的主要任务是通过对犯罪行为性质的认定为量刑确定作为起始标准的量刑基准,那么量刑的主要任务就是在定罪确定的具有你抽象个罪统一性的量刑基准基础上,根据犯罪行为社会危害性大小和犯罪人人身危险性大小的事实,对针对抽象个罪的责任刑(具体法定刑)进行目的预防上的调节,并形成具有量刑个别化的量刑判决。显然,以上根据犯罪人具体个性化犯罪事实及其情节所做的具体法定刑调节,不可能具有量刑统一化功能。因此,我们完全可以说,在量刑统一化和个别化关系上,只有作为量刑基准和由定罪选定的具体法定刑,才具有实现量刑统一化功能。

三、量刑情节使罪刑能够相适应

(一)量刑情节的刑事司法本质

1. 量刑情节的概念

对于什么是量刑情节,有不同的认识。本书认为,量刑情节,是指法律直接规定或授权审判机关决定的，量刑时应当考虑的决定量刑轻重或者免予刑罚处罚所依据的各种主客观事实。如未成年犯、未遂犯、中止犯、从犯、累犯、自首、立功、坦白、自愿认罪、被害人有过错、退赃退赔、积极赔偿被害人经济损失、前科劣迹（一般指犯罪前科和劳动教养），等等。

量刑情节，作为刑法上的情节的一种，是一个法律概念，强调刑法的规定或认可性。如果从一般意义上把“情节”理解为“事物的变化和经过”的话，则量刑情节应指刑法规定或认可的量刑所应考虑的关于犯罪经过和犯罪人变化的情况，是存在于案件内外的客观事实转化为刑法规定的法律事实的表现。

2. 量刑情节的本质

在本质上，量刑情节是反映犯罪行为的社会危害性和犯罪人的人身危险性及其他方面事实的主客观情况，并在属性上有专属的某个类别且有程度上的大小之分。具体可分为如下四种：(1)专门反映犯罪行为的社会危害性方面的量刑情节，如未遂犯、退赃退赔，均是反映犯罪行为的社会危害性相对较小的量刑情节；又如，故意伤害案中的带有黑社会性质或地方恶势力性质，伤害对象为老人、未成年人、残疾人、孕妇等弱势人员，持枪支、管制刀具或其他凶器伤害他人等，均是反映犯罪行为的社会危害性较大的量刑情节。(2)专门反映犯罪人的人身危险性方面的量刑情节，如未成年犯、自首、自愿认罪、被害人有过错，均是反映犯罪人人身危险性较小的量刑情节；又如，累犯、前科劣迹，均是反映犯罪人人身危险性较大的量刑情节。(3)兼有反映犯罪行为的社会危害性和反映犯罪人的人身危险性的量刑情节，如从犯、中止犯、积极赔偿被害人的经济损失、胁从犯。(4)既不是反映犯罪行为的社会危害性，也不是反映犯罪人的人身危险性，而是反映其他特别属性的量刑情节，如犯罪的时候未满 18 周岁的人和审判的时候怀孕的妇女，在涉及死刑的罪案中作为量刑情节，是反映刑法人道主义属性的；对于可折抵刑期的先行羁押，在作为执行刑裁量的量刑情节时，是反映刑法人权保障机能的。

3. 量刑情节的功能

在现代刑法中，量刑情节通常有从重处罚、从轻处罚、减轻处罚和免除处罚的功能。根据《刑法》第 62 条的规定："犯罪分子具有本法规定的从重处罚、从轻处罚情节的，应当在法定刑的限度以内判处刑罚。"据此规定，所谓从重处罚，是指在所犯之罪应适用的具体法定刑内选择适用较重的刑种或较长的刑期的情况；所谓从轻处罚，是指在所犯之罪应适用的具体法定刑内选择适用较轻的刑种或较短的刑期的情况。这意味着从重处罚和从轻处罚，一方面只能"在法定刑的限度以内判处刑罚"，另一方面是指比犯罪人没有这个从重情节时应当受到的处罚要重些，或比犯罪人没有这个从轻处罚情节时应当受到的处罚要轻些。至于到底要重多少或轻多少，不能一概而论，也不能机械地以法定刑幅度的中线或某个特定点为基准决定，而应当综合这些从重或从轻情节所反映的社会危害性和人身危险性进行具体确定。又根据《刑法》第 63 条第 1 款规定，"犯罪分子具有本法规定的减轻处罚情节的，应当在法定刑以下判处刑罚"，结合相关司法解释的规定，所谓减轻处罚，是指在所犯之罪应适用的具体法定刑下的一个或几个量刑幅度内选择适用刑种或刑期的情况。再根据《刑法》第 37 条规定，"对于犯罪情节轻微不需要判处刑罚的，可以免予刑事处罚，但是可以根据案件的不同情况，予以训诫或者责令具结悔过、赔礼道歉、赔偿损失，或者由主管部门予以行政处罚或者行政处分"，所谓免除处罚，是指因"犯罪情节轻微不需要判处刑罚"而虽定罪但不给予刑罚处罚的情况。在这里，免除刑罚处罚的前提是"犯罪情节轻微"而不是"犯罪性质轻微"。因此，即使是性质严重的犯罪如故意杀人罪，只要本案的犯罪情节轻微且存在免除处罚的量刑情节，就可以考虑免除刑罚处罚。同时，免予刑罚处罚并不意味着绝对不给予任何处罚，视案件具体情况，可能给予训诫或者责令具结悔过、赔礼道歉、赔偿损失，或者由主管部门予以行政处罚或者行政处分等非刑罚处罚。

4. 量刑情节与犯罪情节的关系

量刑情节与犯罪情节是既有联系又有区别的两个概念。犯罪情节，是犯罪过程中的一些主客观事实情况。这些主客观事实情况，在定罪量刑中，分别充当定罪情节和量刑情节。对于定罪情节，它是影响定罪的各种主客观情况，如盗窃罪案件中具体评价“数额较大”的盗窃数额；对于量刑情节，它是影响量刑的各种主客观情况，如盗窃罪案件中具体评价“数额较大”后的盗窃数额。因此，量刑情节可以是犯罪情节中的一种情况，但基于定罪与量刑根据的不同，量刑情节并非限于犯罪情节中的情况，还包括犯罪过程以外的反映犯罪人的人身危险性方面的事实，如犯罪人在犯罪前后的表现、初犯、偶犯。据统计，我国现行刑法中至少有 73 个情节犯，其中，是否具有“情节严重”或“情节恶劣”的情节，是决定这些犯罪成立与否的定罪情节。我国《刑法》第 13 条关于“但是情节显著轻微危害不大的，不认为是犯罪”中的“情节”，是决定罪与非罪的因素，属于定罪情节；第 37 条关于“对于犯罪情节轻微不需要判处刑罚的，可以免予刑事处罚”中的“犯罪情节”，在刑法视角，不决定犯罪的成立，只影响量刑，为犯罪情节中的“量刑情节”，但基于我国《刑事诉讼法》关于“对于犯罪情节轻微，依照刑法规定不需要判处刑罚或者免除刑罚的，人民检察院可以作出不起诉决定”的规定，[①]这里的“犯罪情节”，实际上又演化为犯罪情节中的“定罪情节”，是法律授权公诉机关对轻微刑事案件的“定罪权”，以贯彻宽严相济刑事政策和提高诉讼效率。

5. 量刑情节与定罪情节间的重复性评价问题

量刑情节与定罪情节所依据的事实具有可重复评价性。在通常情况下，定罪情节与量刑情节分别由不同的事实充当，但在某些情况下，也可能由同一事实的不同侧面或属性充当。如盗窃罪案件中的 9000 元数额，在以 1000 元为数额较大标准的情况下，其中的 1000 元是定罪情节，其余 8000 元是量刑情节。又如，14 周岁的人故意杀人，在这里，“14 周岁的人”，因其达到刑事责任年龄和具有刑事责任能力而充当评价故意杀人罪犯罪主体要件的定罪情节，又因其是未成年人而充当评价犯罪人人身危险性较小的量刑情节。

① 第十三届全国人民代表大会常务委员会第六次会议于 2018 年 10 月 26 日通过的《刑事诉讼法》第 177 条第 2 款。

虽然对于某一事实可被用于定罪评价和量刑评价，但这并不意味着定罪情节与量刑情节可重合或交叉。理论上有学者主张，量刑情节与定罪情节不可重复评价，否则就违背了禁止重复评价原则，认为“量刑时考虑的只能是构成要件以外的其他表明行为的社会危害性程度的事实要素，定罪情节作为犯罪构成的基本事实在定罪中已经使用，因而在量刑时不能再度使用，[①]否则就有悖于禁止重复评价原则”。[②] 笔者赞同已法律化的定罪情节和量刑情节[③]具有不可重复评价性，但认为量刑情节与定罪情节所依据的事实具有可重复评价性。例如，针对“奸淫不满十四周岁的幼女”这一事实，从犯罪构成视角来看，因按《刑法》第 236 条第 2 款规定“奸淫不满十四周岁的幼女的，以强奸论”，“奸淫不满十四周岁的幼女”是定罪情节；但从量刑角度来看，因按《刑法》第 236 条第 2 款规定“奸淫不满十四周岁的幼女的，以强奸论，从重处罚”，“奸淫不满十四周岁的幼女”又是量刑情节。这意味着，同一事实的不同属性，不仅要被用于定罪，而且还要被用于量刑。

事实上，量刑情节与定罪情节所依据的事实之所以具有可重复评价性，是因为它们评价的作用对象、视角等和目的均不相同。就评价对象而言，定罪情节评价的对象是刑事被告人，量刑情节评价的作用对象是犯罪人；就评价视角而言，定罪情节评价的视角是犯罪行为，量刑情节评价的视角是犯罪人；就评价目的而言，定罪情节评价的目的是正确定罪，量刑情节评价的目的是准确量刑。基于如此理解，所谓“量刑情节与定罪情节所依据的事实具有可重复评价性”，并非真正的“重复评价”，并非违背禁止重复评价原则。因为量刑情节与定罪情节对同一事实的评价，实质上是分别提取了同一事实的不同侧面和属性，是分别对同一事实的不同侧面和属性进行的评价。如前述“奸淫不满十四周岁的幼女”这一事实，作为定罪情节时提取的是，该事实符合“强奸”这个犯罪构成客观方面的“属

---

① 认为一方面应将定罪时已经评价过的犯罪事实剔除，另一方面应将情节加重法定刑、结果加重法定刑已经评价过的加重事实剔除。

② 陈兴良：《禁止重复评价研究》，载《现代法学》1994 年第 1 期。

③ 即某个事实已转化为法律上的定罪情节或量刑情节。

性”，作为量刑情节时提取的是，该事实比普通“强奸”具有更大社会危害性而需依法“从重处罚”这个量刑情节方面的“属性”。在这里，同一事实的不同属性既要被用于定罪又要被用于量刑，实际上并未重复评价。

6. 法定量刑情节与酌定量刑情节

量刑情节有法定量刑情节与酌定量刑情节之分。法定量刑情节，是指法律就其具体内容和功能作出明确规定的，在量刑时应当或可以考虑的，影响行为社会危害性及行为人人身危险性程度的案件事实，包括《刑法》总则规定的对各种犯罪共同适用的情节和《刑法》分则对特定犯罪适用的情节等两类。我国刑法对法定情节的规定模式往往直接使用“从重处罚”、“从轻处罚”、“减轻处罚”和“免除处罚”（免除处分）等字眼，是法律对犯罪行为的社会危害性和犯罪人的人身危险性大小的评价结果。

酌定量刑情节，是法律未就其具体内容和功能作出明确规定，但予以原则认可、司法实践中亦予以体现的影响行为社会危害性及行为人人身危险性程度的案件事实。这种量刑情节虽然不以“从重处罚”、“从轻处罚”、“减轻处罚”和“免除处罚”（免除处分）等字眼显现出来，但实际上也以这些法律形式来表现刑事责任大小的评价。法定量刑情节与酌定量刑情节在法定表现上的差别，不是有无法律规定，而是法律就什么作出规定，否则就与罪刑法定原则背道而驰。具体而言，法定量刑情节是法律就量刑情节的“内容”（如“从犯”“累犯”“奸淫不满十四周岁的幼女”）和“功能”（如“从轻、减轻处罚或者免除处罚”“从重处罚”），作出了明确规定，而酌定量刑情节是法律未就量刑情节的“内容”（如“积极赔偿被害人经济损失并取得谅解”“退赃、退赔”“当庭自愿认罪”“有前科”“犯罪对象为未成年人、老年人、残疾人、孕妇等弱势人员”“在重大自然灾害、预防、控制突发传染病疫情等灾害期间故意犯罪”）和“功能”（如“从轻、减轻处罚或者免除处罚”“从重处罚”）作出明确规定，但在司法上，有关司法机关通过司法解释等形式或从事刑事审判的法官在具体案件审理中，对于那些没有成为法定量刑情节的反映犯罪行为的社会危害性大小、反映犯罪人的人身危险性大小的事实，依照

《刑法》第61条关于量刑根据(一般原则)的规定和《刑法》第5条关于罪刑相适应原则的规定,以及《刑法》第37条关于免除刑罚处罚的规定,第62条关于从轻、从重处罚的规定,第63条关于酌定减轻处罚的规定等,作为相应的酌情量刑情节,并根据其反映的社会危害性大小和人身危险性大小,确定是从轻、减轻处罚或者免除处罚,还是从重处罚。

酌定量刑情节的存在与作用,是法定量刑情节所不可替代的。理论上关于"酌定量刑情节法定化"的主张,对于那些功能明确但适用模糊的酌定量刑情节(如以前的"坦白"),确实应该法定化;但是,对于那些功能无法或难以明确或不宜"一刀切"的酌情量刑情节,如被害人有过错,是不宜法定化的,否则《刑法》第5条关于罪刑相适应原则就难以通过量刑情节来贯彻,毕竟法定量刑情节在功能上比较刻板和有限。事实上,立法对酌定量刑情节的制度设置,是一种开放性思路与模式,也就是凡是那些没有成为法定量刑情节的反映犯罪行为的社会危害性大小、反映犯罪人的人身危险性大小的事实,都是酌定量刑情节,并非只有司法解释(含《量刑指导意见》)明示的那些。如在著名的许某恶意取款案中,重审判决所用的全部是酌定量刑情节,包括"在发现银行自动柜员机出现异常后产生犯意,采用持卡窃取金融机构经营资金的手段,其行为与有预谋或者采取破坏手段盗窃金融机构的犯罪有所不同""从案发具有一定偶然性看,许某犯罪的主观恶性尚不是很大",而且这些酌定量刑情节也都没有司法解释予以明示。同时,酌定量刑情节对量刑的作用力并非当然小于法定量刑情节,以上许某案作出的"酌定减轻处罚"和司法实践中的被害人有过错,都比诸多法定量刑情节对从宽量刑的作用力更大。另外,酌定量刑情节在个案中被提取后,就一定对量刑产生影响,其作用力的大小主要取决于其自身所体现的社会危害性或人身危险性的大小。[①] 因此,酌定量刑情节的提取和适用,既

① 这正如犯罪成立的选择要件一样,它的存在并不是犯罪成立中可有可无的东西,而相反,对于某些犯罪来说,它们也是犯罪成立必不可少的要件,只不过不是所有犯罪成立都必不可少的(必要要件)。例如,非法捕捞罪成立所需的特定时间、地点、方法要件,是该罪成立的选择要件,但不是可有可无的,而是必不可少的。

是基于罪刑相适应原则的需要,也符合罪刑法定原则。实践中,往往基于罪刑法定原则而只重视法定量刑情节、不重视酌定量刑情节的适用,是片面的和错误的。酌定量刑情节既可以与法定量刑情节相配合而影响量刑,也可以独立地或主要地影响量刑。如对于盗窃案件,为治病等而盗窃的特殊犯罪动机对量刑从宽的影响通常要大于盗窃后的自首。

(二)量刑情节使量刑个别化

无论是法定从轻、从重、减轻或免除处罚,还是酌定从轻、从重、减轻或免除处罚,对于量刑个别化的实现,均具有极其重要的意义。量刑情节与量刑个别化的关系,主要表现为量刑依量刑情节对量刑基准进行调整和变更,并成为作出量刑结果的根据。对于量刑基准和量刑结果,从功能上看,前者是定罪活动的产物,需表现和体现"同案同判",而后者则是量刑活动的产物,需表现和体现量刑个别化;再从认定根据上看,前者是定罪的根据,即决定犯罪成立的、能够评价各犯罪构成要件等的事实表现,主要是反映犯罪行为的社会危害性的相关事实,后者是量刑的根据,即对量刑基准进行调整和变更的各种量刑情节,除了包括反映犯罪社会危害性的相关事实外,还包括反映犯罪人人身危险性的相关事实,甚至包括其他影响量刑作出的其他事实,如先行羁押、量刑交易。这样说来,量刑个别化在本质上是量刑情节对量刑基准进行调整和变更的体现。

从现实来看,这个调整和变更量刑基准并体现量刑个别化的量刑情节,主要表现在如下几个方面:

1. 基于社会危害性而说明刑事责任大小的量刑情节

衡量以上事实是不是社会危害性方面的事实,应以犯罪构成要件为标准。即看它是否能够用来说明某个(些)犯罪构成要件的成立与否或刑事责任的轻重程度。能够用来说明的,是社会危害性方面的事实;不能用来说明的,不是社会危害性方面的事实。同时,某个客观事实并不能直接用作量刑的根据,必须首先转化为法律事实,即立法关于作为犯罪成立要件以外的与犯罪构成要件有关的、说明犯罪构成要件社会危害性大小的法律表现形式。这些因素,虽然是与犯罪构成有关,但就量刑而言,其评价目的和视角是为了确定犯罪人刑事责任的大小。因此，这些客观事实所转化的法律事实，实际上就是作为量刑根据的量刑情节。

从我国现行刑事立法来看，基于社会危害性而说明刑事责任大小的法律事实具体可有如下几种：

（1）基于社会危害性而说明刑事责任大的法定量刑情节。这是立法明文规定的"应当从重处罚"的量刑情节。在我国《刑法》中，这类情节大致有 38 个。其中，《刑法》总则规定的共有 1 个，即教唆不满 18 周岁的人犯罪的，应当从重处罚（第 29 条）。《刑法》分则规定的共有 37 个，具体为：策动、胁迫、勾引、收买国家机关工作人员、武装部队人员、人民警察、民兵进行武装叛乱或者武装暴乱（第 104 条第 2 款）；与境外机构、组织、个人相勾结，实施本章（危害国家安全罪）第 103 条、第 104 条、第 105 条规定之罪的（第 106 条）；掌握国家秘密的国家工作人员叛逃境外或者在境外叛逃［第 109 条第 2 款，刑法修正案（八）修订］；武装掩护走私（第 157 条第 1 款）；国有公司、企业、事业单位的工作人员，徇私舞弊，犯前两款罪（国有公司、企业、事业单位人员失职罪、国有公司、企业、事业单位人员滥用职权罪）（第 168 条第 3 款）；伪造货币并出售或者运输伪造的货币（第 171 条第 3 款）；奸淫不满 14 周岁的幼女（第 236 条第 2 款）；猥亵儿童[①]（第 237 条第 3 款）；非法拘禁他人或者以其他方法非法剥夺他人人身自由，具有殴打、侮辱情节（第 238 条第 1 款）；国家机关工作人员利用职权非法剥夺他人人身自由（第 238 条第 4 款）；国家机关工作人员诬告陷害他人（第 243 条第 2 款）；司法工作人员滥用职权非法搜查他人身体、住宅，或者非法侵入他人住宅（第 245 条第 2 款）；司法工作人员对犯罪嫌疑人、被告人实行刑讯逼供或者使用暴力逼取证人证言，致人伤残、死亡（第 247 条）；监管人员指使被监管人殴打或者体罚虐待其他被监管人（第 248 条第 2 款）；

---

① 立法本是把它作为前款罪从重处罚的法定情节，但司法解释不当地把它规定为一个独立罪名，即猥亵儿童罪，从而破坏了罪名应基于具有独立法定刑立法设置的规则。以前的奸淫幼女罪罪名之所以被取消，并把奸淫幼女行为作为强奸罪从重处罚的法定情节，就是因为立法对奸淫幼女行为没有设置独立的法定刑，而只规定为"以强奸论，从重处罚"。

邮政工作人员私自开拆或者隐匿、毁弃邮件、电报而窃取财物(第253条第2款);违反国家有关规定,将在履行职责或者提供服务过程中获得的公民个人信息,出售或者提供给他人[第253条之一第3款,刑法修正案(九)新增];暴力袭击正在依法执行职务的人民警察[第277条第5款,刑法修正案(九)新增];冒充人民警察招摇撞骗(第279条第2款);组织、指使他人实施盗用、冒用他人身份,顶替他人取得的高等学历教育入学资格、公务员录用资格、就业安置待遇[第280条之二第2款,刑法修正案(十一)新增];引诱未成年人参加聚众淫乱活动(第301条第2款);司法工作人员以暴力、威胁、贿买等方法阻止证人作证或者指使他人作伪证,或帮助当事人毁灭、伪造证据(第307条第3款);以捏造的事实提起民事诉讼,妨害司法秩序或者严重侵害他人合法权益,非法占有他人财产或者逃避合法债务,又构成其他犯罪(依照处罚较重的规定定罪从重处罚)[第307条之一第3款,刑法修正案(九)新增];司法工作人员利用职权,与他人共同实施以捏造的事实提起民事诉讼,妨害司法秩序或者严重侵害他人合法权益行为(从重处罚;同时构成其他犯罪的,依照处罚较重的规定定罪从重处罚)[第307条之一第4款,刑法修正案(九)新增];盗伐、滥伐国家级自然保护区内的森林或者其他林木(第345条第4款);利用、教唆未成年人走私、贩卖、运输、制造毒品,或者向未成年人出售毒品(第347条第6款);缉毒人员或者其他国家机关工作人员掩护、包庇走私、贩卖、运输、制造毒品的犯罪分子(第349条第2款);引诱、教唆、欺骗或者强迫未成年人吸食、注射毒品的(第353条第3款);组织、强迫运动员使用兴奋剂参加国内、国际重大体育竞赛[第355条之一第2款,刑法修正案(十一)新增];组织、强迫未成年人卖淫[第358条第2款,刑法修正案(九)新增];旅馆业、饮食服务业、文化娱乐业、出租汽车业等单位的主要负责人,组织、强迫、引诱、容留、介绍他人卖淫(第361条第2款);制作、复制淫秽的电影、录像等音像制品组织播放(第364条第3款);向不满18周岁的未成年人传播淫秽物品(第364条第4款);战时破坏武器装备、军事设施、军事通信(第369条);挪用用于救灾、抢险、防汛、优抚、扶贫、移民、救济款物归个人使用(第

384 条第 2 款）；索贿（第 386 条）；负有食品安全监督管理职责的国家机关工作人员，徇私舞弊，导致发生重大食品安全事故或者造成其他严重后果［第 408 条之一第 2 款，刑法修正案（八）新增］；战时以暴力、威胁方法，阻碍指挥人员或者值班、值勤人员执行职务（第 426 条）。

以上量刑情节，大致可分为如下几类：一是以未成年人等为侵害对象或犯罪工具的；二是特定行业或职权部门的工作人员实施犯罪的；三是其他国家特别保护而受到犯罪行为侵害的；四是组织、指使、强迫他人实施违法犯罪的。这些类别的量刑情节，均具有相对较大的社会危害性。其中，第四类是新时代刑法治理中所特别关注和刑法修正案（九）和（十一）所特别增加的，旨在切合《刑法》第 61 条关于量刑根据（一般原则）、第 5 条关于罪责刑适应原则和宽严相济刑事政策的要求和精神。

（2）基于社会危害性而说明刑事责任大的酌定量刑情节。这是类似于以上"应当从重处罚"的法定量刑情节的酌定从重处罚的量刑情节。从实践来看，这类情节主要有：犯罪动机恶劣；犯罪手段残忍；在给公众带来更多不安全感的时间、地点等环境条件下实施的犯罪行为，如在犯罪猖獗时期实施的犯罪；在公共场所实施的犯罪；以弱者为侵害对象的犯罪；损害结果严重甚至极其严重的犯罪。

（3）基于社会危害性而说明刑事责任小的法定量刑情节。根据立法，这类情节主要有：防卫过当（应当减轻或者免除处罚）（第 20 条）；避险过当（应当减轻或者免除处罚）（第 21 条）；胁从犯（应当减轻或者免除处罚）（第 28 条）；从犯（应当从轻、减轻或者免除处罚）（第 27 条第 2 款）；预备犯（可以从轻、减轻或者免除处罚）（第 22 条）；犯罪未遂（可以从轻或者减轻处罚）（第 23 条第 2 款）；被教唆的人没有犯教唆之罪的，即教唆未遂的教唆犯（可以从轻或者减轻处罚）（第 29 条第 2 款）；犯罪嫌疑人虽不具有自首情节，但是如实供述自己罪行，避免特别严重后果发生（可以减轻处罚）［第 67 条第 3 款，刑法修正案（八）修订］；为谋取不正当利益，给予公司、企业或者其他单位的工作人员以财物，或为谋取不正当商业利益，给予外国公职人员或者国际公共组织官员以财物，行贿人在被追诉前主动交待行贿行为(可以减轻处罚或者免除处罚)[第164条第4款,刑法修正案(八)修订];非法吸收公众存款或者变相吸收公众存款,扰乱金融秩序,在提起公诉前积极退赃退赔,减少损害结果发生(可以从轻或者减轻处罚)[第176条第3款,刑法修正案(十一)新增];公司、企业或者其他单位的工作人员,利用职务上的便利,挪用本单位资金归个人使用或者借贷给他人,在提起公诉前将挪用的资金退还(可以从轻或者减轻处罚。其中,犯罪较轻的,可以减轻或者免除处罚)[第272条第3款,刑法修正案(十一)新增];以转移财产、逃匿等方法逃避支付劳动者的劳动报酬或者有能力支付而不支付劳动者的劳动报酬,数额较大,经政府有关部门责令支付仍不支付,尚未造成严重后果,在提起公诉前支付劳动者的劳动报酬,并依法承担相应赔偿责任(可以减轻或者免除处罚)[第276条之一第3款,刑法修正案(八)新增]。

以上量刑情节,大致可分为如下几类:一是因正当行为而导致犯罪的;二是主观恶性较小的;三是在所造成的犯罪危害中作用较小的;四是没有造成实际损害或造成的实际损害较小的;五是在提起公诉前积极退赃退赔而减少损害结果发生的。这些量刑情节,因都显而易见地能够说明刑事责任较小,因而立法明文规定它们为法定从宽处罚的量刑情节。其中,第五类是新时代刑法治理中所特别关注和刑法修正案(十一)所特别增加的,旨在切合《刑法》第61条关于量刑根据(一般原则)、第5条关于罪刑适应原则和宽严相济刑事政策的要求和精神。

(4)基于社会危害性而说明刑事责任小的酌定量刑情节。这是类似于以上从宽处罚法定量刑情节的酌定从宽处罚的量刑情节。从实践来看,这类情节主要有:并非犯罪动机恶劣;并非犯罪手段残忍;并非给公众带来更多不安全感的时间、地点等环境条件下实施的犯罪行为;并非以弱者为侵害对象的犯罪;并非损害结果严重或极其严重的犯罪;等等。

2. 基于人身危险性而说明刑事责任大小的量刑情节

衡量以上事实是不是人身危险性方面的事实,应以量刑情节为标准。也就是,衡量某个事实是否为人身危险性方面的事实,一定要能够纳入法定的或酌定的量刑情节,以说明行为人再犯罪的可能性和改造的难易程度。能够纳入的,可以认定为人身危险性方面的量刑情节;不能纳入的,不能认定为人身危险性方面的量刑情节。例如,作为影响量刑的先行羁押,因不能用来说明人身危险性的大小,而不能纳入该方面的量刑情节。这类量刑情节具体表现为如下几种:

(1)基于人身危险性而说明刑事责任大的法定量刑情节。主要有:累犯(第65条);因走私、贩卖、运输、制造、非法持有毒品罪被判过刑,又犯毒品之罪的(第356条)。

(2)基于人身危险性而说明刑事责任大的酌定量刑情节。主要有:再犯;前科;抗拒。

(3)基于人身危险性而说明刑事责任小的法定量刑情节。主要有:造成损害的中止犯(应当减轻处罚)(第24条);第67条中增加1款作为第3款:犯罪嫌疑人虽不具有前两款规定的自首情节,但是如实供述自己罪行(可以从轻处罚)[第67条第3款,刑法修正案(八)修订];对犯贪污罪,在提起公诉前如实供述自己罪行、真诚悔罪、积极退赃,避免、减少损害结果的发生(有第1项规定情形的,可以从轻、减轻或者免除处罚;有第2项、第3项规定情形的,可以从轻处罚)[第383条第3款,刑法修正案(九)修订];行贿人在被追诉前主动交待行贿行为(可以从轻或者减轻处罚。其中,犯罪较轻的,对侦破重大案件起关键作用的,或者有重大立功表现的,可以减轻或者免除处罚)(第390条第2款)。

(4)基于人身危险性而说明刑事责任小的酌定量刑情节。主要有:初犯;偶犯;激情犯;被害人的过错;犯罪人的个人情况和一贯表现;犯罪人犯罪后的态度。

(5)既基于社会危害性又基于人身危险性说明刑事责任小的法定量刑情节。如非法种植毒品原植物在收获前自动铲除,可以免除处罚(第351条第3款);贪污数额较大或者有其他较重情节,在提起公诉前如实供述自己罪行、真诚悔罪、积极退赃,避免、减少损害结果的发生的,可以从轻、减轻或者免除处罚(第383条)。

(6)既基于社会危害性又基于人身危险性说明刑事责任小的酌定量刑情节。根据立法,这类情节主要有:防卫过当(应当减轻或者免除处罚)(第20条);避险过当(应当减轻或者免除处罚)(第21条);胁从犯(应当减轻或者免除处罚)(第28条);从犯(应当从轻、减轻或者免除处罚)(第27条第2款);没有造成损害的中止犯(应当免除处罚)(第24条)。

(7)既基于人身危险性又基于提高办案效率而使量刑从宽的法定量刑情节。例如:有重大立功表现的(可以减轻或者免除处罚)(第68条)。

3. 基于其他事实而使量刑从宽的量刑情节

所谓其他事实,是指既不体现犯罪的属性,也不体现犯罪人的属性;既不反映社会危害性,也不反映人身危险性,更不反映和影响刑事责任的大小,但影响量刑结果的事实。从立法和司法实践来看,主要有:

(1)基于人道主义和人性关怀(也兼有部分人身危险性因素)而使量刑从宽的法定情节。主要有:已满14周岁不满18周岁的人犯罪(应当从轻或者减轻处罚)(第17条第4款);已满75周岁的人故意犯罪(可以从轻或者减轻处罚)[第17条之一,刑法修正案(八)新增];已满75周岁的人过失犯罪(应当从轻或者减轻处罚)[第17条之一,刑法修正案(八)新增];尚未完全丧失辨认能力或者控制能力的精神病人犯罪的(可以从轻或者减轻处罚)(第18条第3款);又聋又哑的人或者盲人犯罪(可以从轻、减轻或者免除处罚)(第19条);犯罪的时候不满18周岁的人和审判的时候怀孕的妇女,不适用死刑(第49条)。

(2)基于人权保障而使量刑从宽的法定情节。主要有:在国外犯罪,虽然受本法追究,但在外国已经受过刑罚处罚的,可以减轻或者免除处罚的(第10条);先行羁押等。先行羁押虽然因折抵刑期而影响量刑结果,但它既不反映社会危害性,也不反映人身危险性。衡量以上事实是不是影响量刑的事实,应看某个剥夺或限制人身自由的行为能否纳入作为刑期折抵事实前提的“先行羁押”。所谓先行羁押,从刑法关于刑期折抵的立法来看,是指生效判决前对犯罪嫌疑人或被告人所实施的程序性“羁押”。也就是,为保证刑事诉讼顺利进行和保卫社会而实施的剥夺或完全限制人身自由的刑事强制措施。据此,“先行羁押”通常是在刑法视阈下使用的概念,它对应于刑事诉讼中的程序性“羁押”,是为了弥补程序性“羁押”的功利性正当的不足而进入刑法视阈(予以刑期折抵)的羁押情形。[①]从我国的程序性羁押立法来看,[②]以上所谓的程序性羁押,实际上是不特定的、非法律形式上的、事实上的、实质意义上的剥夺或完全限制人身自由的结果和状态,[③]与西方作为独立刑事强制措施的特定化羁押立法根本不同。[④] 这个所谓的羁押,虽然在刑事诉讼法视角上,也是相对特定于刑事拘留和逮捕等法定刑事强制措施而适用的结果和状态;但从我国整个法律体系来看,它实际上并非仅限于这些特定情形。例如,以完全限制人身自由的方式适用的取保候审、监视居住、保外就医、收容审查、隔离审查、海关扣留、管训、先行管制、新生公学、行政拘留、劳动教养、司法拘留等刑事、准刑事、行政甚至司法强制措施,在行为人被刑事追诉并被判处某些法定刑罚时,也就成了这里的羁押。这一点,早就为新中国关于“羁押的刑期折抵”的实践所证明。[⑤] 这样,作为与程序性羁押相对应的刑期折

① 参见石经海:《审前羁押的刑事实体救济》,载陈泽宪主编:《刑事法前沿》(第3卷),中国人民公安大学出版社2006年版,第185~197页。

② 也即1954年制定和1979年修改的《逮捕拘留条例》,以及1979年制定和1996年修改的《刑事诉讼法》中关于“羁押”的规定。

③ 这个所谓的羁押,在程序上没有与法定刑事强制措施中的刑事拘留、逮捕相分离,也即刑事拘留、逮捕等刑事强制措施的适用在程序上一般自动带来“羁押”。虽然我国在立法上也有部分以“羁押”为名的提法,如1996年《刑事诉讼法》第52条、第64条、第71条、第74条、第124条、第128条和第212条中提到的“羁押”。但这个“羁押”,在实质上只不过是刑事拘留或逮捕等刑事强制措施及其适用结果和状态的概括而已,在本质上是由刑事拘留或逮捕适用所带来的持续剥夺人身自由的当然状态和必然结果。

④ 按照陈瑞华教授的理解,中国法中的刑事拘留大体相当于西方国家的无证逮捕(arrestwithoutwarrant)与羁押(detention)的总和;中国法中的逮捕大体相当于英美法中的有证逮捕(arrestwithwarrant)与羁押(detention)的总和。参见陈瑞华:《问题与主义之间——刑事诉讼基本问题研究》,中国人民大学出版社2003年版,第201~202页。

⑤ 据考证,新中国成立以来,我国司法机关先后作出了关于刑期折抵的77个司法解释。其中,关于作为刑期折抵事实前提的先行羁押的司法解释,就有34个,包括作为刑事强制措施或准刑事强制措施的刑事拘留、取保候审、监视居住、保外就医、收容审查、隔离审查、海关扣留、管训、先行管制、新生公学、群众监督劳动的,有28个;作为行政处罚或强制措施的行政拘留、劳动教养的,有5个;作为司法强制措施的司法拘留的,有1个。这些措施都因实践适用表现为剥夺或完全限制人身自由,而纳入了刑期折抵的“先行羁押”之列。

抵立法所要求的“先行羁押”措施,实际上也是不特定的。也就是,它不是从法律形式上确认的、相对特定化的羁押形式,而只是实质意义上的、不特定的事实状态。它并非仅是刑事诉讼法上明文规定的可带来“羁押”状态和后果的刑事拘留和逮捕,还可以是其他任何导致剥夺或完全限制人身自由后果而又转入刑事追诉和被判处可折抵的法定刑罚的强制措施。

(3)基于提高办案效率的功利需要而使量刑从宽的法定情节。主要有:有重大立功的(可以减轻或者免除处罚)(第68条);犯罪后有立功表现的(可以从轻或者减轻处罚)(第68条);量刑承诺(《引渡法》第50条)。

(4)既基于人身危险性又基于办案效率而使量刑从宽的法定情节。如犯罪较轻且自首(可以免除处罚)(第67条)和犯罪后自首(可以从轻或者减轻处罚);行贿人在被追诉前主动交待行贿行为的(可以从轻或者减轻处罚)(第390条第2款);介绍贿赂人在被追诉前主动交代介绍贿赂行为的(可以减轻处罚或者免除处罚)(第392条第2款)。

(5)既基于人身危险性又基于办案效率而使量刑从宽的酌定情节。比较典型的有坦白。所谓坦白,是指在犯罪事实和犯罪分子均被发现以后,犯罪分子在侦查、起诉、审判过程中,向公检法机关如实交代自己的罪行的一种酌定量刑情节。坦白必须如实交代犯罪事实,避重就轻不是坦白;坦白交代还没有被发现的犯罪,应作为自首。[①] “坦白从宽、抗拒从严”是我国的一项刑事政策。坦白之所以要从宽,固然因为犯罪人犯罪后的态度较好,在一定程度和范围内表明犯罪人的人身危险性较小,但从实践来看,坦白从宽似乎主要不是基于人身危险性因素,而是基于“量刑交易”。就办案机关而言,为了获取侦破案件的信息,甚至为了获取重要证据,为了提高办案效率,依刑事政策承诺量刑从宽;而就犯罪人而言,为了换取从宽的刑事责任追究(包括量刑从宽甚至免责),向公检法机关如实

---

① 参见萧开权:《坦白》,载《中国刑法词典》编委会编:《中国刑法词典》,学林出版社1989年版,第417页。

交代自己的罪行。这在其中不排除贯彻了人身危险性因素，但同时甚至主要是为了获取各自的“利益”，为了实现各自的目的，在本质上是一种“量刑交易”。当然，这种“量刑交易”是一种对国家和个人均有利的“双赢”措施。

（6）媒体炒作与民意。所谓民意，从刑法视角来看，实际上是一种民众基于常识、常理、常情对刑事案件进行的基本评价。这种评价，在本质上是公众对法律认同和对量刑认可的表现。因此，在量刑中针对具体情况考虑民意，也是量刑个别化的具体表现。从性质上看，民意对于犯罪行为及犯罪人来说，只不过是一种第三人的行为表现，既不能用来反映社会危害性，也不能用来反映人身危险性，而只是“一杆调节宣告刑或执行刑的标尺”，属于犯罪行为的社会危害性和犯罪人的人身危险性以外的其他事实。

需要指出的是，有一种经媒体炒作形成的所谓“民意”，并不是真正的民意，不能作为量刑根据。正如有论者指出，在社会舆论监督中，能量最大者当数新闻媒体，它依托其强大的硬件支持和软件优势，更是充分地发挥了新闻舆论监督反应快、影响大、震动大的特点。然而，对于法院量刑，新闻媒体往往根据他们“查明”或推定的事实作出“民间裁判”，一方面挑战司法终审权，另一方面为了达到其所谓舆论监督的效果和目的，又往往进行引导“民意”的炒作，以引起“民怜”或“民愤”。[①] 因此，经新闻媒体炒作形成的所谓“民意”，不是真正的民意，不能作为酌定量刑情节，不能影响量刑。把经媒体炒作所形成的“民愤极大”等现象，作为量刑轻重的根据，既不合法也不合理。

四、量刑制度也是量刑裁判根据

（一）量刑制度的概念与功能

1. 量刑制度的概念

量刑制度，顾名思义，是一种关于量刑的制度。制度，按照通常

---

① 参见陈柯剑：《司法何时权威——对程序公正价值的再思考》，载法律信息网，http://law.law-star.com/txtcac/lwk/025/lwk025s412.txt.htm。

的理解,包括两方面的含义:一是“要求大家共同遵守的办事规程或行动准则”;二是“在一定历史条件下形成的政治、经济、文化等方面的体系”。[①] 前者作为“办事规程或行动准则”,是微观、具体的,如工作制度、财政制度等,它既包括实体上的具体内容,又包括实体内容被实现的程序体现;后者作为长期形成的“体系”,是宏观、抽象的,如社会主义制度、宗法制度等。量刑制度,作为刑事法律的一个具体内容,应为第一层次的“制度”,也即关于什么是某个量刑事项,以及该事项应如何用于量刑的“办事规程或行动准则”,是关于某个量刑事项的成立条件和处罚规则等的制度化规定。

从我国刑法立法来看,属于量刑制度的事项主要有数罪并罚制度、刑期折抵制度、缓刑制度、减刑制度、假释制度。累犯、自首、坦白、立功等被视为法定量刑情节,是相对于“从重”“从轻”等功能而言的,相对于这个法定量刑情节的成立条件、立法种类和处罚规则等制度化规定而言,它们其实也是量刑制度。在这里所讨论的量刑制度,仅指数罪并罚制度、刑期折抵制度、缓刑制度、减刑制度、假释制度。

对于数罪并罚制度、刑期折抵制度、缓刑制度、减刑制度、假释制度,在理论上对它们有不同的认识。有的称之为刑罚适用制度,有的称之为刑罚裁量制度,有的称之为刑罚执行制度等。本书认为,这些制度,相对于量刑来说,都是关于刑罚裁量(具体为执行刑[②]裁量)的量刑制度,只是缓刑制度和假释制度,按我国刑法立法和相对于其执行方面的规定和要求而言,同时又是刑罚执行制度。具体表现在:

(1)数罪并罚制度。是对一人所犯数罪的合并处罚的执行刑裁量制度。根据我国刑法的规定,它是指人民法院对一行为人在法定时间界限内就所犯数罪分别定罪量刑后,按照法定的并罚原则及刑期计算方法决定其应执行的刑罚的制度。数罪并罚制度的设置,是贯彻罪刑相适应原则的要求和体现,既要实现社会的公平、正义,

① 参见《现代汉语词典》,商务印书馆1983年版,第1492页。

② 所谓执行刑是指由审判机关在宣告刑的基础上作出的拟移交执行的量刑结果。恕后详述。

又要避免刑法的过于苛厉,还要体现刑法的人道精神和保障刑罚的目的和功能得以实现。

(2)刑期折抵制度。刑期折抵,作为刑事法律的一个具体内容,在实质上是关于什么是刑期折抵以及如何进行刑期折抵的“办事规程或行动准则”,它为判决以前依法“先行羁押”的期间、折抵判决后某些可折抵的刑期提供具体的操作标准和规格。因此,从应用和制度层面(微观层面)上看,刑期折抵在刑法中的地位,应像缓刑、减刑、假释、时效、赦免等一样,是一项刑罚裁量制度,具体为因先行羁押而将宣告刑形成执行刑的制度。

(3)缓刑制度。缓刑不是刑种,而是一种刑罚制度。在世界各国,缓刑通常有刑罚暂缓宣告、刑罚暂缓执行和缓予起诉三种模式,我国采用的是刑罚暂缓执行模式。它是指对罪刑较轻的犯罪分子,在符合法律规定条件下,暂缓其刑罚的执行,并规定一定的考验期,在考验期内没有发生撤销缓刑的法定事由,原判刑罚就不再执行的刑罚制度。在我国刑法立法上,缓刑既是刑罚裁量制度,也是刑罚执行制度。其为刑罚裁量制度表现在《刑法》第 72 条的适用条件规定、第 74 条的排除适用对象规定、第 77 条法律适用后果规定,都是关于法院刑事审判庭如何进行缓刑裁量的规定。其为刑罚执行制度表现在《刑法》第 73 条的缓刑考验期规定、第 75 条的遵守规则规定、第 76 条的社区矫正规定,都是关于执行机关如何执行缓刑的规定。

(4)减刑制度。减刑,是指对被判处管制、拘役、有期徒刑或者无期徒刑的犯罪分子,因其在刑罚执行期间认真遵守监规,接受教育改造,确有悔改或者立功表现,而适当减轻其原判刑罚的刑罚制度。根据我国刑法立法,我国的减刑制度是刑罚裁量制度,表现为《刑法》第 78 条的适用条件与限度规定、第 79 条的减刑程序规定和第 80 条的无期徒刑减刑的刑期计算规定,都是规定由法院刑事审判庭如何对犯罪人进行执行刑变更裁量。这些规定都不是关于执行机关如何执行的规定。这意味着,减刑制度在刑法意义上不是刑罚执行制度,而是刑罚裁量制度。理论上的通说将减刑理解为刑罚执行制度,是对刑法关于减刑制度规定的理解误区。

(5)假释制度。假释,是对被判处有期徒刑、无期徒刑的犯罪分子,在执行一定刑期以后,因其认真遵守监规、接受教育改造、确有悔改表现、没有再犯罪的危险,而附条件地将其提前释放的刑罚制度。在我国刑法立法上,假释既是刑罚裁量制度,也是刑罚执行制度。其为刑罚裁量制度的立法表现是《刑法》第 81 条假释的适用条件规定、第 82 条的假释程序规定、第 83 条的考验期规定、第 86 条的法律适用后果规定。这些规定,都是关于法院刑事审判庭如何进行假释裁量的规定,而不是执行机关如何执行的规定。其为刑罚执行制度的立法表现是《刑法》第 84 条的遵守规则规定、第 85 条的社区矫正规定。这些规定,都是关于执行机关如何执行假释的规定。而且,在我国刑事立法中,以上制度也都规定在第三章"刑罚"和第四章"刑罚的具体运用"中。

2. 量刑制度的功能

以上量刑制度,在功能上都是量刑的根据。虽然这些量刑制度在形式上首先表现为"制度",但在与量刑运行的关系上,实际上仍是一种量刑的根据。也就是,如前所述,量刑的事实根据要成为量刑时的根据,必须转换成法律形式。因为,在现实中与犯罪行为和犯罪人及其他相关的事实太多、太杂,显然并非都能作为量刑的根据,只有那些能够说明量刑情节是法定或酌定的从轻、从重、减轻或免除的,以及只有那些已被立法规定为各种量刑制度的,才能真正作为量刑的根据。而从立法来看,这些事实的法律形式转换有不同形式。其中,对作为案件基本事实且能够给案件定性的,已转换成量刑基准所需要的法律形式(定罪的根据);对在量刑基准基础上影响量刑轻重的事实,已转换成各种法定或酌定的从轻、从重、减轻或免除的量刑情节;另外,还有一些特别的事实,如先行羁押等,因法律已有制度性规定而需转换成这些量刑制度,但这些事实并不能因为已转换成"制度"而不作为量刑的根据,正是从这个意义上说,这些转换成法律制度的事实仍需作为量刑根据。

(二)量刑制度与量刑个别化

从量刑制度的功能来看,量刑制度在一定意义上是量刑个别化的需要。就数罪并罚制度而言,其实质是将成立的数罪的各罪宣告刑,通过依法裁量而形成合并执行的执行刑。在这里,"合并执行"

既要考虑“合并执行”的可行性，又要使得罪刑相适应，即既要与犯罪行为的社会危害性相适应，又要与犯罪人的人身危险性相适应，从而体现量刑个别化的要求。就刑期折抵制度而言，其实质是将先行羁押的时间依法从宣告刑中扣除，从而使宣告刑形成执行刑。在这里，审判机关的依法抵扣，既要基于立法的相关规定而对应当折抵的刑期予以折抵，又要考虑抵扣后的结果既与犯罪行为的社会危害性相适应，又与犯罪人的人身危险性相适应。[①] 这个相适应，也是量刑个别化的体现和要求。就缓刑而言，其实质是因犯罪人的罪行较轻、有悔罪表现、适用缓刑不致继续危害社会而将宣告刑形成缓期执行的执行刑。之所以作出如此执行刑，也是基于个案犯罪行为的社会危害性和犯罪人的人身危险性，并与它们相适应，从而体现量刑个别化。就减刑制度而言，之所以减刑，是因为犯罪者在刑罚执行过程中的人身危险性减小，为使执行刑与犯罪行为的社会危害性和犯罪人的人身危险性相适应，审判机关应当依法修改以前作出的执行刑，形成新的与犯罪行为的社会危害性和犯罪人的人身危险性相适应的执行刑，从而体现量刑个别化的要求。就假释制度而言，像减刑一样，之所以假释，是因为犯罪者在刑罚执行过程中的人身危险性大大减小，以至于放在社会上考察不致继续危害社会，为使执行刑与犯罪行为的社会危害性和犯罪人的人身危险性相适应，而审判机关应当依法修改以前作出的执行刑，形成新的与犯罪行为的社会危害性和犯罪人的人身危险性相适应的执行刑，从而体现量刑个别化的要求。

第三节　量刑个别化的运行过程

一、总体上为视情况分阶段裁量

（一）量刑规范化探索下量刑运行做法之悖论

据最高人民法院、最高人民检察院于 2021 年联合发布的《关于

---

① 正基于此，合理的刑期折抵原则，应当是以法定折抵为主、裁定折抵为辅。

常见犯罪的量刑指导意见(试行)》,我国量刑规范化视野下的量刑运行:(1)在总体上,是按“以定性分析为主,定量分析为辅”的量刑基本方法,分别“根据基本犯罪构成事实在相应的法定刑幅度内确定量刑起点”“根据其他影响犯罪构成的犯罪数额、犯罪次数、犯罪后果等犯罪事实,在量刑起点的基础上增加刑罚量确定基准刑”“根据量刑情节调节基准刑,并综合考虑全案情况,依法确定宣告刑”“依次确定量刑起点、基准刑和宣告刑”。(2)在确定量刑起点后,按以下方法进行所谓基准刑的调节:①“具有单个量刑情节的,根据量刑情节的调节比例直接调节基准刑”;②“具有多个量刑情节的,一般根据各个量刑情节的调节比例,采用同向相加、逆向相减的方法调节基准刑;具有未成年人犯罪、老年人犯罪、限制行为能力的精神病人犯罪、又聋又哑的人或者盲人犯罪,防卫过当、避险过当、犯罪预备、犯罪未遂、犯罪中止,从犯、胁从犯和教唆犯等量刑情节的,先适用该量刑情节对基准刑进行调节,在此基础上,再适用其他量刑情节进行调节”;③“被告人犯数罪,同时具有适用于各个罪的立功、累犯等量刑情节的,先适用该量刑情节调节个罪的基准刑,确定个罪所应判处的刑罚,再依法实行数罪并罚,决定执行的刑罚”。(3)在确定基准刑后,再按以下情形确定宣告刑:①“量刑情节对基准刑的调节结果在法定刑幅度内,且罪责刑相适应的,可以直接确定为宣告刑;如果具有应当减轻处罚情节的,应依法在法定最低刑以下确定宣告刑”;②“量刑情节对基准刑的调节结果在法定最低刑以下,具有法定减轻处罚情节,且罪责刑相适应的,可以直接确定为宣告刑;只有从轻处罚情节的,可以依法确定法定最低刑为宣告刑;但是根据案件的特殊情况,经最高人民法院核准,也可以在法定刑以下判处刑罚”;③“量刑情节对基准刑的调节结果在法定最高刑以上的,可以依法确定法定最高刑为宣告刑”;④“综合考虑全案情况,独任审判员或合议庭可以在20%的幅度内对调节结果进行调整,确定宣告刑。当调节后的结果仍不符合罪责刑相适应原则的,应提交审判委员会讨论,依法确定宣告刑”;⑤“综合全案犯罪事实和量刑情节,依法应当判处无期徒刑以上刑罚、管制或者单处附加刑、缓刑、免刑的，应当依法适用”。[①]

我国量刑规范化视野下的以上关于量刑运行的做法，至少有如下两个方面的悖论：

1. 严重脱离了以上刑法立法规制及其内在要求

对量刑如何运行，我国刑法立法实际上是作出了明确规制的。包括第 61 条关于量刑根据（一般原则）的规定，要求量刑“应当根据犯罪的事实、犯罪的性质、情节和对于社会的危害程度，依照本法的有关规定判处”。至于具体如何“依法”判处，一方面，《刑法》第 5 条关于罪责刑相适应的基本原则，要求“刑罚的轻重，应当与犯罪分子所犯罪行和承担的刑事责任相适应”；另一方面，《刑法》第 37 条、第 41 条、第 44 条、第 47 条、第 62 条、第 63 条、第 69 条和第 72 条等，具体规制了如何进行法定与酌定的从轻和从重刑罚处罚、如何进行法定和酌定减轻刑罚处罚、如何进行法定和酌定免除刑罚处罚、如何进行数罪并罚、如何进行刑期折抵和如何适用缓刑。也就是“犯罪分子具有本法规定的从重处罚、从轻处罚情节的，应当在法定刑的限度以内判处刑罚”（第 62 条）；“犯罪分子具有本法规定的减轻处罚情节的，应当在法定刑以下判处刑罚；本法规定有数个量刑幅度的，应当在法定量刑幅度的下一个量刑幅度内判处刑罚”；“犯罪分子虽然不具有本法规定的减轻处罚情节，但是根据案件的特殊情况，经最高人民法院核准，也可以在法定刑以下判处刑罚”（第 63 条）；“对于犯罪情节轻微不需要判处刑罚的，可以免予刑事处罚……”（第 37 条）；“判决宣告以前一人犯数罪的，除判处死刑和无期徒刑的以外，应当在总和刑期以下、数刑中最高刑期以上，酌情决定执行的刑期……”（第 69 条）；管制“判决执行以前先行羁押的，羁押一日折抵刑期二日”（第 41 条）；拘役“判决执行以前先行羁押的，羁押一日折抵刑期一日”（第 44 条）；有期徒刑“判决执行以前先行羁押的，羁押一日折抵刑期一日”（第 47 条）；“对于被判处拘役、三年以下有期徒刑的犯罪分子，同时符合下列条件的，可以

① 参见最高人民法院、最高人民检察院《关于常见犯罪的量刑指导意见（试行）》（法发〔2021〕21 号）关于“量刑的基本方法”的规定。

宣告缓刑，对其中不满十八周岁的人、怀孕的妇女和已满七十五周岁的人，应当宣告缓刑……”（第 72 条）。

基于以上规制，事实上只有是在同一层级平台即同一具体法定刑内予以法定与酌定从轻和从重处罚。对于第 63 条关于法定和酌定减轻处罚的规制，实际上是在定罪确定的具体法定刑的下一个量刑幅度（具体法定刑）内裁量；对于第 37 条关于免予刑事处罚（应限制解释为“免予刑罚处罚”，下同）的规制，因免刑而也不在原定罪确定的具体法定刑幅度内裁量；对于第 69 条关于数罪并罚的规制，因是对数个不同具体犯罪宣告刑按一定数罪并罚原则进行执行刑的裁量，而也不在原定罪确定的具体法定刑幅度内裁量；对于第 41 条、第 44 条、第 47 条关于刑期折抵的规制，因是对整个案件而不一定是某个具体犯罪所涉先行羁押进行刑期折抵，也像数罪并罚制度一样，属于整个案件拟移交执行的执行刑的裁量，也不在原定罪确定的具体法定刑幅度内裁量；对于第 72 条关于缓刑的规制，也属于整个案件拟移交执行的执行刑的裁量，也不在原定罪确定的具体法定刑幅度内裁量。因此，在我国刑法立法上，按刑法立法规定，不可能将整个案件的所有量刑情节通过量化放在一个“具体法定刑”平台下进行数学运算。

然而，我国量刑规范化视野下的量刑运行，因其采用了“同向相加、逆向相减”等的量刑情节数量化方法，将所有量刑情节甚至量刑制度都作为一个层级“具体法定刑”平台上进行数学运算，从而完全脱离了刑法立法的如此规制及其内在要求。例如，据以上《量刑指导意见》，对于“多种量刑情节”，分为“一般量刑情节”和“特定的量刑情节”①，根据各个量刑情节的调节比例，分别采用“同向相加、逆向相减”的方法和“部分连乘、部分相加减”的分步方法调节基准刑。不仅如此，甚至还将“被告人犯数罪，同时具有适用于各个罪的立功、累犯等量刑情节的”，也“先适用该量刑情节调节个罪的基准

---

① 即具有未成年人犯罪、老年人犯罪、限制行为能力的精神病人犯罪、又聋又哑的人或者盲人犯罪，防卫过当、避险过当、犯罪预备、犯罪未遂、犯罪中止，从犯、胁从犯和教唆犯等量刑情节。

刑,确定个罪所应判处的刑罚,再依法实行数罪并罚,决定执行的刑罚”。如此方法,实际上是将案件(无论是单个犯罪的案件还是数罪的案件,无论是基本犯还是加重犯或减轻犯)的全部量刑情节(包括从轻处罚、从重处罚、减轻处罚、免除处罚),通过量化都放在一个“具体法定刑”平台下进行数学运算。其结果,不仅抹杀了刑法立法关于减轻处罚、免除处罚的立法意旨,而且使得数罪并罚等量刑制度难以依法有效适用,还出现量刑情节数量化的结果“在法定最高刑以上”的悖论情形。[①]

2. 严重脱离了刑法立法的体系化特质

从立法来看,《刑法》分则关于具体法定刑的规定并不是一个完整的刑法规范。[②] 从其构成内容来看,它只是关于具体犯罪处罚的部分刑罚处罚配置而已,并没有对具体犯罪需适用的全部处罚方法(刑罚处罚、非刑罚处罚、不给予任何刑罚或非刑罚处罚)作出规定。对于具体犯罪的全部刑罚配置,是结合《刑法》总分则的所有相关规定所形成的评价体系。例如,《刑法》第232条关于故意杀人罪的法定刑规定,即“故意杀人的,处死刑、无期徒刑或者十年以上有期徒刑;情节较轻的,处三年以上十年以下有期徒刑”,只规定了部分的刑罚配置,需要《刑法》总则的规定对其死刑执行制度、剥夺政治权利、没收财产、有期徒刑的上限、拘役等予以补充。不仅如此,有时还需要《刑法》总则予以修正,包括:根据《刑法》总则第37条关于“免予刑事处罚”规定,使《刑法》分则关于罪名条文规定失去“给予刑罚处罚”的意义;根据《刑法》总则第63条关于法定或酌定减轻处罚的规定,使《刑法》分则具体罪名条文规定的法定刑变成了下个量刑幅度的具体法定刑。《刑法》分则关于具体法定刑的规定及其与《刑法》总分则的关系原理表明,罪刑法定的“法”也并不是刑法的某个规定,而是基于个罪个案情况的所有相关刑法规定。由此决定了,量刑的法律适用,不可割裂刑法典体系规定而孤

① 参见陈学勇:《确定宣告刑的方法》,载《人民法院报》2011年7月20日,第6版。

② 一个完整的刑法规范应包含适用条件、要求怎样做和不能怎样做及违反的法律后果等基本内容,以能够独立评价一个行为是什么和给予什么样的处罚。一个完整的法律规范可以表述在几个法律条文甚至不同的法律文件之中。

立地使用《刑法》分则关于法定刑的规定，更不可以根据某个事实在具体法定刑内确定某个点或幅度作为所谓的量刑基准、量刑起点、基准刑，否则就因割裂刑法的其他相关规定适用而无法让量刑既合理又合法。[①] 显然，我国量刑规范化视野下的量刑运行，是将《刑法》分则某个罪名规范关于具体法定刑的规定，通过先后确立量刑起点、基准刑的方法，独立于《刑法》总分则关于某个具体犯罪的刑事责任大小及其实现方式的完整评价体系以外，予以孤立评价。这样的评价，让刑法适用变成"盲人摸象"。

（二）理论上关于量刑运行过程之主张

对于量刑之运行过程，在理论上有过诸多有价值的研究。比较典型的，有如下三种流程模式：

1."法定刑→处断刑→宣告刑"式

这是域外比较常见的立法上的量刑运行模式。例如，德国、日本刑法立法，针对加重处罚和减轻处罚事由，规定了"处断刑"的量刑步骤，也就是法官根据加重或减轻处罚事由，[②]对具体犯罪的法定刑进行加或减的修正，而形成了一个处断刑的量刑幅度，法官再在处断刑幅度内，具体量定罪中宣告的刑罚，从而使量刑呈"法定刑→处断刑→宣告刑"的动态过程。[③]

2."法定刑→宣告刑→执行刑"式

这是我国大陆学者认为的我国量刑运行模式。例如，张明楷教授认为，"宣告刑是法官对具体犯罪判决宣告的应当执行的刑罚"，"是司法机关在审理具体案件时确定的"，"宣告刑必须以法定刑为依据，即使从轻、从重、减轻处罚时，也要以法定刑为依据"；"执行刑是犯罪分子实际执行的刑罚"，"由于宣告刑所宣告的是犯罪分子应当执行的刑罚，故宣告刑是执行刑的根据"。在这里，论者虽然

---

① 参见石经海：《故意伤害"轻伤与否"定性共识的刑法质疑——以刑法总分则关系下的完整法律适用为视角》，载《现代法学》2017 年第 3 期。

② 在德国和日本，允许立法上规定的加重处罚而不允许法官裁判上的加重处罚。参见邢志人：《日本刑罚裁量基本制度研究》，载《日本研究》1996 年第 3 期。

③ 参见邢志人：《日本刑罚裁量基本制度研究》，载《日本研究》1996 年第 3 期；吴情树：《论处断刑的立法模式》，载《中国刑事法杂志》2009 年第 7 期。

没有明确提出这里的量刑运行过程模式，但从其所表述的逻辑来看，实际上主张的是“法定刑→宣告刑→执行刑”的运行模式。[①] 又如，贾宇教授在其主编的《刑法学》教材中认为，“宣告刑，是指审判机关对具体犯罪依法判处并宣告的应当执行的刑罚”“法定刑是宣告刑的基础，宣告刑是法定刑的实际适用”“执行刑，是对犯罪分子实际执行的刑罚”“执行刑以宣告刑为依据，没有宣告刑则不涉及执行刑，执行刑不能超过宣告刑”“执行刑又不完全等同于宣告刑”“在宣告刑的实际执行过程中，可依法减刑、假释、赦免，只是执行刑低于宣告刑”。在这里，同样，虽然论者没有明确提出这里的量刑运行过程模式，但从其所表述的逻辑来看，实际上也主张的是“法定刑→宣告刑→执行刑”的运行模式。[②]

3.“法定刑→处断刑→宣告刑→执行刑”式

这是我国台湾地区学者高仰止教授所主张的量刑运行模式。高教授认为，刑罚裁量之运行，首先为刑罚之分则各本条适用，即所谓法定刑；其次为经总则上修正法定刑后之处断刑之适用；再次为裁判上之适用，即所谓宣告刑；如为数罪并罚之场合，最后定其应执行之刑，即所谓执行刑。[③] 其中，法定刑实为立法预先规定在刑法中的静态刑罚，这个刑罚在司法上的完整运行程式，是从法定刑到免刑或处断刑，再到宣告刑，最后到执行刑。处断刑是根据案件减轻情节而对法定刑作适当减少的刑罚，[④]在通常情况下，它是宣告刑的基础；宣告刑是法院在刑事判决中对犯罪人宣告的刑罚，它通常是以法定刑或处断刑为基础，在法定刑或处断刑的范围内作出；执行刑是在宣告刑或原执行刑的基础上根据其他特定事实（如数罪并罚）在裁判中作出的移至行刑阶段执行的刑罚。[⑤] 在这里，从所表

① 参见张明楷：《刑法学》，法律出版社2007年版，第501～502页。

② 参见贾宇：《刑法学》（下册·各论），高等教育出版社2019年版，第11页。

③ 参见高仰止：《刑法总则之理论与实用》，台北，五南图书出版股份有限公司1986年版，第483页。

④ 事实上，基于罪刑法定原则的人权保障原理，处断刑只能是基于减轻情节而在法定刑以下作出。

⑤ 需特别指出的是，执行刑并不是由执行机关确定的，而仍是由法院在审判活动中确定的。

述的逻辑来看，阐述的是“法定刑→处断刑→宣告刑→执行刑”的运行模式。

以上三种量刑运行模式中，第三种模式较为全面地提炼了刑法立法关于量刑运行过程的全部流程，是量刑规律的要求，是科学的。[①] 其他两种模式，虽然都是对这些国家或地区的刑法立法在不同程度上的提炼和体现，具有一定的科学性和合理性，但它们也具有从不同程度、不同视角上完全概括和反映刑法立法的不完整性。其中，模式一虽注意到了立法上基于加重或减轻事由的“处断刑”，但对“宣告刑”的裁量根据是什么，是模糊的，从而使得对基于数罪并罚、刑期折抵、缓刑等量刑制度和免除刑罚处罚等量刑情节的情形如何量刑，并没有提炼和概括或明确到量刑运行过程中来。模式二虽注意到了不同于宣告刑的“执行刑”，但不仅忽视了立法上基于加重或减轻事由的“处断刑”，而且将处于量刑运行过程中的“执行刑”理解为刑罚执行过程中的“犯罪分子实际执行的刑罚”，显然不符合“执行刑”在量刑过程中由审判机关作出的这个非“刑罚执行”事实。

（三）我国刑法立法上的完整量刑运行过程

据我国刑法立法，以及定罪与量刑的相互关系，实际上采取的是“法定刑→处断刑→宣告刑→执行刑”的完整的量刑动态运行过程。总体而言，量刑前先要对案件进行定罪，之后再根据案件的量刑情节情况分阶段进行。其中，定罪不是只定到罪名，而是要定到该罪名的基本犯或加重犯或减轻犯，从而为量刑确定作为量刑起点的量刑基准；量刑再由此和根据个罪个案的量刑情节情况分阶段处理。其中，个罪个案的量刑情节为“犯罪情节轻微”和“不需要判处刑罚”或“可以或应当免除处罚”的，对本个罪作出“免刑”处置，即作出免予刑罚处罚或给予非刑罚处罚或单纯宣告有罪的裁处；个罪个案的量刑情节为“可以或应当减轻处罚”的，对本个罪作出“处断刑”处置，即确定下个量刑幅度的具体法定刑，并以此作为本个罪宣

---

① 参见高仰止：《刑法总则之理论与实用》，台北，五南图书出版股份有限公司1986年版，第483～485页。

告刑处置的量刑基准;个罪个案的量刑情节为“可以或应当从轻或从重处罚”的,对本个罪作出“宣告刑”处置,即在定罪或处断刑确定的具体法定刑(量刑幅度)内,综合各从轻或从重量刑情节对社会危害性和人身危险性的作用力,基于刑法关于刑法的目的和任务规定的精神,结合宽严相济的刑事政策,裁量作出本个罪的宣告刑。对于本案存在数罪、先行羁押和需要适用缓刑、从业禁止、社区矫正等的,再根据刑法的相应规定作出“执行刑”处置,即分别予以数罪并罚、刑期折抵、适用缓刑、从业禁止和社区矫正等,最终对本案裁定作出拟移交执行的执行刑。具体如图 1 所示。

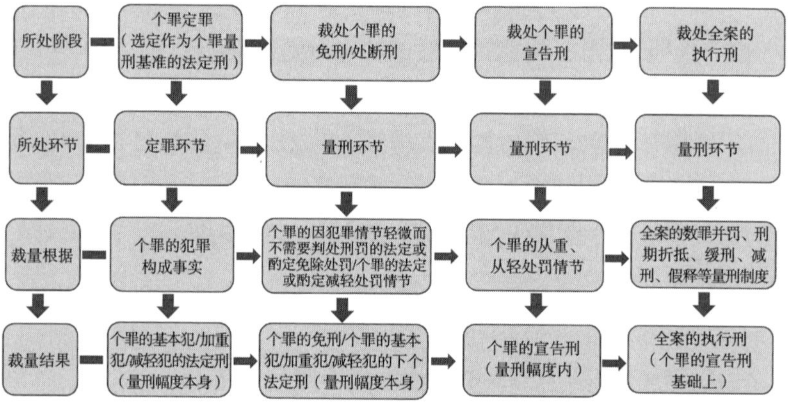

图 1　个案量刑运行流程

二、先通过定罪选定具体法定刑

(一)定罪并不是作出罪名认定

如前所述,定罪并不是作出罪名认定,而是对犯罪行为进行刑法上的性质认定,包括作出罪与非罪、此罪与彼罪、轻罪与重罪的认定。这里的“轻罪与重罪的认定”,是指定罪要定到该罪名的基本犯或加重犯或减轻犯,从而为量刑确定作为量刑起点的量刑基准。在理论上与实践中,对定罪的讨论和考量通常只涉及“罪名”或只定到“罪名”。显然,这是一个极大的误区。从立法上的定罪与量刑的关系来看,在立法对某个罪名设有基本犯、加重犯(有的罪名有多个档次的加重犯，如交通肇事罪、故意伤害罪、贪污罪、受贿罪等）、减轻犯的，一定要定到基本犯或加重犯、减轻犯，以对应某个具体法定刑（量刑幅度）和为量刑确定作为量刑起点的量刑基准。

需特别注意的是，刑法立法关于基本犯或加重犯、减轻犯的规定，并不是“加重或减轻量刑情节”的规定，而是对应普通犯罪构成与加重或减轻犯罪构成的犯罪形态规定，是定罪而不是量刑环节要完成的任务。从立法上看，基本犯即立法根据个罪通常所具有的社会危害性设置犯罪构成要件而构成的犯罪，如《刑法》第 232 条规定中的“故意杀人的，处死刑、无期徒刑或者十年以上有期徒刑”是故意杀人罪的基本犯及其具体法定刑；《刑法》第 234 条规定中“故意伤害他人身体的，处三年以下有期徒刑、拘役或者管制”，是故意伤害罪的基本犯及其具体法定刑。减轻犯即立法参照基本犯社会危害性、针对特殊较轻情况设置的犯罪构成要件而构成的犯罪，如《刑法》第 232 条规定中的“情节较轻的，处三年以上十年以下有期徒刑”，是故意杀人罪的减轻犯及其具体法定刑。加重犯即立法参照基本犯社会危害性、针对特殊较重情况设置的犯罪构成要件而构成的犯罪，如《刑法》第 234 条规定中“犯前款罪，致人重伤的，处三年以上十年以下有期徒刑”，是故意伤害罪的加重犯及其具体法定刑；《刑法》第 234 条规定中“致人死亡或者以特别残忍手段致人重伤造成严重残疾的，处十年以上有期徒刑、无期徒刑或者死刑”，是故意伤害罪的再加重犯及其具体法定刑。

（二）定罪是为量刑选定具体法定刑

法定刑有具体法定刑与抽象法定刑之分。前者指立法为某个罪状所配置的法定刑幅度，如《刑法》第 234 条故意伤害罪有三个罪状：“故意伤害他人身体的”“（故意伤害他人身体）致人重伤的”“（故意伤害他人身体）致人死亡或者以特别残忍手段致人重伤造成严重残疾的”，分别配置的具体法定刑是“处 3 年以下有期徒刑、拘役或者管制”，“处 3 年以上 10 年以下有期徒刑”，“处 10 年以上有期徒刑、无期徒刑或者死刑”。这些具体法定刑及其对应的罪状，成立相应的犯罪形态（而不是量刑情节），在刑法理论上被称为结果（情节）加重犯。后者指立法为某个罪名所配置的刑罚种类与刑度,原则上是不针对某个具体罪状,而是抽象地针对某个罪名整体配置,如立法为《刑法》第 234 条故意伤害罪配置了所有主刑,并根据罪行的轻重分为了三个法定刑幅度(三个具体法定刑)。不过,在以下两种情况下,抽象法定刑就是具体法定刑:一是立法只为该罪设置了一个罪状的,如《刑法》第 285 条第 1 款关于非法侵入计算机信息系统罪,就只有"违反国家规定,侵入国家事务、国防建设、尖端科学技术领域的计算机信息系统的"这一个罪状和"处三年以下有期徒刑或者拘役"的法定刑幅度;二是在并列罪名的情况下,如《刑法》第 114 条是该罪名只有一个层次的罪状。具体法定刑与抽象法定刑的区分,对正确处理定罪与量刑关系,以及正确适用法律意义重大。

在罪刑法定主义下的法定刑,有两种立法模式:一是绝对法定刑(Absolute Bestimmte Strafdrohung),即对某种犯罪行为和罪名应科处的刑罚,以条文一一规定,裁判官毫无选择伸缩的余地;二是相对法定刑(Relative Bestimmte Strafdrohung),即对于某种犯罪行为,法律仅规定科刑之标准,在此法定标准范围内,给予裁判官以选择伸缩的权力。[①] 也就是《刑法》分则条文对各种具体犯罪所规定的量刑幅度,[②]包括法律规定的刑罚种类和刑罚幅度。但是,法定刑并非只是《刑法》分则规定的,《刑法》总则也具有规定法定刑的功能。也就是,一般情况下,法定刑指的是《刑法》分则条文规定的刑罚幅度,但在有些情况下,它还包括《刑法》总则规定的刑罚种类、期限。这是因为有时仅以《刑法》分则的条文还无法确定该法条刑罚幅度的期限,只有依照总则的有关规定才能确定相应的刑罚期限。如分则条文中经常出现的处 10 年以上有期徒刑或者处 5 年以下有期徒刑,这"以上""以下"具体是多少,必须依据总则的规定确定;又如,分则条文中凡规定了管制、拘役刑的,都没有规定该两个刑种的期限,它们的期限均由总则规定。因此,准确地说,法定刑应是刑法

---

① 参见高仰止:《刑法总则之理论与实用》,台北,五南图书出版股份有限公司 1986 年版,第 483 ~ 484 页。

② 参见柯葛壮:《法定刑》,载《中国刑法词典》编委会编:《中国刑法词典》,学林出版社 1989 年版,第 477 页。

（包括总则、分则、特别刑法等）对各种具体犯罪规定的量刑幅度（包括刑种和刑度）。

既然法定刑是各种具体犯罪规定的量刑幅度，则在具体犯罪中，并非一个罪名只有一个法定刑（具体法定刑）。从刑法立法来看，有的罪名规定了几个量刑幅度，这几个量刑幅度就是几个具体法定刑。这几个量刑幅度实际上是该罪名被划分为轻重不同的犯罪（基本犯、减轻犯、加重犯）的立法体现。有的罪名，没有基本犯、减轻犯和加重犯之分，只有一个具体法定刑；有的罪名，有基本犯、减轻犯、加重犯甚至再加重犯之分，需分别配置若干个具体法定刑。如《刑法》第232条对故意杀人罪规定有基本犯和减轻犯，则需配置两个具体法定刑：基本犯（通常情节的）的具体法定刑为“死刑、无期徒刑或者10年以上有期徒刑”；减轻犯（情节较轻）的具体法定刑为“3年以上10年以下有期徒刑”。又如《刑法》第234条对故意伤害罪规定有基本犯（故意伤害他人身体致人轻伤的）、一般加重犯（故意伤害他人身体致人重伤的）和严重加重犯（故意伤害他人身体致人死亡或者以特别残忍手段致人重伤造成严重残疾的）三种情况，共配置了“3年以下有期徒刑、拘役或者管制”，“3年以上10年以下有期徒刑”和“10年以上有期徒刑、无期徒刑或者死刑”三个具体法定刑。

需要指出的是，确定作为量刑起点的量刑基准即具体法定刑，只是为量刑提供起点标准和做准备活动，并只是定罪活动的组成部分，尚不是严格意义上的量刑活动。理论上认为，审判机关在量刑的时候，在确定罪质也即犯罪构成主客观要件统一表现的犯罪性质后，首先要确定的是与该罪的罪质相对应的法定刑是什么。[①] 从实践来看，这个程式是对的，但这并不能由此就认为，这个活动就是严格意义上的量刑活动。这个相应确定具体法定刑的活动，是在对某个具体犯罪行为进行定性的同时完成的，应属于定罪活动之列。严格意义上的量刑活动，应当始于根据各种量刑情节从量刑基准（法定刑）形成免刑或处断刑、宣告刑、执行刑。

---

① 参见张明楷：《刑法学》（第6版），法律出版社2021年版，第721页。

三、根据免除处罚情节裁处免刑

(一)免除刑罚处罚与刑事责任的实现方式的基本理论

在刑法立法和理论中,免除刑罚处罚属于刑事责任的实现方式之一。刑事责任的实现方式,又称为刑事责任的解决方式、刑事责任的实现形式、刑事责任的实现方式等,是指在确定了刑事责任的存在和性质,解决了刑事责任的范围和程度之后,强制犯罪人实际承担刑事责任的法律制裁措施。其实质是对犯罪行为的否定评价和对犯罪人的谴责,以实现对犯罪行为及其社会危害的报应和对犯罪人及其人身危险性的教育改造。因此,一方面,刑事责任的实现方式是由犯罪产生的,没有犯罪就没有刑事责任的实现方式;另一方面,刑事责任的实现方式又不只是对犯罪的报应,还应综合犯罪及犯罪人的各方面主客观因素,以对犯罪人进行教育改造和对犯罪人再次犯罪进行预防。再从刑事责任本身的属性来看,刑事责任本身具有实体的惩罚性意义,并不包括刑事诉讼中的相关强制措施和刑事执行中的各种措施。这意味着,作为具有实体惩罚性意义的刑事责任,并不只是犯罪与刑罚的桥梁和中介,而本身就是可裁量的实体,不仅其大小需要并可以裁定,而且其具体实现方式也需要和可以裁定。

有论者认为,刑事责任的实现方式的实质,是对犯罪行为的否定性评价和对犯罪人的谴责,某种措施能否成为刑事责任的实现方式,关键在于它能否体现国家对犯罪行为的否定评价和对犯罪人的谴责。[①] 本书不同意这种理解。在现代社会,“责任”不应只理解为“惩罚”或“报应”,还应包含教育改造和防范再犯的内容和目标。因此,无论是刑事责任本身还是刑事责任的实现方式,其实质都不能只是对犯罪行为的否定性评价和对犯罪人的谴责,还应包括对犯罪人的教育改造和对犯罪人再次犯罪的预防。从现实来看,刑事责任兼以反映犯罪行为社会危害性和犯罪人人身危险性方面的事实为根据,其实现方式不仅包括刑罚处罚,而且还包括非刑罚处罚和

---

① 参见张明楷:《刑法学》(第6版),法律出版社2021年版,第665页。

单纯宣告有罪。所有这些都意味着，刑事责任及其实现方式不只是对犯罪行为的否定性评价和对犯罪人的谴责，还是对犯罪人的教育改造和对犯罪人再次犯罪的预防。

在理论上，对于刑事责任的实现方式（实现方法、表现形式）究竟包括哪些，有不同的观点。概括起来主要有如下五种：①

其一，“一形式”说。认为刑事责任的实现方式只有刑罚一种，除此之外，不存在或者说法律并未规定其他的实现方法。

其二，“二形式”说。认为刑事责任的实现方式主要有两种：一是刑罚，这是实现刑事责任的基本方法；二是非刑罚处理方法，指司法机关对犯罪分子直接运用或者由主管部门适用的刑罚以外的各种法律措施，主要包括现行《刑法》第 36 条、第 37 条规定的赔偿经济损失、训诫、具结悔过等处分，第 17 条规定的收容教养，第 64 条规定的责令退赔、追缴违法所得、没收违禁品的犯罪工具，这是实现刑事责任的辅助性的、次要的方法。

其三，“三形式”说。又有“刑事制裁措施三形式”说与“刑事强制措施三形式”说之分。前者认为刑事责任的实现方式：一是基本方式，即通过给予刑罚处罚的方法来实现；二是辅助方式，即通过非刑罚处罚的方法来实现；三是特殊方式，即通过宣布行为是犯罪、行为人是犯罪人的方法来实现。后者认为刑事责任的实现方式：一是刑罚和非刑罚（包括免予刑事处分、予以训诫、责令具结悔过、赔礼道歉、赔偿损失等）处罚措施；二是刑事诉讼强制措施，包括拘传、取保候审、监视居住、逮捕和拘留；三是其他强制措施，如剥夺政治权利的人不得被选举或任命担任某种职务，通过外交途径解决享有外交特权和豁免权的外国人的刑事责任问题。

其四，“四形式”说。认为刑事责任的实现方式是对已产生的刑事责任给予处理，使刑事责任得以终结，具体有四种：一是定罪判刑方式，即法院对犯罪人认定有罪并作出定罪判决的同时，宣告适用相应的刑罚，这是解决刑事责任最常见、最基本的一种形式；二是

① 参见高铭暄、马克昌主编：《刑法学》（第 8 版），北京大学出版社、高等教育出版社 2019 年版，第 209 页。

定罪免刑方式，即法院对犯罪人认定有罪，作出定罪判决而免除刑罚，具体包括给予非刑罚处罚和单纯宣告有罪等两种形式，这是解决刑事责任的辅助的、次要的方式；三是消灭处理方式，即行为人的行为已构成犯罪，应负刑事责任，但由于法律规定的阻却刑事责任事由的存在，使刑事责任归于消灭，这是刑事责任的一种补充解决方式；四是转移处理方式，即行为人的刑事责任不由我国司法机关解决，而是通过外交途径解决，这是解决刑事责任的一种极为特殊的解决方式。

其五，“五形式”说。认为刑事责任的实现方式除了有定罪判刑方式、定罪免刑方式（包括给予非刑罚处理方法和不给予任何处分）、消灭处理方式（如已过追诉时效、犯罪人死亡、特赦）和转移处理方式（通过外交途径解决）四种方式外，还包括限制处理方式，如刑事程序上对告诉才处理犯罪和人大代表犯罪的限制处理，刑事实体上对人大代表的发言和表决所构成犯罪的限制追究。

综观以上五种观点，本书赞同“刑事制裁措施三形式”说。其他几种观点的问题，主要表现在：(1)“一形式”说是对刑法立法的片面理解。综合《刑法》总则的规定，实际上规定了刑罚处罚、免予刑罚处罚而给予非刑罚处罚或不给予任何实体处罚的处罚；《刑法》分则虽然只规定了刑罚处罚这一种刑事责任的实现方式，但这并不能表明刑事责任的实现方式就只有刑罚处罚一种。因为《刑法》分则规范并不是一个完整的刑法规范，它一般只规定需特别规定的内容，对于其他刑事责任的实现方式，无须在《刑法》分则中特别规定。因此，并不能因为《刑法》分则只规定了刑罚处罚这一种方式而认为刑事责任的实现方式只有刑罚处罚一种方式。(2)“二形式”说因排除单纯宣告有罪而不合理。毕竟，单纯宣告有罪也是对犯罪行为的否定性评价和对犯罪人的谴责，也因会给犯罪人的生活和名誉产生不良影响而达到报应和预防犯罪目的。(3)“刑事强制措施三形式”说把保障性和非惩罚性的刑事强制措施，视为惩罚性刑事责任的实现方式，混淆了问题的本质，是一种观念与知识的错误。(4)“四形式”说和“五形式”说把定罪与判刑作为实现刑事责任的方式，并把它们的对象统一界定为“犯罪人”，不仅使定罪的任务和目的发生错位，而且混淆了定罪与判刑的不同对象。(5)“四形式”说和“五形式”说把应负但实际不负刑事责任的消灭处理方式、转移处理方式和限制处理方式，作为刑事责任的实现方式，同样存在如下问题：一是不经司法机关裁判的方式，能否称之为刑事责任的实现方式？二是责由罪生，犯罪已过追诉时效而不予追诉为犯罪，犯罪都不成立，刑事责任何在？三是这些应负但实际不负刑事责任的方式，对犯罪行为的否定性评价和对犯罪人的谴责及其报应和预防效果何在？如此等等之问题，均宣告了“四形式”说和“五形式”说的不合理性。

本书认为，作为刑事责任的实现方式，应具备如下几个特征：一是须以构成刑法上的犯罪为前提，没有犯罪就没有刑法意义上的刑事责任，自然也就没有刑事责任的实现方式；二是须具有实体的惩罚性，不具有实体惩罚性，仅具有保障性的刑事强制措施不能被视为刑事责任的实现方式；三是刑事责任须由审判机关确认和裁决，公安机关、检察机关等以实现刑事责任为目标的活动，不具有实体的惩罚性，不能作为刑事责任的实现方式；四是须是对犯罪行为的否定性评价和对犯罪人的谴责，并以报应和预防为目标，这意味着对一般违法行为、对非犯罪人的谴责等不具有报应和预防目的的措施，不是刑事责任的实现方式。综合以上几点，只有“刑事制裁措施三形式”说符合以上要求，并成为刑事责任的法定实现方式。

在以上刑事责任的实现方式中，“免予刑罚处罚”是在行为人构成犯罪的前提下的刑事责任的重要实现方式，包括不给予刑罚处罚而只作单纯有罪宣告和不给刑罚处罚但可能给予非刑罚处罚两种情况。在我国，根据《刑法》第 37 条的规定，确定免予刑罚处罚的法律根据是“犯罪情节轻微不需要判处刑罚”。具体就非刑罚处罚而言，在犯罪情节轻微不需要判处刑罚的情况下，可以免予刑事处罚；但在这类案件中，免予刑事处罚不是不给予任何处罚，而是需要根据案件的不同情况，予以训诫或者责令具结悔过、赔礼道歉、赔偿损失，或者由主管部门予以行政处罚或者行政处分。就单纯宣告有罪而言，在犯罪情节轻微不需要判处刑罚的情况下，免予刑事处罚，并不给任何处罚，即只单纯宣告有罪。

（二）免除刑罚处罚的裁处

既然在现代刑法中，刑事责任的实现方式不限于刑罚处罚，还包括刑罚以外的处罚方式如非刑罚处罚和单纯宣告有罪，那么与此相适应，量刑也不限于对刑罚的裁量，还包括对非刑罚处罚的裁量和对单纯有罪的宣告。正是在这个意义上，量刑应被界定为刑事责任大小及实现方式的裁量，以及存在“根据免除处罚情节裁处免刑”的量刑阶段。

免除刑罚处罚即免刑的裁处，在个罪个案的量刑情节为“犯罪情节轻微”和“不需要判处刑罚”或“可以或应当免除处罚”时，就需要对本个罪个案作出“免刑”处置，即作出免予刑罚处罚或给予非刑罚处罚或单纯宣告有罪的裁处。免除刑罚处罚的裁处，立法上源于以上的刑事责任实现方式。从我国现行刑法立法来看，这个“犯罪情节轻微不需要判处刑罚”，具体表现在如下量刑情节上：在国外犯罪，虽然受本法追究，但在外国已经受过刑罚处罚的，可以减轻或者免除处罚（第10条）；又聋又哑的人或者盲人犯罪（可以从轻、减轻或者免除处罚）（第19条）；防卫过当（应当减轻或者免除处罚）（第20条）；避险过当（应当减轻或者免除处罚）（第21条）；胁从犯（应当减轻或者免除处罚）（第28条）；从犯（应当从轻、减轻或者免除处罚）（第27条第2款）；预备犯（可以从轻、减轻或者免除处罚）（第22条）；没有造成损害的中止犯（应当免除处罚）（第24条）；犯罪较轻且自首的（可以免除处罚）（第67条）；重大立功（可以减轻或者免除处罚）（第68条后段）；非法种植毒品原植物在收获前自动铲除（可以免除处罚）（第351条第3款）；贪污数额较大或者有其他较重情节，在提起公诉前如实供述自己罪行、真诚悔罪、积极退赃，避免、减少损害结果的发生的（可以从轻、减轻或者免除处罚）（第383条第3款）；行贿人在被追诉前主动交待行贿行为的（可以从轻或者减轻处罚）（第390条）；介绍贿赂人在被追诉前主动交待介绍贿赂行为的（可以减轻处罚或者免除处罚）（第392条第2款）。以上关于“免除处罚”的量刑情节，实际上就是免除刑罚处罚的量刑情节，并非指不给予任何处罚。另外，对于有些情节（如犯罪人系初犯、偶犯、激情犯），在犯罪情节轻微的情况下，且基于宽严相济的刑事政策和刑罚轻缓化的时代精神，也可酌情考虑免除刑罚处罚。

在刑罚以外处罚的个罪宣告自然也是建立在刑事责任大小的基础上。如前所述，刑事责任大小的确定根据，在法律形式上表现为各种定罪情节和量刑情节，其具体评价对象是犯罪行为及其社会危害性因素与犯罪人及其人身危险性因素。在这些定罪情节和量刑情节中，只有决定刑事责任大小的各种量刑情节，才是确定量刑轻重的根据。具体就刑罚以外的处罚而言，其确定根据是表明刑事责任小的那些量刑情节，包括犯罪情节和罪外情节、法定情节和酌定情节等情节中表明刑事责任小的各种主客观事实情况。在功能上，这些情节不是维护量刑基准的一成不变和所谓的"同案同判"，而是调整和变更量刑基准以适应个案的刑事责任大小和实现量刑的实质公正及法律效果与社会效果的"双赢"。

四、按减轻处罚情节确定处断刑

（一）处断刑的基本理论

处断刑是指审判机关对于具有加重或减轻情节的被告人，在变更法定刑范围之后以判决的形式所确定的刑罚。[①] 据此，所谓处断刑，就是在根据个罪基本犯罪构成事实确定的具体法定刑的下一个或下几个的具体法定刑。如当根据个罪基本犯罪构成事实确定的具体法定刑（量刑基准）为"处 3 年以下有期徒刑、拘役或者管制"的情况下，在个案存在法定或酌定减轻处罚情节时，其处断刑为给予非刑罚处罚或单纯宣告有罪的处罚；[②]当根据个罪基本犯罪构成事实确定的具体法定刑（量刑基准）为"处 3 年以上 10 年以下有期徒刑"的情况下，在个案存在法定或酌定减轻处罚情节时，其

---

① 参见高格：《定罪与量刑》，中国方正出版社 1999 年版，第 196 页。

② 理论上和实践中均反对"减轻处罚"可以降格为"免予刑罚处罚"。本书认为这是形式主义的观点。"减轻处罚"与"免予刑罚处罚"的区分，在本质上无非是为了适应不同犯罪的社会危害程度或犯罪人的人身危险程度。既然基本量刑基准已是立法设置的最低量刑幅度，那么针对基本量刑基准的"减轻处罚"，为什么不能转化为"免予刑罚处罚"？

处断刑一般为“处 3 年以下有期徒刑、拘役或者管制”这个具体法定刑；当根据个罪基本犯罪构成事实确定的具体法定刑（量刑基准）为“处 10 年以上有期徒刑、无期徒刑或死刑”的情况下，在个案存在法定或酌定减轻处罚情节时，其处断刑可以是“处 3 年以上 10 年以下有期徒刑”“处 3 年以下有期徒刑、拘役或者管制”等具体法定刑。

处断刑只是针对有加重或减轻情节的具体犯罪，并非任何具体犯罪都存在。但它在性质上属于裁判刑，并突出地体现了量刑个别化原理。具体表现在，处断刑是在根据个案个罪基本犯罪构成事实确定的具体法定刑的基础上，基于反映犯罪行为的社会危害性和犯罪人的人身危险性方面的减轻或加重处罚情节所确定的刑罚量，是具体案件具体情况的体现，是贯彻罪刑相适应原则的体现和要求。由此，处断刑的存在与适用，对量刑贯彻个别化原理，至关重要。不过，基于罪刑法定原则的人权保障机能，我国现行刑法没有规定加重情节，只规定了法定或酌定减轻情节。因而，在我国现行刑法下的处断刑，实际上只存在在原具体法定刑之下的处断刑情形。由于处断刑是依法根据法定或酌定量刑情节确定的，因此，处断刑对法定刑范围的突破，并没有违反罪刑法定原则。

（二）处断刑的裁处

综观我国的刑事司法实践，不仅“处断刑”的术语名称被漠视，而且基于酌定减轻处罚情节的适用，也因程序复杂而几乎处于“不用”状态。曾于 2007～2008 年闻名中外的广东许某恶意取款案，其引起巨大反响的重要缘由，就是因为没有基于酌定减轻处罚事由而启动酌定型处断刑适用，进而导致罪刑不相适应（详见后文分析）。事实上，本案只要在量刑中不漠视“处断刑”问题，就完全可以作出一个罪刑相适应的常规性量刑判决。

处断刑以各种法定或酌定减轻处罚情节为依据。至于如何界定减轻处罚情节，尚需综合犯罪情状、犯罪人情状、刑事政策乃至常理、常识、常情等诸多因素。正如我国台湾地区学者高仰止教授所指出的：“刑法分则各条之法定刑，在适用于具体犯罪事实之际，因刑事政策上之要求，基于‘犯罪情状’或‘犯罪人情状’之差异，而须加以加重或减轻,然而始得于此修正之范围内处断者也。”“此种法定之事由,以总则部分之规定较多,其属于影响‘犯罪情状’之事由者,例如防卫过当、避险过当、未遂、不能、中止、帮助、自首、自白、送回被诱人等是。”①

从我国现行刑法立法来看,有很多关于减轻处罚而形成处断刑的量刑情节的明文规定,即法定减轻处罚情节。例如,在国外犯罪,虽然受本法追究,但在外国已经受过刑罚处罚的(可以减轻或者免除处罚)(第10条);已满14周岁不满18周岁的人犯罪(应当从轻或者减轻处罚)(第17条第4款);尚未完全丧失辨认能力或者控制能力的精神病人犯罪的(可以从轻或者减轻处罚)(第18条第3款);又聋又哑的人或者盲人犯罪(可以从轻、减轻或者免除处罚)(第19条);防卫过当(应当减轻或者免除处罚)(第20条);避险过当(应当减轻或者免除处罚)(第21条);造成损害的中止犯(应当减轻处罚)(第24条);从犯(应当从轻、减轻或者免除处罚)(第27条第2款);胁从犯(应当减轻或者免除处罚)(第28条);犯罪后自首(可以从轻或者减轻处罚)(第67条);犯罪后有立功表现(可以从轻或者减轻处罚)(第68条前段);重大立功(可以减轻或者免除处罚)(第68条后段);贪污数额较大或者有其他较重情节,在提起公诉前如实供述自己罪行、真诚悔罪、积极退赃,避免、减少损害结果的发生的(可以从轻、减轻或者免除处罚)(第383条第3款);行贿人在被追诉前主动交待行贿行为的(可以减轻处罚或者免除处罚)(第390条第2款);介绍贿赂人在被追诉前主动交待介绍贿赂行为的(可以减轻处罚或者免除处罚)(第392条第2款)。

除了以上法定减轻处罚情节外,还有酌定减轻处罚情节。这些量刑情节,具体根据刑事政策和司法解释等确定,如偶犯、初犯、坦白、激情犯、被害人的过错、不可复制的诱惑犯等。至于案件的社会

---

① 高仰止:《刑法总则之理论与实用》,台北,五南图书出版股份有限公司1986年版,第484页。

影响，如民意[①]等能否作为酌定量刑情节，要区分媒体炒作所形成的与案件情状所形成的民意。对于前者自然不可作为处断刑的根据，而后者应当作为处断刑的根据。同时，基于酌定减轻处罚在司法上被漠视存在的缘由，建议修订《刑法》第 63 条第 2 款关于酌定减轻处罚情节的适用需“经最高人民法院核准”的规定。具体是在程序上予以简化，改为“经高级人民法院核准”。这个修订，不必担心因自由裁量权过大而对酌定减轻处罚滥用等问题。一方面，在当前的司法环境下，高级人民法院是能够保证这个量刑情节的公正适用的；另一方面，在既有的司法实践中，其实存在比减轻处罚更宽的酌定“免予刑罚处罚”情形，并在审判前阶段被广泛适用（例如，《刑事诉讼法》原第 15 条、现第 16 条的规定），也没有出现被广为诟病的不公正适用问题。[②] 若能进行立法上的如此修订，将会在很大程度上提升处断刑裁处的效率。

五、据从轻从重情节裁量宣告刑

（一）宣告刑的基本理论

所谓宣告刑，一般认为，是法官在审理具体案件时对具体犯罪判决宣告的应当执行的刑罚。[③] 从刑罚的司法运行，即从“法定刑→处断刑→宣告刑→执行刑”和“法定刑→免刑”的完整过程来看，宣告刑不以免除处罚情节、减轻处罚情节和数罪并罚、刑期折抵、缓刑等量刑制度为裁量根据，而其实际上只是针对具体个罪和根据从轻从重处罚情节所裁量和宣告的刑罚。

从立法例来看，宣告刑的决定方法，通常有两种：一种是绝对决定主义，也称为定期刑制度，是指裁判官在判决时，当即就法定刑或

---

① 什么是民意，如何正确对待民意，民意在量刑中的正确定位，在量刑中针对具体情况考虑民意，也是量刑个别化的具体表现。只不过量刑考虑民意，既要有度，也要合法。顺乎民意本来就是量刑乃至刑法获得公众认同的具体要求和表现。

② 参见石经海：《〈监察法〉与〈刑法〉衔接实施的基点、问题与路径》，载《现代法学》2020 年第 1 期。

③ 参见高铭暄、马克昌：《刑法学》，北京大学出版社、高等教育出版社 2007 年版，第 361 页；张明楷：《刑法学》（第 3 版），法律出版社 2007 年版，第 501 页；贾宇：《刑法学》（下册 · 各论），高等教育出版社 2019 年版，第 11 页。

处断刑之范围,确定自由刑之刑期而宣告之;另一种是相对决定主义,也称为不定期刑制度,是指裁判官就法定刑或处断刑之范围,在裁判时不为一定刑期之宣告,或仅定其刑之最长与最短期,而以执行中之状况,为决定释放时期之标准。[①] 据此,宣告刑可能是一个刑期幅度(不定期刑),也可能是一个具体确定的刑种和刑期(确定期刑)。从我国现行刑法来看,宣告刑只能是一个具体确定的刑种和刑期(确定期刑),不能是不定期刑;并且,宣告刑也不一定仅就确定自由刑之刑期而宣告,它可以是任何类型刑罚的刑期或刑量。

在性质上,宣告刑只不过是一种裁判上的刑罚:一方面它以法定刑或处断刑为基础,在法定刑或处断刑的范围内作出;另一方面它并非就是行刑的直接执行依据。在存在数罪并罚或刑期折抵等量刑制度可以适用的情况下,宣告刑还要形成执行刑,以作为拟交付的刑罚,由审判机关移交给执行刑机关执行。这意味着,宣告刑在本质上,是对具体个罪具有"罪刑均衡"或"同案同判"品质的量刑基准(具体法定刑)的调整和变更,使相对统一化的量刑基准(具体法定刑),变为具体个罪的个别化的宣告刑。

(二)宣告刑的裁量

结合理论上的争议与实务中存在的问题,对宣告刑的裁量,需重点关注其裁量根据、裁量方法和刑罚种类的选取问题。

1. 宣告刑的裁量根据

在裁量根据上,宣告刑事实上只以法定或酌定的从轻或从重处罚情节为根据。从表面上看,宣告刑是审判机关对犯罪人以判决形式宣告的刑罚。但从宣告刑与法定刑、处断刑、执行刑、免刑在量刑情节上的内在关系来看,宣告刑只不过是根据从重或从轻处罚情节进行裁量的刑罚。这是因为,虽然量刑情节按现行刑法可分为从重处罚情节、从轻处罚情节、减轻处罚情节、免除处罚情节四种情况,但因减轻处罚情节、免除处罚情节分别为处断刑和免刑裁量的根据,分别在选定下一个量刑幅度(具体法定刑)的处断刑裁量、在只

① 参见高仰止:《刑法总则之理论与实用》,台北,五南图书出版股份有限公司1986年版,第483~484页。

定罪不处刑等的免刑裁量中被使用,不可能在宣告刑裁量中再重复使用。因而,在当今量刑中,宣告刑的裁量,实际上仅以从重或从轻处罚情节为根据。发现和重视这一点,对构建合理的量刑运行规则、匡正不当的量刑做法和作出罪刑相适应的合法又合理的量刑,至关重要。

2. 宣告刑的裁量方法

在裁量方法上,宣告刑裁量中最需要关注的是如何理解和适用"从轻处罚"和"从重处罚"。对此,理论上和实践中存在较大争议。概括起来,大体有如下六种观点或做法:

(1)"中间线"法。这是曾经较为普遍的做法。具体是,给法定刑划个中线,在中线以上判处刑罚就叫较重的刑罚,在中线以下判处刑罚就叫较轻的刑罚。例如,某罪的法定刑是 3 年以上 7 年以下有期徒刑,5 年有期徒刑就是其中线,按照这一主张,对该罪的犯罪分子判处较重的刑罚就应判处 5 年以上有期徒刑,判处较轻的刑罚就应低于 5 年有期徒刑量刑。

(2)"两端"法。认为,所谓从重处罚,"就是在法定刑范围内判处最重或较重的刑罚";所谓从轻处罚,"就是在法定刑范围内判处较轻或最轻的刑罚","刑事案件中的量刑,就是在法定刑的范围内,衡量每个具体案件如何具体处理从重或者从轻处罚的问题"。①

(3)"同类相比"法。认为,从重处罚是指与同类事实的犯罪相比,具有从重情节的,在法定刑范围内适用较重的刑罚;从轻处罚是指与同类事实的犯罪相比具有从轻情节的,在法定刑范围内适用较轻的刑罚。②

(4)"相对"法。认为,从重、从轻处罚,是"先不考虑其所具有从重或从轻处罚情节,对其犯罪事实及其他的情节综合分析,全面衡量,确定一个刑罚,然后以这个刑罚为标准适当地增减一定

① 参见朱国祯、韩凤路:《刑法中从重处罚、从轻处罚的几个问题》,载《人民司法》1981 年第 10 期。

② 参见张永宜:《应该正确使用"从重处罚"、"从轻处罚"术语》,载《学习与辅导》1986 年第 4 期。

的刑罚”,[①]是“在法定刑幅度内选择比没有这个情节的类似犯罪相对重些的刑罚”和“在法定刑幅度内选择比没有这个情节的类似犯罪相对轻些的刑罚”。[②]

(5)“实证归纳”法。即主张通过实证研究来确定从轻和从重处罚的量刑起点,进而根据量刑情节确定宣告刑。如针对强奸罪,通过数据统计归纳等实证研究,得出强奸罪的量刑起点为 5 ~ 6 年的结果论,主张根据案件的量刑情节,以 5 ~ 6 年为基础进行从轻或从重处罚的宣告刑裁量。[③]

(6)“数学运算”法。即法官在裁量宣告刑时,不区分从重与从轻情节,直接以已被法院按量刑情节作用力大小量化的标准,进行数学运算即可。这是目前量刑规范化改革所采用的做法。最早源于部分地方法院的探索,如江苏省原姜堰市(现为泰州市姜堰区)人民法院就是,“根据量刑情节作用力大小,计算拟定宣告刑”,具体是“将被告人的基准刑期,与量刑情节按照同向相加、逆向相减的方法计算的结果即为‘拟定宣告刑’”,再“按照法官自由裁量规范的要求,确定宣告刑”,即“法官根据犯罪的事实情节等认为拟定宣告刑在法定刑幅度内,且符合罪刑相适应原则的,该拟定宣告刑即为宣告刑;反之,可以按照该意见赋予法官的自由裁量权幅度进行修正量刑,得出宣告刑”。[④] 如此方法,为如今最高人民法院推进的量刑规范化所使用,并要求“量刑时,应以定性分析为主,定量分析为辅,依次确定量刑起点、基准刑和宣告刑”。[⑤]

---

① 参见赵炳贵等:《试析我国刑法中的从重与从轻处罚》,载《法律学习与研究》1987 年第 3 期。

② 参见胡学相:《论从重、从轻、减轻和免除处罚的适用》,载《国家检察官学院学报》1997 年第 3 期。

③ 参见苏惠渔、张国全、史建三:《量刑与电脑——量刑公正合理应用论》,百家出版社 1989 年版,第 83 页;周光权:《量刑规范化:可行性与难题》,载《法律适用》2004 年第 4 期。

④ 参见汤建国:《科学规范法官自由裁量权探索和完善量刑均衡方法》,载《武汉公安干部学院学报》2009 年第 3 期;汤建国:《规范量刑的探索之路》,载《中国审判》2009 年第 7 期;汤建国:《姜堰法院规范刑事量刑自由裁量权的探索》,载张卫平等主编:《司法改革论评》,厦门大学出版社 2009 年版,第 149 页。

⑤ 见最高人民法院、最高人民检察院《关于常见犯罪的量刑指导意见(试行)》(法发〔2021〕21 号)关于“量刑的基本方法”的规定。

上述六种观点或做法中,“相对”法,较为可取。“中间线”法,虽然曾在司法实践中影响最为广泛,但其问题也显而易见。正如有论者所指出的那样,它不仅没有把量刑的从轻或从重情节与整个案件的罪行联系起来,而是孤立地、机械地看待并过高地估计某一情节对量刑结果的影响,犯有机械主义的错误,而且不适应我国刑法中的那些有几个刑种、有多个从轻和从重处罚情节、未遂犯等复杂情形。[①] “两端”法,因其极端性而既不符合立法意图也不能适应司法实际需要。“同类相比”法,虽然提出了比较的参照对象,但这里的“同类事实”指什么,究竟如何理解其中的“较重的刑罚”和“较轻的刑罚”,实践中仍难以确定。“实证归纳”法,其脱离个案具体实际的“一刀切”做法,不仅忽视了强奸罪基本犯(处 3 年以上 10 年以下有期徒刑)与加重犯(处 10 年以上有期徒刑、无期徒刑或者死刑)在不同“具体法定刑”平台的问题,而且曲解了刑法关于立法与司法的“司法不可对立法断章取义适用”关系,并不可取。“数学运算”法,其不合理性在前述量刑方法和量刑基准的阐述中已经论及,在这里不再赘述。只有“相对法”,因其将“从轻”“从重”相对于“不具有这种从重情节或从轻情节”,而能够比较明确、具体地确定“从轻”“从重”在宣告刑裁量中的相对位置与作用力大小,可以准确理解和适用刑法。

3. 宣告刑的刑种选取

在宣告刑裁量中,刑罚种类的选取,不仅对科学合理地裁量宣告刑至关重要,而且也是做好执行刑裁量和实现刑罚目的功能的极其重要的基础和前提。传统理论认为,在各种刑罚方法中,自由刑曾被放在极其重要的位置上。一方面,自由刑是现代刑罚体系的中心,自由刑中,被特别期待的是,其执行中所具有的防止再犯的机能;防止再犯机能,通过隔离和改造犯人的处遇来实现,即执行自由刑就是实现设施关押,同时,它还伴有将犯人与社会隔离的作用,在

---

① 参见赵炳贵等:《试析我国刑法中的从重与从轻处罚》,载《法律学习与研究》1987 年第 3 期;胡学相:《论从重、从轻、减轻和免除处罚的适用》,载《国家检察官学院学报》1997 年第 3 期。

此之间,使社会免受犯人的社会危险性的侵害。因此,这种由于隔离而具有的无害化(除害)作用,对于抑制犯罪来说,是极为重要的。另一方面,既然自由刑的受刑人最终一定要回到社会中来,那么,改造受刑人,使其成为不再犯罪的公民重返社会,这也是执行自由刑的重要目的。[①] 我们并不否认自由刑对于某些犯罪(如人身危险性大的犯罪)具有其他刑罚不可替代的作用,但这种刑罚方法的弊端也是显而易见的,如国家要付出巨额的关押成本,罪犯间的交叉感染加剧了犯罪人的人身危险性,社会法律文化对犯罪的抵触和认识使得使用自由刑的罪犯回归社会更加困难,罪犯长期远离社会而无法适应释放后的社会。因此,从这种意义上说,国家花费巨资本是试图通过自由刑改造罪犯,可其结果往往是使国家损失财富,使罪犯远离社会。这种背离意图的做法,意味着广泛适用自由刑并不可取。正是这个原因,现代社会逐渐发展为从监禁刑向非监禁刑方向发展。虽然非监禁刑的广泛使用对社会环境的要求较高,虽然我们的社会也可能在很多方面还不具有广泛使用非监禁刑的条件,但摸索并逐渐使用非监禁刑,不仅是罪犯改造的需要,而且也是安定社会和节约国家财富的需要。因此,本书认为,对于那些不是非适用监禁刑不可的,还是尽可能不要适用,能够选择适用非监禁刑的尽可能适用。这既是刑法功能有限性的体现和要求,也是国家治理体系和治理能力现代化的体现和要求。

六、依全案量刑制度裁定执行刑

(一)执行刑的基本理论

执行刑,其实是刑法理论上的一个并不多见但早已出现的概念。但对于何为执行刑,有着根本性的分歧。综观理论上关于执行刑的界定,对其理解,大概有两种:一是“刑罚执行”说。这是我国大陆学者的主流观点。该观点认为,执行刑是犯罪分子实际执行的

① 参见[日]大谷实:《刑法总论》,黎宏译,法律出版社2003年版,第379页。

刑罚,[①]是刑罚执行机关对犯罪人实际执行宣告刑的结果。[②] 二是“刑罚裁量”说。这是部分大陆学者和台湾地区学者的观点。这种观点认为,“执行刑者,乃数罪并罚中,就各罪之宣告刑,合并而定其应行执行之刑罚也”;[③]“被告人犯有数罪的,应分别宣告其应处之刑罚后,再定其应执行之刑”;[④]“执行刑是交付执行的刑罚”,“对于单一犯罪来讲,执行刑就是宣告刑;对于数罪并罚来讲,执行刑就是按照数罪并罚的规定合并以后应执行的刑罚”。[⑤]

其实,执行刑是针对全案的刑罚裁量上的刑罚。如前所述,量刑,并非只是作出宣告刑的裁量活动,还应包括作出执行刑的裁量活动。基于宣告刑针对个罪和从轻从重处罚情节的实质特点,对于案件为多个个罪、存在先行羁押、需要适用缓刑,以及因刑罚交付执行后犯罪人有法定变更事由而需要审判机关进行减刑假释情形时,还需要对针对个罪宣告的宣告刑进行数罪并罚,需要对犯个罪或多罪的被先行羁押的犯罪人进行刑期折抵,需要对犯个罪或多罪的适用缓刑确实不致再危害社会的轻罪犯罪人适用缓刑,需要由审判机关基于审判权裁定是否适用及如何适用减刑、假释。显然,这些司法活动,不是执行机关的执行活动,而是审判机关基于审判权的刑事审判活动;不是审判机关的前述宣告刑活动,而是审判机关的“执行刑”刑罚裁量活动。

就以上意义而言,执行刑与执行机关对刑罚的执行,在性质上根本不同。执行刑与刑罚执行的关系,犹如医疗活动中医生开具的处方与护士执行处方的关系。也就是,如果说执行刑相当于医生开具的“处方”的话,则执行机关对刑罚的执行就相当于护士按“处方”给病人打针、吃药乃至监护、登记和向医生上报各种治疗信息材

---

① 参见张明楷:《刑法学》(第3版),法律出版社2007年版,第502页

② 陈忠林主编:《刑法学》(下),法律出版社2006年版,第13页。

③ 高仰止:《刑法总则之理论与实用》,台北,五南图书出版股份有限公司1986年版,第485页。

④ 顾肖荣、吕继贵主编:《量刑的原理与操作》,上海社会科学出版社1991年版,第41～42页。

⑤ 萧开权:《执行刑》,载《中国刑法词典》,学林出版社1989年版,第412页。

料、对治疗效果明显的提请减少药量、对提前康复的提请提前出院等。[①] 实际上，所谓执行刑，是在宣告刑的基础上根据特定事实（如需并罚的数罪）在裁判中确定的移至行刑阶段执行的刑罚，而不是刑罚的执行。执行刑并不是由执行机关确定的，而仍是由法院审判庭量定的。这是在理解和构建执行刑及其制度时，需特别注意的问题。

（二）执行刑的裁定

根据刑法立法和量刑实践，执行刑的裁定大体有如下几种情况：

1. 基于先行羁押与刑期折抵的调整

在这里，先行羁押是调整的客观事实，刑期折抵是调整的法律事实（量刑制度）。先行羁押，通常是一个刑事实体上（为刑期折抵的事实前提）的概念，与刑事程序上的未决羁押概念并不完全等义。在我国现行法下，未决羁押一般特指刑事拘留和逮捕，以及它们必然带来的结果和状态；而先行羁押，从我国刑期折抵立法、司法来看，它不仅包括程序上的未决羁押，还包括那些以完全甚至部分限制人身自由方式适用或变相适用的刑事、准刑事、行政甚至司法强制措施，如取保候审、监视居住、保外就医、收容审查、隔离审查、海关扣留、管训、先行管制、行政拘留、劳动教养、司法拘留，以及部分已执行之自由刑罚。这些"措施"或"刑罚"，在行为人被刑事追诉或再审，并被判处法定可折抵刑期的刑罚时，也就被视作了这个"先行羁押"，以适用刑期折抵。

刑期折抵的裁量，并不是发生在刑罚的执行过程中，而是发生在刑罚执行前的量刑阶段。因而，刑期折抵制度并不是刑罚执行制度，而是量刑制度，具体为执行刑裁量制度。从理论和实践上看，"折抵刑期，仅系折抵刑之执行，而非抵消刑之宣告"，[②]也就是先行羁押折抵刑期，折抵的是作为刑罚宣告结果的执行刑。质言之，刑

① 在这个意义上，缓刑、减刑、假释也都是量刑制度，具体为执行刑裁量制度。

② 高仰止：《刑法总则之理论与实用》，台北，五南图书出版股份有限公司1986年版，第541页。

期折抵并不影响宣告刑的作出,而影响对宣告刑的调整所形成的执行刑。若刑罚裁量活动主要包括决定是否对犯罪人判处刑罚、决定对犯罪人判处什么样的刑罚和决定对犯罪人判处如何执行的刑罚三个基本方面的话,则刑期折抵作为一项刑罚裁量制度,主要运行于刑罚裁量运行的第三个方面,即在决定对犯罪人判处如何执行的执行刑上。因此,刑期折抵的裁量,是根据先行羁押的特定事实使宣告刑形成执行刑的裁量,而不是对宣告刑本身的裁量。宣告刑的形成不受也不应受先行羁押这个非犯罪事实的影响。

2. 基于刑事责任承担能力与刑罚易科的调整

在这里,刑事责任承担能力是调整的客观事实,刑罚易科是调整的法律事实。易刑,又称为"刑罚的易科""刑罚的转换""刑罚的折换""换刑处分",是判决宣告的刑罚,有时因特殊事由不能执行,或以不执行为宜,而选择其他刑罚以为执行的代替,[①]也即从此一刑罚种类换算成彼一刑罚种类。它在本质上只不过是寻求一种刑罚执行的替代措施。这种措施一般具体可分为易科罚金、易服劳役和易以训诫等几种类型。其中,易科罚金是指以罚金代替短期自由刑的执行;易服劳役是指在犯罪人无力缴纳罚金时,以服劳役代替罚金刑的执行;易以训诫是指以训诫代替拘役或罚金的执行。[②]

综观世界刑法立法,大多既规制了刑期折抵又规制了刑罚易科。例如,现行《意大利刑法典》[③]在第135条规定了"财产刑与监禁刑之间的折抵",又在第136条规定了"财产刑的转换方式",也即刑罚的易科。根据这些规定:"当因任何法律效果而应在财产刑与监禁刑之间实行折抵时,每38欧元财产刑换算为1日监禁刑",[④]

---

① 参见高铭暄主编:《刑法学原理》(第3卷),中国人民大学出版社1994年版,第535~537页。

② 参见陈弘毅:《刑法总论》,台北,汉林出版社1983年版,第321~324页。

③ 1930年10月19日第1398号谕令批准,1931年7月1日生效,2006年全面修订。

④ 该换算标准曾于1945年、1947年、1961年、1981年和1993年进行多次调整;现在的标准是由1993年10月5日第402号法律第1条重新确立的。参见《意大利刑法典》,黄风译,法律出版社2007年版,第49页。

“因被判刑人无支付能力而未执行的罚金或者罚款,可依法实行转换”,法院对受刑人判决宣告的财产刑可以易科为监禁刑,而监禁刑也可易科为财产刑。而该法典第 137 条关于“预防性羁押”的规定、第 138 条关于“因在国外实施犯罪而受到的刑罚和预防性羁押”的规定以及第 139 条关于“附加刑的计算”的规定,就是关于刑期折抵的规定。[①] 其中,第 137 条第 1 款关于“预防性羁押”的规定即“在判决变为不可撤销之前受到的羁押从计时监禁刑的总和刑期中或者从财产刑的数额中扣除”,前者是刑期折抵问题,后者是刑罚易科问题;而该条第 2 款的规定即“从扣除的意义上讲,预防性羁押被视为有期徒刑或者拘役”,以及第 138 条的规定即“当在国外进行的审判应在意大利领域内重新进行时,在国外已执行的刑罚一律予以计算,并且考虑刑法的种类;如果在国外实行过预先羁押,适用前一条的规定”,分别是对“预防性羁押”的立法解释和因在国外实施犯罪而受到的刑罚和预防性羁押的刑罚易科和刑期折抵的规定。另外,该法典第 139 条关于“附加刑的计算”的规定,即“在计算以时间计算的附加刑时,不考虑被判刑人服监禁刑或者接受保安处分的时间,也不考虑被判刑人有意逃避刑罚或者保安处分的执行的时间”,实际上是对预防性羁押或保安处分的执行时间不能折抵附加刑的刑期的规定。

在我国,刑法只规制了刑期折抵而拒绝了刑罚的易科。在新中国的法律体系中,规制刑期折抵的法律除了 1979 年和 1997 年刑法外,还有 1996 年的《行政处罚法》。[②] 可对于刑罚的易科,虽然在革命根据地时期在游击区和巩固区曾实行过该制度,[③]但新中国一成立就以司法文件予以废止。例如,最高人民法院针对辽东、山西省人民法院的请示,于 1950 年 11 月 10 日作出的《关于处理烟毒犯应

---

① 参见《意大利刑法典》,黄风译,法律出版社 2007 年版,第 49 ~ 50 页。

② 该法明文规定了行政拘留在什么情况下可进行刑期折抵。

③ 为适应抗日根据地“扫荡”频繁的形势需要,晋察冀边区行政委员会决定,游击区判处的犯人可“易科罚金,并限定其住所,予以监外执行”;在苏中区,徒刑易科适用于判处有期徒刑 2 年以下的犯人,以抗币 1 元至 2 元折算徒刑一日,如果犯人无力缴纳,得以服役折算,服役 1 日折算抗币 1 元至 2 元。参见张希坡、韩延龙主编:《中国革命法制史》(上册),中国社会科学出版社 1987 年版,第 502 页。

坚决废止专科与易科罚金办法的函复》,最高人民法院华东分院针对上海市人民法院的请示,于1951年1月8日作出的《关于财产刑罚使用问题的指示》,都明令禁止了财产刑的易科。

3. 基于数个犯罪行为与数罪并罚的调整

在这里,数个犯罪行为是调整的客观事实,数罪并罚是调整的法律事实。从数罪并罚的原理来看,在案件出现数行为的情况下,在不是法定为一罪或处理时为一罪的情况下,需先就各行为分别定罪和分别确定宣告刑,然后根据一定的原则和方法合并决定应执行的执行刑。对此,我国《刑法》第69条至第71条作了明确规定。其中,第69条规定了数罪并罚的一般规则,规定"判决宣告以前一人犯数罪的,除判处死刑和无期徒刑的以外,应当在总和刑期以下、数刑中最高刑期以上,酌情决定执行的刑期,但是管制最高不能超过三年,拘役最高不能超过一年,有期徒刑总和刑期不满三十五年的,最高不能超过二十年";"数罪中有判处附加刑的,附加刑仍须执行";第70条规定了"漏罪"与原罪的并罚规则,规定"判决宣告以后,刑罚执行完毕以前,发现被判刑的犯罪分子在判决宣告以前还有其他罪没有判决的,应当对新发现的罪作出判决,把前后两个判决所判处的刑罚,依照本法第六十九条的规定,决定执行的刑罚。已经执行的刑期,应当计算在新判决决定的刑期以内";第71条规定了"新罪"与原罪的并罚规则,规定"判决宣告以后,刑罚执行完毕以前,被判刑的犯罪分子又犯罪的,应当对新犯的罪作出判决,把前罪没有执行的刑罚和后罪所判处的刑罚,依照本法第六十九条的规定,决定执行的刑罚"。

4. 基于案件性质、再犯危险与缓刑的调整

缓刑的适用,是基于案件的社会危害性较小(案件性质)和人身危险性较小(有悔罪表现,没有再犯罪的危险)的因素。但是,因为缓刑并不是针对个罪(具体犯罪)和依据其从轻、减刑、免除处罚等从宽处罚量刑情节作出,而是基于《刑法》第72条等关于缓刑的制度性规定作出的,所以依据缓刑制度作出的量刑结果,不是宣告刑而是执行刑。

5. 基于人身危险性变化与减刑、假释的调整

传统理论认为，执行刑仅是指因数罪并罚所决定执行的刑罚。本书认为，这是对执行刑的片面理解。不可否定，数罪并罚所决定执行的刑罚是执行刑，但执行刑并非仅此一种情形，还包括减刑和假释后所决定执行的刑罚。就减刑而言，我国《刑法》第 78 条规定，“被判处管制、拘役、有期徒刑、无期徒刑的犯罪分子，在执行期间，如果认真遵守监规，接受教育改造，确有悔改表现的，或者有立功表现的，可以减刑；有下列重大立功表现之一的，应当减刑：(一)阻止他人重大犯罪活动的；(二)检举监狱内外重大犯罪活动，经查证属实的；(三)有发明创造或者重大技术革新的；(四)在日常生产、生活中舍己救人的；(五)在抗御自然灾害或者排除重大事故中，有突出表现的；(六)对国家和社会有其他重大贡献的”。就假释而言，其适用也是由于人身危险性的变化，但其适用结果所形成的执行刑不是实刑，而是虚刑(考验期)。对此，我国《刑法》第 81 条规定，“被判处有期徒刑的犯罪分子，执行原判刑期二分之一以上，被判处无期徒刑的犯罪分子，实际执行十三年以上，如果认真遵守监规，接受教育改造，确有悔改表现，没有再犯罪的危险的，可以假释。如果有特殊情况，经最高人民法院核准，可以不受上述执行刑期的限制”；“对累犯以及因故意杀人、强奸、抢劫、绑架、放火、爆炸、投放危险物质或者有组织的暴力性犯罪被判处十年以上有期徒刑、无期徒刑的犯罪分子，不得假释”。

从根据上看，减刑的适用，不是(或主要不是)由于犯罪行为的社会危害性的大小，也不是由于案件判决的错误或不适当，而是由于犯罪人的人身危险性的变化。申言之，在这个视角下，执行刑的存在与适用，其法律根据是刑法关于减刑的规定，其实是根据犯罪人的人身危险性的变化。这也意味着，无论减刑还是假释，其适用形成执行刑的实质根据是犯罪人的人身危险性的变化。也就是说，对于犯罪人的各种可以减刑的表现(减刑的量刑情节)，如认真遵守监规，接受教育改造，确有悔改表现的，或者有立功表现，或有“阻止他人重大犯罪活动的；检举监狱内外重大犯罪活动，经查证属实的；有发明创造或者重大技术革新的；在日常生产、生活中舍己救人

的;在抗御自然灾害或者排除重大事故中,有突出表现的;对国家和社会有其他重大贡献”等重大立功表现,都需以人身危险性变小为实质条件;对于假释,立法对其人身危险性的变化有明确要求,即“认真遵守监规,接受教育改造,确有悔改表现,没有再犯罪的危险”。同样是基于人身危险性考虑,“对累犯以及因故意杀人、强奸、抢劫、绑架、放火、爆炸、投放危险物质或者有组织的暴力性犯罪被判处十年以上有期徒刑、无期徒刑的犯罪分子,不得假释”,但若他们的人身危险性发生变化,可适用减刑。

第七章　量刑个别化之实务评析

第一节　若干热点判例的量刑个别化评析

一、许某恶意取款案：需基于量刑原则

（一）关于本案的量刑争议

2006年4月21日到广州打工并成为广东省高级人民法院保安的许某，来到广州某银行ATM取款。他按通常做法，将借记卡插入ATM，输入密码，想取卡中170多元中的100元。可在操作时不慎多按了个“0”，提款变成1000元，ATM竟然依其指令吐出了1000元，并只在其借记卡账户上扣1元。许某尝试性地重复以上做法，依然如此。于是，他连续取款171次，共取17.5万元，之后潜逃西安。广州市商业银行发现许某账户交易异常后，经多方联系许某及其亲属，要求退还款项未果，于2006年4月30日向公安机关报案。公安机关立案后，将许某列为犯罪嫌疑人上网追逃。2007年5月22日，许某在陕西省宝鸡市被抓获归案。2007年11月20日，广州市中级人民法院一审以盗窃罪判处许某无期徒刑，剥夺政治权利终身，并处没收个人全部财

产。此判决在社会上引起了强烈质疑，甚至有论者认为，“此案如何定性量刑，是当下中国司法界的一道难题”，①广东省人民检察院检察长也认为本案是广东从来没有遇到过的新型案例。本案经广东省高级人民法院裁定，于 2008 年 1 月 9 日发回广州市中级人民法院重新审判。2008 年 3 月 31 日，本案重审以盗窃罪判处许某有期徒刑 5 年，并处罚金 2 万元；同时，追缴许某的犯罪所得 1,731,826 元，返还受害单位。

本书认为，以上两份判决，在定性上是准确的，即“许某以非法占有为目的，采用秘密手段，盗窃金融机构，数额特别巨大”。其一，许某第二次及以后的行为不属于不当得利。所谓不当得利，据民法专家中国社会科学院陈研究员的解释，无论是恶意还是善意的，都必须是意外被动地获得；如果是故意主动地获取他人利益，则不构成不当得利，而是刑法上的犯罪行为。② 综观本案，许某第一次行为确属不当得利，但从第二次行为开始的 170 次恶意取款行为，因其“以非法占有为目的”而属于犯罪行为。这一点可从行为人的诸多行为表现，如连续 170 次恶意取款、取款后弃原单位工资不要便携此巨款逃匿等，得以印证。其二，许某恶意取款行为不成立信用卡诈骗罪。本案许某取得钱款是利用 ATM 的程序错误，而不是 ATM 因许某的行为而出现程序错误并支付财物。重审判决认定许某“利用银行自动柜员机程序升级出错之机，多次恶意取款”，是正确的。虽然仅从犯罪的客观方面考察，“恶意取款”也可归入“恶意透支”，但该行为在犯罪主观和客体要件并不符合信用卡诈骗罪的犯罪构成，不能成立信用卡诈骗罪。其三，许某的恶意取款行为也不成立侵占罪。在本案中，许某的 170 次恶意取款行为不仅不是不当得利，而且也不是银行的“遗忘物”（是银行存放在 ATM 中的经营资金）。同时，这笔巨额款项也不是银行委托许某保管的“保管物”。因此，许某的 170 次恶意取款行为因不符合侵占罪的构成要件而不

---

① 刘品新：《许霆“恶意”取款案：法定量刑过严可否自由裁量》，载《检察日报》2008 年 1 月 16 日，第 6 版。

② 参见陈甦：《失灵柜员机取款案的民法分析》，载《人民法院报》2008 年 1 月 17 日，第 5 版。

成立侵占罪。其四,许某的行为成立盗窃罪。从许某行为的主客观表现来看,许某170次恶意取款行为在主观上具有非法占有银行财产(17万多元现金)的故意,在客观上实施了该款所有者和管理者(银行)不知情的秘密窃取行为(170次),符合盗窃罪的全部特征,构成盗窃罪。事实上,不仅如此,借记卡上的身份资料或密码等,不过是人们身份的识别标志,行为人是否留下身份识别标志,与行为人当时是否构成秘密窃取,两者之间没有必然联系。这正如行为人入室后即使先在墙上留下真实姓名再行窃而同样构成盗窃一样,许某实施取款行为时,柜员机失灵而又无人值守,往失灵柜员机里录入账户资料,并不等于当场告知银行人员他在额外获取银行款项。因此,许某明知柜员机出错而在当时银行人员并不知晓的情况下暗中取钱,当然属于以秘密窃取方式非法占有银行款项的盗窃行为。①

另外,关于本案是否属于盗窃金融机构,在理论上和实践中也存在较多分歧。赞成者认为ATM是金融机构的"延伸",盗窃ATM就是盗窃金融机构;反对者认为ATM不可能是金融机构,盗窃ATM不是盗窃金融机构。本书认为,这个争议有一个误区,就是把"盗窃金融机构"机械地理解成"是盗窃金融机构本身"。事实上,按照当然解释,盗窃金融机构,不是盗窃这个"机构"即办公场所及其设备本身,而是盗窃其"经营资金、有价证券和客户的资金等,如储户的存折、债券或其他财物,企业的结算资金、股票"。② 从这个意义上说,盗窃金融机构在实质意义上是盗窃金融机构的"金融"类权利物。这就决定了,只要盗窃了金融机构的"金融"类权利物,就已构成了立法上的"盗窃金融机构";至于金融机构把其"金融"类权利物放在什么地点,并不是问题的关键。申言之,虽然金融机构把钱放在柜员机里,这台机器并不就是金融机构;金融机构把钱放在汽车上,这辆汽车也并不是金融机构,但正如我们内含巨款的钱包,无论是从口袋,还是从箱包或是家里的保险柜里被窃走,都

① 参见陈甦:《失灵柜员机取款案的民法分析》,载《人民法院报》2008年1月17日,第5版。

② 参见高铭暄、马克昌主编:《刑法学》,北京大学出版社、高等教育出版社2007年版,第572页;张明楷:《刑法学》,法律出版社2007年版,第735页。

不影响盗窃是我们的“钱包”一样，金融机构的“金融”类权利物，无论存放在何处被窃走，都不影响立法上“盗窃金融机构”的“当然意义”（实质含义）的成立；只不过，因设防不同而反映出犯罪行为的社会危害性和犯罪人的人身危险性不同而已。这正如有论者所指出：在设防严密、需要付出艰巨努力的地方盗窃，说明犯罪人主观恶性大、犯罪意志坚决、犯罪手法高妙，应科以重刑；对一个设防不严、无须付出艰苦努力，甚至“动动手指、眨眨眼睛就能犯的罪”，应科以轻刑。[①] 对此，重审判决不仅作出了正确的认定，而且也据此在重审中作出了较轻的刑罚处罚。

本案的量刑实际上是本案争议最激烈的方面。据资料显示，本案原一审判决公布后，在网上引发了热烈争议，九成网友都认为对许某的量刑过重。本书认为，这一方面是由于人们关心本案定性的实质也是在关心量刑的轻重，另一方面是基于本案的情节而被判处无期徒刑显然超乎普通百姓的量刑接受能力。本案的问题确实是出现在量刑上，也即原一审法院对被告人许某 170 次恶意取款行为的定性（盗窃罪）并无不当，[②]但没有全面地适用本案的量刑情节是导致原一审量刑畸重的根本原因。显然，10 多万元只不过是一个普通白领的年收入，让一个人为此付出终生的代价，其荒唐显而易见。更何况当前大多数贪官贪污受贿数十万元甚至数百万元、数千万元，也只判 10 年以上徒刑，使得刑法的公平公正、司法的公信力大大受到挑战。重审判决虽然作出了令人能够接受的量刑结果，但其理由即“许某的盗窃犯意和取款行为与有预谋、有准备的盗窃犯罪相比，主观恶性相对较小；许某利用自动柜员机出现异常窃取款项，与采取破坏性手段盗取钱财相比，犯罪情节相对较轻”，让人感到并不充分。申言之，仅凭如此两点理由就使量刑从无期徒刑跳跃到 5 年有期徒刑，不得不令人质疑是“从一个极端走向另一个极端”。事实上，本案的从宽处罚理由远不限于以上两点；重审判决的

---

① 参见邓子滨：《许霆恶意取款案 ATM 机不是金融机构》，载《新京报》2007 年 12 月 28 日，A02 版。

② 把第一次非故意不当得利 1000 元算入盗窃罪数额内是不当的。

量刑并没有建立在案件的全部量刑情节上，并没有在理由上做到量刑的结果（5 年有期徒刑）与许某行为的社会危害性程度及其人身危险性程度相适应。

（二）一个从机械化走向个别化的量刑判决

对于本案的量刑，在理论上和实践中似乎有一个共识，就是原一审的量刑判决是"合法而不合理"的。因为，根据我国《刑法》第 264 条关于盗窃罪的规定，盗窃数额特别巨大的量刑基准是"处十年以上有期徒刑或者无期徒刑，并处罚金或者没收财产"，许某的行为属于盗窃金融机构且数额特别巨大（17 万多元），且在盗窃后携款逃匿，案发后又没有退赃，没有法定减轻处罚的情节，依法就只能判处十年以上徒刑，否则就是违背罪刑法定原则。按照当代普适的刑罚理念，各种罪名的量刑幅度是由法律规定的，法官必须援引法条将定罪者处罚，在刑种、刑期等方面都不能超过法条规定，既然我国《刑法》第 3 条对罪刑法定原则有明确规定，则量刑部分纵使是权力机关也不能随便改动。于是，为改变这种尴尬，8 名京城律师联合向全国人大常委会和最高人民法院提交《关于刑法及其法律适用若干问题亟待修改》的公民建议书，指出，"判处许某无期徒刑适用的法律依据量刑幅度太僵硬……以 10 年前的罪刑标尺来衡量今天的犯罪行为，实在不符合社会实际……请求权力机关及时修法或者进行其他弥补"。①

事实上，本案重审的量刑（5 年有期徒刑）既合法又合理，而原一审量刑（无期徒刑）既不合法也不合理。以上关于"合法而不合理"的认识，事实上是对《刑法》分则的本质及罪刑法定下其与量刑结果的关系的误解。换言之，基于整个刑法立法及其关于《刑法》分则与量刑结果的关系，无须修改刑法也能对本案作出罪刑相适应的量刑判决。具体而言，事实上，《刑法》分则并不是一个完整的刑法规范，它在本质上只不过是为定罪提供定罪基准和为量刑提供量刑基准而已。就定罪基准而言，这意味着《刑法》分则关于抽象个

① 参见黄冲、王亦君：《8 名律师就恶意取款者被判无期案上书最高法院》，载《中国青年报》2008 年 1 月 7 日，A3 版。

罪罪状的规定，只是为司法定罪提供一个起始标准，至于具体如何定罪和定什么罪，需由《刑法》总则的相关规定和定罪情节决定。就量刑基准而言，这意味着《刑法》分则关于抽象个罪法定刑的规定，只是为司法量刑提供一个起始标准，至于具体如何量刑和量什么刑，需由《刑法》总则的相关规定和量刑情节决定。因此，在司法实践中，量刑结果突破《刑法》分则关于罪状和法定刑的规定，并不意味着违背罪刑法定原则，而相反这是实质性罪刑法定原则的基本要求和具体体现。[①] 从《刑法》总则来看，罪刑法定原则的实质化表现，最典型的有三个，即《刑法》第 13 条的但书规定、第 37 条的免刑规定、第 63 条的法定和酌定减刑规定。具体就量刑而言，后二者不仅是罪刑相适应原则的要求和体现，而且也是实质性罪刑法定原则的要求和体现。

对于本案，能否或在多大程度上从宽处罚，取决于本案的全部量刑情节。理论上和实践中认为，在本案中，许某的行为不仅没有任何从宽处罚情节，而且还属于“情节恶劣”。因为在本案中，许某不仅一再盗取，还将其告知他人犯罪，随后更在潜逃中将巨款挥霍一空，被抓获后无一追回，整个过程并无任何可从轻或减轻的量刑情节。因此，法院在法定刑范围内处刑并无不妥。然而，本书认为，本案虽然不存在法定从宽处罚情节，但存在诸多酌定从宽处罚情节，综合这些情节及《刑法》总则的规定，本案的量刑结果自然不应拘泥于《刑法》分则的规定，而应与许某行为的社会危害性及其人身危险性相适应。综观本案，其酌定从宽情节大体如下：

其一，本案社会危害性不大。主要表现在：在犯罪对象上，虽然可把 ATM 理解为“金融机构”，但盗窃这个无须任何破坏手段就可得逞的“金融机构”，与立法作为“特别加重处罚”对象的传统金融机构相比，其情节几乎没有“恶劣”之处。虽然许某先后实施了 170 次恶意取款行为，但这恰恰是本案能为“数额特别巨大”的行为方

---

① 当然，从实质性罪刑法定原则的精神蕴含来看，这个“突破”只能是有利于被告人、犯罪人的“突破”，对于不利于被告人、犯罪人的“突破”，是违背罪刑法定原则（关于人权保障）和有利于被告原则的实质化精神的。

式所在。换言之,在这里不能把行为次数简单地视为“情节恶劣”的表现。在犯罪手段上,许某并没有使用任何破坏性手段。在危害结果上,虽然占有并花费了盗窃的所有款项,但这个款项损失完全可挽回(被告人亲属愿意全额返还)。在犯罪的一般预防上,因ATM出错极其罕见,故轻判不会导致他人“复制”。这样,虽然因许某行为时的表现而不可否认其行为具有一定的社会危害性,但与通常意义上的“盗窃金融机构”甚至传统一般盗窃相比,这个社会危害性并不是很大。这一点,重审判决作出了较为准确的认定。

其二,犯罪者的人身危险性不大。主要表现在:初犯;偶犯;人缘和生活中的一贯表现较好;职业为高级人民法院的保安;赃款花费于被偷、投资、买彩票、生活、租房等;犯罪后虽有逃跑情节,但既没有继续危害社会,也没有采取其他抗拒抓捕措施。如此等等表明,不仅许某再犯的可能性不大,而且其改造的难度也不大。

其三,法定刑起点与案件的具体情况不相适应。本案是数额犯,从实践来看,若唯数额论即只根据数额机械地量刑而不考虑数额以外的其他情节,本就容易导致量刑偏差。① 更何况,认定盗窃的数额标准已落后于时代经济状况。也就是,本案审判时的“数额特别巨大”标准(“对于个人盗窃公私财物,是价值人民币3万元至10万元以上”),是1998年3月《最高人民法院关于审理盗窃案件具体应用法律若干问题的解释》规定的。显然,在我国经济状况已飞速发展的今天,那个时候的数额标准已不符合目前的社会经济现状。这正如在当前经济状况下无法真正以“10万元”为“处10年以上有期徒刑或者无期徒刑”和“处死刑”的起点数额标准一样,当前司法实践中的数额标准已不能做到罪刑相适应。因此,在有关机关出台新标准前,不应机械地适用这个落后于时代经济状况的标准,而应考虑酌定从宽处罚。

如前所述,《刑法》分则关于法定刑的规定,对于个案来说,只不过是一个量刑基准,并不是不可更改的“铁律”。在实践中,当某

---

① 参见陈兴良:《罪刑均衡的中国命运》,载《中央政法管理干部学院学报》1996年第6期。

个案件在量刑基准内判处刑罚明显违背常识、常理、常情时，就应把违背常识、常理、常情的事实作为酌定从宽处罚的量刑情节。① 在法律形式主义者看来，常识、常理、常情似乎是法律以外的东西，而事实上常识、常理、常情是理解和适用某个法律规定的实质性标准，也是裁判能否公正有效，以及能否为公众认同的基本前提。② 从本案来看，一个本无犯意，只是在 ATM 出错诱使下临时产生犯意的初犯、偶犯者，以非破坏性手段实施数额相当于一个普通白领年收入的盗窃行为，就要为此付出终身自由的代价，这明显违背常识、常理、常情，这意味着该事实应当视为酌定从宽情节。也正是基于如此道理，本案原一审量刑在社会上引起了强烈反响。因此，就这个意义而言，当理性的民意普遍认为对某刑事被告人判得太重的时候，我们之所以“需要认真对待”，不仅是因为“此时容易造成刑罚的过剩和司法资源的浪费”，而且还因为它背离了以常识、常理、常情为实质内容的法律规定。就以上意义而言，量刑结果符合“常识、常理、常情”，也是量刑个别化对量刑合法与量刑合理内在关系的要求。

二、王某讨薪杀人案：需基于案件事实

（一）一起轰动全国的故意杀人案

2003 年 8 月，王某到陈某承包的工地打工。2004 年年初和 2005 年年初，王某分别结清了上年的工资。打工期间，王某与一同打工的被害人吴某、苏甲在工作中产生矛盾。2005 年 5 月 11 日，王某提出辞工，并为要求付清 2005 年的工资到所在区人事劳动保障局投诉。经调解，与代表陈某的吴某达成 5 日内结清工资的协议。

---

① “常识、常理、常情”的思想是陈忠林教授首先提出来的。笔者认为，这一思想对法律适用有着实质性的指导意义。该思想的核心在于“常”，这既使法官成为理性人，也使其判决能够得到公众认同。

② 量刑考虑“常识、常理、常情”，并非违背“法不容情”的道理，因为所谓的“法不容情”，实际上是指“法”不容“私情”。作为社会之公器的立法和司法，恰恰包含了公众认同的“常识、常理、常情”。正如有论者指出，我们反对民众情绪化的一时之激情，但是作为将永久存在的人类普遍情感，古今中外从来都是立法和司法的依据。

吴某提出王某不能继续在工地吃住，调解主持人要求吴某先支付部分生活费。后吴某给付生活费50元，王某嫌少未要。当日晚，王某回工地宿舍见房门被锁，便到吴某住处索要生活费，与闻讯赶来劝阻的苏甲因过去的纠纷发生争吵。随后赶到的苏乙（男）责问并打了王某一耳光。王某掏出携带的折叠刀，先后将苏甲、苏乙捅倒在地。王某不顾其弟劝阻，又将在场的吴某、苏丙（女）捅倒在地。吴某妻子汤某搀扶被刺倒在地的苏甲，也被王某捅成重伤。王某持刀追杀吴某未果，返回现场后又对已被刺倒在地的苏甲等人接连补刺，致苏甲、苏乙、吴某、苏丙当场死亡。汤某经送医院抢救，脱离危险。

王某杀人事件经新华社报道后，网上一片同情与“刀下留人”的呼吁。尽管人民群众对那些危害社会治安的各种犯罪分子深恶痛绝，但却将王某挥刀杀人的犯罪行为“浪漫化和悲壮化”为“英雄”，并为其赋诗和号召发起拯救王某的行动以拯救正义，认为“正义是人们的一种内心感受，无法用逻辑推理来准确论证，公众舆论是在个案中正义标准的最好说明”“绝大多数网友支持不对王某判处死刑”，是“公众对王某杀人的原因、社会经历综合考虑的结果，表达了社会正义的声音”。[①]

不过，2005年6月16日，宁夏石嘴山市中级人民法院依旧以故意杀人罪判处被告人王某死刑，剥夺政治权利终身。王某不服，提出上诉。2005年10月19日，宁夏回族自治区高级人民法院驳回上诉，维持原判。主要理由是：

其一，王某并不是在索要工资无果的情况下，被逼无奈杀人。王某的杀人是因平时积怨发生争吵，苏乙先动手打人，直接引发此案。王某提出辞工，要求结清工资，并向当地人事劳动保障局投诉，系依法行使权利。但案发前，其2003年和2004年的打工工资已经结清；其2005年的工资支付问题，案发当日下午经当地人事劳动保障局调解，双方已达成工地5日内付清王某工资的协议；王某从

---

① 参见高一飞：《讨论王斌余案件是“舆论审判”吗》，载《法制日报》2005年9月14日，第10版。

2005年2月下旬至4月30日陆续从工地借款1200元,案发时随身携有1452元现金,且当天拒收吴某给付的50元生活费,有能力解决个人食宿问题。本案虽发生在王某向吴某索要生活费的过程中,但王某既已投诉,并与工地达成协议,理应按照协议解决问题,且并非生活无着。王某与苏甲、吴某均系打工者,是因平时积怨发生争吵,苏乙先动手打人,直接引发此案。

其二,综合全案量刑情节,仍需判处死刑。被害人吴某在打工时曾打骂过王某,苏乙在案发当晚的争吵中先动手打王某一耳光,被害方在案件起因上有一定过错。对于事出有因、被害方有过错的案件,一般情况下,对被告人可以从轻处罚,但并非不论情节、后果一律从轻处罚。王某犯罪以后能自动投案,如实供述自己的罪行,其行为构成自首。依照我国《刑法》规定,对于自首的犯罪分子可以从轻或者减轻处罚,但并非不论罪行轻重,均应无条件地从轻或者减轻处罚。王某无视他人的生命权利,不听其弟劝阻,持刀连续捅刺5人,杀害无辜;特别严重的是,王某在追杀吴某未果返回现场后,又对已倒在血泊中的被害人连续补刺,前后共刺杀被害人48刀,必欲置被害人于死地,造成4人当场死亡,1人重伤。王某的行为,系杀人手段极其残忍、情节特别恶劣、犯罪后果极其严重,虽具有可以从轻处罚情节,但不足以从轻处罚。

(二)一个并未背离量刑个别化的量刑判决

本书认为,在我国尚没有废除死刑的情况下,以上量刑判决是一个合理的量刑判决,符合量刑个别化原理。具体理由如下:

其一,量刑个别化并不是只考虑个别量刑情节。如前所述,量刑是适当与适法的有机统一。量刑适法与量刑适当的司法实现,并不存在先后之分,而是同时进行的,表现为罪刑法定原则与罪刑相适应原则的有机统一和在量刑问题上的同时贯彻。量刑适法与适当的统一,需要量刑全面审度、综合平衡。所谓量刑全面审度、综合平衡,是指对量刑情节的法定情节和酌定情节,应作通盘考虑,要慎重处理各种情节之间的矛盾冲突。具体而言,既要全面审度,又要有所取舍;既不能漏掉某个情节,也不能把不该重复评价的情节重复评价;各情节既不能孤立适用,又不能不分轻重主次适用;既要找出其中的决定性情节，又要分清其中的一般性情节。这意味着，对于既有法定情节又有酌定情节，既有从重情节又有从轻情节的案件，既不能等量齐观而一对一抵消，又不能绝对地把法定情节重于酌定情节；既不能只重视多数情节而忽视少数决定情节的作用，又不能只重视个别关键情节而弱视多数情节的作用。例如，对于坦白从宽，这只说明犯罪后的态度好，可从宽处罚，但从量刑的最终结果来看，往往不一定从轻，因为犯罪后的态度只是一个因素，还有其他许多因素。量刑需平衡各种因素，各种因素平衡下来，结果仍有可能从重，但这不是由于坦白不从宽的缘故，而是因别的因素所致。[①] 基于以上道理，对于本案，虽然有自首情节且被害人也有一定过错，但这些可以从轻情节不足以对犯罪人应当从轻处罚。因此，法院的如此量刑理由是正确的。

其二，民意和民愤作为酌定量刑情节是有条件的。对于本案，论者们呼吁此案的二审和死刑复核法官应"考虑民意的呼唤"，尊重自己"同情"的法定权利，改判王某死缓或者无期徒刑。如果对王某判处死刑带来了法官自己和民众心中巨大的不安、不平，这样的司法才是令人遗憾的、不公正的司法；有的观点认为，量刑时考虑民众对其普遍同情的感受，既符合法律规定的罪刑法定原则，与法律并没有"发生冲突"，也符合司法公正的要求。[②] 本书认为，从量刑个别化来看，量刑确实应当考虑民意。然而，考虑民意和民愤的前提是：一方面，民意和民愤并不能以得知者多寡来衡量；另一方面，民意和民愤绝不能是因媒体的渲染和误导而形成的。实践中，关于"法官应该理性对待民愤，正确的态度是法官既要服从法律的指引，又要考虑民意的呼唤"[③]的观点，既有一定道理，又有其片面性。作为酌定量刑情节的民意和民愤，必须来自于对案情的正确了

① 参见顾肖荣、吕继贵主编：《量刑的原理与操作》，上海社会科学出版社 1991 年版，第 51 页。

② 参见高一飞：《"同情"可以是不判王斌余死刑的理由》，载《杂文月刊》2005 年第 11 期。

③ 刘华：《刑事审判应考虑民愤》，载《新京报》2005 年 9 月 6 日（注：报刊版次信息因年代久远而无法核实。本书其他注释也有类似情况，以下不再逐一说明）。

解和自我感知;基于案件本身的事实,体现了主观恶性大小与其支配实施的犯罪行为及其危害的主客观统一,而不是媒体的渲染和误导。从本案情况来看,媒体在报道本案及学者在评析本案时,往往把王某的杀人行为与索要工资直接联系在一起,并加上一个名不副实的“激愤杀人”这个酌定从宽的量刑情节。事实上,虽然本案与索要工资有一定关系,但本案的杀害和伤害对象并不是其真正“激愤”的对象。这样,建立在如此情形上的民意和民愤,并不能作为酌定量刑情节而影响对王某的量刑。

三、亓某被追溺亡案:需基于量刑情节

(一)一起轰动海内外的被害案

2001 年 2 月 4 日 16 时许,被告人韩某、穆某、张某与赵某(另案处理)酒后乘坐由韩某驾驶的从刘某(个体户)处借来的汽车返家,由西向东行至阜阳市颍州区西湖镇泉河南岸老坝子通往新坝子的一个路口时,韩某把车停在正在散步的被害人亓某、杨某夫妇附近。韩某下车,走到车左前轮处小便,其余 3 人从右车门下车,在车的右侧小便。因韩某小便处与亓某夫妇仅距 5 米左右,且系同侧,亓某感到受辱,指责韩某没有教养。韩某闻言大怒,边骂边冲下堤坝,朝亓某面部打了一拳,亓某愤而还击。被告人穆某见状上前,在被亓某踢了一脚后,也伙同随后赶来的张某参与殴打亓某,致亓某左、右额和面颊部等多处受伤,嘴角流血。亓某挣脱起身,拉着杨某沿小路往北朝新坝子方向逃跑。被告人韩某仍不罢休,回车上拿出摇把,继续追撵,见亓某、杨某二人已经走远,韩某随即返身上坝调转车头,独自驾车沿老坝子连接新坝子的 U 形路追赶、拦截两被害人。被告人穆某、张某与赵某见状,便沿被害人所走的小路赶去。亓某、杨某认为后有车追,侧有拦截,遂翻过新坝子逃至河边。此时,韩某已驾车到水闸附近,发现亓某、杨某二人已到河边后,调转车头,将车开到正对亓某、杨某二人所处位置的坝子上停下,手持一把长 31 厘米的梅花套筒扳手,下坝朝二被害人追去。亓某见韩某持械紧追不舍,跳入宽约 100 米、深近 7 米的冰冷河中(水温 0 ~4 摄氏度)。韩某追到河边,见河水已达亓某的腰部,仍持械威胁不

放,亓某被迫向对岸游去。继而,韩某返身上坝,开车追撵沿河岸西逃的杨某,逼问亓某的姓名、住址。此时,亓某已沉入河底,溺水身亡。

这就是震惊中外的安徽阜阳籍某大学研究生亓某被害案。本案于2001年2月7日经《江淮晨报》报道,[①]立即引起了许多新闻媒体的关注,并在社会上引起了强烈反响。特别是,经新浪、搜狐等各大网站转载后,网友纷纷对亓某的不幸遇害深表同情和对置亓某于死地者痛恨不已。人们纷纷通过各种方式表达他们的同情和愤怒。

2001年3月20日,安徽省阜阳市中级人民法院一审公开开庭审理了本案。法院审理认为,被告人韩某无视社会公德,公然当着被害人的面小便,在受到斥责后,非但不赔礼道歉,反而伙同被告人穆某、张某殴打被害人,并追逐、拦截、辱骂两被害人,情节恶劣,其行为已构成寻衅滋事罪。在共同犯罪中,韩某系主犯,应从重处罚;穆某、张某系从犯,应比照主犯从轻处罚。被告人韩某殴打亓某后,又独自驾车持械紧追被害人夫妇不放,迫使亓某跳入冰冷的河水中,仍持械威胁。韩某明知自己的行为可能危及他人生命,竟放任这种后果的发生,导致亓某溺水身亡,其行为又构成故意杀人罪,且情节恶劣,后果特别严重,社会危害性极大,应依法严惩并数罪并罚。韩某虽自动投案,但当庭未能如实供述主要犯罪事实,不能认定为自首。于是,一审当庭宣判:被告人韩某犯故意杀人罪,判处死刑,剥夺政治权利终身,犯寻衅滋事罪,判处有期徒刑5年,决定执行死刑,剥夺政治权利终身;被告人穆某、张某犯寻衅滋事罪,分别依法判处有期徒刑3年和1年。[②] 二审法院维持了原判。2001年4月11日,犯罪人韩某被依法执行了死刑。

(二)一份严重背离量刑个别化的量刑判决

对于本案,从庭审调查的事实和证据来看,在定性上大体可行,

---

① 参见靳生:《一研究生阜阳遇害》,载《江淮晨报》2001年2月7日。

② 参见靳生:《安徽阜阳中级人民法院判处研究生遇害案主犯死刑》,载《江淮晨报》2001年3月21日;李蕾:《安徽研究生被害案公审主犯韩永臣被判死刑》,载新华网2001年3月21日,http://news.2008.sina.com.cn/c/212252.html。

但其量刑严重背离量刑个别化原理。从法院的量刑理由来看,其量刑因量刑情节的提取和适用不当,而使量刑结果与其反映的犯罪行为的社会危害性和犯罪人的人身危险性方面的事实不相适应。这一点在法院认定的寻衅滋事罪和故意杀人罪中都有体现。

1. 在对犯罪人韩某寻衅滋事罪的量刑中所存在的问题。主要是量刑情节的提取和适用不当。具体表现在错误地把主犯当成“从重处罚”的量刑情节、对自首的量刑情节不予认定、错把寻衅滋事的“情节恶劣”当成“从重处罚”的量刑情节三个方面。

其一,错误地适用了“主犯”这个量刑情节。在本案寻衅滋事共同犯罪中,韩某因在其“殴打被害人,并追逐、拦截、辱骂两被害人”中起了主要作用确实是主犯。但根据《刑法》第 26 条的规定,对于主犯,只是“应当按照其所参与的或者组织、指挥的全部犯罪处罚”,而不是“从重处罚”的量刑情节。也就是韩某作为在本寻衅滋事案的主要实行犯(主犯),只按他实施的“殴打被害人,并追逐、拦截、辱骂两被害人”犯罪进行处罚,而无须“从重处罚”。判决书认定“韩某系主犯,应从重处罚”,是错误地适用法律。

其二,不认定韩某对寻衅滋事犯罪的自首情节,也是错误的。庭审表明,韩某归案属自动投案,并在归案后和庭审中均如实供述了其“殴打被害人,并追逐、拦截、辱骂两被害人”的全部事实,只是拒绝承认其追逐亓某致其溺水身亡构成故意杀人罪。对于韩某的如此投案行为,根据 1998 年《最高人民法院关于处理自首和立功具体应用法律若干问题的解释》第 1 条的规定,即“犯有数罪的犯罪嫌疑人仅如实供述所犯数罪中部分犯罪的,只对如实供述部分犯罪的行为,认定为自首”,虽然不能对韩某所犯的故意杀人罪认定为自首,但对韩某所犯的寻衅滋事罪应认定为自首,并应根据《刑法》第 67 条的规定,“犯罪以后自动投案,如实供述自己的罪行的,是自首。对于自首的犯罪分子,可以从轻或者减轻处罚。其中,犯罪较轻的,可以免除处罚”。因此,法庭以韩某“虽投案,但当庭未能如实供述主要犯罪事实”为由,而对韩某所犯的寻衅滋事罪不认定为自首,是错误的。

其三,本案中寻衅滋事的“情节恶劣”,不能作为在法定刑内顶格处刑(5 年有期徒刑)的量刑情节。根据《刑法》第 293 条的规定,寻衅滋事,随意殴打他人,只有"情节恶劣"的才构成犯罪,即"情节恶劣"是"随意殴打他人"构成寻衅滋事罪的基本犯罪构成要件。[①]从本罪的法定刑与故意伤害罪、故意杀人罪的法定刑的关系来看,本罪中的"情节恶劣"虽然不能包容重伤和死亡的结果,但可包容轻伤的结果。申言之,"随意殴打他人",并致被殴打者轻微伤甚至轻伤,都只是本罪中的"情节恶劣"。其中,纵使是致被害人轻伤,也不能在本罪法定刑内顶格确定其量刑起点为 5 年有期徒刑。在本案中,被告人韩某追赶被害人并导致被害人死亡的行为及其结果已被认定为故意杀人罪。因争吵而殴打被害人亓某,并造成亓某轻微伤,其量刑起点至多只能是 2 年有期徒刑。因此,以寻衅滋事罪判处韩某有期徒刑 5 年,显然罪责刑不相适应,有悖量刑个别化的基本原理。

综合以上几点,因对韩某所犯的寻衅滋事罪的三个量刑情节都存在错误的认定或法律适用,而据此作出的量刑结果,就必定与反映韩某犯罪行为的社会危害性和犯罪人的人身危险性方面的事实不相适应。

2. 在对犯罪人韩某故意杀人罪的量刑中所存在的问题。庭审表明,韩某所犯故意杀人罪,属于不作为犯罪和间接故意犯罪。不作为的行为方式和间接故意的罪过形态,虽然不影响定罪,但作为量刑情节,肯定影响量刑,并表现为作出相对较轻的刑事处罚。

其一,本案属于不作为犯罪。本案被害人的死亡,并非像新闻媒体一开始报道的那样,说是犯罪人韩某向水里扔石块砸死的,而是因犯罪人的不作为行为致使"溺水身亡"。具体是,因犯罪人韩某"驾车持械紧追被害人夫妇不放,迫使亓跳入冰冷的河水中",使被害人处于危险状态,犯罪人应当消除却没有消除这个危险状态,导致被害人"溺水身亡"的危害结果发生,因而犯罪人应当负因先行行为而引起的故意杀人罪的刑事责任。

其二,本案属于间接故意犯罪。即被告人韩某明知自己的行为

---

① 当然,因这个"情节恶劣"的程度不同而可能影响对量刑起点的确定。

可能危及他人生命，但放任这种后果的发生，导致亓某溺水身亡。

综合以上两点，本案导致被害人死亡的情节虽然成立犯罪，但并非“情节恶劣，后果特别严重，社会危害性极大”。从理论上看，不作为犯罪的情节一般没有作为犯罪那样恶劣，间接故意犯罪行为的社会危害性一般也没有直接故意犯罪那样大。也正基于此，在实践中，以不作为方式和间接故意实施的故意杀人，一般不考虑适用死刑。

然而，法院把韩某的故意杀人行为认定为“情节恶劣，后果特别严重，社会危害性极大”，并对其适用死刑。之所以如此，一方面是没有正确对待以上“不作为”和“间接故意”的量刑情节，另一方面是错误地提取和适用了“民愤”作为量刑情节。从实践来看，民愤有两种：一种是案件自身的社会危害性或犯罪人的人身危险性所带来的民愤，这种民愤作为案件社会危险性和犯罪人人身危险性的表现，应当影响量刑；另一种是媒体“自侦自审”而片面引导的“民愤”，这种民愤既不能认定为案件的“后果特别严重”，也不能认定为案件的“社会危害性极大”，不能影响量刑。显然，案件的后果和社会危害性，均需由案件本身所带来，而不是由媒体炒作和歪曲所造就。使量刑结果建立在非案件事实本身的基础上，必定导致罪责刑不相适应。法院对韩某适用死刑，在很大程度上就是基于媒体“自侦自审”而片面引导的“民愤”，为了平息“民愤”和维护社会安定，而错误地认定了本案的社会危害后果和社会危害性。

不可否认，在刑法现代化的今天，司法需要监督，但不是新闻媒体“自侦自判”式的监督。本案的教训，不仅仅使罪责刑不相适应，而且破坏了“法治”。本案犯罪人韩某的行为理应以故意杀人罪追究刑事责任，但其犯罪情节不足以处极刑。量刑的轻重一定要基于案件的所有量刑情节，否则，案件很难做到罪刑相适应。

四、老汉粗心烧山案：需兼顾社会效果

（一）一份被普遍叫好的“人性化”判决

2006年8月29日晚上9点，重庆市忠县任家镇老农邱某和新生镇老农周某，在帮他人割完稻谷回家途中，将快要燃尽的麻秆火

把,随手扔在山路上,引发了一场火灾,烧毁142亩山林,造成直接经济损失5万余元,间接损失17万余元。2006年10月,忠县人民法院以失火罪,一审分别判处邱某、周某有期徒刑3年半和3年。两人上诉,并在重庆市第二中级人民法院二审审理过程中表示真诚悔罪,愿全力弥补损失,主动提出愿将过火山林全部种上树苗,还要动员全家和所有亲属一起完成补种工作。鉴于两人都年逾六旬,发现失火后曾返回现场扑救,归案后认罪态度好,重庆市第二中级人民法院于2006年12月28日作出终审判决:改判邱某有期徒刑3年、缓刑4年,改判周某有期徒刑3年、缓刑3年,同时责令两人回家后在失火的山头种树。在2007年植树节前后,两位老人率各自的亲属连续数天上山植树,镇、村干部和村民也纷纷自发上山帮助老人植树,几天时间就植树万余株。

这一判决被誉为"人性化"判决。2007年3月11日,《重庆晨报》以"老汉粗心烧山142亩,法官史无前例判种树"为题报道了这一判决后,新华网、《北京青年报》、光明网、网易网、泰州新闻网、《甘肃经济报》、《西安晚报》、新加坡《联合早报》等国内外上百家主流媒体先后对这一判决予以转载。新加坡《联合早报》用"法院判决史无前例,柔情更撼人心"的醒目标题对这一事件进行了全面报道。报道称:"依法对犯有失火罪的人判以徒刑,是执法者应有的职责,这个底线原则上动弹不得。但是法这个原则面对的是千变万化的现实,执法不考虑实际情况,为执法而执法,法的原则是捍卫了,但其效果未必就好。而善于从实际出发,重视客观效果,通过执法力求多震撼一些人的心灵,并且使其心灵受到深深触动,这才是执法的高级境界。执法者要迈向这一境界,就需要好好开动脑筋,提高执法水平,机械性执法不行,缺乏柔情的执法也是做不到的。重庆市第二中级人民法院刑事审判一庭这样做了,而且社会效果非常好,它的标本意义是显而易见的,也向缺乏人情味的机械执法提出了警示。"广大网友也纷纷发帖,支持该判决,称"看到这个案件很激动,感觉这个判决可以作为一个典范,一个中国判决的典范";"为这样的判决叫好,为中国有这样的法官感到骄傲";"法律也是在理的基础上建立起来的!我觉得法官判得好!如果一部法律不为广大人民着想,不被广大人民所接受,那就不是法,那只会造成更多的‘违法’”。[①]

(二)本是一个常规的个别化量刑

实际上,本书认为,本案的量刑,既不是一个特别的人性化量刑,也不是一个违法的量刑,而只是一个有法有据和体现了法律效果与社会效果有机统一的常规化量刑。

1. 这并非一个特别的人性化量刑

人性化本是指厂家在设计产品时力求从人体工程学、生态学和美学等角度达到完美,从而真正实现科技以人为本的目的,是指让技术和人的关系协调,即让技术的发展围绕人的需求来展开。就量刑而言,所谓人性化的量刑,只不过是量刑与犯罪人的具体情况相符合,也即这个量刑既实现了其法律效果,又实现了其社会效果,是法律效果和社会效果的统一。同时,依罪刑法定原则,这个具有人性化的量刑也要在法律的框架下作出。这样说来,所谓的人性化量刑,只不过是量刑个别化的表现而已,并不具有超出量刑个别化的特别意义。申言之,如此量刑,若真是人性化的话,也应是法院在常规情况下所应当作出的。对于本案,本书认为,与其说是人性化的量刑,不如说是个别化的量刑。因为这个量刑中的"种树",虽然会有很好的法律效果和社会效果,但并非适合犯罪人的需要。对此,重庆第二中级人民法院某副院长的评价,即"法院对两老汉作出缓刑判决,既体现了刑法的威慑力,也使法律效果与社会效果相统一。数百干部群众主动帮两位老人种树,更体现了法律精神的传承与社会效应最大化",[②]实际上讲的就是量刑个别化问题。

2. 这不是一个"超法律"的量刑

根据《刑法》第115条第2款的规定,失火罪的重罪的量刑基准是"处三年以上七年以下有期徒刑";失火罪的轻罪(情节较轻)的

---

① 汪放、张智慧:《重庆二中院人性化判决引社会高度关注》,载中国法院网2007年3月15日,https://www.chinacourt.org/article/detail/2007/03/id/239237.shtml。

② 汪放、张智慧:《重庆二中院人性化判决引社会高度关注》,载中国法院网2007年3月6日,https://www.chinacourt.org/article/detail/2007/03/id/239237.shtml。

量刑基本基准是“处三年以下有期徒刑或者拘役”。从本案的情况来看，两犯罪人都年逾六旬，发现失火后均返回现场扑救，归案后认罪态度好等情节，足以表明其情节较轻，应适用“处三年以下有期徒刑或者拘役”的量刑基本基准。

又根据《刑法》第72条的规定，对于被判处拘役、3年以下有期徒刑的犯罪分子，犯罪情节较轻、有悔罪表现、没有再犯罪的危险、宣告缓刑对所居住社区没有重大不良影响的，可以宣告缓刑。从本案的情况来看，两犯罪人都年逾六旬，发现失火后均返回现场扑救，归案后认罪态度好等情节，不仅表明两犯罪人的犯罪情节较轻，而且也足以表明他们的悔罪表现，更何况他们还是过失犯罪。因此，对他们适用缓刑，也是完全符合法律规定的。

又根据《刑法》第36条第1款的规定：“由于犯罪行为而使被害人遭受经济损失的，对犯罪分子除依法给予刑事处罚外，并应根据情况判处赔偿经济损失。”对于本案，由于两老人的过失行为而造成烧毁142亩山林，造成直接经济损失5万余元，间接损失17万余元。对于如此经济损失，基于山林的特点和两犯罪人的实际情况，可能最好的“赔偿经济损失”方式就是使烧毁的山林重新成为树林。[①] 因此，虽然法律没有明确规定对于如此失火罪以“种树”为“赔偿经济损失”方式，但“种树”方式确实最适合案情需要。申言之，以“种树”为本案“赔偿经济损失”的方式，虽然不是很符合年过六旬的老汉的体力情况，但这也是他们亲属和村民们的共同要求，也就是以“种树”为本案“赔偿经济损失”的方式可以很好地调动大家互帮互助的积极性，在判决时就可预见能够收获很好的法律效果和社会效果。可见，这样的量刑，完完全全是一个个别化的量刑，不仅没有超越法律的规定，而且符合量刑个别化的理念和要求。

当然，也有学者对法院的如此做法有不同看法。例如，有学者认为，“毕竟，把64岁和67岁的两个老汉关到监狱里，不如让他们

---

① 当然，在程序上，本“赔偿经济损失”的实现需要刑事附带民事诉讼予以启动。基于本经济损失是国家财产、集体财产，根据《刑事诉讼法》第101条第2款的规定，即“如果是国家财产、集体财产遭受损失的，人民检察院在提起公诉的时候，可以提起附带民事诉讼”，本附带民事诉讼应由人民检察院在提起公诉时一并提出。

种树好。这个朴素的想法其实隐含着复杂的刑罚目的问题，因为从案情报道来看，两个老汉属于疏忽大意的过失，说白了就是‘无心之失’，而对‘无心之失’的惩罚，实际上达不到威慑的效果，因为人的‘无心之失’是不可能通过刑罚的威慑来杜绝和避免的”。[①] 笔者不同意这种看法。首先，对于本案，“不把老汉关在监狱”（缓刑）与“种树”是两个不同的问题，对于前者是要求犯罪人承担刑事责任，对于后者是要求犯罪人承担民事责任；其次，疏忽大意的过失虽然是过失，但其行为人也是有认识能力和意志能力的，也正因如此，刑法才把他同无认识能力或意志能力者区分开来，才要求他负刑事责任。申言之，要求疏忽大意过失者负刑事责任，就是为了强化他们的责任心，平时多加注意，不要马虎。因此，从这个意义上说，对疏忽大意者进行处罚应当是可行和必要的。

再从量刑个别化的实质意义与罪刑法定原则的关系来看，如前所述，量刑个别化并非不要罪刑法定原则，而相反，量刑个别化是在坚持罪刑法定原则的前提下的个别化。当然，这个个别化是与量刑个别化相协调的，并使罪刑法定原则的适用不是机械的、形式上的，而是实质上的。在人权保障、有利于被告等内核和宽严相济刑事政策的精神下，虽然依罪刑法定原则不能超越法律作出对犯罪者不利的处罚，但可作出有利于发挥量刑的法律效果和社会效果的处罚。因此，本书认为，那种认为“‘刑’是法定的，既不能突破法定的刑期，也不能突破法定的刑种”“如果今天我们允许判两个老人种树，那明天就保不住判什么人掏粪或者比监禁更无法忍受的某种苦役”的观点，并不符合罪刑法定原则的精神和实质。

当然，学者们的以上担心，还基于以“种树”为本案“赔偿经济损失”的方式，无法以国家强制力作为实施保障。本书认为，这种担心是多余的。因为如前所述，以“种树”为本案“赔偿经济损失”的方式，只是犯罪人承担本案的民事责任。对于这个民事责任的实现，一方面也可以国家强制力作为实施保障，另一方面刑事案件中

---

① 邓子滨：《老汉烧山被判种树：法律被突破未必是好事》，载光明网 2007 年 3 月 21 日，http://news.sina.com.cn/o/2007－03－21/100011461808s.shtml。

的民事责任虽然独立于刑事责任，但犯罪人对民事责任的不承担，对于缓刑案件来说，肯定会影响对缓刑执行的考察。特别是，缓刑案件的民事责任承担方式，往往是犯罪人自愿或乐于承担的。由此，如此判决，不仅符合对犯罪的修复性司法理念，而且有利于责任内容的实现。就这个意义而言，如此民事责任的实现，应当说是有保障的。

因此，对于本案，审判机关作出让犯罪人同时承担刑事责任和民事责任的量刑，不仅没有超越法律，而且是在实质上忠诚了法律。如此判决，是一个符合常识、常理、常情和量刑个别化原理的常规化判决。也正因如此，该判决得到了社会的广泛支持和赞赏。

第二节 若干热点现象的量刑个别化评析

一、辩诉交易：讨价还价式量刑个别化

（一）审判阶段的辩诉交易

在英美等国，有罪答辩(guilty plea)与量刑减让(sentence dis-counts)是辩诉交易(plea bargaining)在审判阶段的主要表现形式。所谓有罪答辩，是指被告人对犯罪指控作出明确承认或接受。所谓量刑减让，是指因被告人的有罪答辩，法院在对被告人(犯罪人)量刑时予以从宽考虑。所谓辩诉交易，又称辩诉协商(plea negotiation)或者辩诉协议(plea agreement)，是指在审判前，控诉方和被告方经过准备，然后双方进行谈判，如果被告方满足控诉方的要求，则控诉方或者撤销指控，或者降格控诉，或者要求将其从轻判处。[①] 辩诉交易最早源于美国，具体可以溯源于19世纪80年代康涅狄格州在一些刑事案件中的尝试，因其“迅速、经济和终结性”(speed, economy, and finality)等优点，虽然在尝试中遭到质疑，但仍

---

① 参见程味秋主编：《外国刑事诉讼法概论》，中国政法大学出版社1994年版，第58页。

在实践中得以广泛推行。先是于20世纪60年代在司法实践中得到普遍推行,后又于20世纪70年代中期因“布雷迪诉美利坚合众国案”(Brady v. United States,397 U. S. 742)而初次获得联邦最高法院承认的合法地位并得到发展。据资料显示,仅纽约市在1990年起诉到法院的541,000人中,451,000人通过辩诉交易解决了,占83.33%。显然,这些辩诉交易应当都表现为有罪答辩和量刑减让的形式。在英国,有罪答辩和量刑减让更是其上诉法院认可的被告人权利。据资料显示,英国的量刑减让幅度通常是法定刑罚的25%~30%。[①]

从背景(原因)来看,有罪答辩和量刑减让并非主要因为人身危险性因素。对检察官来说,选择辩诉交易的主要理由:一是鼓励明知自己有罪的被告人合理认罪,以节省案件审理费用,提高诉讼效率;二是为了从该交易对象获得其他更严重罪犯的证言或其他合作;三是因有罪证据不够充分而为了避免败诉的风险;四是为了使某些类型案件(如性犯罪)的被害人因被告人主动认罪而不用出庭作证和免受心灵创伤。在以上理由中,最主要的应当是提高诉讼效率和节省资金。英国实行的分等级的判刑折扣制度就鲜明地表明了这一点。表现在,该制度根据有罪答辩的早晚而对提高诉讼效率和节省资金的情况不同,把量刑减让划为三等:一等为有功于检察院揭露案件的认罪,适用最宽大的折扣;二等为在合适的时间内认罪,避免进行案件开庭审查的,适用较宽大的折扣,如果在预审后才认罪的,折扣应更少些;三等为在正式审判当天认罪的,适用最低等级的折扣,虽然已到最后一刻,但由于避免了正式审判而节省资金,所以此时应予以一定的折扣。[②] 对被告方来说,选择“辩诉交易”的理由主要是为了换取较轻的量刑。这种量刑减让的诱惑,使得一些无罪者也作有罪答辩,因为这些被告人相信他们将可能被定罪而受监禁,如能主动认罪将少受甚至免受这种刑罚。根据《刑事法院研究》对辩护律师所作的问卷调查,每年大约有1400个可能无罪的人

---

① 参见陈泽宪:《寻求公正与效率的平衡》,载《外国法译评》1994年第4期。

② 参见陈泽宪:《寻求公正与效率的平衡》,载《外国法译评》1994年第4期。

供认有罪。[①] 综观以上控辩双方有罪答辩与量刑减让的缘由，有罪答辩和量刑减让与其说是被告人的人身危险性原因，不如说主要是量刑交易的原因。这个交易，对于控诉方来说，是拿量刑减让作为筹码，诱使被告方(犯罪人)作出有罪答辩；对于被告人(犯罪人)来说，是因为有量刑减让而愿意作出有罪答辩。因此，有罪答辩和量刑减让在本质上主要是一种量刑交易。

量刑交易虽然不是关于社会危害性或人身危险性方面的事实，但实际上它也是量刑个别化的表现。如前所述，量刑个别化在本质上是使量刑结果与犯罪和犯罪人的具体情况相适应。量刑个别化并非只是以犯罪行为的社会危害性和犯罪人的人身危险性为根据，也以其他事实如先行羁押、坦白、立功为根据。量刑交易既不是社会危害性方面的事实，也不是人身危险性方面的事实，而是其他事实。当然，量刑交易不排除也存在社会危害性和人身危险性均较小的成分。一方面，可予以量刑交易的案件，往往是社会危害性和人身危险性均较小的案件；另一方面，被告人作出有罪答辩，尤其是对于那些确实有罪的人在较早阶段的认罪，也在一定程度上表明犯罪人的人身危险性较小。在我国，无论是立法还是司法均没有以上成型的辩诉交易。但司法上也有个别判例的摸索，也就是 2002 年 4 月 11 日牡丹江铁路运输法院开庭审理的被告人孟某故意伤害案。据报道，2000 年 12 月 18 日，被告人孟某与被害人王某因争道引起口角并厮打，孟某在感觉势单力薄的情况下，打电话叫来五六个人参与斗殴，致被害人王某重伤。案发后，被告人孟某被抓获，其他同案人均在逃，在未能抓获其他同案人的情形下，公诉机关牡丹江铁路运输检察院以故意伤害罪将孟某起诉至牡丹江铁路法院，造成该案事实不清、证据不足，追逃需要大量时间、人力和物力，且证据收集困难等分歧与困境。由此，在受诉法院建议和辩护律师努力下，控辩双方达成如下辩诉交易协议：孟某承认伤害的犯罪事实，并主动承担被害人的物质损失；辩护律师放弃本案事实不清、证据不足的观点，同意公诉机关指控的事实、证据及罪名，为孟某作有罪辩

---

① 参见陈泽宪：《寻求公正与效率的平衡》，载《外国法译评》1994 年第 4 期。

护,要求对被告人从轻处罚。牡丹江铁路运输法院根据辩诉交易、民事调解赔偿等情况以故意伤害罪判处孟某有期徒刑 3 年,缓刑 3 年。①

不过,辩诉交易作为一种“讨价还价”式的定罪量刑制度,是立足于“私权”的政治基础和资本主义社会制度上的“合意性”司法的要求和体现。这种制度,与我国社会主义公有制为主体的政治制度和国家治理模式及其刑法所要求的“罪刑相适应”实体公正要求并不适应。因而,我国为提交诉讼效率和化解社会矛盾等的认罪认罚从宽制度,必须与我国的政治制度和治理模式相吻合,必须建立在罪刑相适应的实体公正基础上。

(二)辩诉交易的量刑个别化评析

从以上情况看,在审判阶段所谓的辩诉交易,实际上是有罪答辩与量刑减让的量刑交易。有罪答辩与量刑减让在本质上是一种量刑交易。申言之,有罪答辩之所以能够量刑减让,并非一定是由于犯罪人的人身危险性降低,而更可能是由于犯罪人与代表国家的司法部门间的一种交易。当然,这种交易是基于提高诉讼效率与获得量刑从宽的目的在控诉方与被告方之间达成的。从实践来看,量刑交易实际上不限于辩诉交易中的量刑交易,犯罪引渡中的量刑承诺、坦白从宽和抗拒从严、自首和立功等情形也在很大程度上属于这种情形。

从正当性和合理性来看,量刑交易因体现了公正与效率的平衡追求而具有正当性和合理性。也就是,就整个诉讼过程来看,有罪答辩有利于改善国家诉讼机能,有利于减少对被告人本人权益的减损,因而以量刑减让的形式给予被告人一定的回报和补偿,在总体上应该认为具有正当性。② 同时,量刑个别化也以追求量刑公正有效为目标理念,表现为量刑公正与量刑效果的平衡与统一。因此,就这个意义而言,量刑交易的正当性和合理性实际上就是量刑个别

---

① 参见张景义等:《聚焦国内“辩诉交易”第一案》,载《人民法院报》2002 年 8 月 8 日,第 3 版。

② 参见牟军:《有罪答辩与量刑减让》,载《当代法学》2004 年第 1 期。

化的公正有效性的具体体现。

对于我国以上所谓辩诉交易第一案,[①]从量刑个别化原理来分析,实际上如此量刑交易不仅没有违反刑法的规定,而且还有效地实现了量刑公正有效的目标。从合法性来看,本案故意伤害致人重伤,属于故意伤害罪的重伤重罪,其量刑基准是"处 3 年以上 10 年以下有期徒刑",在案件事实不清、证据不足而"疑罪从轻"的情况下,本就应当从轻处罚;被告人孟某作有罪答辩和主动承担被害人的民事赔偿,这不仅提高了诉讼效率、节省了资金,而且也使犯罪行为的社会危害性减到最小限度。在以上现实和量刑情节下,以故意伤害罪判处孟某有期徒 3 年、缓刑 3 年,既属于酌定从轻处罚,也符合缓刑的条件和要求。因此,本案的量刑判决是一个合法的判决。从量刑的公正有效性来看,在故意伤害罪(重伤的加重犯)的量刑基准内判处刑罚,满足了量刑公正的要求;根据案件现实和量刑交易与民事赔偿情况,给予犯罪人从宽处罚(缓刑),满足了量刑效果的条件和要求,是量刑法律效果和社会效果的统一。

二、量刑承诺:司法协作式量刑个别化

(一)量刑承诺的一般理论

所谓量刑承诺是指由请求引渡或遣返犯罪嫌疑人的国家司法机关向被请求引渡或遣返的国家作出引渡或遣返该犯罪嫌疑人回国受审后减轻刑罚处罚(包括该罪本应判处死刑而不被判处死刑或判处死刑不予执行)的许诺或保证。[②] 量刑承诺是国际引渡和遣返中的一种通行做法。《联合国引渡示范条约》第 4 条第 4 项规定:"按请求国的法律作为请求引渡原因的罪行应判处死刑,除非该国作出被请求国认为是充分的保证,表示不会判处死刑,或即使判处死刑,也不会予以执行。"《中华人民共和国和西班牙王国引渡条

① 参见郭毅、王晓燕:《国内诉辩交易第一案审结》,载《法制日报》2002 年 4 月 19 日,第 1 版。

② 参见陈雷:《量刑承诺是死刑不引渡原则的变通》,载《检察日报》2007 年 2 月 16 日,第 4 版。

约》也明确规定了对被引渡人可以作出不判处或不执行死刑的承诺。

量刑承诺不限于对不判处死刑的承诺,出于引渡等司法协作的需要,甚至可对具体量刑作出承诺。如我国与美国在遣返余振东的过程中,就适用了引渡制度中的量刑承诺,即我国承诺对余振东的量刑不超过美国对他在美国判决 144 个月(12 年)的有期徒刑。为了规范我国的量刑承诺,我国《引渡法》第 50 条也作了明确规定:“对于量刑的承诺,由最高人民法院决定”;“在对被引渡人追究刑事责任时,司法机关应当受所作出的承诺的约束”。这个规定,虽然没有明确规定死刑犯不引渡问题,但因量刑当然包括死刑的量刑而当然包括了不适用死刑的承诺。

从广泛意义上看,量刑承诺并非仅见诸对引渡或遣返等国际关系案件,也存在于国内案件的承诺。例如,在英国,法官可以应被告人的要求,指明如果被告人认罪可能判处的刑罚;如果辩护律师根据被告人的意愿提出要求,法官应当指明根据案件事实可以科处的最高刑罚。[①] 当然,这种量刑承诺,实际上就是以上的有罪答辩和量刑减让,其实质都属于量刑交易。在此,仅讨论国际引渡或遣返中的量刑承诺。

在我国,量刑承诺受到部分学者的质疑。认为《引渡法》关于“对于量刑的承诺,由最高人民法院决定”的规定不合法理。主要理由是:首先,依照“不告不理”的原则,在没有起诉之前人民法院无权对案件进行审理;其次,人民法院的任何判决、裁定和决定都应当在经过对案件审理的基础上,依据事实和法律作出,否则就有“先判后审”之嫌;最后,量刑承诺具有签署国际协议的性质,而且,从本质上讲,量刑承诺将导致在个案审判中对现行刑法规定的变通适用,属于立法性质的权力,作为司法机关的人民法院无权行使。

(二)量刑承诺的量刑个别化评析

然而,本书认为,量刑承诺实际上蕴涵着深厚的法理基础。在此,不想对其进行过多论证,只想对其所包含的量刑个别化原理进

---

① 参见陈泽宪:《寻求公正与效率的平衡》,载《外国法译评》1994 年第 4 期。

行剖析。具体而言,量刑承诺所包含的量刑个别化原理包括如下几个方面:

其一,它体现了量刑个别化的理念目标,即量刑公正有效原理。司法公正首先要确保对罪犯实施刑事司法处罚。正如贝卡里亚所言,“惩罚犯罪的刑罚越是迅速和及时,就越是公正和有益”,“对于犯罪最强有力的约束力量不是刑罚的严酷性,而是刑罚的必定性”。在司法实践中,量刑正义的实现并不是绝对的,而必须受到诸多客观条件的制约。对于外逃人员,由于“死刑不引渡”原则的存在,使得无法将那些外逃的严重犯罪者绳之以法,无法对其及时、必定地予以刑罚处罚。由此,我们必须平衡量刑公正与有效之间的关系,使量刑公正适当让渡于量刑效果,实现两者的“双赢”。

其二,它符合量刑个别化下的罪刑法定原则的要求。量刑承诺在本质上是一种国际协议。国家以量刑承诺为条件来引渡或遣返逃犯的行为具有国际协议的性质。依“条约必须遵守”的国际通行法则,在国与国的引渡或遣返条约或协议中明确规定了对被引渡者或被遣返者的量刑承诺的情况下,对承诺国的司法机关就具有法定的约束力,在随后的审判中必须践行这一承诺,以限制“不告不理”的法理原则和本国刑法中有关量刑条款的适用。

其三,它符合量刑一般化下的量刑个别化要求。从全球视野来看,量刑承诺是国内量刑与国际量刑走向协调的表现或趋向,这实际上也是量刑一般化的表现和要求。从源头上看,之所以需要量刑承诺,是因为承诺国的量刑明显高于被请求国的量刑。从这个意义上说,虽然量刑承诺是个案承诺,但从长远来看,这些承诺势必影响请求国量刑与国际和时代趋势相一致。从我国对余振东的量刑承诺来看,不超过美国对他在美国判决 144 个月(12 年)的有期徒刑,不仅影响对赖昌星等刑事外逃人员的遣返或引渡(“不判处死刑”的量刑承诺),而且也影响国内刑法关于反腐犯罪的刑罚立法及其量刑。

其四,它也具有量刑个别化所应有的根据。为了有效地对犯罪者施以处罚而作出量刑的承诺,实际上也是针对案件和犯罪人的特殊情况作出具体的量刑,这个量刑实际上就是量刑个别化的体现和要求。从实践来看,一方面,因量刑承诺需建立在自愿回国接受刑事追诉和处罚的基础上,因此,量刑承诺也具有一定人身危险性降低的因素;另一方面,量刑承诺在本质上主要是一种量刑交易,主要不是以社会危害性和人身危险性为根据,但如前所述,量刑交易也应是量刑个别化的重要根据,因而,量刑承诺也具有量刑个别化所应有的根据。

其五,量刑承诺只是个案在量刑上的承诺。从量刑承诺的立法规定和实践适用来看,所谓的量刑承诺不是对国家整个刑罚制度的承诺,而仅仅是针对个案的承诺,不会改变国家的法律性质、法律制度和司法制度。

三、赔钱减刑:恢复司法式量刑个别化

(一)关于赔钱减刑的争论

据报道,广东东莞一抢劫致人死亡案的被告人王某,因其家属同意先行赔偿被害人家属 5 万元,法院在对方同意的情况下,对其从轻判处死缓。[①] 这就是理论上和实践中所称的"赔钱减刑"。据悉,通过补偿被害人经济损失来减轻被告人刑罚的"赔钱减刑",在东莞两级法院已超过 30 宗这样的判例;在其他地方的法院也不同程度地存在如此处理。也即"赔钱减刑"已不是个案,而是一种司法现象。

东莞法院的以上"赔钱减刑"做法一经报道,立刻引起了一片反对之声。例如,有人认为,"赔钱减刑"是违法行为,因为从法律上讲,一个人犯了罪,不仅要负刑事责任,当然也要负民事赔偿责任,"被告人赔偿被害人经济损失"是法律题中应有之义。也有人

---

① 2005 年 11 月 1 日,被告人王某、赖某、周某抢劫并致被害人蔡某死亡。在公诉机关提起刑事诉讼的同时,被害人的家属也依法提起了附带民事诉讼。因为该案的发生,被害人一家的生活已陷入了极端困顿的境地,蔡的女儿也因此面临失学。针对这一情况,负责审判的法官多次组织案件的双方当事人进行细致的调解。被告人王某的家属同意先行赔偿原告 5 万元人民币,原告对此表示满意。被告人也表示要痛改前非。最后,法院根据双方真实意思表示,并依照法律,对被告人王某作出一定程度的从轻处罚,一审判处死缓。参见陈善哲:《东莞中院:从"赔钱减刑"到"刑事和解"》,载《21 世纪经济报道》2007 年 2 月 7 日,第 3 版。

认为,在现有的司法环境下,过度提倡"对作出经济赔偿的被告人给予从轻处罚"的措施,可能成为被告人收买司法人员或被害人的工具,妨碍司法公正。[①] 还有人认为,实行"赔偿减刑"有损法律正义,此先例一开,可能使"拿钱赎刑"乘虚而入,得不偿失,而且"赔钱减刑"缺少法律依据。[②]

(二)赔钱减刑的量刑个别化分析

本书认为,理性的"赔钱减刑"做法,实际上是一种值得肯定并有法理根据的恢复性司法探索。这个探索实际上体现了量刑个别化原理。具体表现在如下几个方面:

其一,理性的"赔钱减刑"属于量刑个别化的酌定从宽情节。《刑法》第 61 条规定,"对于犯罪分子决定刑罚的时候,应当根据犯罪的事实、犯罪的性质、情节和对于社会的危害程度,依照本法的有关规定判处",而到底是从宽处罚还是从严处罚,需依量刑情节对量刑基准进行调整。量刑情节有法定和酌定之分,对于法定的量刑情节,"犯罪分子具有本法规定的从重处罚、从轻处罚情节的,应当在法定刑的限度以内判处刑罚"(第 62 条),"犯罪分子具有本法规定的减轻处罚情节的,应当在法定刑以下判处刑罚"(第 63 条第 1 款前段);对于酌定情节,若是酌定从轻,则法官直接依自由裁量权适用,若是酌定减轻,则依特别程序处理,即"犯罪分子虽然不具有本法规定的减轻处罚情节,但是根据案件的特殊情况,经最高人民法院核准,也可以在法定刑以下判处刑罚"(第63 条第2 款)。从刑法立法来看,"赔钱减刑"不是法定从宽情节,而应属于酌定从宽情节,包括酌定从轻与酌定减轻情形。这是因为,酌定从宽情节的事实根据无非是犯罪者的人身危险性表现和对犯罪行为的社会危害性损害的补救。从"赔钱减刑"来看,它不仅在一定程度上体现了犯罪人的悔罪心理,具有人身危险性的成分,而且更是对犯罪行为的社会危害性损害的补救。在这样的机理下,"赔钱减刑"完全符

---

① 参见杨涛:《拷问"赔钱减刑"》,载《中国青年报》2007 年 2 月 1 日,第 3 版。

② 康斌:《谨防"赔钱减刑"切不可成为"花钱买刑"》,载《人民政协报》2007 年 5 月 28 日,B04 版。

合酌定从宽处罚的原理和要求。

其二,理性的“赔钱减刑”是宽严相济刑事政策在量刑个别化上的体现。宽严相济刑事政策在本质上也是基于与犯罪行为的社会危害性和犯罪人的人身危险性因素而分别作出处理。从量刑个别化上看,对犯罪行为的社会危害性大和犯罪人的人身危险性大的情况,自然应当从严处理;对犯罪行为的社会危害性小和犯罪人的人身危险性小的情况,自然应当从宽处理。既然“赔钱”意味着犯罪者的人身危险性减小和对犯罪行为的社会危害性损害的补救,则“赔钱”自然应当“减刑”。

其三,理性的“赔钱减刑”是恢复性司法的时代理念在量刑个别化上的体现。自20世纪70年代以来,西方社会基于对现代刑事追究模式的反思,认识到片面强调公诉制度导致了对犯罪原始矛盾也就是被害人与犯罪人之间矛盾的遗忘,特别是对被害人的感受和利益照顾不周,因而出现了从“报应性司法”向“恢复性司法”的转向,旨在通过调解、道歉、真诚悔过、积极赔偿等方式,恢复被害人与犯罪人、社区之间的关系。这些做法是以人为本在刑事司法领域的体现,有利于助推和谐司法。① 实际上,如此恢复性司法也是量刑个别化的理念目标追求,它要求量刑不能机械地生搬硬套法律条文,而应当尽可能地综合犯罪和犯罪人的各方面因素,平衡量刑公正与效果的价值追求,实现二者的“双赢”。由此,最高人民法院原院长肖扬在2007年年初强调指出:“要注重发挥刑事附带民事诉讼中调解的重要作用,对于因婚姻、家庭等民间纠纷引发的刑事案件,积极赔偿反映了被告人弥补犯罪损失、真诚悔罪的心态,如果取得被害人的谅解,从轻处罚有助于减少社会对抗,促进社会和谐。”

综合以上几点,以上判例实际上是一个合法、合理的量刑个别化判决。从合法性上看,被告人抢劫致人死亡的量刑基准是“处10年以上有期徒刑、无期徒刑或者死刑,并处罚金或者没收财产”,在“赔钱减刑”的情况下判处被告人死缓,属于量刑基准内的量刑。

① 参见刘仁文:《“赔钱减刑”的价值冲突与协调》,载《观察与思考》2007年第4期。

依法官自由裁量权,本案判处量刑基准内的任何刑罚都属于合法量刑。若法官依自由裁量权试图判处被告人死刑,但基于被告人的酌定从宽情节而判处其死缓,当然也完全符合立法的要求和精神。因此,从合法性视角来看,以上法院的"赔钱减刑"做法是完全合法的。再从合理性上看,被告人与被害人的协商与对被害人的"赔钱",有利于被害人的恢复和走向健康,有利于犯罪者与被害人间的和谐,有利于社会的安定和犯罪者的改造。因而,以上判例是一个符合基本刑事政策和时代司法精神的合理判决。

四、羁押表现:悔罪认罚式量刑个别化

(一)羁押表现量刑化的理论论证

为了解决在审前羁押期间的被羁押人"聚众闹事"等未决阶段表现不好问题,我国的一些基层检察机关于21世纪初开始探索将审前羁押表现作为酌定量刑情节的"羁押表现评鉴制度"。具体是以《看守所条例》等相关规定为依托,由看守所对在押人员在审判前的羁押表现作出鉴定,经检察机关驻看守所检察室审核后,提供给审判机关在量刑时酌情适用。其中,对于表现良好的在押人,将被酌予从轻处罚;对于表现较差的则被酌予从重处罚。如此制度的探索,在很大程度上遏制了牢头狱霸的产生,强化了监管的法律约束力,维护了监管场所的管理秩序。据资料显示,有的看守所据此使得在押人员违反监规的现象同比下降了70%。[①]

据不完全考证,在我国较早探索本制度的基层检察机关是上海市金山区人民检察院。该院针对看守所里"牢头狱霸"进行专门整治与惩戒效果不明显的问题,[②]提议并于2001年12月与区公安机关和法院会签了《看守所在押人员兑现刑事法律政策的意见》,明

---

① 参见欧阳晶:《怎样让在押嫌疑人不闹事》,载《检察日报》2009年1月7日,第8版。

② 据该院分析,主要是因为违反监规致在押人员非正常死亡事件该院调研发现监管执法与案件审判衔接不紧密,在押人员羁押期间的表现在判决时得不到体现。参见林中明:《羁押表现关涉量刑——上海金山量刑评鉴建议力促监管安全》,载《检察日报》2006年6月19日,第8版。

确把在押人员羁押期间的表现作为量刑的参考。其中，将在押人员严重扰乱监管秩序，辱骂管教、司法人员，殴打、侮辱在押人员等九类行为定为建议酌情从重处罚情节；将接受教育管理，多次受到表扬等定为建议酌情从轻量刑情节。① 另外，北京市平谷区人民检察院也早在2006年1月就联合区公安分局、法院以监规、行为规范等规定为依托，施行在押人员羁押表现鉴定制度。具体是，在案卷移送审查起诉之前，由看守所对犯罪嫌疑人的羁押表现进行综合评定，然后驻所检察室检察干警在鉴定书上签署意见，审查核实后的鉴定书随公诉材料一并移交到人民法院作为从轻或从重量刑参考。② 浙江省宁波市北仑区人民检察院也联合北仑区人民法院和北仑公安分局，于2007年5月23日联合制定了《在押人员羁押期间表现纳入量刑情节的暂行规定》，规定由看守所将所有被告人和犯罪嫌疑人的悔罪表现、遵守监规服从监管的情况、参加生产劳动的行为等一一记录在案，并进行评比和审查，形成材料后送交检察院公诉部门，负责公诉的案件承办检察官收到评定意见和审查意见后，将在出庭公诉时将之作为量刑的证据向法庭宣读出示，法庭再根据被告人在羁押期间的不同表现情况，在量刑时予以酌情从轻或者从重处罚，并且还要将这一点明确写在判决书中。③

陕西省西安市未央区公检法三家也于2007年6月4日会签了《在监管活动和刑罚执行中贯彻落实宽严相济刑事司法政策暂行办法》，该暂行办法以“二卡三表”制度即《看守所在押人员落实宽严相济刑事司法政策综合评定卡》、《留所服刑罪犯跟踪监督卡》和《建议从轻判决表》、《建议从重判决表》、《亲情会见表》，其基本做法是：将在押人员在羁押期间的表现作为法院审判量刑的参考情

① 参见林中明：《羁押表现关涉量刑——上海金山量刑评鉴建议力促监管安全》，载《检察日报》2006年6月19日，第8版。

② 参见李松、范玲莉：《平谷检方联合公安法院推出制度遏制牢头狱霸——将羁押表现作为量刑参考》，载《法制日报》2006年4月19日，第5版。

③ 参见常华、程海涌：《北仑推出“羁押表现量刑化”制度》，载《人民公安报》2007年6月7日，第3版；袁定波、郑琳燕：《宁波北仑区试行看守所在押人员　羁押期间表现纳入量刑情节制度——监室中表现不同　判刑轻重有差别》，载《法制日报》2007年5月24日，第5版。

节，由看守所对在押人员被羁押期间的表现进行量化考核，驻所检察室审查材料并填写《建议人民法院量刑从轻（从重）意见表》，经主管检察长批准，由公诉部门在开庭时提出量刑建议；确立驻所检察室主动安排亲情会见制度，对有从轻情节的在押人员，经驻所检察室、看守所和办案部门同意，主管检察长批准，在驻所检察室工作人员陪同下可以会见直系亲属一次等。① 该做法在全国影响很大，安徽、四川、湖北等地检察机关的监所检察部门先后通过来信、来电、来函等方式学习；人民网、《法制日报》、《检察日报》、正义网、陕西省电视台、《西安日报》、《三秦都市报》和西安市电视台等新闻媒体都对此进行了专门报道。

另一具有重要推广价值的探索是江西省广昌县检察院的做法。该院联合县法院、公安局于 2007 年 8 月联合制定了《在押人员羁押期间表现评鉴制度的实施办法》和《在押人员羁押期间表现考核标准》，明确了各部门的评鉴职责和方法步骤及评鉴标准。其中，《考核标准》将在押人员的行为规范进行细化为 60 个小项，每项设定一定的加减分，进行百分制考核，全面锁定了在押人员基本规范、生活规范、劳动规范三个方面的羁押表现。② 对于表现好和表现差的在押人员，由县检察院向法院提出从轻或从重处罚的量刑建议；对表现较好的，县看守所将视情况允许该名在押人员与亲属会见。为了保证以上制度施行评鉴工作不走过场，施行了严格的层层把关制度，具体是，对在押人员羁押期间表现的考核工作由县看守所负责，看守所对在押人员从入监开始，逐人建立起动态管理工作记录，采取一日一检查、一周一考核、一月一评价的方式，按照考核标准记录

① 参见岳红革：《西安推出羁押表现量刑参考制度，"二卡三表"考评在押人员表现》，载《检察日报》2007 年 8 月 6 日，第 1 版。

② 例如，按照《考核标准》的规定，能严格遵守监规和看守所有关规定，能主动汇报思想，如实讲清自己的问题，积极举报他人的违法犯罪行为的，加 6 分；严格遵守监规和看守所有关规定，服从看守所工作人员的管理教育和值勤武警看管的，加 4 分……而对于有下列表现之一的，对在押人员直接扣 20 分，列为"表现差"：故意制造矛盾，挑起事端引起在押人员互相吵架、斗殴的……同时，《考核标准》还根据在押人员的最后得分，将考核结果分为"四档"：95 分以上为"表现好"；90 ~ 95 分为"表现较好"；80 ~ 90 分为"表现一般"；80 分以下为"表现差"。

在押人员的日常表现和教育转化情况。为了增强考核工作的透明度,《实施办法》要求管教干警每天都要填写《在押人员日常记分考核表》,该表一式三份,一份张贴在监舍,一份留看守所存档,一份交驻所检察干警,作为评鉴的原始依据。另外,对于作为整个评鉴工作的"重头戏"《在押人员羁押期间表现情况证明表》,需分别由管教干警、看守所长和驻所检察人员根据考核结果及自己掌握的情况,在表上签署意见、把关负责,对该在押人员的羁押表现进行共同评鉴。对于三方一致评鉴为"表现好"或"表现差"的在押人员,由该院驻所检察人员分别填写《建议从轻判决申请表》和《建议从重判决申请表》后一并交本院公诉部门和县法院。同时,该院对提出量刑建议的案件,还一律报送县人大内司委和市检察院监所处备案,接受人大、上级部门和在押人员的监督。对于在押人员的监督,主要是设置公布栏,在押人员本人及其他在押人员对考核情况有异议的,可以向驻所检察人员举报。当然,如此措施,为了不冲击刑法的相应立法规定精神,也进行了严格的适用限制,如对凡涉嫌故意杀人、强奸、抢劫等重大暴力犯罪的在押人员,一律排除在从轻量刑的适用范围外;另外,为了防止因评鉴制度造成最终量刑的畸轻或畸重,在押人员羁押表现对量刑结果的影响,将被控制在 6 个月以内,而且法院一旦采纳检察机关的量刑建议,应在判决书中载明,如"张某在羁押期间能够认罪服法、遵守监规、服从管教,表现较好"等,以证明该院的量刑建议发生作用,并由该院驻所检察人员在量刑情况公布栏注明,为在押人员树立起良好的行为"风向标"。[①] 以上做法,也得到了上级部门的充分肯定,抚州市检察院、法院、公安局也于 2008 年 8 月在借鉴如此做法的基础上,联合下发了《关于看守所在押人员羁押期间表现纳入酌定量刑情节的试行办法》。[②]

---

① 据资料显示,自 2007 年 8 月至 2008 年 12 月,广昌县检察院共通过评鉴制度,对 14 名在押人员向法院提出了量刑建议,法院对其中的 7 名表现好的在押人员从轻判处,对 3 名屡次违反监规、悔罪表现差的在押人员从重判处。他们的经验做法也得到了上级部门的关注和肯定。

② 参见欧阳晶:《怎样让在押嫌疑人不闹事》,载《检察日报》2009 年 1 月 7 日,第 8 版。

以上羁押表现量刑化制度，也探索用于对加强对未成年在押人员的监管教育。如上海杨浦区人民检察院采取的做法是，由驻所检察官和看守所管教干警根据日常考察，填写《未成年在押人员刑事诉讼阶段表现评定表》，作为被羁押的未成年人认罪态度酌定量刑情节，书面移送法院在量刑时酌情参考。该制度实行以来，先后有30余人被法院酌情从轻处理。[①] 又如，江苏省苏州市沧浪区人民检察院女子检控组推出的未成年犯罪嫌疑人"关爱制度"，规定未成年犯罪嫌疑人在押而移送审查起诉后，承办检察官应向羁押场所发出未成年犯罪嫌疑人羁押期间表现情况鉴定表，由羁押场所管教干警根据在押未成年犯罪嫌疑人的日常表现、悔罪态度等情况予以评定。之后，承办检察官应会同监所检察干警对该评定进行复核，同时走访未成年犯罪嫌疑人居住地或暂住地的社区居委会或村委会，调查其被羁押前的日常表现、个性特点、社会交往情况和心理状况，并听取被害人和未成年犯罪嫌疑人法定代理人的意见，形成综合测评报告，最后再根据未成年被告人的犯罪手段、情节及危害后果等，向法院提出从轻或者减轻处罚的量刑建议。如此措施，受到广泛的好评。[②]

从立法上看，判决前犯罪嫌疑人、被告人在监管场所的表现能否作为量刑的依据，在法律上没有明确规定。从法理上看，把羁押表现作为量刑的酌定量刑情节，是符合宽严相济刑事政策与量刑根据要求的。

其一，从刑事政策上看，宽严相济刑事政策在本质上是，根据犯罪人的犯罪前后表现和犯罪中的主客观事实，分别予以从严或从宽的处罚，以促使犯罪人改恶从善和维护社会安定。在押人员在未决羁押期间的表现，实际上就是犯罪者犯罪后的表现，该表现如何，直接决定了犯罪人的人身危险性状况和程度。因此，把羁押表现作为量刑的酌定量刑情节，是符合宽严相济刑事政策精神的。

---

① 参见王彦钊、林中明、封雪冬：《上海杨浦办理未成年人案件公检配套机制解读》，载《检察日报》2007年11月3日，第8版。

② 参见朱锡铁、卢志坚：《苏州沧浪：未成年人羁押表现纳入量刑建议》，载《检察日报》2008年9月10日，第2版。

其二,从量刑根据上看,量刑需以反映犯罪的社会危害性和犯罪人的人身危险性及反映刑法人道、人性关怀和人权保障等的各种相关事实为根据,羁押表现显然可视为犯罪人的人身危险性表现。因此,羁押表现量刑化虽然没有法律根据,没有成为法定量刑情节,但可视为酌定量刑情节。具体是,在押人员在看守所内的羁押表现,能有效反映在押人员的人身危险性,符合酌定量刑情节的立法精神和刑罚的目的与功能。

其三,从量刑个别化来看,量刑个别化要求在量刑时既要考虑犯罪的社会危害性,又要兼顾犯罪人的人身危险性以及其他事实,羁押表现作为犯罪人的人身危险性表现,自然影响量刑的个别化。因此,羁押表现既是量刑根据之一,也是量刑个别化应当考虑的因素之一。

实际上,羁押表现量刑化具有如下主要功能:

其一,使量刑个别化更加合理。量刑个别化要求量刑充分考虑犯罪的社会危害性因素、犯罪人的人身危险性因素以及其他可影响量刑结果的因素。羁押表现作为犯罪人在犯罪后的表现之一,是反映犯罪人人身危险性状况的重要指标。因此,量刑个别化必须考虑羁押表现。而在过去,羁押表现往往不具有刑法意义,量刑往往不考虑犯罪者的羁押表现,从量刑个别化视角看,这个做法显然是一个不合理的做法。只有把羁押表现考虑进去,才能更加全面地反映犯罪人的人身危险性状况。

其二,有利于完善对犯罪者犯罪后表现的评价机制。从刑法规定来看,犯罪者犯罪后的有些表现被视作法定情节直接影响量刑。例如,根据《刑法》第 78 条的规定,在执行期间有“立功表现”的可以减刑;有“重大立功表现”的则应当减刑。虽然减刑不属于在量刑基准上作出的宣告刑,但它应属于在宣告刑基础上作出的执行刑。对未决羁押的表现,在刑法上如何评价,是否影响量刑,没有明确规定。《看守所条例》第 35 条规定:“人犯在被羁押期间……有立功表现的,应当报请办案机关依法从宽处理。”因此,在司法上,把羁押表现纳入量刑考评因素,既是实行《看守所条例》与刑法相衔接的需要,也是践行刑法公平的需要。

其三，有利于看守所相关规定的协调适用与监管秩序的维护。《看守所条例》第35条规定："人犯在被羁押期间，遵守监规，表现良好的，应当予以表扬和鼓励；有立功表现的，应当报请办案机关依法从宽处理。"然而，对于一般表现的"表扬和鼓励"，因与量刑无关而难以在在押人员中产生良好效果。只有把这些羁押表现都量刑化，才能有利于看守所相关规定的协调适用与监管秩序的维护。同时，《看守所条例》第36条规定："看守所对于违反监规的人犯，可予以警告或者训诫；情节严重，经教育不改的，可以责令具结悔过或者经看守所所长批准予以禁闭。"对此，《看守所条例实施办法（试行）》规定，在押人员违反以上监规，要予以警告、训诫、责令具结悔过或者禁闭等处罚，对于违反监规而构成犯罪的，依法追究刑事责任。然而，这些羁押表现并不直接带到影响原有犯罪的量刑中去，因此，这些处罚对那些人身危险性较大的犯罪者来说，并不能产生多大威慑力和达到维护监管秩序的效果。据资料显示，一些地方将羁押表现量刑化后，既能够避免在押人员相互之间欺压虐待，切实保障在押人员的人身权利和其他合法权利，又能够鼓励在押人员遵守监规，形成良好的监室秩序。在上海某区，推行该制度后，在押人员违反监管行为减少了60%，再也没有发生在押人员因严重违反监规引发的刑事案件和重大安全事故。①

（二）羁押表现的量刑个别化效果

从陕西省西安市未央区推行羁押表现量刑化的情况来看，羁押表现量刑化的推行也是量刑个别化的表现之一。据报道，有两个于2007年3月被该区检察院依法批捕的抢劫案被告人，一个因在羁押期间如实交代犯罪事实，与其他在押人员相互帮助、相互关心，看守

① 据资料显示，2000年，金山区看守所发生在押人员违反监管行为100余起，戒具使用达90多人次，但惩戒效果并不明显。这一措施施行后，在自2001年12月至2005年的四年时间里，看守所共向法院提供在押人员羁押期间表现证明材料50余份，有4名在押人员因打架斗殴等严重违反监规行为，得到酌情从重处罚；3名在押人员因羁押期间表现良好，得到酌情从轻处罚；3名在押人员因及时制止同监人员自伤自残等立功表现，得到从轻处罚。参见林中明：《羁押表现关涉量刑——上海金山量刑评鉴建议力促监管安全》，载《检察日报》2006年6月19日，第8版。

所对其表现情况进行量化考核后得到了从轻量刑处罚,另一名因在羁押期间不如实供述犯罪事实,多次违反监规,多次受到监管民警的警告和训诫,对抗情绪相当严重,看守所对其表现情况进行量化考核后而得到了从重处罚。① 据说,两起抢劫案的不同判决,在在押人员中产生了震动,看守所里如实交代犯罪事实和积极悔改的人多了。本书认为,这实际上就是较为全面地把人身危险性作为量刑的根据而践行量刑个别化原理所取得的效果。

第三节　若干量刑指导的量刑个别化评析

一、量刑指南:并非不要量刑个别化

(一)量刑指南的出现旨在解决量刑差异

量刑不均是世界各国量刑中的一大诟病,它不仅影响法院的公信力,而且也有损量刑公正。量刑不均的核心是量刑差异的存在。而量刑差异的形成,往往归结于自由裁量权的滥用。为了解决量刑差异和自由裁量权滥用问题,各国摸索了各种可能的解决措施,其中,被广为认同的当属量刑指南(Sentencing Guideline)。

综观世界各国量刑指南模式,具有特色的主要是美国模式、英国模式和澳大利亚模式。其中,美国是最早实施量刑指南制度的国家。早在 20 世纪 70 年代中叶,为了限制法官的自由裁量权,防止量刑偏差,美国就开始了一系列量刑方法的改革运动。1977 年,美国的加利福尼亚州制定了《统一确定量刑法》,明尼苏达州、华盛顿州和宾夕法尼亚州也相继制定了《量刑指南》,并建立了量刑委员会等专门机构指导量刑工作。美国国会于 1984 年通过了《量刑改革法案》(Sentencing Reform Act),设立了一个专门的量刑委员会(Sentencing Commission),监控联邦法院的量刑活动,制定对联邦

① 参见张国卫、岳红革:《西安:宽严相济贯穿办案始终》,载《检察日报》2008 年 1 月 5 日,第 1 版。

法官具有约束力的联邦量刑指南(Sentencing Guidelines)。该量刑委员会于1987年4月13日向国会提交了《美国联邦量刑指南》,得到了国会的批准,并于1987年11月1日生效实施。该指南将美国联邦规定的罪行分为43个等级并规定相应的刑罚,要求法官必须按照统一的标准判刑。如果法官认为某一罪行需要加重或者减轻处罚,必须有陈述其理由的书面报告,以避免各级法院对同一罪行予以不同的处罚。英国量刑指南制度始于20世纪80年代,主要是英国刑事上诉法院针对一些罪名制定的量刑指导性判决,以帮助法官对类似上诉案件的处理。与美国一样,澳大利亚也建立了量刑委员会,统一进行量刑方面的指导,但与美国不同的是,澳大利亚重视开发量刑信息系统(SISs: Sentencing Information Systems),采用信息化量刑模式,从而给法官提供了法律、事实和有关量刑实践的统计数据。①

从美国量刑指南的产生来看,据说,在20世纪80年代以前,美国刑事案件的量刑工作通常是在国会以及各州立法机关为每一种犯罪规定的最低刑和最高刑之间进行。这个最低刑和最高刑之间的差距一般很大,从而为法院留出了较大的量刑空间。② 然而,这个较大的量刑幅度也导致实施类似犯罪行为的被告人之间的量刑差别较大。为了纠正量刑不公和量刑偏差问题,严格限制法官的自由裁量权,前述《量刑改革法案》和《美国联邦量刑指南》应运而生。在我国,针对量刑偏差和量刑失衡的问题,一些地方也在尝试制定量刑指南。例如,2003年山东淄博市淄川区人民法院编撰了《量刑规范化实施细则》,并据此开发出一套规范量刑系统软件——“智能数字化量刑系统”;2004年江苏高级人民法院继江苏省姜堰市中级人民法院、泰州市中级人民法院制定“规范量刑指导意见”后,推出了《量刑指导规则(试行)》,并下发全省执行;2005年上海市高级人民法院也发布了《上海法院量刑指南——总则部分(试行)》。而

---

①　参见杨志斌:《英美法系国家量刑指南制度的比较研究》,载《河北法学》2006年第8期。

②　参见[美]马克·博格、艾兰·Y.苏尼:《美国的联邦量刑指南制度》,张明、戴昕译,载《人民法院报》2005年11月11日,B04版。

且,最高人民法院已把量刑指南的制定作为《人民法院第二个五年改革纲要》的重要要求之一,并于 2009 年出台了《人民法院量刑指导意见(试行)》和《人民法院量刑程序指导意见(试行)》,于 2013 年出台了《关于常见犯罪的量刑指导意见》并于 2017 年出台了修订意见。

(二)量刑指南应为量刑个别化留下空间

从量刑的本质上看,即使是按过去对量刑本质的理解,也即所谓量刑,不过是法官选定、适用特定刑罚的过程,即法官根据自己的裁量,在法定刑或者处断刑的范围内,决定应宣告的刑种与刑度的过程。① 据此,刑法立法不能过于细密化甚至绝对化,而应给量刑个别化留下必要的空间,否则将使量刑不称之为量刑。此外,量刑指南也不是不要量刑个别化,而是不应过于细密化甚至绝对化。毕竟,在成文法国家,量刑指南在本质上只是对立法的一种具体解释而已。除了立法不清楚、理解有歧义等缺乏明确性方面问题需要量刑指南以外,不应在刑法之外另外制定过于细密化的所谓量刑指南,以免使量刑成为机械化的作业。

这一点,即使是在施行判例法的美国,在其量刑指南的历史流变中也得以充分体现。从 1987 年 11 月 1 日开始生效实施的《美国联邦量刑指南》来看,该指南把所有犯罪划分为 43 级,对可能出现的形形色色的犯罪情况及应受到的处罚,进行了具体描述和限定。规定每罪为一个基本级,均根据犯罪的严重程度和犯罪人的历史情况,设立了纵向和横向两个坐标轴以具体确定所判刑期。然后依据各种情节予以加减级数,每一罪级所对应的法定刑,其幅度的最大值不能超过最小值的 25% 或 6 个月。当某一个特定罪行的犯罪等级被计算出来之后,它可以根据多种事实情节(factor)而得到调整,包括犯罪人在该犯罪活动中扮演的角色,受害人的情况,以及犯罪人承担罪责的情况(包括与政府合作)。最后,通过使用一个可以将被告犯罪前科与经前述过程确定的犯罪等级相对应的表格,确定刑罚。由于表格上每个方格所对应的量刑上下幅度很小,因此,在

---

① 参见张明楷:《外国刑法纲要》,法律出版社 2020 年版,第 368 页。

量刑时司法自由裁量范围也就极为有限。[1] 根据美国《量刑改革法》的规定，美国联邦法院的判决必须在量刑指南所规定的范围内进行，因此，依量刑指南使得法官几乎没有自由裁量权。只有在法院发现存在某种加重或减轻量刑的情节，而且量刑委员会在制定量刑指南时，在某种程度上没有充分考虑这些因素，因此出现判决与指南规定不同时，才可以偏离指南的规定在其量刑幅度之外判处刑罚，但是法院必须在判决中详细说明偏离指南规定的理由。

然而，如此量刑指南，虽然有专门的量刑委员会（Sentencing Commission）每年都根据现实及其评估情况进行修改，以适应变动的社会条件，但仍遭到许多法官和学者的严厉批判。例如，有些人认为，它不仅捆住了法官的手脚，在个案中无法顾及特殊情况，造成量刑畸重，而且对美国监狱人满为患的现状负有不可推卸的责任；特别是，量刑指南抛弃了刑罚的治疗性功用，对犯罪人采取的是关押政策，也不能有效地预防和防止犯罪，造成许多社会问题，如使大多数基于被告个人性格或个人及家庭需求而作出的寻求偏离量刑指南的尝试都不成功。[2] 而且，量刑指南制度旨在限制公诉人与辩护律师，使其不能经谈判达成超出量刑指南要求的限度之外的刑罚目标，很可能因为辩诉交易的存在而落空，并使量刑差异（disparity）在量刑程序中重新出现，如不同的联邦巡回法院对上诉在裁判上的差别，不同法院对量刑指南的解释差别等新形式的量刑差异。本书认为，如此批判，实际上就是对量刑指南给量刑个别化留下较小空间的批判：细密化的量刑指南不仅捆住了法官的手脚，使量刑无法实现实质公正，而且无法使量刑关注效果，从而使监狱人满为患，并且也无法解决新的量刑差异。

面对如此批判和尴尬，量刑委员会不得不采取措施把量刑权重给法官。如创设一套被告人可以出示证据，证明那些可以作为减刑的正当理由的事实情节，而公诉人也可以提供证据，证明应当导致加刑

---

① 参见［美］马克·博格、艾兰·Y. 苏尼：《美国的联邦量刑指南制度》，张明、戴昕译，载《人民法院报》2005 年 11 月 11 日，B04 版。

② 参见虞平：《量刑与刑的量化——兼论“电脑量刑”》，载《法学家》2007 年第 2 期。

的情节的制度，并由此召开一个量刑听证会，考察所有相关的证据，并由法官在考量所有理由的基础上，裁决是否可以偏离量刑指南确定刑罚。[①] 于是，在2005年1月5日，美国联邦最高法院不得不在波克一案中，以量刑指南的强制适用违背宪法第六修正案为由，宣告量刑改革法案中有关量刑指南强制适用的规定无效，量刑指南不再具有强制性，仅具有参考性，并要求地区法院在量刑中予以参照。[②] 据此，一方面，法官不再有义务一定要适用根据量刑指南确定的刑罚；另一方面，他们在作出其独立的量刑决定时仍必须考虑量刑指南的建议。[③] 对此，本书认为，美国量刑的这一改革，实际上是使量刑指南回到量刑基准的本体位置上去，是正确的和符合量刑规律的做法。

而从当时的情况来看，美国联邦量刑指南遗留的细密化问题仍受到挑战。例如，《美国联邦量刑指南》（以下简称《指南》）认为贩卖可卡因和"快克"（可卡因的一个廉价变种，其危害比可卡因小）这两种毒品都属重罪，规定"贩卖后者要比照贩卖前者之刑罚的50%以上量刑"。这一规定曾被法官们在审判实践中长期奉为不可更改的量刑准则。然而，在两起贩卖"快克"的案件中，法院并没有完全遵循《指南》：一是一名海湾战争退伍军人贩卖50克"快克"被审判，联邦地方法院判处其15年徒刑，并拒绝适用《指南》而加判4.5年的徒刑；二是爱荷华州的戈尔贩卖5克"快克"案。戈尔在上大学期间加入了一个贩毒团伙，7个月后幡然悔悟退出，后被供出后，他在法庭上作有罪答辩，根据《指南》，他也应当被判3年实刑，但联邦地方法院仅判处3年缓刑。之所以如此，是因为法庭认为，硬性适用《指南》将导致处刑的荒谬加重。虽然联邦检察官们对此不可接受，并在上诉中获得联邦上诉法院的支持，但在联邦最高法

① 参见［美］马克·博格、艾兰·Y.苏尼：《美国的联邦量刑指南制度》，张明、戴昕译，载《人民法院报》2005年11月11日，B04版。

② 参见高一飞、陈海平：《"从技术到制度"：我国量刑程序改革论述》，载《政法论丛》2006年第6期。

③ 参见［美］马克·博格、艾兰·Y.苏尼：《美国的联邦量刑指南制度》，张明、戴昕译，载《人民法院报》2005年11月11日，B04版。

院最终败下阵来。而且,2007 年 12 月 12 日联邦最高法院终以 7∶2 的表决结果,判决地方法官有权酌情减少《指南》关于贩卖“快克”罪的量刑。多数大法官认为,《指南》只是一份单纯的参考标准,法庭量刑时应当考虑,但却完全不必拘泥于此;那种坚持《指南》是强制性罚则的做法,是违宪的。为适应这一判决,量刑委员会随即修订了《指南》,将贩卖“快克”犯罪的量刑修改为,比照贩卖精制可卡因犯罪之刑罚的 17.7% 以上量刑。这就意味着,今后实施贩卖“快克”犯罪通常会被判处 12.5 年至 10.5 年的徒刑。而由于该判决具有追溯效力,据称全美监狱中大约有 1.95 万名囚犯将相应受惠,会得到重新从轻的纠正。[①] 量刑指南的如此变化,已充分表明,量刑指南不能过于细密化,它必须给量刑留下个别化的空间,以适应量刑规律的需要。

(三)我国量刑指南制定与发展方向展望

有论者认为,我国有 60% 的刑事案件因量刑不当而引起上诉,就是因为量刑缺乏规范化。所谓“量刑规范化”,即指通过制定精密的规范化文件(如“量刑指南”)、优化量刑程序、革新量刑技术等措施规范量刑,实现量刑的公正。[②] 这是当前具有一定代表性的观点。确实,基于我国刑法立法关于量刑幅度过大的特点,应当制定适合量刑需要和我国实际的量刑指南。但制定精密的量刑指南并不可取,因为这不仅不能满足量刑个别化的需要,而且也会扼杀量刑所需要的法官自由裁量权。那么,我国对此的理性态度应该是什么呢?简单地借鉴域外既有成果显然不行,笼统地强调中国国情而不接受域外教训也不可取。追求量刑一致性的代价就是对每个被告人的具体情况不加考虑,法官们也会对此有挫败感,因为他们感到,追求公平正义的判决结果的努力会受到指南的限制,自己在实

---

① 参见刘品新:《许霆“恶意”取款案:法定量刑过严可否自由裁量》,载《检察日报》2008 年 1 月 16 日,第 6 版。

② 参见陈海平:《量刑“规范化”尚需“规范”》,载《法律之星 · 论文荟萃》2005 年第 10 期。

现一个好的量刑结果方面无能为力。①

从我国一些地方法院的摸索来看,其诸多做法实际上并不可取。如山东省淄博市淄川区人民法院开发的“电脑量刑”(量刑规范化软件系统),把法官自由裁量权限制在6个月以内,不仅无法实现量刑的实质公正,而且也过于机械,不能适应千差万别的个案。又如,江苏省高级人民法院下发的《量刑指导规则》,旨在使“不同时期、不同法院、不同法官对案件事实基本相同的被告人作出的量刑结果应当保持基本平衡”(第4条),本就是一个违反量刑实质公正的做法,因为不同时期、不同法院的案件,即使基本犯罪行为及其实体危害相近,但也因不同时空而可能存在不同的社会危害性。因此,不应有“同判”。对于江苏省原姜堰市中级人民法院制定的《量刑规范指导意见》,对许多问题的处理,有绝对化、灵活性差等嫌疑。例如,把犯罪数额作为量刑的唯一标准,从而使数额标准被绝对化,这样难以区分为挥霍而盗窃、因饥寒交迫而盗窃之间在社会危害性上的差异,反而会导致不公正。对于抢劫罪,按照累加方法,难以区别暴力型抢劫、胁迫型抢劫与麻醉等其他方法抢劫的差异,即使情节不是特别严重的胁迫型抢劫,被告人也可能被判处相对较重的刑罚,从而与以往司法实践中的做法相悖。② 最高人民法院于2009年出台的《人民法院量刑指导意见(试行)》、于2013年出台的《关于常见犯罪的量刑指导意见》和于2017年出台的修订意见,也存在以上同样的问题。以上量刑指南,在实质上是只关注量刑统一化,而漠视量刑个别化。这不仅是一种对量刑不统一的“矫枉过正”,而且还忽视了对作为量刑公正和规范追求有机组成部分的量刑个别化。

事实上,我们对量刑指南的理性态度,应当是既通过适当的量刑指南促进规范化以减少非理性的“同罪异罚”情况,又适当赋予法官必要的自由裁量权以实现量刑个别化,防止量刑畸重。对此,

---

① 参见[美]马克·博格、艾兰·Y.苏尼:《美国的联邦量刑指南制度》,张明、戴昕译,载《人民法院报》2005年11月11日,B04版。

② 参见周光权:《量刑规范化:可行性与难题》,载《法律适用》2004年第4期。

曾主张把量刑基准精确到“点”的周光权教授，[①]在后来也不得不承认量刑指南的如此发展趋势。他认为，“由于受事实的复杂性和法律的不确定性影响，任何一个量刑标准都不可能是一个精确的数值或‘点’，在很多情况下，它仍然可能是一个幅度，量刑基准的这种幅度与法定刑幅度颇为相似，只是量刑基准幅度的‘域’的范围较为紧缩而已”；否则，“数额标准被绝对化，这样难以区分在社会危害性上的差异，反而会导致不公正”。[②] 因此，量刑指南的正确发展方向仍应当是粗放式的，也就是虽然某些法律规定不明确需要具体化，但这个具体化的指南性规定，仍需给自由裁量权留下量刑个别化的空间。从理论和实践的已有探索来看，这个量刑指南的特点具体表现在如下几个方面：

其一，设立专门的量刑指导机构。可以考虑借鉴英国量刑指导机构的设置，在最高人民法院设置量刑指南委员会，负责制定全国性的量刑指南；在中级人民法院也设置量刑指南委员会，负责制定本区域的量刑指南。量刑指南委员会应由全国或地方立法机关的成员、各层级审判机关第一线的法官、各层级检察机关第一线的检察官、具有相当资历的律师以及具有理论和实践经验的法学专家教授组成。

其二，为量刑个别化留下必要的自由裁量空间。实践中发生的案件总是比立法、司法人员事先预设的情况更为复杂多变。这样，刑事案件情形的多样性和《量刑规范指导意见》规定情形的有限性之间的矛盾就会非常突出：有的量刑情节不可能在刑事案件发生之前进行一种事先的、很充分的分类和认识，有的酌定量刑情节事实上不可能量化，量刑的绝对公平也根本不可能达到。所以，《量刑规范指导意见》不应该追求大而全，不应该事无巨细，而应当“有所不为”，规定得越细密，应变能力越差，漏洞越多。只能进行大致的、有效的穷尽。有的学者指出，过于具体的规则虽然容易操作，但是还可能发现意外，实践中应注意规则的具体性应当有个度，过于具体

① 参见周光权：《量刑基准研究》，载《中国法学》1999 年第 5 期。

② 参见周光权：《量刑基准研究》，载《中国法学》1999 年第 5 期。

就会有失偏颇。[1] 法院制定的量刑规范意见，如果限制过多，自由裁量权究竟是法官的自由裁量，还是法院的自由裁量，就成了问题。学者认为，在法官素质参差不齐的情况下，法院对法官自由裁量权的控制是必要的。然而，还是应该给法官稍微多一点的自由裁量权，要有所控制，但不能过于限制。因为量刑要考虑的因素是综合性的，而且也应该鼓励法官在量刑的过程当中能够深入地研究法律或者去探寻可能影响量刑的各种情节。如果幅度太小，容易导致法官本身的一种机械性选择，对法官进一步探寻可能影响量刑情节的因素是不利的。[2] 没有任何一种指南，可以充分地反映每个刑事被告背后千差万别的具体情况，而法官应该自由地行使其裁量权，以使刑罚对具体犯罪恰如其分。[3]

其三，大国的量刑指南应当具有层级性。在一个国家，特别是像我们这样的大国，刑法典应当是统一，但量刑指南（若有存在必要的话）不应当统一。如果量刑指南应当统一，那也不是在全国甚至一省之内的统一，至多只能在某一个中级人民法院管辖区内实行统一。因此，在一个大国内，量刑指南应当分成全国的和地方的层级。对于适用全国的量刑指南，只能是粗放型的，只能是具有全国共同特点的，不能在全国作出划一性的规定；对于地方制定的量刑指南，实际上是在全国性量刑指南的基础上，根据地方特点进一步对刑法规定的细密化。这个地方量刑指南，从我国的区域特点来看，应以中级人民法院作为制定主体为宜。

其四，量刑指南应对酌定量刑情节作出具体规定。从量刑实践来看，量刑差异往往不是由于法定情节所致，而是由于酌定情节所致。因此，量刑指南应当对酌定情节作出概括性的具体规定。综观《美国联邦量刑指南》，实际上就是按照一罪一规定的模式，对每个常见罪的量刑情节作出具体规定的。例如，第二章 A 部分第 2 节第 1 条规定了具有谋杀目的的伤害，谋杀未遂第 2 节第 3 条规定了轻

---

① 参见周光权：《量刑规范化：可行性与难题》，载《法律适用》2004 年第 4 期。

② 参见周光权：《量刑规范化：可行性与难题》，载《法律适用》2004 年第 4 期。

③ 参见［美］马克 · 博格、艾兰 · Y. 苏尼：《美国的联邦量刑指南制度》，张明、戴昕译，载《人民法院报》2005 年 11 月 11 日，B04 版。

微伤害的各种情节和相应的刑罚。如此规定模式,我们可以借鉴。

其五,量刑指南不应当具有强制遵循的效力。从美国量刑指南的流变来看,量刑指南在实践中已经不再具有强制实行的效力。既然量刑指南不可能取代法官自由裁量权,不可能取代对个案的量刑,则量刑指南永远只能是量刑的“指南”,即“参考”。既然是“参考”,就不应机械地强制遵循,而仍应把量刑权留给承办案件的法官。从实践来看,规范量刑不是挤压量刑自由裁量权,而是提高法官素质和完善量刑程序,程序才是保证量刑公正的“阳光”和“探测器”。

其六,在形式上应采用论理模式。这种模式是分段进行的。先可以对量刑原则、适用规则等量刑的一般性问题作出指导,然后再逐步对具体罪名的量刑适用规则作出指导。如江苏省高级人民法院的《量刑指导规则(试行)》,在其制定模式上就是对量刑总则性问题作出指导性意见的一个比较好的探索例证。

二、案例指导:类案均衡性量刑个别化

(一)案例指导制度的基本做法

在学界和司法实务界,对于建立有中国特色的判例制度都有诸多论述和构想。在2006年全国第五次刑事审判会议上,正式提出了要探索建立案例指导制度。所谓“案例指导制度”,是指通过最高人民法院认可的、公布的经典案例,使各地法官更准确地理解刑法,以统一量刑标准,解决“同罪异罚”问题。刑事案例指导制度的主要作用,不在于统一定罪而在于统一量刑。因为依照一个案例来指导另一个案例定罪,是刑事类推制度的表现,按照现行刑法规定和罪刑法定原则,是不允许类推的;而参照一个类似案例的量刑去平衡另一个类似案例的量刑,这不仅是罪刑法定原则允许的,而且也是刑法关于罪刑相适应原则的基本要求和具体体现。我国最高人民法院印发的《人民法院第二个五年改革纲要》也提出:“要建立和完善案例指导制度,重视指导性案例在统一法律适用标准、指导下级法院审判工作、丰富和发展法学理论等方面的作用。”当前刑事案例指导制度的建立,其首期工作的基本做法是,由最高人民法院和最高人民检察院具体针对一些有争议的急需解决的量刑问题,选

编一些典型案例，指导全国各级人民法院、各级人民检察院办案工作的一项具体举措，虽然不是裁判的直接法律依据，但是法官、检察官和律师可以作为裁判理由或者法庭辩论理由引用。①

案例指导制度的机理在于，在不破坏并有助于维护现行成文法的前提下，补救现行成文法的一些不足，以实现类案均衡。应当说，这与英美法系的判例制度有相似之处。从判例制度来看，其机理主要表现在两个方面：一是按照遵循先例的要求对于相同或相似的情况，必须适用相同的规则，判决的结果应当大体保持一致，从而既使相同案情得到大体相同的裁判，又使法官在制度中受先例的拘束，从先例中领悟解决同类问题的法律思维模式和方法；二是在遇到"法律漏洞"和法律缺陷的情况下，法官可以依据先例确立的规则作出裁判，根据对法律的解释填补漏洞。② 建立具有中国特色的案例指导制度，其机理也应在此。因此，所谓具有中国特色的刑事案例指导制度，实际上是在合理借鉴英美法系国家判例法制度，并结合我国司法制度实际情况和民族文化传统的基础上，所建立的适合我国刑事审判需要的定罪量刑指导制度。

从本质上看，案例指导制度既是对法官群体的自由裁量权的张扬，又是对法官个体的自由裁量权的限制。就法官群体而言，法官群体可以通过案例确立某些具体的法律规范，并对后来的审判具有约束力，因而该制度实际上加大了法官的自由裁量权；就法官个体而言，每个个案的法官个体需受案例指导制度中的案例的约束，其自由裁量权被限制在作为指导案例的详细判决规则之内，因而该制度留给法官个体的自由裁量空间不是无限的。

（二）案例指导为量刑指导的量刑个别化评析

为什么要实行案例指导制度？"最初的、直接的导因，就是这些年在中国法院的判决里面出现了比较多的同案异判的情况"；"同案异判这种情况在一个国家的统一的一个法律体系下面实际上是

---

① 参见最高人民法院、最高人民检察院：《中国案例指导》（第一辑），法律出版社2007年版，"前言"。

② 参见田成有：《法社会学视野中的法官造法》，载《现代法学》2003年第3期。

一种法制不统一的表现”。[①] 本书认为，如此观点是对案例指导制度动因的异化理解。如前所述，案例指导制度的正确动因只应是为了统一量刑标准，解决法律规范层面上的“同罪异罚”问题。质言之，案例指导制度不能“划一”地要求量刑结果“同案同判”“同罪同罚”。探究如此“异化”的背景，实际上混淆了“统一量刑标准”与“解决同案异判”问题。事实上，它们是两个不同层面的问题：量刑标准的统一问题是量刑一般化问题，而同案是否同判问题是量刑个别化问题。在量刑个别化上，“同案异罚”，也即案中事实和情节相同，但量刑时根据人身危险性的不同而区别对待，并非都是不理性的；而相反，有的“同案异罚”恰恰是量刑个别化的体现和要求，是量刑实质公正及其法律效果与社会效果的有机统一。

在理论上，“同案异罚”遭到严厉批驳，如认为“同案异罚”破坏司法公信力，导致量刑不公等。本书认为，非理性的“同案异罚”确实危害极大，但理性的“同案异罚”并非如此。综观理论上的批驳，起码存在两个问题：一是这些批驳，若是对非理性的“同案异罚”，当然是可接受的，但若对理性的“同案异罚”，则是片面的。就量刑不公而言，量刑公正与否，不能仅从形式上看，形式上的公平公正，有时恰恰是实质上的不公平不公正。质言之，“同案同罚”在绝大多数情况下恰恰是不公平公正的。二是这些批驳的问题，并非由理性的“同案异罚”造成。从现实来看，无论是媒体的炒作还是民众对司法的不信任，实际上是量刑缺乏透明度造成的。主要表现在量刑独立、必要的程序，致使量刑失去司法所应具有的被动性、中立性等特质，而表现为主动、单方的行政行为，从而使量刑结果的正确性、合理性受到质疑。同时，当前裁判文书普遍不说理现象，也是导致量刑的司法公信力低的重要缘由。因为，裁判文书不说理，致使犯罪人乃至媒体或民众无法了解量刑轻重的理由，从而使司法与犯罪人乃至媒体、民众之间缺乏必要的交流。没有必要的交流就不会有应有的理解。不理解而又想知晓，就只有揣测。而揣测需要根据，既然量刑的根据和理由无从知晓，媒体、民众等就难免臆造甚至

---

① 刘作翔：《我们为什么要实行案例指导制度》，载《法律适用》2006年第8期。

歪曲,得出与判决中的量刑结果相异甚至相左的结果,并由此对量刑及其司法不信任。因此,量刑上的司法公信力低,与其说是理性的“同案异判”造成的,不如说是量刑的行政化及其裁判文书不说理而导致的量刑不透明造成的。

因此,我们的案例指导制度的作用,只能限于为量刑提供类案“标准”上,而不能由此延伸到量刑结果,并违背量刑规律地要求“同案同判”;对于个案,其结果是否“同判”,是量刑个别化的事,取决于所谓“同案”在社会危害性、人身危险性和其他相关事实方面的根据是否都相同。在这样的理念下,案例指导制度并非就一定要求“同案同判”,并非就排斥量刑个别化;而相反,案例指导制度,作为一项为量刑提供统一标准的量刑指导制度,其本身也需要量刑个别化与个案相结合才能发挥其“指导”功能。

三、司法解释:立法司法化量刑个别化

(一)司法解释对量刑的指导意义

在我国虽然尚没有统一的量刑指南,但具有中国特色的司法解释,实际上在很大程度上担当了量刑指南的角色。从理论上讲,司法解释是对立法的具体化与司法化,是在立法意旨指导下,对立法规定的具体解读,是罪刑法定原则的司法化表现。对于量刑来说,这些关于量刑情节的司法解释可以较好地规范法官的自由裁量权,解决因裁判者对各种量刑情节的不同理解而产生的量刑不均问题。

(二)我国关于量刑指导的司法解释

司法解释对量刑的指导主要体现在对量刑情节的规定上。综观我国司法解释,有很多关于量刑情节的规定。如最高人民法院、最高人民检察院《关于办理走私刑事案件适用法律若干问题的解释》(法释〔2014〕10 号)第 5 规定的走私的仿真枪经鉴定为枪支,“不以牟利或者从事违法犯罪活动为目的,且无其他严重情节的,可以依法从轻处罚;情节轻微不需要判处刑罚的,可以免予刑事处罚”;第 9 条规定的走私国家一、二级保护动物或走私珍贵动物制品,“不以牟利为目的,为留作纪念而走私珍贵动物制品进境,数额

不满十万元的,可以免予刑事处罚”。类似的司法解释还有很多。例如,最高人民法院、最高人民检察院《关于办理盗窃刑事案件适用法律若干问题的解释》(法释〔2013〕8 号)第 7 条规定的“盗窃公私财物数额较大,行为人认罪、悔罪,退赃、退赔,且具有下列情形之一,情节轻微的,可以不起诉或者免予刑事处罚”;第 8 条规定的“偷拿家庭成员或者近亲属的财物,获得谅解的,一般可不认为是犯罪;追究刑事责任的,应当酌情从宽”;第 12 条规定的“盗窃既有既遂,又有未遂,分别达到不同量刑幅度的,依照处罚较重的规定处罚;达到同一量刑幅度的,以盗窃罪既遂处罚”;最高人民法院《关于审理抢劫刑事案件适用法律若干问题的指导意见》(法发〔2016〕2 号)第 1 条规定的“对于多次结伙抢劫,针对农村留守妇女、儿童及老人等弱势群体实施抢劫,在抢劫中实施强奸等暴力犯罪的,要在法律规定的量刑幅度内从重判处”;“对于罪行严重或者具有累犯情节的抢劫犯罪分子,减刑、假释时应当从严掌握,严格控制减刑的幅度和频度”;“对因家庭成员就医等特定原因初次实施抢劫,主观恶性和犯罪情节相对较轻的,要与多次抢劫以及为了挥霍、赌博、吸毒等实施抢劫的案件在量刑上有所区分”;“对于犯罪情节较轻,或者具有法定、酌定从轻、减轻处罚情节的,坚持依法从宽处理”;“对抢劫刑事案件适用死刑,应当坚持‘保留死刑,严格控制和慎重适用死刑’的刑事政策,以最严格的标准和最审慎的态度,确保死刑只适用于极少数罪行极其严重的犯罪分子”;“对被判处死刑缓期二年执行的抢劫犯罪分子,根据犯罪情节等情况,可以同时决定对其限制减刑”。

(三)司法解释为量刑指导的量刑个别化评析

由最高审判机关统一制定司法解释为量刑指导,对统一量刑情节的认识,无疑非常重要。但是全国划一性的司法解释,显然不能适应不同地区、不同时段具有地区差异性和时期差异性的犯罪处理的需要。例如,对于具有财产性的数额犯,在经济发达和经济不发达地区的标准就应当不一样,在经济通货膨胀和经济萧条的经济变动时期也应有区别。虽然这个区别不可能在司法解释中一一列举,但起码在关于这些规定的解释中,要留有与这些“差异”相适应的空间。同时,在当时的司法解释中,大多没有关注犯罪人的人身危险性问题;即使有关注,也只是具有一般常识性的“共性”方面,没有(也不可能)为那些具有特别“个性”案件留下足够空间。例如,1998 年 3 月开始实施的《最高人民法院关于审理盗窃案件具体应用法律若干问题的解释》(已于 2013 年 4 月被废止)规定,个人盗窃公私财物价值人民币 3 万元至 10 万元以上的,为“数额特别巨大”。据此,依当时的《刑法》第 264 条的规定,对于盗窃金融机构 10 万元以上的就要处无期徒刑或者死刑,并处没收财产。如此规定,在当前处理许某恶意取款案中就遇到按常识、常理、常情不被接受的麻烦。之所以出现如此尴尬,就是因为如此司法解释缺乏与量刑个别化相适应的灵活性规定。2011 年的《刑法修正案(八)》和 2013 年的《最高人民法院、最高人民检察院关于办理盗窃刑事案件适用法律若干问题的解释》(法释〔2013〕8 号)先后对以上相关规定作了修改,包括《刑法修正案(八)》废除了盗窃金融机构的死刑规定,2013 年的解释将个人盗窃公私财物的“数额特别巨大”提升为价值人民币 30 万元至 50 万元以上。应当说,这为个别化的量刑留下了较大的空间。

四、专家意见:个案知识性量刑个别化

(一)专家意见对量刑的指导意义

在量刑领域,所谓专家意见,是指具有专门知识的资深理论或实践工作者对某个(些)涉及量刑问题的知识性认识。从性质上看,专家意见属于知识性的学理解释,本不能作为量刑的根据。但是,从现实来看,基于如下两个现实,专家意见对量刑发挥着实质性的指导作用:

一是任何量刑法官的量刑“知识”在很大程度上都是专家意见的转化。因为,他们都要接受“学校”教育,而学校教育在本质上就是“专家意见”教育。这不仅因为教材是专家意见中的“通说”,而且针对现实问题的研究论文也是专家意见。这些专家意见往往直接影响甚至支配着法官的量刑。据有人研究,不同风格的法律专业学校教育,其学子在量刑实践中的量刑风格也大不一样。这实际上

是不同风格的“专家意见”在量刑实践中发生作用的结果和表现。

二是针对个案的专家意见书，也即针对某个个案或问题，组织一批专家对如何量刑等进行论证，是当前直接影响量刑的活跃因素，对实践中的量刑影响极大。这一方面是对于疑难案件，量刑机关求助于专家意见，如前述的许某恶意取款案，广东省高级人民法院之所以发回重审，就是“为了让大家更慎重地来研究这个问题，让这个案子判得合法、合情又合理，达到法律效果与社会效果的统一”，①就是为了听取“专家意见”。据了解，很多疑难案件都有专家意见。在另一方面对于有些不能说服法官的案件，试图通过“专家意见”去说服法官和改变法官对量刑的认识。这是司法进步的表现，但有时也成了“专家”干预司法的工具。举世瞩目的吉林刘涌案，因“专家意见”改变了一审量刑判决（从死刑立即执行改为死缓），在全国引起舆论哗然，在一定程度上说明“专家意见”的不当。

基于以上两个现实，我们可以在理论上说“专家意见”不能成为量刑指导意见，但在现实中它确实客观地对量刑发挥指导作用。据此，本书认为，理性的专家意见对量刑进行指导，不仅是必要的，而且是重要的；毕竟，专家意见往往是建立在相对科学论证的基础上。

（二）专家意见为量刑指导的量刑个别化评析

鉴于“专家意见”对量刑的实质性指导作用，我们与其不承认它的作用而让它在暗处不规范地发挥作用，倒不如理性地认识和对待而让它在明处规范地发挥作用。从实质上看，“专家意见”对量刑提供的是“知识”而不是“判决”。申言之，“专家意见”是以“知识”的方式指导量刑的，它不是（也不能）直接替代法官的量刑判决；在量刑判决中，“专家意见”被吸取与否，仍需要承办案件的审判人员根据量刑情节和法律予以裁决。这就决定了，“专家意见”对量刑的指导作用是（也应当是）理性的。这就意味着，量刑法官既不能把教材或杂志等载体上的“专家意见”直接移入量刑判决

---

①　参见周继坚：《广东省高院院长称许霆案难界定为盗窃金融机构》，载《信息时报》2008年1月18日，第1版。

中,也不能照搬“专家们”对某个个案(问题)的意见。这些“专家意见”是否吸取、如何吸取,均需纳入“合法、合情又合理,达到法律效果与社会效果的统一”的框架和目标中再进行扬弃。

从“专家意见”的形成和技术含量来看,“专家意见”实际上是非常有利于量刑个别化目标理念的实现的。首先,这是由专家的“知识”决定的。“专家”不仅应当具有广博的专业知识,而且还应当具有一定的代表性和资深性。这是形成理性“专家意见”的前提和基础。其次,这是由“专家意见”的形成过程决定的。“专家意见”必须建立在对犯罪和犯罪人情况的全面把握、对法律的正确适用、对刑事一体化目标的全盘考虑等基础上。建立在这样基础上的“专家意见”,自然具有更大的科学性和技术含量。最后,“专家意见”对个案往往具有较强的针对性,有利于量刑个别化的实现。就教材、杂志,甚至课堂上获取的“专家意见”而言,直接以“知识”的形式影响量刑,但这个影响不是“知识”的照搬,而是“知识”的具体应用,是针对个案,结合法律和其他诸多因素,进行智能性思考的结晶,是法官形成量刑个别化的重要前提和基础;就“专家意见书”而言,往往是针对个案的具体情况作出的,这也有利于量刑个别化的实现。

参考文献

一、中文著作

1. 潘宇鹏:《辩证逻辑与科学方法论》,西安交通大学出版社 1987 年版。

2. 赵光武、芮盛楷编:《辩证唯物主义历史唯物主义》,北京大学出版社 1992 年版。

3. 彭万春主编:《辩证唯物主义和历史唯物主义》,北京师范大学出版社 1985 年版。

4. 孔阶平:《学习唯物辩证法的基本范畴》,人民出版社 1978 年版。

5. 沈宗灵主编:《法理学研究》,上海人民出版社 1990 年版。

6. 沈宗灵主编:《法理学》(第 2 版),北京大学出版社 2003 年版。

7. 赵震江:《法律社会学》,北京大学出版社 1998 年版。

8. 朱景文:《现代西方法社会学》,法律出版社 1994 年版。

9. 储槐植:《刑事一体化与关系刑法论》,北京大学出版社 1997 年版。

10. 梁根林、张立宇:《刑事一体化的本体展开》,法律出版社 2003 年版。

11. 苏惠渔、张国全、史建三:《量刑与电脑——

量刑公正合理应用论》,百家出版社 1989 年版。

12. 苏惠渔等编:《量刑方法研究专论》,复旦大学出版社 1991 年版。

13. 顾肖荣、吕继贵:《量刑的原理与操作》,上海社会科学院出版社 1991 年版。

14. 喻伟主编:《量刑通论》,武汉大学出版社 1994 年版。

15. 胡学相:《量刑的基本理论研究》,武汉大学出版社 1998 年版。

16. 高格:《定罪与量刑》,中国方正出版社 1999 年版。

17. 中国政法大学刑事法律研究中心、英国大使馆文化教育处主编:《中英量刑问题比较研究》,中国政法大学出版社 2001 年版。

18. 阮齐林:《中国刑法上的量刑制度与实务》,法律出版社 2003 年版。

19. 蒋明:《量刑情节研究》,中国方正出版社 2004 年版。

20. 赵廷光:《量刑公正实证研究》,武汉大学出版社 2005 年版。

21. 吕忠梅:《美国量刑指南》,法律出版社 2006 年版。

22. 丁寿兴:《量刑探索与实践》,法律出版社 2011 年版。

23. 张月满:《量刑程序论》,山东大学出版社 2011 年版。

24. 彭新林:《酌定量刑情节限制死刑适用研究》,法律出版社 2011 年版。

25. 白建军:《刑法规律与量刑实践》,北京大学出版社 2011 年版。

26. 赵志梅:《量刑程序规范化改革研究》,知识产权出版社 2011 年版。

27. 陈卫东:《量刑程序改革理论研究》,中国法制出版社 2011 年版。

28. 陈庆:《量刑理论若干问题研究》,知识产权出版社 2011 年版。

29. 陈瑞华:《量刑程序中的理论问题》,北京大学出版社 2011 年版。

30. 黎其武:《量刑公正论》,法律出版社 2011 年版。

31. 叶旺春:《量刑监督体系构建》,法律出版社 2012 年版。

32. 周林:《中国刑法自由量刑初探》,电子科技大学出版社 2012 年版。

33. 周金刚:《量刑情节研究》,法律出版社 2012 年版。

34. 张天虹:《量刑公正论》,法律出版社 2012 年版。

35. 张苏:《量刑根据与责任主义》,中国政法大学出版社 2012 年版。

36. 敦宁:《量刑情节适用的理论与实践》,中国人民公安大学出版社 2012 年版。

37. 梁欣:《量刑程序理论与实务》,中国人民公安大学出版社 2012 年版。

38. 王利荣:《量刑说理机制》,中国人民公安大学出版社 2012 年版。

39. 陈谦信:《人身危险性的基本理念与定罪量刑制度》,法律出版社 2012 年版。

40. 李荣:《公正量刑保障机制研究》,中央民族大学出版社 2013 年版。

41. 李冠煜:《量刑基准的研究:以责任和预防的关系为中心》,中国社会科学出版社 2014 年版。

42. 皮勇:《量刑原论》,武汉大学出版社 2014 年版。

43. 臧冬斌:《量刑自由裁量权制度研究》,法律出版社 2014 年版。

44. 赵廷光:《中国量刑改革之路》,武汉大学出版社 2014 年版。

45. 张训:《量刑独立的理论与实践研究》,人民出版社 2015 年版。

46. 王联合:《量刑模型与量刑规范化研究》,中国政法大学出版社 2015 年版。

47. 白云飞:《规范化量刑方法研究》,中国政法大学出版社 2015 年版。

48. 赵廷光:《量刑标尺论》,武汉大学出版社 2015 年版。

49. 唐亚南:《量刑方法类型化研究》,方志出版社 2016 年版。

50. 王瑞君:《量刑情节的规范识别和适用研究》,知识产权出版社 2016 年版。

51. 许美:《酌定量刑情节规范适用研究》,黑龙江出版社 2016 年版。

52. 金荣:《民意与量刑公正问题研究》,江苏大学出版社 2016 年版。

53. 耿磊:《酌定量刑情节规范化路径》,法律出版社 2017 年版。

54. 郑高键:《量刑规范化理论与实务研究》,法律出版社 2017 年版。

55. 林纪东:《刑事政策学》,台北,正中书局 1963 年版。

56. 洪福增:《刑法理论之基础》,台北,刑事法杂志社 1977 年版。

57. 张甘妹:《刑事政策》,台北,三民书局 1979 年版。

58. 丘日庆主编:《各国法律概况》,知识出版社 1981 年版。

59. 郑健才:《刑法总则》,台北,三民书局 1982 年版。

60. 高铭暄主编:《刑法学》,法律出版社 1982 年版。

61. 陈弘毅:《刑法总论》,台北,汉林出版社 1983 年版。

62. 甘雨沛、何鹏:《外国刑法学》(上),北京大学出版社 1984 年版。

63. 高仰止:《刑法总则之理论与实用》,台北,五南图书出版股份有限公司 1986 年版。

64. 田文昌:《刑罚目的论》,中国政法大学出版社 1987 年版。

65. 何秉松主编:《刑法教程》,法律出版社 1987 年版。

66. 高铭暄主编:《中国刑法学》,中国人民大学出版社 1989 年版。

67. 周振想:《刑罚适用论》,法律出版社 1990 年版。

68. 王勇:《定罪导论》,中国人民大学出版社 1990 年版。

69. 李心鉴:《刑事诉讼构造论》,中国政法大学出版社 1992 年版。

70. 马克昌主编:《中国刑事政策学》,武汉大学出版社 1992

年版。

71. 苏惠渔、[日]西原春夫等:《中日刑事法若干问题——中日刑事法学术讨论会论文集》,上海人民出版社 1992 年版。

72. 高铭暄主编:《刑法学原理》(第 1 卷),中国人民大学出版社 1993 年版。

73. 高铭暄:《刑法学原理》(第 3 卷),中国人民大学出版社 1993 年版。

74. 马克昌、杨春喜、吕继贵:《刑法学全书》,上海科学技术文献出版社 1993 年版。

75. 徐久生、田越光:《德国监狱制度:实践中的刑罚执行》,中国人民公安大学出版社 1993 年版。

76. 杨春洗主编:《刑事政策论》,北京大学出版社 1994 年版。

77. 樊凤林主编:《刑罚通论》,中国政法大学出版社 1994 年版。

78. 何鹏主编:《现代日本刑法专题研究》,吉林大学出版社 1994 年版。

79. 程味秋主编:《外国刑事诉讼法概论》,中国政法大学出版社 1994 年版。

80. 苏俊雄:《刑法总论 Ⅰ》,台北,台大法学院图书部 1995 年版。

81. 赵炳寿主编:《刑罚专论》,四川大学出版社 1995 年版。

82. 肖扬:《中国刑事政策和策略问题》,法律出版社 1996 年版。

83. 陈兴良:《刑法的人性基础》,中国方正出版社 1996 年版。

84. 冯军:《刑事责任论》,法律出版社 1996 年版。

85. 苏惠渔主编:《刑法学》,中国政法大学出版社 1997 年版。

86. 张明楷:《刑法学》,法律出版社 1997 年版。

87. 肖扬主编:《中国新刑法学》,中国人民公安大学出版社 1997 年版。

88. 王晨:《刑事责任的一般理论》,武汉大学出版社 1998 年版。

89. 郑伟:《重罪轻罪研究》,中国政法大学出版社 1998 年版。

90. 陈兴良:《刑法的价值构造》,中国人民大学出版社 1998 年版。

91. 陈兴良:《刑法的启蒙》,法律出版社 1998 年版。

92. 王敏远:《刑事司法理论与实践检讨》,中国政法大学出版社 1999 年版。

93. 周光权:《刑法诸问题的新表述》,中国法制出版社 1999 年版。

94. 季卫东:《法治秩序的建构》,中国政法大学出版社 1999 年版。

95. 张明楷:《外国刑法纲要》,清华大学出版社 1999 年版。

96. 张明楷:《刑法格言的展开》,法律出版社 1999 年版。

97. 马克昌主编:《刑罚通论》,武汉大学出版社 1999 年版。

98. 张绍彦:《刑罚实现与行刑变革》,法律出版社 1999 年版。

99. 邱兴隆等:《刑罚学》,中国政法大学出版社 1999 年版。

100. 邱兴隆:《关于惩罚的哲学:刑罚根据论》,法律出版社 2000 年版。

101. 王利明:《司法改革研究》,法律出版社 2000 年版。

102. 陈兴良主编:《刑事司法研究》,中国方正出版社 2000 年版。

103. 陈兴良:《刑法哲学》,中国政法大学出版社 2000 年版。

104. 曲新久:《刑法的精神与范畴》,中国政法大学出版社 2000 年版。

105. 杨兴培:《刑法新理念》,上海交通大学出版社 2000 年版。

106. 高铭暄、马克昌主编:《刑法学》,北京大学出版社、高等教育出版社 2000 年版。

107. 高铭暄、赵秉志主编:《刑法论丛》,法律出版社 2000 年版。

108. 何秉松主编:《刑法教科书》(上卷),中国法制出版社 2000 年版。

109. 苗生明:《定罪机制导论》,中国方正出版社 2000 年版。

110. 周光权:《法定刑研究:罪刑均衡的建构与实现》,中国方正出版社 2000 年版。

111. 最高人民法院刑事审判第一庭、第二庭编:《刑事审判参考》2001 年第 11 辑,法律出版社 2001 年版。

112. 许福生:《刑事法讲义》,法律出版社 2001 年版。

113. 钟安惠:《西方刑罚功能论》,中国方正出版社 2001 年版。

114. 马克昌主编:《刑罚通论》,武汉大学出版社 2001 年版。

115. 井涛:《法律适用的和谐与归一》,中国方正出版社 2001 年版。

116. 翟中东:《刑罚个别化研究》,中国人民公安大学出版社 2001 年版。

117. 高铭暄主编:《刑法专论》(上编),高等教育出版社 2002 年版。

118. 张明楷:《刑法的基本立场》,中国法制出版社 2002 年版。

119. 陈光中、徐静村主编:《刑事诉讼法学》,中国政法大学出版社 2002 年版。

120. 韩忠谟:《法学绪论》,中国政法大学出版社 2002 年版。

121. 李宜琛:《日耳曼法概说》,中国政法大学出版社 2003 年版。

122. 赵秉志:《刑罚总论问题探索》,法律出版社 2003 年版。

123. 张绍彦:《刑罚的使命和践行》,法律出版社 2003 年版。

124. 邱兴隆:《刑罚的哲理与法理》,法律出版社 2003 年版。

125. 刘家琛:《当代刑罚价值研究》,法律出版社 2003 年版。

126. 陈泽宪:《刑事法治之求索》,法律出版社 2003 年版。

127. 陈忠林:《刑法散得集》,法律出版社 2003 年版。

128. 张明楷:《刑法学》,法律出版社 2003 年版。

129. 陈兴良:《刑法理念导读》,法律出版社 2003 年版。

130. 翟中东:《犯罪控制:动态平衡论的见解》,中国政法大学出版社 2004 年版。

131. 张素莲:《论法官的自由裁量权》,中国人民公安大学出版社 2004 年版。

132. 童德华:《刑法中的期待可能性论》,中国政法大学出版社 2004 年版。

133. 刘守芬等:《罪刑均衡论》,北京大学出版社 2004 年版。

134. 白建军:《罪刑均衡实证研究》,法律出版社 2004 年版。

135. 邱兴隆:《比较刑法 · 刑罚基本理论专号》,中国检察出版社 2004 年版。

136. 卢建平:《刑事政策与刑法》,中国人民公安大学出版社 2004 年版。

137. 刘仁文:《刑事政策初步》,中国人民公安大学出版社 2004 年版。

138. 周光权:《刑法学的向度》,中国政法大学出版社 2004 年版。

139. 黄明耀:《民法适用基本问题研究》,中国法制出版社 2004 年版。

140. 周其华:《刑事责任解读》,中国方正出版社 2004 年版。

141. 马克昌主编:《西方刑罚学说史》,武汉大学出版社 2004 年版。

142. 熊秋红:《转变中的刑事诉讼法学》,北京大学出版社 2004 年版。

143. 聂立泽:《刑法中主客观相统一原则研究》,法律出版社 2004 年版。

144. 孔祥俊:《司法理念与裁判方法》,法律出版社 2005 年版。

145. 王明星:《刑法谦抑精神研究》,中国人民公安大学出版社 2005 年版。

146. 苗有水、刘树德:《在大案要案的背后:媒体关注与司法审判的对白》,江苏人民出版社 2005 年版。

147. 韩轶:《刑罚目的的建构与实现》,中国人民公安大学出版社 2005 年版。

148. 梁根林:《刑事政策:立场与范畴》,法律出版社 2005 年版。

149. 储槐植:《美国刑法》,北京大学出版社 2005 年版。

150. 陈兴良:《刑法适用总论》(上卷),中国人民大学出版社 2006 年版。

151. 陈忠林主编:《刑法学》(上),法律出版社 2006 年版。

152. 游伟主编:《华东刑事司法评论》(第 8 卷),法律出版社 2006 年版。

153. 周长军:《刑事裁量权论》,中国人民公安大学出版社 2006

年版。

154. 陈泽宪主编:《刑事法前沿》(第 3 卷),中国人民公安大学出版社 2006 年版。

155. 刘树德:《规则如何提炼:中国刑事案例指导制度的实践》,法律出版社 2006 年版。

156. 高铭暄、马克昌主编:《刑法学》,北京大学出版社、高等教育出版社 2007 年版。

157. 张明楷:《刑法学》,法律出版社 2007 年版。

158. 周少华:《刑法理性与规范技术》,中国法制出版社 2007 年版。

159. 陈兴良主编:《宽严相济刑事政策研究》,中国人民大学出版社 2007 年版。

160. 张世英:《论黑格尔的逻辑学》,上海人民出版社 1981 年版。

二、译著、英文著作

161. [英]梅因:《古代法》,沈景一译,商务印书馆 1959 年版。

162. [古希腊]亚里士多德:《范畴篇·解释篇》,方书春译,商务印书馆 1959 年版。

163. [德]黑格尔:《哲学史讲演录》(第 1 卷),贺麟、王太庆译,商务印书馆 1959 年版。

164. [德]黑格尔:《法哲学原理》,范扬、张企泰译,商务印书馆 1961 年版。

165. [德]黑格尔:《小逻辑》,贺麟译,商务印书馆 1980 年版。

166. [法]卢梭:《社会契约论》,何兆武译,商务印书馆 1980 年版。

167. [英]休谟:《人性论》,关文运译,商务印书馆 1980 年版。

168. [法]孟德斯鸠:《论法的精神》(上),张雁深译,商务印书馆 1982 年版。

169. [挪威]安德聂斯:《刑罚与预防犯罪》,钟大能译,法律出版社 1983 年版。

170. [法]罗伯斯庇尔:《革命法制与审判》,赵涵舆译,商务印书馆 1986 年版。

171. [英]梅里曼:《大陆法系》,顾培东等译,西南政法学院 1983 年编印。

172. [法]迪尔凯姆:《社会学方法的准则》,狄玉明译,商务印书馆 1985 年版。

173. [美]哈特:《惩罚与责任》,王勇、张志铭、方蕾等译,华夏出版社 1989 年版。

174. [法]马克·安塞尔:《新刑法理论》,卢建平译,香港天地图书有限公司 1990 年版。

175. [英]詹姆斯:《法律原理》,关贵森等译,中国金融出版社 1990 年版。

176. [美]密尔顿·弗里德曼:《弗里德曼文萃》,高榕等译,北京经济学院出版社 1991 年版。

177. [日]木村龟二主编:《刑法学词典》,顾肖荣等译,上海翻译出版公司 1991 年版。

178. [英]克罗斯、琼斯:《英国刑法导论》,赵秉志等译,中国人民大学出版社 1991 年版。

179. [美]杜菲:《美国矫正政策与实践》,吴宗宪等译,中国人民公安大学出版社 1992 年版。

180. [澳]斯马特、[英]威廉斯:《功利主义:赞成与反对》,牟斌译,中国社会科学出版社 1992 年版。

181. [意]贝卡里亚:《论犯罪与刑罚》,黄风译,中国大百科全书出版社 1993 年版。

182. [日]大塚仁:《犯罪论的基本问题》,冯军译,中国政法大学出版社 1993 年版。

183. [英]边沁:《立法理论:刑法典原理》,孙力等译,中国人民公安大学出版社 1993 年版。

184. [美]罗柏特·考特、托马斯·尤伦:《法与经济学》,张军等译,上海三联书店 1994 年版。

185. [日]森下忠:《犯罪者处遇》,白绿铉等译,中国纺织出版社 1994 年版。

186. [日]兼子一、竹下守夫:《民事诉讼法》,白绿铉译,法律出版社 1995 年版。

187. [日]谷口安平:《程序的正义与诉讼》,王亚新、刘荣军译,中国政法大学出版社 1996 年版。

188. [意]加罗法洛:《犯罪学》,耿伟、王新译,中国大百科全书出版社 1996 年版。

189. [德]拉德布鲁赫:《法学导论》,米健、朱林译,中国大百科全书出版社 1997 年版。

190. [日]西原春夫主编:《日本刑事法的形成与特色》,李海东等译,法律出版社、成文堂 1997 年联合出版。

191. [德]拉德布鲁赫:《法学导论》,米健译,中国大百科全书出版社 1997 年版。

192. [意]杜里奥 · 帕多瓦尼:《意大利刑法学原理》,陈忠林译,法律出版社 1998 年版。

193. [美]罗尔斯:《正义论》,何怀宏、何包钢、廖申白译,中国社会科学出版社 1998 年版。

194. [美]博登海默:《法理学——法哲学与法律方法》,邓正来译,中国政法大学出版社 1999 年版。

195. [古希腊]亚里士多德:《尼各马科伦理学》,苗力田译,中国社会科学出版社 1999 年版。

196. [法]卡斯东 · 斯特法尼等:《法国刑事诉讼法精义》,罗结珍译,中国政法大学出版社 1999 年版。

197. [英]冯 · 哈耶克:《法律、立法与自由》,邓正来等译,中国大百科全书出版社 2000 年版。

198. [美]卡多佐:《司法过程的性质》,苏力译,商务印书馆 2000 年版。

199. [意]龙勃罗梭:《犯罪人论》,黄风译,中国法制出版社 2000 年版。

200. [法]米海依尔 · 戴尔玛斯 – 马蒂:《刑事政策的主要体系》,卢建平译,法律出版社 2000 年版。

201. [法]米海依尔·戴尔玛斯－马蒂:《刑事政策的主要体系》,卢建平译,法律出版社 2000 年版。

202. [日]大谷实:《刑事政策学》,黎宏译,法律出版社 2000 年版。

203. [德]拉德布鲁赫:《法律智慧警句集》,舒国滢译,中国法制出版社 2001 年版。

204. [美]安德鲁·冯·赫希:《已然之罪还是未然之罪:对罪犯量刑中的该当性与危险性》,邱兴隆、胡云腾译,中国检察出版社 2001 年版。

205. [德]汉斯·海因里希·耶赛克、托马斯·魏根特:《德国刑法教科书》,徐久生译,中国法制出版社 2001 年版。

206. [日]野村稔:《刑法总论》,全理其、何力译,法律出版社 2001 年版。

207. [美]罗斯科·庞德:《法律史解释》,邓正来译,中国法制出版社 2002 年版。

208. [美]齐林:《犯罪学及刑罚学》,查良鉴译,中国政法大学出版社 2003 年版。

209. [德]卡尔·拉伦茨:《法学方法论》,陈爱娥译,商务印书馆 2003 年版。

210. [德]科殷:《法哲学》,林荣远译,华夏出版社 2003 年版。

211. [日]大塚仁:《刑法概说》(总论),冯军译,中国人民大学出版社 2003 年版。

212. [日]大谷实:《刑法总论》,黎宏译,法律出版社 2003 年版。

213. [奥]曼弗雷德·诺瓦克:《民权公约评注——联合国〈公民权利和政治权利国际公约〉》,毕小青、孙世彦主译,生活·读书·新知三联书店 2003 年版。

214. [英]乔纳森·赫林:《刑法》(英文第 3 版),法律出版社 2003 年版。

215. [美]史蒂文·L. 伊曼纽尔:《刑法》(英文版),中信出版社 2003 年版。

216. [德]考夫曼:《法律哲学》,刘幸义等译,法律出版社 2004

年版。

217.［美］沃尔夫:《司法能动主义》,黄金荣译,中国政法大学出版社 2004 年版。

218.［德］托马斯·魏根特:《德国刑事诉讼程序》,岳礼玲、温小洁译,中国政法大学出版社 2004 年版。

219.［意］菲利:《犯罪社会学》,郭建安译,中国人民公安大学出版社 2004 年版。

220.［意］菲利:《实证派犯罪学》,郭建安译,中国人民公安大学出版社 2004 年版。

221.［意］杜里奥·帕多瓦尼:《意大利刑法学原理》,陈忠林译评,中国人民大学出版社 2004 年版。

222.［日］西原春夫:《刑法的根基与哲学》,顾肖荣等译,法律出版社 2004 年版。

223.［美］胡萨克:《刑法哲学》,谢望原等译,中国人民公安大学出版社 2004 年版。

224.［美］艾尔·巴比:《社会研究方法》,邱泽奇译,华夏出版社 2005 年版。

225.［德］拉德布鲁赫:《法哲学》,王朴译,法律出版社 2005 年版。

226.［德］李斯特:《德国刑法教科书》,徐久生译,法律出版社 2006 年版。

227.［德］托马斯·魏根特:《论刑法与时代精神》,樊文译,载陈兴良主编:《刑事法评论》(第 19 卷),北京大学出版社 2007 年版。

228.［日］城下裕二:《量刑理论的现代课题》,黎其武等译,法律出版社 2016 年版。

229.［德］汉斯－约格·阿尔布莱希特:《重罪量刑:关于刑量确立与刑量阐释的比较性理论与实证研究》,熊琦等译,法律出版社 2017 年版。

230.［英］安德鲁·阿什沃斯:《量刑与刑事司法》,彭海青等译,中国社会科学出版社 2019 年版。

231. Raymond Saleilles, *The Individualization of Punishment*, translated from the second French edition by Rachel Szold Jastrow, Patterson Smith, 1968.

232. Marvin E. Frankel, *Criminal Sentences; Law without Order*, New York: Hill and Wang, 1973.

233. Joanna Shapland, *Between Conviction and Sentence: The Process of Mitigation*, London/ Boston: Routledge & Kegan Paul, 1981.

234. John Braithwaite, Philip Pettit, *Not Just Deserts: A Republican Theory of Criminal Justice*, Oxford [England]: Clarendon Press; New York: Oxford University Press, 1990.

235. Ian Ayres, John Braithwaite, *Responsive Regulation: Transcending the Deregulation Debate*, New York: Oxford University Press, 1992.

236. Lois G. Forer, *A Rage to Punish: The Unintended Consequences of Mandatory Sentencing*, New York: Norton, 1994.

237. Pat O'Malley, Aldershot, *Crime and the Risk Society*, Brookfield, VT: Ashgate, 1998.

238. John Braithwaite, *Restorative Justice & Responsive Regulation*, New York: Oxford University Press, 2002.

三、中外论文

239. [德]黑格尔:《谁在抽象地思维》,载《学习译丛》1957 年第 2 期。

240. 龚祥瑞、李克强:《法律工作的计算机化》,载《法学杂志》1983 年第 3 期。

241. 黄少游:《自然法思想之史的变迁与发展》,载刁荣华主编:《中西法律思想论集》,台北,汉林出版社 1984 年版。

242. 何秉松:《建立具有中国特色的犯罪构成理论新体系》,载《法学研究》1986 年第 1 期。

243. 王作富:《谈谈刑罚个别化》,载《中国人民大学学报》1987 年第 4 期。

244. 曲新久:《试论刑罚个别化原则》,载《法学研究》1987 年第 5 期。

245. 储槐植:《建立刑事一体化思想》,载《中外法学》1989 年第 1 期。

246. 张绍谦:《浅论法官量刑的“自由裁量权”》,载杨敦先等编:《刑法发展与司法完善》,中国人民公安大学出版社 1989 年版。

247. 曲新久:《试论刑法学的基本范畴》,载《法学研究》1991 年第 1 期。

248. 陈正云:《也谈罪刑相适应与中国刑法观念的更新》,载《法学》1991 年第 8 期。

249. 陈兴良:《论人身危险性及其刑法意义》,载《法学研究》1993 年第 2 期。

250. 陈兴良:《禁止重复评价研究》,载《现代法学》1994 年第 1 期。

251. 赵秉志、鲍遂献:《论刑法观念的更新和变革》,载《中国法学》1994 年第 2 期。

252. 陈泽宪:《寻求公正与效率的平衡》,载《外国法译评》1994 年第 4 期。

253. 赵廷光:《论我国刑法中的情节》,载《法商研究》1995 年第 1 期。

254. 赵廷光:《量刑原则新探》,载《法制与社会发展》1995 年第 4 期。

255. 侯国云:《市场经济下罪刑法定与刑事类推的价值取向》,载《法学研究》1995 年第 3 期。

256. 陈兴良:《罪刑均衡的中国命运》,载《中央政法管理干部学院学报》1996 年第 6 期。

257. 陈兴良:《刑事司法公正论》,载《中国人民大学学报》1997 年第 1 期。

258. 陈兴良:《刑法机能二元论》,载《法制与社会发展》1997 年第 4 期。

259. 马克昌:《论我国刑法的基本原则》,载《中央检察官管理学院学报》1997 年第 4 期。

260. 何秉松:《试论新刑法的罪刑相当原则》(上),载《政法论坛》1997 年第 5 期。

261. 龙宗智:《刑事判决书应加强说理》,载《现代法学》1998 年第 2 期。

262. [法]戴奥多雷·巴芭戴奥多鲁:《法国新刑法典中的刑罚个别化》,魏武译,张若思校,载《外国法译评》1998 年第 4 期。

263. 卢建平:《社会防卫思想》,载高铭暄、赵秉志主编:《刑法论丛》(第 1 卷),法律出版社 1998 年版。

264. 陈兴良:《刑事政策视野中的刑罚结构调整》,载《法学研究》1998 年第 5 期。

265. 李川:《定罪量刑与形势需要》,载《法学》1998 年第 9 期。

266. 梁根林、何慧新:《二十世纪的中国刑法学》,载《中外法学》1999 年第 2 期。

267. 屈学武:《量刑自由裁量权述论》,载《中国刑事法杂志》1999 年第 6 期。

268. 周汉华:《论建立独立、开放与能动的司法制度》,载《法学研究》1999 年第 5 期。

269. 张骐:《通过法律推理实现司法公正》,载《法学研究》1999 年第 5 期。

270. 周光权:《量刑基准研究》,载《中国法学》1999 年第 5 期。

271. 杨文革、邓子滨:《关于坦白从宽、抗拒从严的思考》,载《公安大学学报》2000 年第 1 期。

272. 刘凯湘:《论民法的性质与理念》,载《法学论坛》2000 年第 1 期。

273. 邱兴隆:《刑罚个别化否定论》,载《中国法学》2000 年第 5 期。

274. 张明楷:《新刑法与并合主义》,载《中国社会科学》2000 年第 1 期。

275. 王敏远:《刑事司法中的效率及其实现》,载《人民法院报》2001 年 3 月 29 日。

276. 沈德咏:《论量刑公正》,载中国政法大学刑事法律研究中心、英国大使馆文化教育处主编:《中英量刑问题比较研究》,中国政法大学出版社 2001 年版。

277. 翟中东:《刑罚个别化的蕴涵:从发展角度所做的考察——兼与邱兴隆教授商榷》,载《中国法学》2001 年第 2 期。

278. 刘家琛:《充分运用多种手段惩治预防犯罪》,载《人民法院报》2002 年 9 月 2 日,第 1 版。

279. 王利荣:《刑罚理性与规则意义》,载《人文杂志》2002 年第 2 期。

280. 武玉红:《试论罪刑法定原则的"中国特色"》,载《政治与法律》2002 年第 2 期。

281. 冯军:《量刑概说》,载《云南法学》2002 年第 3 期。

282. 信春鹰:《中国是否需要司法能动主义》,载《人民法院报》2002 年 10 月 18 日,B01 版。

283. 刘东根:《两极化——我国刑事政策的选择》,载《中国刑事法杂志》2002 年第 6 期。

284. 刘家琛:《对当前我国刑罚适用的几点思考》,载《人民司法》2002 年第 7 期。

285. 周少华:《罪刑法定在刑事司法中的命运》,载《法学研究》2003 年第 2 期。

286. 张绍彦:《论劳动教养立法的几个基础性问题——建立我国轻罪处罚制度的理论创新》,载《现代法学》2003 年第 2 期。

287. 刘仁文:《提倡"立体刑法学"》,载《法商研究》2003 年第 3 期。

288. 赵廷光:《量刑均衡论的兴衰与罪责刑均衡论的确立》,载《刑事法学》2003 年第 10 期。

289. 屈学武:《刑法谦抑性原则的正确解读及其适用》,载《光明日报》2003 年 11 月 4 日。

290. 牟军:《有罪答辩与量刑减让》,载《当代法学》2004 年第 1 期。

291. 陈泽宪:《德国、法国非监禁刑罚及替代措施》,载中国法学网 2004 年 3 月 7 日。

292. 张明楷:《刑法理念与刑法解释》,载《法学杂志》2004 年第 4 期。

293. 周光权:《量刑规范化:可行性与难题》,载《法律适用》2004 年第 4 期。

294. 黄京平、蒋熙辉:《量刑制度宏观问题研究》,载《政法论坛》2004 年第 4 期。

295. 邱兴隆:《有利被告论探究——以实体刑法为视角》,载《中国法学》2004 年第 6 期。

296. 黄祥青:《刍议量刑的一般规则》,载《政治与法律》2004 年第 6 期。

297. 胡学相:《论我国刑法中量刑原则的重构》,载《法学评论》2005 年第 1 期。

298. 周少华:《罪刑法定与刑法机能之关系》,载《法学研究》2005 年第 3 期。

299. 付立庆:《善待罪刑法定——以我国刑法第三条之检讨为切入点》,载《法学评论》2005 年第 3 期。

300. 王利荣:《论刑罚配置中的法官裁量权》,载《中外法学》2005 年第 4 期。

301. 但伟:《论刑事政策学的研究对象》,载《山东警察学院学报》2005 年第 4 期。

302. [美]马克 · 博格、艾兰 · Y. 苏尼:《美国的联邦量刑指南制度》,张明、戴昕译,载《人民法院报》2005 年 11 月 11 日,B04 版。

303. 陈增宝、李安:《量刑应当具有独立的专门程序》,载《法律适用》2005 年第 12 期。

304. 张之沧:《理论创新的关键在思维方式》,载《新华文摘》2005 年第 21 期。

305. 万毅:《量刑正义的程序之维》,载《华东政法学院学报》2006 年第 5 期。

306. 张明楷:《刑法学研究中的十关系论》,载《政法论坛》2006 年第 2 期。

307. 刘作翔、徐景和:《案例指导制度的理论基础》,载《法学研究》2006 年第 3 期。

308. 黄京平:《宽严相济刑事政策的时代含义及实现方式》,载《法学杂志》2006 年第 4 期。

309. 杨志斌:《英美法系国家量刑指南制度的比较研究》,载《河北法学》2006 年第 8 期。

310. 高一飞、陈海平:《“从技术到制度”:我国量刑程序改革述论》,载《政法论丛》2006 年第 6 期。

311. 高铭暄:《宽严相济刑事政策与酌定量刑情节的适用》,载《法学杂志》2007 年第 1 期。

312. 季卫东:《电脑量刑辩证观》,载《政法论坛》2007 年第 1 期。

313. 虞平:《量刑与刑的量化——兼论“电脑量刑”》,载《法学家》2007 年第 2 期。

314. 赵廷光:《论“电脑量刑”的基本原理》,载《湖北警官学院学报》2007 年第 2 期。

315. 王振生:《刑罚个别化问题再研究》,载《政治与法律》2007 年第 2 期。

316. 赵廷光:《论量刑原则与量刑公正》,载《法学家》2007 年第 4 期。

317. 沈海平:《罪刑法定不是机械的》,载《人民检察》2007 年第 9 期。

318. 储槐植:《现在的罪刑法定》,载《人民检察》2007 年第 11 期。

319. 最高人民法院、最高人民检察院:《中国案例指导》(2007 年第 1 辑),法律出版社 2007 年版。

320. 屈学武:《刑事法治“理念”更新及其践行期待》,载李林、王家福主编:《依法治国 10 年回顾与展望》,中国法制出版社 2007 年版。

321. [美]利尔德·汉德:《法官到底有多大的自由裁量权》,吕征译,载《法律适用》2007 年第 2 期。

322. William L. Armstrong, Sam Nunn, *Alternatives to Incarceration: the Sentencing Improvement Act*, in Patrick B. McGuigan and Jon S. Pascale, *Crime and Punishment in Modern America*, University Press of America, 1986.

323. *The Sixteenth National Annual Seminar on the Federal Sentencing Guidelines*, May 23 – 25, 2007.

四、硕博论文

324. 敬大力:《刑事责任一般理论研究——理论的批判和批判的理论》,载《全国刑法硕士论文荟萃》,中国人民公安大学出版社1989年版。

325. 张琳:《刑罚个别化研究》,中国政法大学2001年博士学位论文。

326. 徐嘎:《量刑规范化研究》,山东大学2006年硕士学位论文。

后　记

本书原作《量刑个别化的基本原理》在2010年由法律出版社出版后，有幸成为本人的代表性成果，并先后有幸于2014年获重庆市第八次社会科学优秀成果奖三等奖，于2014年获中国刑法学研究会首届"全国刑法学优秀学术著作奖（1984—2014）"著作类一等奖，于2015年获中国法学会第三届"中国法学优秀成果奖"三等奖。

按学术研究规律，代表性成果通常应是个人对成果所涉主题予以长期关注、思考、调研、研究才能形成。本书作为我个人的代表性成果，也源于我对量刑问题的如下长期关注与研究：

（1）广泛调研实践。自2005年以"量刑个别化研究"为博士学位论文选题后，我先后深入山东、江苏、重庆、北京等地实践部门调研。特别是，我于2009年6月—2010年7月在重庆市第一中级人民法院挂职，专门负责本院及辖区法院的量刑规范化试点的实施细则制定和疑问解决等工作，并参加了最高人民法院关于量刑规范化理解与适用的培训与研讨。

（2）从事专题研究。我于2009年进入西南政法大学博士后流动站，进行量刑规范化专题研究，并自2005年始先后主持或单独承担了如下11个有关量刑的课题项目研究：司法部2005年"法治建设与法学理论研究”部级青年项目“关于刑期折抵的77个司法解释研究”(单独承担,2005—2007年,05SFB3008,结项等级为优秀);司法部2008年“法治建设与法学理论研究”部级青年项目“执行刑研究”(主持,2008—2016年,08SFB3016);中国博士后科学基金面上资助项目“量刑规范化的基本理论研究”(单独承担,20090460721);中国法学会部级法学研究课题自选项目“毒品犯罪刑罚适用轻缓化研究”(主持,2009—2010年,CLS-D0958);国家社科基金一般项目“黑社会性质组织犯罪定罪量刑实证研究”(主持,2010—2016年,10BFX041,结项等级为良好);中国法学会部级法学研究课题一般项目“量刑指导意见研究”(主持,2010—2011年,CLS-C1019,结项等级为优秀);中国博士后科学基金特别资助项目“量刑规范化的理论论证与优化路径研究”(单独承担,201104315);中国法学会部级法学研究课题青年项目“量刑规范化的优化路径研究”[主持,2012—2013年,CLS(2012)Y37,结项等级为优秀];中国法学会部级后期资助项目“量刑个别化的基本原理”[主持,2015年,CLS(2015)HQZZ17,结项等级为优秀];中国法学会部级法学研究课题自选项目“刑事一体化下的认罪认罚从宽制度研究”(主持,2016—2018年,CLS-D16065,结项等级为优秀);2020年国家社科基金重点项目“认罪认罚从宽制度的刑法应对研究”(主持,2020—2022年,20AFX012)。

(3)广泛开展学术交流。一是参加相关学术会议。如参加2009年南京师范大学和原姜堰市(现为泰州市姜堰区)人民法院联合举办的全国性量刑规范化研讨会。二是举办相关学术会议。如2013年与贵州省安顺市中级人民法院联合举办“量刑规范化改革的问题与进路”学术研讨会;2014年与最高人民法院联合举办“规范量刑理论与实践研讨会”。三是组建研究平台。如在2011年筹建“西南政法大学量刑研究中心”,并担任中心主任至今。四是主编学术集刊。如自2013年,共主编学术集刊《量刑研究》6卷(辑)(先后在法律出版社和社会科学文献出版社出版)。

(4)发表系列论文。在课题研究和学术交流等的基础上,先后发表量刑方面的核心期刊论文20多篇:《量刑建议精准化的实体路径》(《中国刑事法杂志》2020 年第 2 期,CSSCI,CLSCI,中国人民大学报刊复印资料《诉讼法学、司法制度》2020 年第 7 期全文转载,独著);《何谓实体“从宽”:基于认罪认罚从宽制度顶层设计的解读》(《北方法学》2019 年第 6 期,CSSCI 扩,中文核心,第一作者,与田恬合著);《认罪认罚从宽制度下的量刑建议》(《人民检察》2019 年第 21 期,中文核心,第一作者,与田恬合著);《量刑过程视角下量刑方法分段构建研究》(《中国刑事法杂志》2015 年第 1 期,CSSCI 扩,第一作者,与骆多合著);《何以“以刑制罪”:罪责刑相适应原则的定罪意义》(《社会科学战线》2015 年第 2 期,CSSCI,第一作者,与熊亚文合著);《中国量刑规范化之十年检讨与展望》(《法律科学》2015 年第 4 期,CSSCI,CLSCI,第一作者,与严海杰合著,人大复印资料《刑事法学》2015 年第 10 期全文复印,《高等学校文科学术文摘》2016 年第 1 期摘录);《黑社会性质组织犯罪的重复评价问题研究》(《现代法学》2014 年第 6 期,CSSCI,CLSCI,独著,人大复印资料《刑事法学》2015 年第 4 期全文复印);《我国刑事司法中的“量刑交易”现象研究》(《西南政法大学学报》2016 年第 4 期,CSSCI 扩,第一作者,与李婉楠合著);《“终身监禁”的困境释读与司法改善——以刑事政策和刑法的体系化适用为视角》(《中国应用法学》2019 年第 3 期,第一作者,与刘桂源合著);《论量刑合法》(《现代法学》2010 年第 2 期,CSSCI,CLSCI,独著);《量刑思维规律下的量刑方法构建》(《法律科学》2010 年第 2 期,CSSCI,CLSCI,独著);《刑法现代化下的“量刑”解构——量刑规范化的科学基础探究》(《中国刑事法杂志》2010 年第 3 期,CSSCI,独著);《从极端到理性:刑罚个别化的进化及其当代意义》(《中外法学》2010 年第 6 期,CSSCI,CLSCI,独著);《“量刑规范化”解读》(《现代法学》2009 年第 3 期,CSSCI,CLSCI,中文核心,《刑事法学》2009 年第 10 期全文复印,独著);《死缓、无期徒刑减为有期徒刑后的刑期折抵》(《中国刑事法杂志》2008 年第 1 期,CSSCI,独著);《刑期折抵的理论定位》(《现代法学》2008 年第 2 期,CSSCI,CLSCI,独著);《刑期折抵立法比较研究》(《环球法律评论》2008 年第 2 期,CSSCI,CLSCI,独著);Philosophy Orientation in the Standardization of Measurement of

Punishment(量刑规范化的基本理念界定)(《中国法学(英)》2008年第2期,独著);《刑期折抵制度的刑法精神》(《现代法学》2004年第6期,CSSCI,CLSCI,独著);《论刑期折抵的若干问题》(《法律科学》2004年第6期,CSSCI,CLSCI,独著);《论拘留的刑期折抵》(《中国刑事法杂志》2003年第4期,CSSCI,独著);《规范量刑自由裁量权的基本方式》(《人民司法》2011年第15期,中文核心,第二作者);《量刑规范化:还需进一步探索与研究》(《人民政协报》2012年7月23日)。

同时,作为获奖的应用类成果,应对相关实践有所价值。本成果的实践价值,主要包括:(1)阶段性成果被最高人民法院量刑规范化改革项目组引用用于指导量刑规范化改革实践。如量刑规范化全国全面试行指导用书《〈人民法院量刑指导意见〉与"两高三部"〈关于规范量刑程序若干问题的意见〉理解与适用》(最高人民法院量刑规范化项目组编,法律出版社2010年版),多处较大篇幅地引用前期成果《"量刑规范化"解读》观点和内容,解读何谓量刑规范化和如何进行量刑规范化。(2)本成果所依托的西南政法大学量刑研究中心,先后与安顺市中级人民法院和最高人民法院联合举办全国性量刑规范化学术研讨会(2013年8月在安顺市召开的"量刑规范化改革的问题与进路"学术研讨会和2014年11月在西南政法大学召开的"规范量刑理论与实践研讨会"),既是本成果的形成基础,也大大促进量刑规范化改革的理性推进。(3)形成智库成果转化指导实践。如智库成果《适时完善"认罪认罚从宽"实体界定的建议》(载《司法决策参考》2018年第44期)和《关于进一步完善刑事赔偿和解的若干建议》(载《司法决策参考》2019年第21期),均获副国级领导人、最高人民法院主要领导的肯定性批示,直接成为相应司法规则或实践的理论支撑。

然而,随着量刑规范化改革继续推进和2016年启动的认罪认罚从宽制度改革的推行,本成果需要结合实践中的新问题予以拓展完善。也正因如此,本书原作责任编辑、现法律出版社学术分社社长孙东育女士,自2016年就多次建议本书修订并纳入法律出版社"天下·法学新经典"系列再版。但"修订",作为重新审视与修订从前认知和行文的兼有反思性与创造性活动，其实也是件很困难的事，至少总有“理由”一拖再拖。本书的修订，断断续续地历时五年，现终于完成。

衷心感谢以下人士为本书（含博士学位论文和原作）的调研、写作和完善所提供的帮助：

一是调研上的帮助。为了完成博士学位论文的研究，本人先后赴山东省淄博市、重庆市、安徽省阜阳市等地调研，有幸得到周少华（时为北京师范大学刑事科学研究院刑法专业博士研究生）、吴光侠（时任最高人民法院刑五庭法官）、王秀琴（时任山东省淄博市中级人民法院刑一庭庭长）、徐嘎（时任山东省淄博市中级人民法院刑一庭法官）、王建东（时任淄川区人民法院院长）、王红梅（时任淄川区人民法院刑庭庭长）、周新（时任安徽省阜阳市中级人民法院法官）、王东军（时任安徽省阜阳市颍东区人民法院刑庭庭长）、吴雯（时任重庆第一中级人民法院刑二庭庭长）以及山东省淄博监狱、山东省淄博市淄川区人民检察院、安徽省阜阳监狱等单位有关人士的着力帮助。同时，也特别感谢周振杰博士、高琦博士、吴宜儒博士以及硕士研究生李晓娟、王丽、周孝灿、刘业峰等在日本、我国台湾地区和北京大学、武汉大学、西南政法大学等图书馆帮我收集资料。同时，为了修订完善博士学位论文和本书原作，先后得到李生龙（时任重庆市第一中级人民法院分管刑事审判工作副院长）、陈远平（时任重庆市第一中级人民法院刑一庭庭长、副院长）、蒋林（时任重庆市第一中级人民法院刑一庭副庭长、庭长，刑二庭庭长）的帮助。

二是写作完善上的帮助。在博士学位论文的构思、写作和后来形成学术著作过程中，除了有恩师陈泽宪教授的深入指导外，还有幸得到屈学武教授（时任中国社会科学院法学所刑法室主任、导师组组长和博士学位论文答辩委员会委员）、张绍彦教授（时任中国社会科学院法学所刑法室研究员、导师组成员和博士学位论文答辩委员会委员）、田禾教授（时任中国社会科学院法学所刑法室研究员、导师组成员和博士学位论文答辩委员会委员）、王敏远教授（时任中国社会科学院法学所诉讼法室主任和导师组成员）、黄风教授

（时任北京师范大学刑事科学研究院教授和博士学位论文答辩委员会主席）、黎宏教授（时任清华大学法学院教授和博士学位论文答辩委员会委员）、肖贤富教授（时任中国社会科学院法学所诉讼法室研究员和开题专家）、邓子滨教授（时任中国社会科学院法学所刑法室副主任）、熊秋红教授（时任中国社会科学院法学所诉讼法室研究员）、刘仁文教授（时任中国社会科学院法学所刑法室研究员）、陈忠林教授（时任西南政法大学法学院院长）、梅传强教授（时任西南政法大学法学院常务副院长）以及学姐王雪梅研究员、师兄樊文博士等的帮助。

三是出版完善上的帮助。感谢法律出版社为本书修订，感谢孙东育社长长期对本书的关注和帮助，感谢编辑张康、王珊等为本书出版的辛勤付出。

期待读者对本书的论述与观点提出批评指正意见，也期待本书对量刑问题的实践优化与理论发展有所裨益。

石经海

2021 年 2 月于重庆天高鸿苑居所

天
Borderless
下

天下，在乎正义和你

法学新经典·书目

《侵权损害赔偿》（第六版）	杨立新
《我国民法典重大疑难问题之研究》（第二版）	王利明
《法律解释学导论：以民法为视角》（第二版）	王利明
《法的价值论》（第三版）	卓泽渊
《法政治学研究》（第三版）	卓泽渊
《法治国家论》（第四版）	卓泽渊
《刑事诉讼的中国模式》（第三版）	陈瑞华
《刑事证据法的理论问题》（第二版）	陈瑞华
《民法典总则之理论与立法研究》（第二版）	尹　田
《中国物权法总论》（第四版）	孙宪忠
《人格权重大疑难问题研究》	王利明
《实证研究：中国法学的范式转型》	左卫民
《中国法律的传统与近代转型》（第四版）	张晋藩
《行政法基本原则研究》（第二版）	周佑勇
《传统中国法理观》	张中秋
《国际刑法学》（第二版）	贾　宇
《刑法客观主义与方法论》（第二版）	周光权
《诈骗犯罪论》	张明楷
《国际私法本体论》（第二版）	蒋新苗

……

法学新青年·书目

《物权法的展开与反思》（第二版） 常鹏翱
《基本权利的规范建构》（增订版） 张　翔
《传媒监督的法治》 陈柏峰
《国家利益维护：国际法的力量》 何志鹏
《不动产登记法研究》（第二版） 程　啸
《证据法的理论面孔》 吴洪淇
《刑法归责原理的规范化展开》 陈　璇
《刑法与现代社会治理》 何荣功
《舆图换稿：明清之际的中国法哲学》 屠　凯
《中国特色行政复议制度的嬗变与演进》 曹　鎏
《行政诉讼类型构造论》 章志远
《侵权责任利益保护的解释论》 方新军
……

博观·书目

《社会契约论》 卢　梭
《法律的概念》（第三版） 哈　特
《普通法的精神》（中文修订版） 庞　德
《诉权与诉的可能性：当代民事诉讼基本问题研究》 赫尔维格
《民主与不信任：司法审查的一个理论》 约翰·哈特·伊利
《法律与革命》（第一卷） 伯尔曼
《法律与革命》（第二卷） 伯尔曼
《法律推理与法律理论》 麦考密克

《古代法》	梅　因
《旧制度与大革命》	托克维尔
《为权利而斗争》	耶　林
《法律制度：对法律理论的一种解说》	麦考密克
《政治哲学史》（第三版 上下册）	列奥·施特劳斯，约瑟夫·克罗波西
《论法的精神》	孟德斯鸠
《民事诉讼法重点讲义》（导读版）	高桥宏志
《纯粹法学说》（第二版）	凯尔森
《普通法》	霍姆斯
《论犯罪与刑罚》	贝卡里亚
《宪法设计与理性选择：公法经济分析基础》	罗伯特·D.库特
《法律的权威》（第二版）	约瑟夫·拉兹

……

思想与人文·书目

《西窗法雨》（精装修订版）	刘　星
《法槌十七声：西方名案沉思录》（第二版）	萧　瀚
《文明与法治：寻找一条通往未来的路》	刘哲昕
《精英与平民：中国人的民主生活》	刘哲昕
《法治东西》	於兴中
《博登海默法理学》	博登海默
《法窗夜话》	穗积陈重
《正义之源泉：自然法研究》	吴经熊
《现代法政的起源：1900—1919》	董彦斌
《被误解的民主》	包刚升

《风骨：新旧时代的政法学人》	陈夏红
《斑马线上的中国》（第三版）	邓子滨
《生活在民法中》（第四版）	梁慧星
《乌合之众：大众心理研究》	古斯塔夫·勒庞
《我们律师》（修订精装版）	张思之
《我的辩词与梦想》（精装收藏版）	张思之
《法门穿行》	孙笑侠
《现代法治：沈家本的改革梦》	李贵连
《阿Q之死的标本意义》	张建伟
《续法窗夜话》	穗积陈重
《从传统到现代》	金耀基
《耶鲁精神：感受耶鲁大学及其法学院》（第二版）	冯建妹
《法律帝国的铸就：大英帝国法律史（1800–1850）》	劳伦·本顿　利萨·福特
《英国法的塑造者》	威廉·塞尔·霍尔斯沃思
《美国法律史》	劳伦斯·弗里德曼
《尊严：历史和意义》	迈克尔·罗森
《法官因何错判》	秋山贤三
《修行：生命的证悟》	泰戈尔
《看得见的正义》（第三版）	陈瑞华
《大地家族》	盖瑞·施耐德
《法律后面的故事》	梁治平
《生命与超越：一个命运共同体的理想》	刘哲昕
《霸权的黄昏：大国的衰退和收缩》	麦克唐纳　培伦特
《罪与罚：关于公正的19场激辩》	布鲁斯·N.沃勒
《民法的人文精神》（第二版）	徐国栋
《西口闲笔》	徐国栋

……

理论与方法·书目

《通往法治的道路：社会的多元化与权威体系》	季卫东
《现代公司法》（第三版 上下册）	刘俊海
《法治、财税与国家治理》	熊 伟
《论法学研究方法》	陈瑞华
《民法总则：条文背后的故事与难题》	杨立新
《法学学位论文写作方法》（第三版）	梁慧星
《裁判的方法》（第四版）	梁慧星
《理论法学的迷雾：以轰动案例为素材》（增订版）	桑本谦
《司法体制改革导论》	陈瑞华
《辩无不胜》	盖瑞·斯宾塞
《侵权责任法：条文背后的故事与难题》（第二版）	杨立新
《合同法总论》（第四版）	韩世远
《司法改革的知与行》	蒋惠岭
《律师的客户管理术》	亚历山大·Y.本尼科夫
《中西法律文化比较研究》（第五版）	张中秋
《真实世界的法律思维：出乎意料的61堂法律微课》	黄文伟
《并购之道：赢家的65个商业逻辑与实战》	张伟华
《明清法律与社会变迁》	邱澎生 何志辉
《中国民法典新规则要点》（修订版）	杨立新
《刑事审判原理论》（第三版）	陈瑞华
《实质法治：寻求行政判决的合法性》（第二版）	何海波
《企业合规基本理论》（第二版）	陈瑞华
《侵权责任法》（第四版）	杨立新
《如何讲个好故事：律师的必修课》	菲利普·N. 迈耶

……